T0013960

ORO
DE REY

ORO DE REY

LUIS MIGUEL, LA BIOGRAFÍA

JAVIER LEÓN HERRERA
JUAN MANUEL NAVARRO

Oro de Rey
Luis Miguel, la biografía

Primera edición: abril, 2021

© 2020, Javier León Herrera
© 2020, Juan Manuel Navarro
© 2021, derechos de edición mundiales en lengua castellana:
Penguin Random House Grupo Editorial, S. A. de C. V.
Blvd. Miguel de Cervantes Saavedra núm. 301, 1er piso,
colonia Granada, alcaldía Miguel Hidalgo, C. P. 11520,
Ciudad de México
© 2021, Penguin Random House Grupo Editorial USA, LLC
8950 SW 74th Court, Suite 2010
Miami, FL 33156

penguinlibros.com

Las fotos de interiores pertenecen a los archivos de Javier León Herrera
y de Juan Manuel Navarro (propias, cortesía de la familia Basteri y cortesías varias).
Las fotos de Luis Miguel posando en la playa (páginas IX y X),
la de Luis Miguel cantando (página XII) y Luis Miguel posando con un chelo (página XIX)
pertenecen a los promocionales de WEA México.
Las imágenes de Luis Miguel y Angélica Vale de niños (página V) son cortesía del archivo Angélica Vale.
Las fotos de Luis Miguel con Toni Torres (página XII) son cortesía del archivo Toni Torres.
Las fotos de Luis Miguel con Polo Martínez (página XV) son cortesías del archivo Polo Martínez.
La foto de Emilio Estefan con Luis Miguel (página XVIII) fue tomada por Maggie Rodríguez
y es cortesía del archivo de Emilio Estefan.
Las fotos de Luis Miguel con Beto Santos y Catalina Bredée Santos (página XXVI)
y Luis Miguel caminando con Aracely Arámbula (página XXIX) pertenecen a The Grosby Group.
La foto de Martha Codó en un concierto de Luis Miguel (página XXX) es cortesía del archivo Martha Codó.
La foto de Mariana Gagliardi con Luis Miguel (página XXXI) es cortesía del archivo Mariana Gagliardi.

Penguin Random House Grupo Editorial apoya la protección del *copyright*.
El *copyright* estimula la creatividad, defiende la diversidad en el ámbito de las ideas y el conocimiento, promueve
la libre expresión y favorece una cultura viva. Gracias por comprar una edición autorizada
de este libro y por respetar las leyes del Derecho de Autor y *copyright*. Al hacerlo está respaldando a los autores y
permitiendo que PRHGE continúe publicando libros para todos los lectores.

Queda prohibido bajo las sanciones establecidas por las leyes escanear, reproducir total o parcialmente esta obra
por cualquier medio o procedimiento así como la distribución de ejemplares
mediante alquiler o préstamo público sin previa autorización.
Si necesita fotocopiar o escanear algún fragmento de esta obra diríjase a CemPro
(Centro Mexicano de Protección y Fomento de los Derechos de Autor, https://cempro.com.mx).

ISBN: 978-1-64473-138-3

Impreso en México – *Printed in Mexico*

24 23 22 21   10 9 8 7 6 5 4 3

A don Paco, mi padre y héroe en la tierra,
y a Dios, mi padre en el cielo.
A doña Gloria y a la Morenita del Tepeyac, María de lo Alto,
mis madres en el cielo.
A mis hermanas.
A todos los que buscan la luz, porque todo aquél que busca, encuentra.
A las Diosidencias.

JAVIER

A mi esposa Nora y a mis hermosas hijas, Shiara y Shantal.
A mis padres, Juan Manuel y Rachel. A mis hermanas, Raquel y Claudia.
A todos aquéllos que han sido parte de mi carrera, directa e indirectamente.
Al Dios supremo que nos dio el regalo más preciado que es la vida.

JUAN MANUEL

ÍNDICE

Agradecimientos

A Dios, por darnos salud, fortaleza, lucidez y talento para afrontar esta obra, y a Nuestro Señor Jesucristo por aportar los valores, la luz y la armonía necesarias al alma para plasmar con total honestidad y el debido respeto esta historia.

A mi familia, amigos y gente que tanto quiero, así en la tierra como en el cielo, por estar siempre ahí.

A las Diosidencias, gente que ve lo que es invisible a los ojos, por su apoyo, fuentes que nos abrieron su confianza; tanto a las nombradas, como a las que quedan aún sin nombrar.

Al pueblo de Ayna, conocido como La Suiza Manchega, en la Sierra del Segura, España, mi patria chica, lugar pleno de naturaleza, calor humano y sosiego, por ser fuente inagotable de inspiración. Ahí se escribió la mayor parte de estas letras en compañía de "Duque", que adora a su "tío", amor correspondido.

A Luis Miguel, un agradecimiento especial y pendiente del anterior libro, por confiar en la honestidad y profesionalismo de nuestro trabajo para la serie de televisión sobre su vida.

A la gente de Penguin Random House con David a la cabeza, por su constante apoyo y confianza.

A mi colega, pero sobre todo mi amigo, Juan Manuel, por su amistad, confianza y lealtad.

A tantas personas que me ayudaron con mi ópera prima en México, España, Argentina, Brasil, Puerto Rico, Estados Unidos, Cuba e Italia, citados en *Luis Mi Rey*, reitero mi agradecimiento pues hicieron posible aquel primer libro y en consecuencia éste, que completa la trilogía sobre Luis Miguel.

Al apoyo y cariño recibido en México y Colombia, mis "otras casas"; a mis entrañables doctores Alexandra y Sergio; a toda la familia Rada; a mi gran comité eterno, Diana, Angie y Julio; a mis amigos en Ciudad de México; a la bendita tierra de Jalisco, a Brenda y a toda la familia Beas Barragán por su hospitalidad y afecto, los recuerdo siempre con cariño; a la linda gente de Michoacán, los encantadores rincones de la vieja Valladolid y sus mágicas mariposas. Que siempre lo mejor esté por venir. Gracias a todos por existir.

JAVIER

A Luis Miguel, quien por años ha confiado en mi trabajo y me ha otorgado varias entrevistas exclusivas. A muchas personas que han sido parte fundamental en mi formación como periodista.

A mis jefes de Televisa-Espectáculos, Luis Mario Santoscoy y Mara Patricia Castañeda, por 20 años de apoyo en esta hermosa carrera.

A Edgardo Reséndiz, Altagracia Fuentes, Julia Estela Ponce, Armín Gómez, Nohemí Bernal, Ramón Alberto Garza y a las personas con las que me tocó trabajar en los periódicos *El Norte*, *Reforma* y *El Universal*.

A gente muy especial: mi familia en Ciudad Valles y Monterrey; a mis amigos y compañeros de escuela de Kingsville, Texas (Panam); a mis suegros Andrés Tamez y Nora Montemayor; mis "primos" y "tíos" en Villa de Santiago, Nuevo León; a mis cuñados Édgar González, Cecilia Tamez y Andrés Tamez.

A mi colega, amigo, hermano, Javier León Herrera, por todos los años de amistad y complicidad; a la gente de Penguin Random House, en especial a David García y a nuestro editor César Ramos; a mi amiga Mariana Gagliardi, quien también colaboró en este libro, a Angélica Vale por su confianza y a Marianne Sauvage por su apoyo y por ser una gran amiga.

JUAN MANUEL

De forma conjunta queremos agradecer a las fuentes que confiaron en nosotros para este libro, muchas no fueron nombradas pues así lo quisieron. A los clubs de fans, en especial de España, México, Argentina, Perú, Colombia, Estados Unidos, Puerto Rico, Italia, Chile, Paraguay, Venezuela, Uruguay, Brasil y Ecuador: nuestro agradecimiento y admiración por su lealtad.

Gracias a Emilio Estefan por su apoyo y por ser un gran ser humano; a Norma Elena Pérez, *manager* PR internacional de Disneyland; a Víctor Hugo Sánchez en Monterrey; a Edgar Cortázar en Los Ángeles; a Juani Arroyo en Madrid; a Martha Codó (QEPD) en México; a los hermanos Cristina Abaroa y Mauricio Abaroa; a Juan Carlos Calderón (QEPD); a Polo Martínez en Argentina; a la gran profesional que es Toni Torres; al diseñador Mitzy; a una luchadora como es Alicia Machado, cuya historia ojalá algún día se cuente; a la familia Basteri, especialmente a Adua y Sergio (QEPD) y, nuevamente, una mención especial y dedicatoria a la memoria de Marcela Basteri (QEPD).

Prólogo

Toda una vida

Por Emilio Estefan

¡Cuánto han cambiado las cosas para Luis Miguel, para mí y para el mundo entero! Lejos quedan aquellos años ochenta en los que nos abríamos paso con fuerza en el mundo a través de nuestra música y nuestra ilusión rebosante, en una década prodigiosa en la que triunfaron muchos artistas que siguen a día de hoy vigentes, y tienen mucho mérito, porque hoy las cosas son muy diferentes. En este mundo nuevo de tecnología y gratificación instantánea de información, la fama se ha convertido en algo instantáneo. Todos tenemos acceso al mundo en la palma de nuestras manos. Esto es una gran ventaja, pero también se pierde un poco el valor de historias forjadas con el tiempo y de las personas que han dedicado toda una vida a construir una gran carrera. Éste es el caso de Luis Miguel, un artista con una trayectoria impresionante que ahora se repasa a lo largo de estas páginas y en la que en algún momento cruzamos caminos. Este *Oro de Rey*, que es para mí un placer prologar, agradezco la invitación para ello de sus autores, hace un repaso al gran esfuerzo de Luis Miguel por forjar una leyenda en la música y en la vida.

Yo me identifico mucho con la figura y los logros de Luis Miguel porque los dos tenemos algo en común, nos tocó luchar muy duro desde muy temprana edad y tuvimos que crecer rápido. La vida nos obligó a tener que aprender a trabajar muy duro afrontando situaciones y tomando muchas decisiones que posteriormente forjarían nuestro futuro. Precisamente merced a ese esfuerzo y trabajo constantes, el destino nos llevó a colaborar juntos tal como se refleja en las páginas de este libro. Tuve la dicha de trabajar con él en su primera grabación en inglés y fueron momentos lindos de nuestra historia. Fue cuando pude apreciar su dedicación y disciplina. Esas cualidades y ese gran talento fue todo lo que necesitó para romper muchas barreras en todo el mundo.

Su enorme presencia en el escenario, su gran personalidad y las grandes colaboraciones que siempre supo seleccionar con escritores importantes de nuestra década lo han llevado a conquistar el corazón de todos. Es increíble que nuestro género musical llamado bolero tenga dos encarnaciones, ya que los grandes éxitos del ayer tomaron una nueva vida al ser interpretados por él.

Estamos ante la biografía de una trayectoria dedicada a su pasión: la música. Luis Miguel es leyenda, sus cifras y su carrera le avalan, ahí están esos grandes logros en el escenario con giras que rompieron récords de venta en todo el mundo, y a su vez recibiendo importantes premios en todos los continentes. Todo esto siendo un embajador de nuestra música y con éxitos en español. En algún momento he pensado qué hubiera pasado si se hubiera hecho el famoso *crossover*, y lo he pensado en positivo pues siempre estuve convencido de que la admiración y las palabras que Frank Sinatra le dedicó no fueron un cumplido, sino que las sentía de verdad porque su talento es enorme. En cualquier caso él decidió cantar en español y es algo que todos los que hablamos y queremos este idioma que nos identifica debemos aplaudir.

Está muy cerca de cumplir 40 años de carrera, toda una vida, como él cantó alguna vez con una versión suya del bolero de Osvaldo Farrés, y que ya habían inmortalizado voces como las de Pedro Vargas y Antonio Machín. Toda una vida dedicada a la música y a su público, y todos deseamos que sean muchos más en los que nos pueda seguir deleitando con el arte de su voz. Es para mí un honor anticipar con estas palabras la gran historia de Luis Miguel, el Sol de México, cuyo brillo representa con orgullo a todos los latinos alrededor del mundo.

1

Oro de Rey

Estábamos precisamente en la tarea de sumar los conciertos de la carrera de Luis Miguel, de los que se tiene un cómputo fiable, y cuando la suma pasaba ya de las 500 presentaciones en apenas media docena de años y a lo largo de doce diferentes países, dimos un profundo suspiro y paramos de contar. ¡Qué barbaridad!, ¡qué prodigio y qué mérito! Cantar tanto y tan bien por largo tiempo es algo sólo al alcance de un superdotado, de un genio, de un privilegiado, de una leyenda, de un rey. En uno de esos recuentos sonó, de casualidad, en una estación de radio la canción "Oro de ley" y supimos rápidamente que era una señal del cielo para un título a la altura de este libro y de este personaje. Todo lo que Luis Miguel ha tocado lo ha convertido en oro, un Sol con reinado propio, hasta pensamos en *El Rey Sol*, pero qué pesar que se fuera a mezclar en las búsquedas de Google con un famoso rey absolutista francés del siglo XVII. El "Oro de ley" de la canción derivó en "Oro de Rey", bodas de oro con la vida, 50 años, un Sol convertido a fuerza de gritos de aliento de sus fans en el *Luis Mi Rey* del primer volumen de esta trilogía de la vida de Luis Miguel. Estaba claro, *Oro de Rey*.

Hacer este *Oro de Rey* no ha sido nada fácil. Tanto es así, que nos atreveríamos a decir que ha sido el reto más difícil de cuantos hasta la fecha hemos emprendido. Las razones son obvias y sirvan como introducción de los autores para cuanto a continuación van a leer. Nunca hemos desvelado fuentes, después de tres libros sobre la vida del Sol. Con la autorización implícita del cantante de *Luis Mi Rey* para la primera temporada de la serie, creemos que lo que realmente cuenta es el fondo y no tanto la forma, pero desde luego hemos respetado los testimonios que de buena fe muchas personas muy relevantes nos han querido dar poniendo en nosotros una confianza ciega del mismo modo que hemos respetado a quienes han querido mantenerse en silencio, afortunadamente los menos. Agradecemos esa confianza de quienes vieron y ven en nosotros gente de fiar y podemos asegurar que grande ha sido nuestro esmero en procesar, filtrar y usar dicha información de manera honesta, intentando proyectar en el lector una lectura positiva del lado más complicado de la biografía de Luis Miguel, porque para escribir panegíricos y alabar todo cuanto el artista hace vale cualquiera, pero para abordar etapas donde los errores han llenado de sombras la vida del Sol, la cosa ya no es tan fácil, partiendo de la base de que él mismo tiende a bloquearse y a evadir estas pláticas sea con quien sea. Luis Miguel ha cometido errores de la misma manera que todos los seres humanos, pero es de sabios rectificar y de humanos resetear para mirar el futuro con optimismo. Este libro hace un exhaustivo repaso de la trayectoria profesional de Luis Miguel tras casi cuatro décadas de carrera y de los 50 años de vida del ser humano en el que vive el personaje. Hemos sido fieles a los testimonios confiables recibidos, hemos hecho una ardua labor de hemeroteca que los tiempos digitales facilitan mucho, nos hemos apoyado en documentos recopilados después de más de 20 años siguiendo la trayectoria de Luis Miguel, de las entrevistas que le hicimos, de lo que nosotros sabemos y de una línea de ética profesional y de respeto que pedimos a Dios nunca nos deje trasvasar. Ojalá lo hayamos logrado.

2

50 años no es nada

Definitivamente único. Por encima de las luces y sombras del ser humano, Luis Miguel es un portento, una voz inmortal, un Sinatra en español. Nadie se cansa de admirar aquel legendario dueto donde se funden dos leyendas, dos mercados, dos idiomas, dos genios. Luis Miguel lo ha reivindicado muchas veces, y no le falta razón: el español es una lengua plena de historia, de arte, de sensualidad, literatura y poesía. Es su lengua materna, la suya y la de concretamente 577 millones de personas en el mundo, según las últimas cifras del informe Anuario del Instituto Cervantes correspondientes a 2018, con una estimación de llegar a los 754 millones de hispanohablantes a mediados del presente siglo XXI. Es el idioma extranjero más estudiado en Estados Unidos y casi 22 millones de personas aprenden español en 107 países. Un estudio reveló que es la primera lengua que los jóvenes de Europa desearían aprender y respecto a internet, es la tercera lengua más usada y la segunda en redes como Facebook y Twitter. México se encuentra entre los diez países con mayor número de usuarios en internet.

La lengua española es la de Cervantes, la de José Alfredo, Octavio Paz, Negrete, Frida Kahlo y Pedro Infante, la del tango de Gardel y el genio de Borges, la de la eterna melodía desde Tierra de Fuego a la América del Norte de los mariachis; la que abraza los sentimientos desde Viña del

Mar al cante jondo de la folclórica Andalucía; desde la salsa de Cali a la de Puerto Rico; desde el Caribe de la bachata dominicana a la magia del son de Cuba. Es tan enorme, rico y brillante el legado cultural de la música en español que poco o nada ha de envidiar al inglés si no es por una cuestión meramente comercial. Si cantas con el alma, el idioma es fundamental. Cuando se trata de sensibilizarnos, escuchando música es tal vez cuando no genere idénticas sensaciones Frank Sinatra cantando en español o Luis Miguel cantando en inglés. ¿Sí o no? Nunca lo vamos a saber, más allá de la probadita del "América, América" y del dueto de "Come & Fly with me". Ésta es la biografía de alguien que decidió cantar en su lengua materna, y no sólo hay que respetarlo, hay que celebrarlo también.

En ambos casos, diferenciados por un idioma, estamos ante voces peculiares, portentosas y prodigiosas, con un timbre único e inconfundible. Ya se lo dijo el recordado Frank: "Puedes llegar donde te lo propongas". La voz del ruiseñor de "La malagueña" evolucionó al adolescente de "Cuando calienta el sol" y se asentó en el adulto que fue capaz de llevar el bolero a otra dimensión. Una vida que traspasó el medio siglo y una carrera que rápidamente cumple los 40 años. En un matrimonio, llegar al 50 aniversario del idilio implica la celebración de las bodas de oro. En el matrimonio de Luis Miguel con la vida se llegó a esa simbólica efeméride: 50 años desde el día que nació una estrella, medio siglo propio del oro de un rey; oro es su voz, oro su arte; 50 años con muchas luces, también sombras. Es la convivencia de la estrella con el ser humano, del Luis Miguel leyenda versus el Micky amigo, amante, hijo y padre, la que marca el rumbo y la esencia de esta historia que hoy contamos en la totalidad de su recorrido. Contaba su familia que desde que emitió su primer llanto el día de su natalicio en San Juan de Puerto Rico, el torrente de voz en el grito del neonato marcaba ya el minuto uno de un prodigio en la garganta y premonizaba la continuidad de una carrera artística que su padre no pudo llegar a desarrollar con éxito.

Decía el célebre cantautor español Joan Manuel Serrat en una canción que los 40 solamente constataban que hacía 20 años que tenía 20, y que todavía tenía las fuerzas intactas y el alma viva para dar mucho más. Algo parecido nos encontramos en el célebre tango de Carlos Gardel, en el que 20 años no eran nada; y más recientemente en otro ilustre cantautor ibérico, el asturiano Víctor Manuel, quien conmemoraba el medio siglo de carrera profesional con sendos conciertos que acabaron recogidos en un volumen que tituló precisamente *50 años no es nada.* Para Luis Miguel, echar la vista atrás al llegar a los 50 años ha debido ser una gran satisfacción por el enorme legado que conforman los miles de kilómetros acumulados en giras infinitas durante todos estos años, millones de personas reunidas en sus conciertos a lo largo y ancho de la geografía americana y en Europa, millones de discos vendidos, decenas de premios almacenados, infinitos momentos mágicos que han hecho de él alguien tan privilegiado como para ser capaz de mover millones de sentimientos en millones de personas, formando parte de la banda sonora de todas esas vidas. Datos y cifras incalculables que dejan claro que estamos ante uno de los artistas más grandes de todos los tiempos. *Oro de Rey,* ése es su justo valor. Y es justo por eso que se debe mirar al futuro con optimismo.

> *Es muy bonito y te llena de mucho orgullo cuando ves que todo el mundo ha crecido con tu música, y si me he mantenido ha sido porque siempre en todo lo que he cantado y todo lo que he hecho he mantenido mi sello personal y lo he respetado, nunca canté nada que no sintiera en el alma.*

¿Qué significa para él medio siglo de vida? La carga sentimental al alcanzar los 50 años ha sido fuerte y nos hace desarrollar una solidaria empatía. Basta sólo el hecho de recordar que ninguno de sus progenitores llegó a cumplir dicha edad. Su mamá falleció en 1986 cuando ni siquiera había llegado a los 40 años de edad y su padre expiró en 1992 a los 43 años. Hugo López, el mejor *manager* que ha tenido, quien fuera un segundo padre para él, se quedó justo ahí, en el medio siglo. El medio siglo de vida terrenal es motivo de sobra como para agradecer a Dios por la vida misma. No es que pueda, es que tiene que ser el momento también de cerrar círculos y buscar la paz interior que merece.

Siempre le han gustado los guarismos y así lo demostró en dos de sus discos, cierto es que era cuando estos equivalían a juventud y plenitud, como su disco *20 años* o *33,* ambos coincidiendo con dichos aniversarios; el primero, de la mano de Juan Carlos Calderón, con temas inolvidables y un simbolismo a su alrededor que suponían muchos cambios en aquel momento tras la ruptura con su padre, y el segundo, cuando alcanzó la edad de Jesucristo, apoyado también en ilustres compositores como Armando

Manzanero, Édgar Cortázar o el dominicano Juan Luis Guerra, luego del doloroso desengaño que poco tiempo antes supuso su romance con la cantante Mariah Carey.

No ha llevado bien el paso del tiempo. En 1992 dijo que "se tiene la edad que el corazón manifiesta", pero cuando cumplió 35 años le empezó a dar muchas vueltas a la edad. Hizo un comentario una vez en el sentido de que estaba ya muy mayor. Un amigo español le respondió cariñosamente, "¿mayor? Lo que estás es gilipollas, si preciso ahora es cuando vas a disfrutar de tu madurez en tu juventud, tienes todo lo mejor por vivir". Ha llegado la hora de ver el lado positivo de ese dorado aniversario: 50 años de vida, de los cuales casi 40 son de carrera y proyección pública. Tiene una buena referencia y un buen espejo al que mirar, precisamente al que nos referíamos en un principio: *Sinatra 80th*. Frank Sinatra celebró los 80 por todo lo alto como una bendición. A Luis Miguel le sirvió para vivir uno de los clímax en su carrera, episodio en el que nos extenderemos. Ha llegado la hora de reconsiderar aquel pensamiento confesado en entrevista a Juan Manuel Navarro:

—Hoy titulaste a tu disco *33*, acorde con tu edad. ¿Te has puesto a pensar en cuando tengas 50 o 60 años?

—Obviamente no le voy a poner *50* a un disco cuando tenga esa edad. ¡Imagínate medio siglo! Si tengo la oportunidad de entregarme con la misma capacidad que tengo ahora, pienso seguir cantando si el público así lo desea.

—¿Te preocupa envejecer?

—No me molesta envejecer. Mientras conserve mis capacidades como cantante creo que voy a seguir. No puedo leer el futuro, pero ésa es la idea.

Pues sí, ésa es la idea, y qué bueno haber podido celebrar los 50, así al camino no le hayan faltado obstáculos. Cuando apenas tenía 18 años y todavía lucía su larga cabellera, le preguntaron en un programa de la televisión chilena que cómo se imaginaba con 50 años. Respondió con espontaneidad y sonriendo, como quien responde sobre algo que cree que nunca llegará: "Seré un hombre muy divertido y tendré mucho que contar". Sí, hay mucho que contar, y si no todo es divertido, al menos siempre cabe la opción de proyectar el pasado como aprendizaje para mirar el lado positivo del presente y del futuro. Otra frase salida de su boca resume buena parte de esos largos años de vida: "A veces el artista tiene un lado triste y oscuro, un misterio". Un misterio que dejó de ser cuando el destino puso en el horizonte el proyecto de exponer a través de la pequeña pantalla buena parte de lo que ha sido su historia; cuando el luchador nato precisó de una ayuda que indefectiblemente pasaba por una terapia de choque con todos los miedos del pasado que envolvían dicho misterio.

Siempre dijimos durante la promoción de *Luis Miguel: la historia* que 2018 debía suponer un punto de inflexión en su vida a través de una catarsis positiva después de autorizar la historia que contaba al mundo una buena parte de ese lado triste y oscuro. Su economía se saneó luego de estar arruinado y endeudado, pero su estabilidad emocional tiene pendiente la sanidad total. Como nos mostraba Robert Duvall en *El precio de la felicidad,* a veces tocar fondo en lo emocional arrastra a todas las aristas de tu vida y necesitas caer del todo para desde ahí tomar otra perspectiva y renacer con mayor fuerza. Ojalá así sea. El mayor beneficio de su renacimiento profesional no debería estar en su cuenta bancaria, sino en su corazón.

¿Cómo llegó Luis Miguel al medio siglo de vida? Pues llegó con la oportunidad de que esa catarsis sea efectiva, porque hasta el momento de escribir estas líneas no lo es. Ojalá tenga esa inspiración, ese buen consejo de las personas correctas, esa Diosidencia que haga que en un momento dado todo cambie, todo fluya, el perdón se abra camino y la inmensa luz del Sol brille como nunca. Cuando tenía justo la mitad de años, apenas 25, dijo que: "La imagen que yo quiero dejar es la de un luchador, que se me reconozca por mi trabajo, por mi disciplina, por mis ganas de dejar algo y de hacer las cosas lo mejor posible". Después de haber estado cerca del abismo, la vida le está dando una nueva gran oportunidad para ello. Luis Miguel llegó fortalecido y relanzado profesionalmente a su 50 aniversario para dejar atrás la imagen del luchador derrotado y reivindicarse. Por eso debe prestar mucha atención a su punto más vulnerable, la estabilidad emocional. Por eso debe buscar el camino de Dios y de la espiritualidad, el que conduce a la luz y a la paz, y no recaer en los errores del pasado, en las malas compañías y en otros caminos que siempre conducen a la oquedad del vacío y al remordimiento interior.

No se puede entender a Luis Miguel sin entender su historia. Fue una de las frases más repetidas en la promoción de los dos volúmenes anteriores, *Luis Mi Rey,* publicado en 1997, libro en el que se basó la serie autorizada del cantante, emitida por Netflix y Telemundo (Estados Unidos) entre abril y julio de 2018 en primeras ventanas, y *Luis Miguel: la historia*. Al descubrir su historia pudimos conocer al hombre del siglo XX, víctima de los acontecimientos, de su infancia marcada por el nomadismo y el desarraigo, truncada aun más por la fama y la arrolladora personalidad de Luis Rey; su adolescencia precoz en todos los sentidos, su primera juventud afectada por los graves acontecimientos familiares vividos y su ascenso meteórico hacia el liderazgo de la música latina.

Conocimos su historia y entendimos muchas cosas. Ni qué decir tiene que el ejemplo que recibía de la vida que llevaban su padre y sus tíos no era precisamente el manual que cualquier padre con valores quisiera inculcar a sus hijos. Los niños pequeños se quedaban en un cuarto mientras en la casa la bohemia se desataba hasta el amanecer plagada de excesos de toda índole: alcohol, drogas, promiscuidad y una falta absoluta de ética entre los propios hermanos Gallego, que cambiaban de pareja entre ellos como el que se cambia de pantalón, algo que no tuvo ningún rubor en confesar públicamente en la televisión española parte de la familia del cantante, del mismo modo que lo había confesado entre tragos Mario Gallego, hablando como un perico a uno de los autores de este libro, a principios de 1996, poniendo al mismo tiempo en duda la paternidad biológica de Luisito sobre su hijo, algo a lo que ya nos referimos en el anterior libro. ¿Se imaginan el dolor de esos hijos y cómo todas esas vicisitudes pueden afectar a la hora de formar una personalidad? Hemos sido y seguiremos siendo por ello discretos y respetuosos en este sentido en no dar detalles sórdidos.

Sin entrar en las razones que Micky tenía para dudar sobre su paternidad biológica, esto no significa que cualquiera pueda salir a la palestra a decir la primera barbaridad que se le venga a la cabeza. En ese sentido afirmamos rotundamente, como ya argumentamos en el anterior libro, que ni el señor de Puerto Rico, Juan José Arias, ni el tal Gerald Spencer, un estadounidense de Chicago que decía haber hecho un trío amoroso con Luisito y Marcela en Italia y que buscó al cantante en Los Ángeles, tienen nada que ver en la vida de Luis Miguel, más allá de ser ejemplos de los disparates amarillistas de quienes han buscado rentabilizar una falacia, como sucedió más recientemente en Argentina con el caso de Honorina Montes. Casos cerrados.

A su infancia errante se sumó el precio del éxito, la fama y el dinero, un precio que iba a ser demasiado alto a la hora de conformar la personalidad de Luis Miguel, al punto de convertir con el paso de los años a aquel niño alegre, extrovertido, amoroso; aquel adolescente bromista, pleno de energía, generador de la luz del Sol, de un corazón fulgurante y hermoso, caritativo, sensible y solidario con el prójimo, en un ser humano adulto con un perfil psicológico extremadamente hermético y veleidoso, como consecuencia de las huellas de abandono, principalmente del amor materno, al que le ha cantado en varias ocasiones; celoso e inseguro en sus relaciones personales, todas sus parejas lo han vivido; con cambios de humor constantes, desde la más dulce caballerosidad por la que muchos hablan maravillas de él a los más temibles arrebatos de soberbia por los que otras personas se muestran temerosas de tan siquiera hablar de él; mermado por la depresión, víctima de los desengaños y las traiciones, primero de su propia familia española, luego de mujeres, amigos y profesionales; víctima de malos manejos de terceros que tanto le han perjudicado su imagen; tendente al "valemadrismo" absoluto cuando su mente se bloquea y los acontecimientos lo desbordan. Él mismo lo reconoció: "Hay recuerdos del pasado, etapas muy difíciles, que cuando me los hacen remover se mueven algunos hilos sentimentales y espirituales dentro de mí". La conversación imposible con él de sus amigos sobre su familia ("cuando le saco el tema y le pregunto que si ha visto a sus hijos, cambia de postura, cambia el tema, o se para y se va") o su casi detención en Los Ángeles en 2017 son claros ejemplos de dicho bloqueo.

Se ha visto arrastrado a veces por las malas influencias y los malos hábitos que han socavado peligrosamente su salud, lo han postrado y enrocado en su soledad, en la siempre delicada compañía de los antidepresivos, en un inadecuado alejamiento del cultivo de su alma y un peligroso abuso de su cuerpo; en unos tremendos altibajos emocionales de consecuencias imprevisibles, muy tristes todas ellas, que han hecho del ídolo de millones de personas un ser humano vulnerable, solo, sin patrimonio, alejado de su familia, con el orgullo venciendo a la humildad, cuando debería ser al revés, y sin arraigo: "Cuando estoy en un lugar más de dos semanas siento la necesidad de moverme. Entonces llega un punto en el que uno se convierte en algo universal. No sé cuál sería ese país en el que yo pueda decir ahí voy a afincarme y a estar más tiempo", confesó en 2015.

Hay, sin embargo, buenas noticias en forma de esperanza: el cariño y admiración de millones de personas que lo adoran por su arte, de sus fans que dan la vida por él y lo quieren seguir viendo como el número uno que es, haciendo discos maravillosos, giras multitudinarias, batiendo cifras y récords, recibiendo merecidos premios, exhibiendo ese duende infinito a la hora de cantar; la bendición de contar con un puñado de personas que han pasado por su vida y lo conocen a la perfección, dispuestas a darle un abrazo sincero y efusivo, a ayudarlo en el momento que él quiera, personas que lo quieren sin mayor interés, sin tan siquiera una foto que pedirle para presumirla en redes, es sólo gente buena que le desea el bien sin más, que se atrevería a decirle las cosas incómodas de oír precisamente por eso mismo, porque desean su bien y su sanación espiritual, personas que están rezando porque un golpe del destino provoque un giro del timón en su vida y active su alma, que se deje ayudar, que abra su corazón. "Canto hacia arriba, mirando a Dios", le decía aquel niño inocente de voz de ruiseñor a Arnaldo Cabada cuando debutaba en la TV de Ciudad Juárez y dejaba absorta a la audiencia cantando "La malagueña", con 10 años en enero de 1981. Pues de eso se trata, de volver a cantar y de volver a vivir mirando a Dios.

Este libro que completa la trilogía sobre Luis Miguel quiere enfocarse en ese ser humano que transitó del siglo XX al XXI completamente enamorado, abierto de corazón, expuesto como nunca, y salió mal parado. Joe Madera, la única persona que con el paso de los años se ha mantenido leal al lado del cantante, decía que nunca había visto en su vida a Luis Miguel tan feliz como cuando estaba con Mariah Carey. Pero el siglo XXI le dio dos nuevos hachazos nada más comenzar y uno fue ése: la decepción de la mujer que amaba, que vino de la mano del arrebato de soberbia que rompió la relación fraternal con su hermano menor Sergio, al que desamparó de un modo completamente incomprensible en una situación que se ha perpetuado casi dos décadas.

Es la hora de que la luz vaya más allá de los focos del escenario. Por eso mismo tal vez nos toque abordar, siempre desde el más profundo respeto, rigor y profesionalismo, trazando una raya ética como siempre hemos hecho, ese tipo de asuntos de los que no le gusta hablar, pero compartimos el criterio de esas personas que tanto lo conocen y tanto lo han tratado, no se puede rescatar la luz dando palmadas en la espalda ni escribiendo guiones panegíricos ni siendo cuates de fiestas con resacas de oscuridad. La luz vuelve cuando se afronta la catarsis con valentía. No hay mayor valentía ahora mismo para Luis Miguel que recuperar sus lazos afectivos familiares rotos. Su público se lo va a agradecer, su alma más todavía.

El hombre que vemos en el siglo XXI es el resultado de las luces y sombras del siglo XX: reflejo de muchas luces, esclavo de muchas sombras. Una persona que lo conoce íntimamente dijo una vez:

> *Luis Miguel se desconectó de su alma, dando la sensación de no reaccionar, de no sentir, de una frialdad inexplicable ante determinadas situaciones. Es un cuerpo errante abocado a los inevitables estragos del paso del tiempo y los excesos, y debe tener mucho cuidado con eso.*

Siendo ya muy famoso, todavía adolescente, confesó una vez en *petit comité* medio en broma que él iba a ser como Elvis en todos los sentidos. No queremos reproducir la literalidad de la broma porque no tiene ninguna gracia, a nadie se le escapa cuál fue el final del Rey del rock and roll. Al hilo de aquel comentario se nos vino a la mente algo que contó el veterano periodista Chucho Gallegos, quien fue una de las tantas personas que vieron la evolución de la personalidad y el cada vez más complicado acceso al cantante conforme avanzaron los años. En una ocasión le regaló un ejemplar de *Demasiado joven para morir, íconos del siglo XX que movieron generaciones*, el libro que hablaba de los mitos engendrados por la muerte prematura de algunos personajes muy relevantes de la vida pública, debido muchas veces a excesos de toda índole. Su dedicatoria fue que no le gustaría verlo en esa lista, lo hizo de buena intención pues conocía la situación por la que pasaba. No lo encajó muy bien, tiene un miedo espantoso a la muerte.

Nos unimos a esa buena intención. Es mejor mirarse al espejo de Frank Sinatra, de hecho su foto con el célebre cantante estadounidense era la que presidía su Villa Mykonos de Acapulco. "Con esa voz que tiene, si no vuelve a cometer errores, él puede cantar perfectamente hasta los 70 años", aseguraba su amigo el argentino Polo Martínez. Deseemos larga vida al Rey y recemos porque así sea, imitador de Elvis de niño, émulo de Frank a la hora de peinar canas. "Génesis, éxito, apocalipsis" fueron las tres que eligió en 1993 cuando Rebecca de Alba le pidió que se definiera en tres palabras. Vamos a cambiarle, con su permiso, el apocalipsis por la leyenda y ojalá halle la sabiduría para tomar las decisiones correctas a fin de que la luz del Sol brille por muchos años más desde su propia paz y felicidad. "Mi motivación es seguir, necesito seguir cantando, haciendo música, mi gasolina es el cariño de la gente. Si el público me lo permite me gustaría seguir entregándoles muchos más años de canciones". Mínimo hasta los 70, a pesar de que la pandemia del covid-19 frenó en seco su renacer profesional preciso en el momento de cumplir los 50.

Por todo ello empezamos este *Oro de Rey* del mismo modo que terminábamos *Luis Miguel: la historia*, deseando con toda nuestra fuerza que vuelva a conectarse con su alma, que la sane, que ahonde en ese desarrollo espiritual, que recupere esa energía dorada que un día tuvo para reparar su aura y lucir radiante una vez alcanzado su medio siglo de edad. Que busque, porque si busca va a encontrar, y si encuentra va a sanar, y si sana va a ver con mucha claridad su propósito de vida, que debe ser el de trascender en el corazón de las personas, y para ello hay que dar el ejemplo con un derroche de luz y amor, no con el abismo de los derroches bacanales para reclamar luego un anonimato imposible en un ídolo de proyección pública. Siempre manifestó que su mayor anhelo es trascender. Qué mejor modo de trascender que ser un ejemplo, para el mundo entero, de la fuerza de valores como los de la humildad, la confraternidad, la reconciliación y el amor, el don supremo, por encima de cualquier otra cosa. Éste es el mensaje del principio de este libro y será el mensaje del final.

3

Luis Miguel 10 años: el Sol naciente

Luis Miguel nació en Puerto Rico, creció en México, de donde salió siendo un bebé en la famosa fuga de su padre en el aeropuerto, narrada en *Luis Miguel: la historia*; luego fue a Estados Unidos; después entradas y salidas en algunos lugares de Centroamérica y el Caribe; y finalmente España, país en el que vivió casi cinco años en tres ciudades: Madrid, Barcelona y Cádiz, antes de que el destino lo llevara a México otra vez, a los 10 años de edad, junto a su madre y su hermano Alejandro, conocido cariñosamente como el Pichita, en un vuelo que había pagado el empresario Juan Pascual, antes de que los hermanos Gallego le sometieran a todo tipo de vejaciones y casi acabaran con su vida. Una vez de vuelta en México, en septiembre de 1980, estuvieron de casa en casa en la capital hasta lograr que Andrés García les dejase la que tenía vacía en la privada de San Bernabé; luego se fueron a Ciudad Juárez y después otra vez a Ciudad de México.

La fecha que marca la frontera entre ser un niño más, a pesar de su desarraigo, a ser una figura pública es la de enero de 1982, cuando todo oficialmente comenzó, cuando todo explotó. El 21 de enero, concretamente, se lanzaba en la sede de EMI, en la calle Río Balsas 49 de la Ciudad de México, *Luis Miguel, un Sol*. El sol naciente propiamente dicho. Si partimos de la base de un lanzamiento oficial, que es la que normalmente se toma como referencia en la carrera de cualquier artista, la efeméride correcta de los

40 años debe enfocarse hacia enero de 2022 y no antes, mientras que la de los 50 años de vida no hay duda alguna, por más rumores que en su día apuntaran a que Luis Miguel tenía falsificada, además de la nacionalidad, la edad. Es un hecho probado e irrefutable su venida a este mundo en el Hospital San Jorge de Santurce, a las 23:00 horas del 18 de abril de 1970. Sí, han leído bien, sobre todo si son iniciados en la biografía del Sol de México. A pesar de que consta oficialmente, incluso en la partida de nacimiento, su cumpleaños el día 19 de abril, en realidad nació el 18. Uno de los tantos misterios de Luisito, en este caso sin aparente beneficio ni razón, que ya *Luis Mi Rey* reveló en 1997.

Si empezáramos a contar de manera oficiosa desde el momento que Luisito Rey pensó en la voz de su hijo como una tabla en alta mar con la que salvar su ruina, cosa que sucedió en 1980, ya incluso en España, podríamos decir que ambas efemérides confluyeron en 2020, pero en realidad no es así. Luis Miguel llegó a México procedente de España en septiembre de 1980 y en lo que acabó de terminar ese año Luisito gastó la última bala con la que había regresado de la mano del empresario Juan Pascual a América meses antes. El intento de EMI de relanzarlo con un último disco titulado *Luisito Rey. Vive... y está aquí* fue un desastre y la cosa duró sólo hasta que el padrino restaurador se dio cuenta del infierno en el que se había metido.

La historia de Luis Miguel arranca en realidad a finales de 1980 cuando agotado el crédito de Luisito por parte de su mentor y viéndose arruinado, se vio abocado a regresar a su país pero no pudo. A Juan Pascual, conocido como Rey de la Paella en México, un buen hombre, tarraconense asentado en la capital mexicana, Luisito lo mandó al hospital tras la traumática experiencia de haberlo estafado y dejado prácticamente en la ruina, cosa que no le impidió la desfachatez de ir a pedirle dinero para regresarse con la familia a la madre patria. Lógicamente Juan se negó, cosa que el destino siempre le agradecerá, pues de haber accedido, el intérprete de "Palabra de honor" nunca hubiera mudado su acento andaluz a un acento mexicano, ni hubiera cantado ni sentido a México en la piel y quien sabe si su talento se hubiera perdido para siempre en la madre patria.

Luisito, sin dinero para volver a España y sin un techo donde vivir, acudió entonces a pedir ayuda a Andrés García, que le dejó una casa en la privada de San Bernabé, en la Ciudad de México. Es allí donde le confiesa a su compadre que su hijo tiene una voz maravillosa y lo pone a escucharlo. El actor, que no entiende de música, creía sin embargo en el duende del niño, y lo animó a acompañarlo en uno de sus shows. Iba ser el mismo show en Ciudad Juárez a final de año al que pensaba llevar a Luisito para echarle una mano, arruinado y sin trabajo. Luis Rey no desaprovechó la oportunidad tras acceder a la televisión en Chihuahua de la mano del actor. En Ciudad Juárez hizo otra clara exhibición de su poder de manipular e inventar la más rocambolesca de las mentiras, le dijo a Arnaldo Cabada de la O, tras la exhibición de Luis Miguel con "La malagueña", que el niño iba a hacer una película con Robert Redford y que iba a grabar con EMI Capitol en Estados Unidos con una millonaria inversión de la compañía. Lo único que había de verdad en sus palabras era la constatación de haber abandonado su carrera para poner toda la carne en el asador en la tabla en alta mar que suponía la voz de su hijo.

Es justamente arrancando el año 1981 cuando todo ese capítulo, contado con detalle en *Luis Miguel: la historia*, desembocaría en el lanzamiento del primer disco, justo un año después, tras muchas idas y venidas, distintos colegios, nuevos amigos, como "Los vampiros" de la privada de San Bernabé, y los compañeros de aula de Chihuahua que hasta se burlaban de él por su acento español y su melena. Sus cambios de colegio desaparecieron definitivamente en cuanto empezó a cantar. No volvió a pisar un aula, se manejaba con profesores particulares, haciendo más atípica todavía su niñez y su pubertad.

Roberto Palazuelos, los hijos de Andrés García y Héctor Suárez Gomís eran algunos de "Los vampiros" de esa época, en San Bernabé, que lo vieron despegar como artista y que marcó su paso por esa niñez efímera al calor y la vera de su mamá. "Marcela era un ángel, divina. Todo el mundo en la privada la queríamos mucho. Nos hacía un platillo de espagueti con no sé qué para todos los chavos, que estaba buenísimo", recordó Héctor en una ocasión. Es un testimonio más de tantos que recogimos acerca de esa mujer buena y abnegada a cuya memoria dedicamos *Luis Miguel: la historia*. Es también el recuerdo de una infancia lejana antes de ser interrumpida. De esa época es también su amistad con Angélica Vale, otra de sus vecinas. Ella tenía seis años y Luisito Rey era amigo de sus papás, Angélica María y Raúl Vale, por lo que la amistad entre ellos se dio desde pequeños. Vivía a unas cuadras y por las tardes de vez en cuando se juntaban para

31

jugar. Angélica siempre estuvo fascinada con Luis Miguel, se le hacía un chico muy guapo, simpático y muy divertido. En una ocasión que llegó Jaime Camil a una fiesta de Luisito, Luis Miguel, Angélica y Jaime decidieron jugar a hacer magia. Luis Miguel era el mago, Angélica se emocionó ya que pensó que la iba a hacer de asistente de Micky, pero la pusieron de público y se enojó.

Cuando Luisito buscaba ya la proyección de su hijo como cantante, Angélica tenía un show que se llamaba *El Club de la Amistad* y se presentaba en el Hotel del Prado. Luis Rey quería que Micky fuera parte del show, pero estaban completos. La abuelita de Angélica, Angélica Ortiz, que era la productora, le prometió que nada más hubiera una vacante debutaría en el show. Era un espectáculo de variedades. El debut de Luis Miguel en el show de Angélica no se logró porque cuando hubo la oportunidad ya había firmado con EMI para grabar el primer álbum.

La leyenda de Luis Miguel empieza por tanto a fraguarse en la privada de San Bernabé y la figura del actor Andrés García es una de las más importantes, por no decir la más, para que el universo conspirase a favor de que aquella voz acabara siendo admirada con el tiempo por millones de personas. En esa privada y de la mano amiga del famoso *Chanoc*, se hizo posible el plan que Luisito Rey forjó de encontrar una tabla en alta mar con el arte de su hijo, toda vez que su carrera estaba ya fracasada; de su mano se produjo su primera presentación con público en Ciudad Juárez, su primera aparición televisiva con Arnaldo Cabada también en enero de 1981; de su mano los Gallego accedieron a Arturo Durazo, y por mediación de él a la boda de Paulina López Portillo para que Micky cantara en ella el 21 de mayo de 1981, ya con 11 años cumplidos, y acabara de convencer a los ejecutivos de EMI para poner en marcha el lanzamiento de *Luis Miguel... un sol*. Durazo los llevó también a Emilio Azcárraga Milmo, el poderoso dueño de Televisa, para que intercediera ante Raúl Velasco y su archiconocido *Siempre en Domingo*, donde más tarde tuvo una espectacular y recordada interpretación del tema "Cucurrucucú Paloma".

La portentosa voz y el talento del niño hicieron el resto. Despegó bajo el férreo yugo del manejo del papá, que lo marcaría para siempre como artista y como persona, para lo bueno y para lo malo. Él no ha dejado nunca de reconocer en la privacidad de sus conversaciones el mérito de la parte positiva de su papá para consolidarlo como artista. Era la cara de una moneda con una cruz muy pesada. Una vida nada ortodoxa para un niño que ya de por sí venía de un completo desarraigo motivado por la vida nómada de los Gallego, arrastrado a huir siempre hacia delante escapando de ciudades y países con denuncias de estafa de por medio, incluso de personas dispuestas a acabar con su vida como consecuencia de actos pervertidos que no vienen a cuento.

El éxito era rotundo a sus 15 años, tras haber triunfado en Viña del Mar y en el Festival de San Remo. El éxito fue un desastre que arrasó completamente con la familia Gallego Basteri. Es algo que le ha pesado en el alma como una losa pero que no le debería pesar en absoluto pues no tuvo culpa alguna. Aquel posado para la revista ¡*Hola!* en la casa de Las Matas de Madrid, en el verano de 1985, era toda una perfecta fachada típica del proceder de los Gallego, una armonía familiar que no existía y una pareja rota al borde de la separación. Marcela era ya una mujer abandonada, deprimida, en un estado muy delicado cuando trajo al mundo al menor de sus hijos, Sergio, el 12 de enero de 1984 en la Ciudad de México, justo cuando le faltaba un día para cumplir los seis meses de gestación. Era el precio del éxito indiscutible de un Luis Miguel que con 11 años había publicado ya su primer disco y con 15 había recibido su primer premio Grammy de la Academia de Artes y Ciencias de la Grabación.

Entre las personas que conocían la verdadera realidad de esa familia rota estaba el periodista Chucho Gallegos, quien fue uno de los más grandes difusores en su día de *Luis Mi Rey* desde la dirección de *TVyNovelas*, por ello estamos siempre agradecidos con él y a quien pudimos reencontrarnos luego de la difusión de la primera temporada de la serie para rememorar algunas de sus experiencias vividas con Luis Miguel y con Luisito Rey. Testigo de primera mano de los abusos del papá con la cocaína, de su tendencia a la vida desordenada y promiscua, él mismo recordaba en sus columnas haberse encontrado en el jacuzzi de la casa de Polanco a Luisito y Abril Campillo haciendo intercambios con otras parejas del medio, un desorden que iba dando pistas del incipiente carácter fuerte que el propio Luis Miguel iba forjando desde su época adolescente arrastrado por los acontecimientos. Repasamos algunos de los datos que ya habíamos revelado, como el italiano que él había aprendido de su mamá y el inglés que le enseñó Rebeca, la profesora particular; sus ídolos de toda la vida como Elvis, Michael Jackson, Frank Sinatra, el Chapulín Colorado y el Chavo del 8 o su afición a jugar tenis. Chucho, a través de su cuenta de Twitter, fue publicando algunas de las anécdotas que recordaba, como cuando le llamaba el propio Luisito desde Los Ángeles, pocos meses antes de morir. Sabedor de su deteriorado estado de salud y de que el sida, entre otras dolencias, le estaba mermando, le pidió que defendiera a Micky y lo ensalzara como mexicano, toda vez que se había destapado el escándalo de su nacimiento en Puerto Rico por parte de la revista *Vea*. Fue concretamente el 26 de julio de 1992 cuando, con Nelson Castillo al frente, imprimió una de sus portadas históricas: "¡Luis Miguel es boricua!", en la que antetitulaba que descubrían su secreto tras 22 años y desnudaba ante el mundo otra de las grandes mentiras del papá.

El consumo progresivo de Luis Rey de cocaína fue uno de sus grandes vicios que empeorarían el ya de por sí complicado carácter del autor de "Soy como quiero ser". En un principio le era difícil conseguirla y tenía que comprarla, pero una vez consolidada su relación con Arturo Durazo se la regalaban y la obtenía en grandes cantidades convirtiéndose en el cocainómano empedernido que todos sus allegados recuerdan, incluso portaba en su ostentosa cadena una especie de cucharilla metálica para ayudarse en el consumo a toda hora y en todo lugar. Las fiestas de la bohemia en su casa se convertían en un derroche de polvo blanco servido en bandejas sin ningún tipo de disimulo. No era un buen ejemplo.

Luis Miguel manejó siempre con relativa discreción su relación de amor y odio con su padre. "Yo corrí a mi papá por las cosas feas que me hizo, pero tengo esta carrera gracias a él", le ha reconocido a sus más íntimos amigos, que coinciden a la hora de recordar el reconocimiento que tuvo en el desarrollo de su carrera musical, una exigencia desde muy pequeño que acabó beneficiándole, pero este aspecto positivo de su progenitor se solapaba siempre con sus amplios, ruidosos y pervertidos defectos. Una de estas personas recordaba como Luisito cobraba impuesto de aduanas, por así decirlo, para las chicas que querían estar con Luis Miguel. Decía cínicamente que tenía que probarlas antes no fuera que tuvieran alguna infección y se la pegaran.

En la parte mala del papá hay muchos misterios, dos sobresalen por encima de todos; el primero, lo ocurrido con la desaparición de su mamá, "se llevó el secreto a la tumba" dijo a varias personas de su entorno durante el vuelo de vuelta y nada más aterrizar de regreso a Buenos Aires tras el entierro de Luisito. En segundo lugar, el hecho de que literalmente le robara, el modo en el que engañó con el dinero a su propio hijo y el terrible problema fiscal que le generó que casi lo manda a la cárcel. Luisito tenía mil mañas para meter la mano, entre ellas la manipulación del monto de los contratos, si tenía que cobrar, por ejemplo, 100 mil dólares, decía que eran solo 20 mil. Luego se dedicaba a transferir el dinero a Suiza evadiendo las obligaciones fiscales. Esto concuerda con aquellas frases que Marcela comentaba a su familia italiana durante su estancia en el primer semestre de 1986: "Cuando Luis Miguel sea mayor de edad y quiera echar mano de su dinero se va a dar cuenta que sólo tendrá un puñado de moscas". Ella sabía perfectamente lo que estaba pasando, pues entre otras cosas la usaba de testaferro para sus manejos.

La ruptura de su familia y el cisma que se generó con las barbaridades de su padre hicieron tambalear la carrera de Luis Miguel, que meditó seriamente abandonar y tirarlo todo por la borda como ya se desveló en *Luis Mi Rey* en 1997, año en el que el cantante confirmaría públicamente tal circunstancia:

> *Es imposible echarme para atrás hoy; tuve la oportunidad de haberlo hecho pero ya pasó. Ahora debo continuar. Esto dejó de ser una aventura desde hace mucho, después de los 18 años de edad me planteé decidir si iba a continuar con mi carrera o me iba a retirar para dedicarme a otra cosa; finalmente, opté por continuarla y aquí sigo.*

Era una persona nueva: "El verdadero Luis Miguel que sabe lo que quiere decir y ha entendido bien su línea nació con 18 años en adelante, todo lo demás no fueron sino episodios confusos para mí".

Cuando se separaron, Luis Miguel hizo la cruz a todos los que habían sido amigos del padre y por supuesto a sus tíos, entre los que incluyó a Rosa Barbarito, la pareja de Mario Gallego, a los que juró no volver a ver ni hablar, y lo cumplió a rajatabla. Viéndose aislados y pagando las consecuencias de sus actos, ambos acudieron a programas de televisión en España afirmando auténticas barbaridades muy hirientes. Sirva de ejemplo la intervención de Mario Gallego en el programa *Salsa Rosa*, de Tele 5, en el mes de diciembre de 2004, con gravísimas acusaciones tanto a su difunto hermano, al que calificó de "drogadicto y paranoico", como a su sobrino, con él fue más sutil, pero quiso dar a entender que era igual que su padre. Dejando de lado el repetir aquellos disparates, sí hay que decir que sus tíos ya fallecieron y de las parejas o descendientes vivos Luis Miguel también se desentendió completamente. Mario fue el más asiduo en los medios españoles hasta que su falso patetismo quedó amortizado.

Rosa Barbarito también se prestó al espectáculo catódico remunerado con un tono similar de disparates faltos de sensibilidad con sus sobrinos. Hasta Pepe, que siempre se manejó en un perfil más bajo, acabó sucumbiendo a los euros que el programa *Donde estás corazón* le ofreció en 2010 cuando Luis Miguel estaba internado en el hospital, diciendo enormidades, aun disimuladas con su particular gracejo andaluz, mintiendo descaradamente cuando aseguraba que estaba en contacto con su sobrino, y dando a entender que el problema del cantante se debía a un abuso de lo que él llamaba "Coca Cola con apellidos". Estas pequeñas muestras de exposiciones públicas bastan para dar a entender lo cargado de razón que estuvo siempre Luis Miguel para no querer saber nada de sus tíos. Eso sin entrar en una fuerza todavía mayor relacionada con la desaparición de su madre.

Luisito asistió con gran dolor y en la distancia al meteórico ascenso de su primogénito, sin hacer nada y fracasando en sus intentos de retomar en España su actividad buscando otro Luis Miguel. En 1992, año de su muerte, supo que había logrado entrar de la mano de Hugo López en el prestigioso Caesar's Palace de Las Vegas, y también que había comenzado el gran idilio con el Auditorio Nacional de la Ciudad de México, batiendo un récord de *sold out* al vender en una sola tarde los 10 mil boletos para su presentación y posteriormente romper el récord que en aquel entonces suponía presentarse diez noches consecutivas con llenos absolutos. Con el paso del tiempo, fue batiendo sus propios récords.

En la parte buena de su papá está todo aquello que le ayudó en su carrera, su disciplina, muy férrea y muy dura, y su exigencia a las discográficas para que hicieran de su hijo una gran estrella que se tradujo en su paso de EMI a WEA con 17 años, con el fichaje para los tres siguientes discos de un productor y compositor de la talla de Juan Carlos Calderón, al que Luisito admiraba profundamente. Ya había trabajado en *Palabra de honor* con su tema "Me gustas tal como eres", uniendo por primera vez en un dueto internacional a Luis Miguel. Lo hizo con una cantante con la que también él trabajaba: la escocesa Sheena Easton. El resultado fue un Grammy. El padre tenía claro que no podía poner en mejores manos el proceso de transición de la voz de su hijo, un momento delicado en el que se podía jugar su carrera, tal como sucedió. Los gallos y las inseguridades empezaron a mermar su confianza, y ahí es donde encontró un tremendo apoyo en el músico de Santander.

El fichaje se produjo en Los Ángeles. Luis Rey contactó con Juan Carlos por mediación de Peter López, abogado común en California, y arreglaron una cena a la que acudió también Luis Miguel. En esa cena hubo muy buena química, flechazo profesional, y en ella Calderón conoció de boca de Luisito los planes que había para Luis Miguel en la primera gran encrucijada de su carrera con el cambio de voz. Una opción era seguir en EMI de la mano de otro productor, que no les convencía; otra ir a CBS (Sony) y por último la de Warner, en la que querían involucrarlo. La siguiente reunión fue en Madrid, donde resultó que eran vecinos en la urbanización de Las Matas, la casa del compositor estaba muy cerca de la propiedad del padre de Luis Miguel. Ahí concretaron todo, pero había premura, habían rechazado un disco ya hecho para hacerlo con él. Con el nuevo contrato su rol aumentaría considerablemente. El único problema, le dijo al padre, es que para ese disco de 1987 no podría aportar muchas canciones como compositor debido a que atravesaba un momento personal anímico difícil tras la muerte de un hijo suyo en un accidente de tráfico. No tenía canciones. Luisito le pidió que hiciera al menos tres y que resolverían el resto del disco como finalmente se hizo, con adaptaciones de temas consagrados.

Con la intención de dar un verdadero impulso internacional a la carrera del artista, Luisito acudió a la agencia que representaba a Prince desde 1979. Se trataba de Cavallo, Ruffalo & Fargnoli, propiedad de Roberto Cavallo, Joseph Ruffalo y Steve Fargnoli, quienes poco después, concretamente en 1988, serían desvinculados por el propio Prince del manejo de su carrera, lo cual dio origen a una demanda por daños y perjuicios en contra del ídolo. El 27 de diciembre de 1986 la revista *Billboard* publicaba una fotografía de la firma del nuevo contrato con Warner en la que aparecía el nuevo *manager*, Joe Ruffalo, el presidente internacional de WEA, Nesuhi Ertegun, el abogado Peter López, el propio Luis Miguel y Luis Rey, al que no se le da más crédito en aquella reseña que el de padre. Desde entonces, la brecha entre padre e hijo comenzó a agrandarse. Luisito caía en la trampa de sus propias mentiras, ignorando que su hijo iba teniendo sus propias fuentes de información y que éstas le solían contar una versión muy distinta de lo que le contaba el papá respecto a lo que estaba pasando con la agencia de Cavallo y Ruffalo. Esto afectó el manejo de la carrera. Ruffalo y Luisito acabaron mal y él lo señaló como la persona culpable de haber provocado la fuga de Marcela a Italia junto a él, una versión falsa pero que todavía mantenían los hermanos Gallego en 1996.

A raíz de *Soy como quiero ser*, el sello del pianista cántabro se hace notar en todo el concepto de los discos y logrará catapultarlo hacia el número uno internacional. Con este disco llegó el famoso videoclip dirigido por Pedro Torres, *Cuando calienta el sol*, que puso a Luis Miguel en una dimensión superior como *sex symbol* y artista de éxito, al lograr ocho discos de oro y cinco de platino. Era el anticipo del gran éxito que supuso el tándem Calderón-Luis Miguel, que superó la ruptura entre padre e hijo. El disco fue un cambio total, producido y grabado en el legendario Record One Studio en California, hoy Ocean Way Recording, donde habían grabado Madonna y U2. Este disco requirió del apoyo constante de Juan Carlos Calderón al joven artista. En todo momento animaba a Micky y le espantaba los miedos que le atenazaban a consecuencia del cambio de voz. Adivinó los tonos exactos que debía usar, les costó arrancar en el estudio por la inseguridad del cantante, que poco a poco y de la mano del maestro fue dándose cuenta del potencial tan enorme que tenía en su voz, lo cual fue dándole seguridad progresivamente.

"Me gustaría ser algún día el número uno", dijo por aquel entonces cuando empezaba apenas su carrera, emulando las palabras que su propio padre pronunció cuando nació: "Se llamará Luis Miguel, como el torero, que es un número uno, y mi hijo será un número uno". La profecía del padre y el deseo del hijo empezaron a cumplirse justo al mismo tiempo que se quebraba su relación: caprichos del destino. La decisión la había tomado mucho antes de cumplir la mayoría de edad, pero sabía que tenía que esperar por imperativo legal. Se encargó de buscar a Hugo López y de ir avisando a muchos amigos y gente de la industria de lo que iba a pasar. Quiso ser benévolo con su padre aun sabiendo que para sobrevivir como artista debía separarse de él, pero la enormidad de los acontecimientos provocó una monumental pelea en el verano de 1989, en la Suite Presidencial del hotel Villa Magna de Madrid, que supuso el quiebre absoluto de la relación paterno-filial, que nunca volvería a restaurarse. Es otra de las sanaciones que su alma precisa: superar el sentimiento de culpa por el hecho de haber estado peleado con sus padres y no haber podido hacer nunca las paces con ellos en vida.

Luis Miguel no tenía nada tras la ruptura con su padre. Tanto es así, que tuvo incluso al principio que llegar a dormir en un carro al no tener a dónde ir. Fue una transición dura en el manejo de la carrera del artista que quedaría en manos de Hugo López, quien encontró muy graves problemas heredados al llegar, como narramos en su día en *Luis Mi Rey* y como la serie hizo llegar a millones de espectadores en todo el mundo. Al menos suspiraba de alivio viendo la calidad del trabajo que se llevaba a cabo de la mano de Juan Carlos Calderón con *Un hombre busca a una mujer*, cuyas voces se grabaron en los estudios Mediterráneo de Ibiza, donde disfrutaron en aquellos días de las calas y la vitalidad de la célebre isla balear. El disco generó una exitosa gira por todo el continente americano, incluyendo Estados Unidos, y el sencillo "La incondicional" marcó un récord de permanencia en la radio mexicana, logrando estar siete meses en el número uno. El videoclip de la canción, de la mano nuevamente de Pedro Torres, es otro de los íconos de su carrera.

"La incondicional" es la canción que también le consolidó el potencial de su voz. Es un tema que exige de unas facultades tremendas, con un estribillo muy duro. En esa época además no existían los trucos de afinación y repetición en estudio que la tecnología permite hoy en día; allí había que cantarlo con mayúsculas. Y cantó. Demostró al productor y a los músicos que el talento de su voz apenas estaba alcanzando la pureza con la que deleitaría al mundo desde su mayoría de edad. El disco le valió su primer premio en Mónaco en 1990, recibiendo el "Premio al Mundo de la Música" en los World Music Awards; el primer artista latinoamericano que lo recibía. Obtuvo diez discos de oro, colocó siete sencillos en las listas de popularidad de *Billboard* durante más de un año, incluso en 2018, con motivo del estreno de la serie de televisión y de la banda sonora de la misma, la canción "Culpable o no" resucitó su popularidad y llegó a ser una de las más reproducidas en la plataforma Spotify, que registró un incremento en un día de 4 mil% en las reproducciones de la canción.

Fue un claro ejemplo de que conocer el nombre de la mujer en la que el artista piensa cuando interpreta sus canciones invita a volver a escucharlas. Aquel disco tenía otras interpretaciones inmortales: "Fría como el viento" para llorar su desamor con Lucía Méndez; "Culpable o no" para exponer el sentimiento que tenía de haber sido traicionado, así no fuera cierto, por Mariana Yazbek; y "La incondicional" ante la hermosa relación vivida con Stephanie Salas de la que salió una hermosa niña. En otras palabras, Hugo se encontró un enorme agujero, pero había de donde sacar para taparlo y lanzarse hacia el liderazgo de la música en español. Bajo su manejo el ascenso fue meteórico y el artista estuvo rodeado de una serie de excelentes profesionales en todos los ámbitos, lo cual se tradujo en una de las etapas más brillantes de su carrera.

Con 20 años todo era nuevo para la estrella que había crecido en San Bernabé pero que apuntaba ya al sol de Acapulco como ecosistema natural, al amparo de una relación discreta con una amiga de la infancia, Erika Camil, después de haber pasado por los brazos de Lucía Méndez, Stephanie Salas, Mariana Yazbek y Sasha. La ruptura con su padre fue un punto de inflexión y lo simbolizó con un nuevo look, nuevo logo y nueva vida, ya completamente alejado de un Luisito que intentaría en vano acercarse a su hijo, protagonizando muy desagradables desplantes, incluido el del jamón, tal como contamos en los anteriores libros. "Cambio radical de imagen y de todo, no quería saber nada del pasado. Cuando la promoción de *20 años* no quería ir a España, era muy reticente. Se buscó incursionar nuevamente en el mercado italiano y se hizo una versión del disco en dicha lengua, pero finalmente él desistió, decía que no le convencía, no sabemos si influía ya todo lo que le pasaba por no encontrar a su mamá", recordaba en su día Alex McCluskey.

Su álbum *20 años* fue a su vez la consolidación definitiva de su voz, una voz recia, dura, voz de cuero afirmaba alguno que otro especialista, a veces con matices de la contundencia del flamenco, herencia lógica, otras veces recordando el *soul*, y el inicio de una exigencia a sí mismo en su trabajo que para algunas personas de la industria es excesiva en el sentido de que pueden hacerle sentir mal interpretaciones que en realidad están muy bien.

Una década después de tener 10 años, todo era muy distinto en la vida de Luis Miguel. Sus edades coinciden con el arranque de las décadas del calendario, y en los noventa el disco *20 años* arrasaba alternando baladas con temas como el cover de The Jackson 5 que titularon "No culpes a la noche", con el que hubo sus más y sus menos durante la producción. Luis Miguel estaba empeñado en incluir esa canción sí o sí debido a su obsesión y admiración con el Rey del pop, admiración que se extendía a George Benson y a Earth, Wind and Fire. La estética del videoclip "Ahora te puedes marchar", que salvando las distancias recuerda un poco a "Thriller", es un claro ejemplo de esa admiración. El problema fue los derechos de la canción, que no eran precisamente fáciles de conseguir. Se inició así una complicada gestión y todo dependía finalmente de la voluntad de Michael Jackson: si él se negaba, no había nada más que hacer. Ahí tuvieron suerte y descubrieron al tiempo que Michael era una buena persona. Accedió y Juan Carlos Calderón pudo hacer la adaptación y los arreglos. La canción pasó a convertirse en uno de los emblemas del propio Luis Miguel, presente en todas sus giras.

Para satisfacción de Hugo López y del propio Luis Miguel, otra celebridad de la música, el maestro Armando Manzanero, tomó el relevo de Juan Carlos Calderón para poner en marcha un proyecto que marcaría un antes y un después en la historia del cantante, de la mano de los boleros. Las veladas románticas de la Ciudad de México primero y de medio mundo después escucharán a media luz los viejos temas reciclados por la portentosa voz de Luis Miguel. En una de aquellas veladas, dentro de las presentaciones del Premier, Luis Miguel saltó una noche al escenario y todo el mundo se quedó mudo, nadie gritaba como era habitual, parecía como si alguien hubiera echado un balde de agua helada. Nadie esperaba una sorpresa así, ni siquiera su equipo de trabajo, algunos de los cuales quedaron igual de sorprendidos que el público. Miraban sin cesar una y otra vez al artista más allá del bolero que estaba interpretando. El motivo no fue otro que el corte de cabello que se había hecho sin avisar a nadie, con ese look de cabello corto, pegado al cuero cabelludo y con el flequillo hacia delante. Su estilista Marco Rosado había apostado por un estilo que recordaba a Pedro Infante caracterizado en el personaje indígena de Tizoc. La gente se quedó helada y las comparaciones con el citado personaje no demoraron en aparecer. Es justo el look que luciría en las fotos de *Segundo romance*, donde hay quien le dice que más que a Tizoc recordaba el corte del emperador Octavio Augusto.

Su gran cambio de look, el corte verdadero de cabello que él quiso simbolizar como quien se tatúa algo en el cuerpo, la nueva imagen que era el símbolo de la nueva era tras haberse separado y peleado con su papá y ponerse en manos de Hugo López, fue en Milán, aprovechando una de sus visitas a Italia y lo lució junto a sus familiares de la Toscana en la última visita que hizo a los Basteri la Navidad de 1989. Si bien antes de eso hubo una imagen inolvidable que todo el público recuerda del video de "La incondicional" y que tuvo también muy cerca a Rosado. En aquella ocasión, como más tarde declararía el director Pedro Torres, la cosa fue más un efecto especial que una realidad de un corte drástico como el que se haría después.

> *Entre todas las anécdotas de la filmación, que duró cuatro días entre las grabaciones del Colegio y las de la Escuela de la Fuerza Aérea de Santa Lucía, la del corte de cabello es la más estresante y la de mayor tensión. Micky no quería y estaba muy nervioso. A pesar de que pidió tener muy de cerca a su estilista Marco Rosado, no dejaba de parar y dar indicaciones sobre el tamaño, la cantidad, el estilo. Decidimos platicar y llegar a un acuerdo. Se le cortaría el cabello para tres tomas. Trataríamos de tocar lo menos posible la forma, intentando rebajar sólo los lados y un poco de atrás y con un par de trucos de Marco y de la cámara fue como logramos el efecto del corte, que parecía mucho más sustancioso de lo que de verdad ocurrió. En realidad, se le cortó poco y aún así él estaba muy nervioso y poco cómodo. En la siguiente toma ayudó mucho el gorro militar.*

Aprovechando una serie de presentaciones en el Auditorio Nacional a principios de los noventa, triunfando con los discos de Juan Carlos Calderón, los boleros y el exitazo de *Aries*, sus asesores le sugirieron un cambio de vestuario muy exitoso con ropa de *Versace*. Fue cuando introdujeron una línea fresca y jovial. Él se dejó llevar y se tradujo en una mayor seguridad a la hora de moverse en el escenario. Muy pronto las camisas de *Versace* que lucía en los conciertos marcarían una tendencia. Precisamente por aquella época, en el año 1992, el año del V Centenario del Descubrimiento de América, el año de las Olimpiadas de Barcelona, el propio Luis Miguel era tendencia por sí mismo desde Las Vegas a la Expo de Sevilla, sin sospechar cómo empezaría a maniobrar el destino en los meses posteriores a su magnífico debut en la Andalucía hispana que alguna vez fuera su país y su casa.

4

El gran seductor

"Sin amor no hay vida", dijo en el año 1993 cuando su corazón vivía el romance de Erika Camil, pero el ojo del huracán caribeño de Daisy Fuentes ya se desplazaba por el cielo rumbo a descargar en el centro de su vida. Lo repitió en pleno romance con la cubana.

> Soy muy romántico, me gusta mucho el romanticismo. Me gusta mucho la mujer, amo a la mujer, creo que es lo más bello que hay en la tierra. Amo el amor, me gusta el amor, son cosas que realmente uno tiene que vivir, experiencias muy bellas y que me han dejado muchos grandes recuerdos.

Se declaró desde muy joven un gran admirador de la belleza femenina. "La mujer es mi fuente de inspiración. No me importa la raza ni la edad que tenga, sólo necesito una mirada, no hay nada más bello que los ojos de una mujer". Belleza tuvo desde su primera vez. Una joven carioca llamada María que a tenor de quienes la conocieron era una escultura de chica que habría encajado perfectamente como modelo en un videoclip de la famosa "Garota de Ipanema" de Vinicius de Morais. Luis Miguel se inició en las artes del amor a una edad muy temprana. La playa de Copacabana en Río de Janeiro, donde se ubica el hotel Othon Palace, fue testigo de una noche inolvidable con aquella mujer bellísima que trabajaba en EMI, a la que pretendía seducir Mario Gallego, el Tito. Una historia muy curiosa, incluso simpática que contamos con detalle en *Luis Miguel: la historia* y que precedió al hecho menos simpático y anecdótico de que su padre lo quisiera encerrar con escorts "para hacerlo hombre y que cambie la voz" decía él ante el escándalo de no pocas personas que entonces eran testigos absortos de las excentricidades del malogrado cantautor gaditano, al que no le importaba cuando viajaban y compartían habitación, siendo Luis Miguel aún niño, meter alguna mujer dentro. El director artístico de EMI, Miguel Reyes, contó cómo una vez el niño tocó a la puerta de su habitación en Guadalajara pidiendo permiso para dormir en su habitación porque su papá había metido dentro a una mucama del hotel, lo cual indignó al representante de la disquera.

La precocidad marcó al cantante en todos los ámbitos de su vida, incluido su Grammy con 15 años gracias a su dueto con Sheena Easton. Nunca nadie antes había logrado tal hazaña a esa edad. Aprendió siendo un adolescente a ser un gran seductor y se fue perfeccionando con el paso de los años. Cuando recibía a alguna mujer en Los Ángeles solía cortar flores de su propio jardín y las ponía en la mesa de la afortunada. Ha gastado una fortuna en el arte del cortejo, que ha incluido agasajos, detalles, viajes planeados y viajes improvisados a cualquier lugar exótico, echando mano de recursos como el avión privado tras una larga noche; paseos en helicópteros y en yate, serenatas, canciones a capela en la intimidad, maratones de pasión, muchas risas y también muchas lágrimas. Si alguien hubiera llevado una contabilidad de los gastos en cuestiones de amor, no hay duda que el primer puesto se lo llevaría la carpeta dedicada a Mariah Carey, a la que agasajó con todo tipo de joyas de incalculable valor. La de Daisy Fuentes tampoco se queda muy atrás. El gran seductor era casi infalible, la ecuación joven, más famoso, más guapo, más rico, raramente no daba igual a cada conquista. Sus amigos de la era de adolescencia y primera juventud reconocían que cuando estaba él había que esperar a que eligiese para ellos ver a qué chica seducir sin riesgo a perderla después. Aun así, sí hubo alguna que otra vez en la que obtuvo un "no" por respuesta.

En el amor ha fallado y le han fallado, una vez confesó: "En el amor tal vez exijo más de lo que puedo dar". "Él es un seductor nato y la traición es el golpe más duro que ha podido recibir su corazón", reconocía uno de sus íntimos amigos. Ha cantado al amor y al desamor. Sus interpretaciones sobresalientes, tanto en estudio como en vivo, tienen mucho que ver con la intensidad con la que siente lo que canta. Los temas de amor que grabó cuando conoció a Mariah Carey como "Dormir contigo", por poner un ejemplo; y los de desamor que entraron a su repertorio después del triste final de la misma, como "Devuélveme el amor", por poner otro ejemplo, ilustran perfectamente algo a lo que artistas como Julio Iglesias han sacado gran partido al reconocer públicamente las destinatarias de sus canciones.

A estas alturas de su vida, aparenta haber perdido la esperanza de lograr una media naranja con la que protagonizar escenas de romanticismo pleno. Los detalles con la última pareja conocida en 2019, la corista Mollie Gould, no apuntan precisamente en esa dirección. Las cicatrices y la inestabilidad en el corazón que cumplió 50 años, junto a la falta de motivación de alguien acostumbrado a tener cuanta mujer bella anheló, no invitan a pensar en que pueda llegar esa mujer incondicional con la que envejecer, sin embargo, nada es descartable. Todo depende de si se empieza a valorar más la belleza del alma que la belleza del cuerpo. Para ello él mismo debe dar ese golpe de timón necesario para apreciar y valorar otras cosas de la vida.

Su historial romántico se remonta a la época de su adolescencia. Siendo todavía menor de edad tuvo el primer gran romance con la actriz Lucía Méndez, una de las divas de la escena mexicana en aquel momento en todo su apogeo, pero con 15 años más que el intérprete de "Ahora te puedes marchar". Él solía ocultar su edad y se ponía siempre tres o cuatro años más para amortiguar la diferencia. "Yo creo que se tiene la edad que el corazón manifiesta", diría. "Resulta que tenía 17 años y a mí me dijo que tenía 20, casi me muero, casi me da un ataque, te lo juro, en serio", dijo la actriz en el programa *Sale el Sol*.

Sin embargo, aquel muchacho de aspecto imberbe actuaba siempre impulsado por sus dotes de seductor natural que lo han acompañado toda su vida. Desde muy joven empezó a llevar serenata y a agasajar a las mujeres, y con Lucía Méndez, prendido de su belleza, se lanzó sin complejos a la conquista en una noche que ambos estaban en un hotel de Miami, ciudad en la que habían coincidido por un festival que organizaba Raúl Velasco. En Navidad le envió un oso gigante de peluche, reconoció la actriz en el programa de televisión *Ventaneando*, añadiendo que él llegó a buscarla hasta su suite. Sus dos etiquetas, de seductor y celoso, se han manifestado en todas las relaciones a lo largo de su vida, sin importar su edad, y ésta no iba a ser una excepción.

Quince años de diferencia o incluso más pueden no notarse tanto dependiendo de las circunstancias de la pareja, del momento de conocerse y de las edades de cada uno, no es lo mismo 15 años de diferencia con 30 en uno y 45 en otro, por poner un ejemplo, que con 15 en uno y 30 en otro. Es algo parecido al escándalo que se desató cuando Alejandro Asensi, ya cuarentón, empezó su romance con Michelle Salas, que apenas tenía 19 años. Por tanto, en el caso de Lucía Méndez y Luis Miguel la diferencia de edad debía notarse sí o sí, y se debió notar seguramente a la hora en que ella empezara a hacerse preguntas relacionadas con la corta edad de su pareja. Lucía era ya una mujer hecha y derecha, una gran figura en la década de sus treinta a la que deseaba todo el país. Según ella misma dijo en el programa *Hoy*, creyó que lo mejor era alejarse. "Me daba mucho miedo perderme de amor. Era imposible no caer y por eso me retiré de su vida, no pude, me dije *la voy a regar*".

Con la famosa actriz se dio lo que ha sido una constante en toda la vida del artista, es un hombre tremendamente celoso e inseguro en sus relaciones de todo tipo, no solamente las sentimentales, también en las amistades. Un íntimo amigo de Luis Miguel que vivió muy de cerca su romance con Lucía Méndez, aseguraba que, efectivamente, él se mostraba muy celoso y que lo pasó muy mal cuando ella decidió poner punto final a la relación. Para esta persona, Micky estuvo mucho más enamorado de Lucía que lo estaría de la que sería su relación posterior, la fotógrafa Mariana Yazbek. También hizo hincapié en el hecho de tratarse de mujeres mayores que él en ambos casos.

Este testimonio concuerda completamente con la historia que desveló la célebre periodista Betty Pino, donde venía a poner en claro que cuando Lucía decidió alejarse y dejó de prestarle atención, a él no le sentó muy bien. Tiempo después la buscó y tras insistirle mucho logró que se volvieran a ver en Miami. Lo hicieron en el Mayfair, y fue tremendo, él se mostró despechado reprochándole que le había hecho daño. Dijo que por su culpa se había perdido, que había sido muy mala con él y le soltó que era el amor de su vida. Lucía había llegado acompañada de la conductora Betty Pino, que lo escuchó todo ubicada muy cerca de donde tuvo lugar la conversación, y lo llegó a contar más tarde públicamente en un libro dando detalles de aquel encuentro. Lucía le contestó que lo sentía, pero que para ella él no había sido el amor de su vida.

El tío de Luis Miguel estuvo a punto de meterse en un buen lío legal cuando declaró en la prensa española en 1995 que el hijo de la actriz era de Luis Miguel. Tito había oído tiros y no sabía por donde venían, así que decidió hacer gala de la capacidad de los Gallego para inventar, manipular y mentir, convirtiendo cualquier comentario en un chisme y ni corto ni perezoso dio por hecho lo que en realidad sólo había sido un comentario que alguna vez escuchó a su hermano Luisito, que a su vez le había escuchado a su hijo en algún momento preguntarse si podía ser suyo. Desde luego que no, y el cantante lo sabe, el hijo de Lucía Méndez es fruto de su relación con Pedro Torres. Probablemente la actriz estimó, con buen criterio, que ni valía la pena siquiera demandar a un personaje como Mario Gallego. Sin embargo, es un tema que le dolió, como es lógico pues siempre lastima cuando alguien inventa una mentira de tal calibre que puede afectar a las personas que amas. Cuando el bulo volvió a tomar cuerpo a raíz de la emisión de la serie biográfica de Luis Miguel, Lucía Méndez salió al paso a través de sus redes sociales y escribió:

> Es muy lamentable, realmente decepcionante y hasta absurda la nota que algunos medios de comunicación han estado retomando de un portal completamente falso, sin ética, sin credibilidad alguna, sin un titular que avale la información y mucho menos teniendo fundamentos.

Con Lucía Méndez empezó a darse un comportamiento que él mantuvo después en posteriores relaciones, la inmediata con Mariana Yazbek y las que vinieron después. Tal vez sea exagerado hablar de un complejo de Edipo, pero quizás la ausencia del abrazo tierno y amoroso de su mamá lo buscaba inconscientemente en los brazos de otras mujeres de más edad. Era una mezcla de buscar en mujeres mayores el desahogo por no saber nada de su madre y el cariño de los brazos femeninos que extrañaba de cuando era niño y su mamá lo acurrucaba. La angustia y la desesperación en todo su esplendor. Hubo muchas escenas de llanto con sus parejas, de confesión de su dolor por no saber nada de Marcela Basteri a pesar de buscarla sin cesar, hasta el momento que la desesperación que mostraba ante la incertidumbre del paradero de su madre se tornó sólo en dolor por una realidad que se veía tan oscura como inevitable, que marcaría una huella de abandono para toda la vida que nunca se ha podido reemplazar y que comparten sus hermanos, principalmente Alejandro, puesto que Sergio era muy pequeño cuando desapareció su mamá. El desahogo de Luis Miguel con sus parejas cuando abordaba el tema de su mamá pasó a ser de puro dolor, y las lágrimas de puro desgarro, y el refugio en los brazos de personas a las que amaba de verdad, como por ejemplo el caso de Daisy Fuentes o Mariah Carey, eran al tiempo un alivio y un recuerdo del amor materno, aquella caricia de un tiempo que no volvería jamás.

Mariana Yazbek también conoció ese lado celotípico de Luis Miguel por causa de su relación anterior con Alejandro González Iñárritu, y fue víctima de la desmedida fuerza del chisme, de lo que el poder de la palabra es capaz de destruir. Tanto fue así, que 20 años después de su romance se vino a enterar, con motivo del estreno de la primera temporada de la serie en 2018, de que Luis Miguel seguía pensando que ella le había sido infiel con el Negro Iñárritu, cosa que jamás fue cierta. Curiosamente, Miguel Alemán Magnani juntó a ambos personajes en una cena con el proyecto de la serie ya en marcha.

Luisito Rey sabía muy bien cómo sembrar la cizaña y, conociendo a su hijo, la mejor arma que podía usar para alejarlo de una relación que no quería era el chisme de que le habían puesto los cuernos. Ya a raíz de ahí y gracias al impacto de la serie todo el mundo conoce la letra de "Culpable o no" y no fue casualidad que durante la emisión de la producción en Netflix la canción arrasara en plataformas como Spotify. Era una etapa de la vida del intérprete de "La incondicional" en la que aparecía ese lado celoso pero no soberbio.

Mariana Yazbek perdió algo más que el amor de Luis Miguel en aquellos años, también la gran amistad que tenía con Rebecca de Alba. Después de haber terminado su idilio con el cantante fue a hacer unas fotos al Festival de Acapulco. Estando en la playa tomando fotos se encontró con Luis Miguel, que iba acompañado de su amigo Héctor Rodríguez. Él la saludó abrazándola efusivamente y se le notaba nervioso. Fueron a comer los cuatro al Paradise, Mariana, Rebecca, Héctor y Micky. La comida transcurría con normalidad, él preguntando a su ex por su familia, cosas normales. Cuando Mariana quiso levantarse para ir al baño se dio cuenta que Rebecca le estaba coqueteando, rozando su pie por debajo del mantel con el pie del cantante. Eso la puso casi en estado de shock, lo interpretó como una traición de una amiga, así hiciera tiempo ya que no estaban juntos como pareja. No tenía nada con que su amiga se quisiera ligar a Luis Miguel, pero sí le pareció poco correcto que lo estuviera haciendo en su misma frente. Rebecca la alcanzó en el baño y ahí hubo un desahogo por parte de Mariana, recriminándole lo que estaba haciendo con fuertes palabras. Después regresaron a la mesa como si nada. Mariana se excusó diciendo que se tenía que ir, se despidió de Luis Miguel, salió, pidió un taxi y se regresó al hotel muy afectada sin parar de llorar. Fue la última vez que vio al cantante, a pesar de que él la buscó después sin que ella atendiera las llamadas, y fue el final de la amistad con Rebecca de Alba. Mariana volvió a la Ciudad de México enferma por aquel episodio. Con el paso del tiempo, ya superado el mal trago, el grupo de amigas de la fotógrafa compartían de vez en cuando la anécdota entre risas, anécdota que bautizaron como el "Rebecazo". Con el paso del tiempo volvieron a hablarse, pero la intimidad de la estrecha amistad que existía antes de ese episodio desapareció para siempre.

Rebecca de Alba se quedó aquel día como si nada hubiera pasado en el Paradise con Héctor y con Luis Miguel. Fue el comienzo de su propia amistad y aventura con el intérprete de "Entrégate", de hecho, en aquel mismo viaje se quedó unos días en su casa de Acapulco. Ella reconoció el romance años después, "besa muy bien", llegó incluso a confesar. Más allá de las palabras, la forma en que lo miraba, expuesta con detalle en una entrevista televisiva en plena gira de *Aries* en 1993, disco que estaba por salir, la delataban, así en aquellos momentos él ya hubiera consolidado su noviazgo con Erika Camil. Con el tiempo la relación derivó en una amistad que perdura hasta la actualidad. Rebecca de Alba fue la encargada de presentar un video/semblanza del artista en la conferencia de prensa de *Segundo romance* en septiembre de 1994. Sus escapadas con amigos, principalmente a la nieve, o sus vivencias en el puerto de Acapulco, es algo que siempre ha recordado con cariño. Ella siempre estuvo ahí en fechas significativas, como después del fracaso de la relación del cantante con Mariah Carey.

En diciembre de 2002 pasaron juntos las vacaciones de fin de año en el hotel St. Regis de Aspen, donde pudieron disfrutar precisamente entre otras cosas de la práctica del esquí y donde casualmente estaba también la intérprete de "Hero", incluso otra mujer que fue en su momento fiel incondicional del cantante: Paty Manterola.

La amistad, que derivaría en romance, con Stephanie Salas, vivió un momento conmovedor el 27 de octubre de 1987, cuando Viridiana Frade, su hermanita de apenas 2 años, hija de Fernando Frade y Sylvia Pasquel, murió en un accidente en una piscina. El doctor Octavio Foncerrada contó en el programa *Ventaneando,* en julio de 2018, que aquel día estaban en el penthouse de Polanco cuando habló preguntando por Luis un amigo de Fernando, él no estaba pero se intuía que había pasado algo grave. Luis Miguel se adelantó y cuando el Doc llegó en su carro, cinco minutos después, observó conmovido que el cantante estaba con la niña en los brazos, ya muerta. Un duro golpe del que los padres, que se divorciaron poco después, no se pudieron reponer.

Para entonces, Stephanie y Micky ya habían forjado un lazo afectivo importante. Se conocieron gracias a un amigo común, Héctor Suárez, cuya memoria ubicaba el momento en el verano de 1985. Él estaba grabando un programa con la nieta de Silvia Pinal, un musical juvenil, en el que Luis Miguel iba a actuar como padrino develando una placa, contó Stephanie en una exclusiva a la revista *¡Hola!* Héctor dijo que Luismi lo llamó a la cabina del foro para invitarlo a cenar. "Ella se enteró y me dijo que lo quería conocer. Le pregunté a él y me dijo que sí. Fuimos los dos y se la presenté", contó el actor.

Salieron durante un tiempo con intermitencias. Ella fue una verdadera incondicional. "No fue un noviazgo formal exclusivo, como a mí me hubiera gustado, pero siempre lo entendí porque su vida era su carrera", reconoció ella. En la relación con la nieta de Silvia Pinal hubo un momento culmen allá por el mes de septiembre de 1988, cuando Stephanie quedó encinta. Entonces tuvo que buscarlo. "Lo intenté encontrar pero también sabía que con Luis Miguel había que esperar a que él te hablara". Stephanie aseguró que cuando por fin se reportó se citaron en el penthouse de Polanco. Cuando se lo dijo, él se asustó y se quedó callado, ella temió que se enojara, pero se limitó a decir: "¿Cómo es posible?", tras lo cual se hizo un largo silencio de varios minutos. Finalmente tuvo una reacción positiva, diciéndole: "Todo va a estar bien, tú no te preocupes, nada les va a faltar porque yo voy a estar ahí". "Después me llevó a mi casa y en el camino me fue acariciando la panza. Después de aquel día ya no supe más de él", concluyó la mamá de Michelle Salas en aquella entrevista.

Tal vez ese repentino silencio tuviera algo que ver con lo que él pensaba. Alguien que fue testigo de aquellas escenas dio una pista: "Él no la embarazó, ella quiso tener un hijo de él", le dijo el Doc a Paty Chapoy. "Se asustó cuando recibió la noticia. La mamá me dijo que iba a ser mamá, pero cuando me dijo que era de él me quedé impresionado y sin palabras". La versión del Doc apunta a que fue él quien se lo dijo antes de que ella se lo repitiera casi seguidamente en aquel mismo día. Ambos testimonios coinciden en la reacción de Luis Miguel y en el hecho de que después la llevaron a su casa con todo mimo y cuidado. Pasaría un buen tiempo hasta que se volvieron a ver, con la niña ya nacida. Él siempre quiso a su hija desde que nació, esto es algo que ya contamos en 1997 en *Luis Mi Rey*.

Luis Miguel incluyó su romance con Erika Camil como parte de una nueva vida que se abría paso con la nueva década de los años noventa. Atrás quedaba el ícono del cabello largo y los tormentosos años de Luisito. Erika era una buena mujer, alguien que siempre había estado ahí, ese tipo de relaciones que avanzan desde el cariño de la amistad de muchos años, se conocían desde niños, cuando él apenas empezaba a forjar su carrera. Conforme fue creciendo él empezó a estar más ausente de México y para cuando se reencontraron la admiración mutua empezó a convertirse en un amor cocido a fuego lento, cocinado en un entorno idílico como el puerto de Acapulco. Para mediados de 1989 Erika y Luismi ya se comportaban como una pareja de novios en Tijuana, a pesar de que él en público no daba pistas de su situación sentimental, es más, la negaba. A principios de 1990 aseguraba rotundamente estar soltero en una entrevista para el programa *Aquí hotel Ohiggins*, de la televisión chilena, con motivo de su presencia en Viña del Mar, a donde llegó justo después de grabar en Los Ángeles el disco *20 años*.

El verdadero nombre de Erika, hoy conocida artísticamente como Issabela Camil, con una familia formada junto a Sergio Mayer, es Erika Ellice Sotres Starr, es hija biológica del empresario Armando Sotres, dueño de un famoso restaurante fundado en 1960 llamado Armando's, referencia del Acapulco dorado de las luminarias nacionales y extranjeras. Más tarde abrió la primera discoteca de América Latina, el Armando's Le Club, frecuentada por clientes de la talla de Frank Sinatra, Tony Curtis, Elizabeth

Taylor, Ava Gardner y Kirk Douglas. Erika fue adoptada por Jaime Camil Garza (QEPD) cuando el magnate formalizó su relación con la mamá de ella, la modelo estadounidense Toni Starr.

Erika era una mujer discreta, con mucha clase. Lo acompañaba a Los Ángeles en la época de las grabaciones, permanecía a su lado pero siempre fuera de los focos y en un segundo plano, de bajo perfil. La gente del entorno del cantante la quería mucho, compartieron muchos momentos y les dolió cuando acabaron. Todavía sostienen que fue la gran oportunidad que perdió de formar una gran familia con una buena mujer, que lo quería aun sabiendo que ya era padre de una hija, a la que estuvo viendo durante unos 3 años más mientras salía con ella. Una buena mujer que ha preferido dejar esa etapa de su vida atrás. Todo lo que se le escuchó decir es que habían durado 6 años, periodo que arrancaría en 1989 y concluiría definitivamente en 1995.

Luis Miguel se vio superado por el personaje y por el entorno. Erika empezó a sospechar con mucho fundamento que, a pesar de sus nobles intenciones, iba a ser muy difícil consolidar una relación seria con un Luis Miguel, que se encontraba en una época de plenitud y que por otro lado se dejaba arrastrar por los amigos, los encuentros, las parrandas, su admiración por la belleza femenina y las hormonas que alimentaban su vocación de conquistador. "Nunca se me va a olvidar un día que llegué a casa de Micky, estábamos Miguel Alemán, Federico de la Madrid y unas amigas. Y llegó Erika y entonces él salió casi literalmente corriendo de allí con su amigo Miguel Alemán, que no entendía nada". "Es que le dije que no viniera y vino", fue todo lo que el cantante acertó a decir para justificar la huida. La anécdota, recordada por alguien que la vivió *in situ*, no deja dudas. El amor por ella no era una prioridad en su corazón ni en su vida, y estaba abocado a un triste final. Las declaraciones en las entrevistas desde luego no dejaban lugar a dudas. En noviembre de 1993 en la televisión de Ecuador la negación era rotunda cuando le preguntaron si tenía una relación:

> *Es muy difícil para mí una relación de largo alcance, es difícil porque estoy en la lucha de mis logros, no es de hombres ir a luchar con tu novia, no va a ser feliz, ella va a buscar a alguien que le pueda dar una estabilidad y formar una familia en un futuro, yo estoy consciente como para saber que no estoy todavía en la posición de hacerlo.*

Fue justo lo que sucedió. Erika acabaría encontrando a ese hombre que le dio lo que Luis Miguel no pudo darle.

No sospechó nunca Juan Carlos Calderón, al componer la canción "La incondicional", a partir de una muñeca inflable, según la versión que él mismo filtró, que iba a generar un adjetivo con el cual poder describir a algunas de las mujeres que conocieron las artes del gran seductor y que siempre estuvieron durante largas etapas ahí presentes, dispuestas a acudir a su encuentro cuando las llamaban, incluso en algunos casos desarrollando una duradera amistad que trascendió más allá de los momentos de pasión. Como incondicional califican a Paty Manterola quienes fueron testigos de sus encuentros, pero mucho más en el caso de Sofía Vergara.

Sofía Vergara deslumbró al mundo latino por su espectacular belleza en la década de los noventa. La barranquillera logró abrirse paso desde su Colombia natal a Miami en el *show business*. En Florida destacó con su trabajo en Univision hasta llegar a ser lo que es hoy en día, *crossover* incluido. Luis Miguel quedó deslumbrado del torrente de belleza y energía que desprendía la modelo y actriz colombiana cuando ambos se conocieron en el festival de Viña del Mar de 1994. Al día siguiente de llegar a Chile, los directivos invitaron a Sofía a un ensayo privado de Luis Miguel y se lo presentaron. Desde un primer momento la química fue obvia. Él la invitó a cenar, todo fluyó, y dos semanas después tendría una oferta de trabajo. Para entonces la "Toti", como la conocían en Colombia, ya había protagonizado el anuncio de Pepsi que la hizo famosa. Micky disparó toda su artillería seductora que arrancó con la excusa de una oferta laboral: le ofreció un contrato para unas fotografías del disco *Segundo romance*.

Dicho y hecho, llegó a Acapulco a hacer su trabajo y la brisa acapulqueña hizo el suyo propio dando rienda suelta a la atracción de ambos. Semanas después de su primer encuentro fue invitada por el cantante a un concierto en el Auditorio Nacional donde le dedicó varios de sus temas, la hizo subir al escenario y la cautivó. "Acepté porque no podía dejarlo con la mano estirada, por supuesto sus admiradoras se pusieron histéricas mientras yo me sentía muy halagada", confesó ella.

Así fue como comenzó una relación de amigos y amantes que acabó haciendo de ella una incondicional total y absoluta que acudía siempre a la llamada del intérprete de "Suave". Tanto fue así que incluso en una ocasión le acarreó algún problema profesional, como cuando estaba en el programa *Personajes*. La directora Marcela Riaño empezó a buscarla sin dar con ella, que había volado desde Colombia a México para verse con el cantante dejando de atender su trabajo. Le costó el despido.

Tuvieron muchos encuentros en Miami, Aspen, Los Ángeles o Acapulco, entre otros lugares, nada más conocerse, ella sería captada en la casa del cantante en Las Brisas Guitarrón, siempre intentando huir del foco de las cámaras o la indiscreta visita de algún reportero. Los lugareños de la zona de la barra de Coyuca todavía recuerdan los encuentros amorosos de ambos por la fogosidad de los mismos, con unos gritos de pasión que retumbaban por toda la laguna. Hacían el amor en todo lugar y a toda hora. Sofía despertaba admiración por su enorme belleza allá por donde quiera que fuera, y así la recordaban todas las personas con las que coincidió merced a su relación con Luis Miguel. "Resultaba igual de hermosa tanto en sus fotos de calendario o arreglada en los eventos, como en pantunflas y pijamas, sin arreglar al calor de una chimenea", decía alguien con quien coincidió en Aspen, Colorado.

Sus precauciones para huir de los reporteros no siempre dieron su fruto. En mayo de 1995 un encuentro, como siempre fogoso, entre Sofía Vergara y Luis Miguel iba a generar un grave problema, por cuanto el cantante ya andaba con Daisy Fuentes y aquello podía ser un escándalo en toda regla. Un operario que estaba pintando en un edificio cercano, reconoció a Luis Miguel y Sofía besándose apasionadamente en el mar en Miami Beach. Lo primero que llamó su atención fue el ardiente deseo que se desprendía de aquel beso, sin saber todavía que al morbo de ver una pareja que casi pareciera estar haciéndose el amor en el mar se uniría el chisme de comprobar que eran dos famosos. El pintor dio un chivatazo y un equipo de televisión se puso manos a la obra rápidamente llegando al lugar y captando a la pareja cuando se retiraba de la playa. Él, visiblemente contrariado por la presencia de los paparazzi, no reaccionó bien, su enojo era lógico, no sabía qué hacer, comenzó a caminar, quiso mostrarse muy simpático mientras era consciente de la gravedad de la situación. "¿Qué vas a hacer ahora?", preguntó el reportero, "subir, encerrarme y no salir más", contestó él escuetamente.

Una hora después, Harry Abraham-Castillo, vicepresidente de Telemundo, recibió una llamada del presidente de wea en Miami, pidiendo una reunión para tratar un delicado asunto. Micky quería frenar a toda costa la emisión de dicho reportaje. En la reunión acordaron que las imágenes con Sofía no saldrían a cambio de que Luis Miguel concediera una entrevista exclusiva para una nota. El tiempo pasó y el cantante no cumplió su palabra, según contó el famoso paparazzi Raúl de Molina.

Lo que sí que cumplió fue con la promesa de vetar a reporteros como el propio Raúl, a quien veía detrás de todas las persecuciones que tenía. En la rueda de prensa con motivo de su participación en el 80 aniversario de Frank Sinatra pidió que lo sacaran. Así lo contó el propio Raúl:

> *Un día, Luis Miguel estaba cantando para los 80 años de Frank Sinatra, se entera que yo estoy ahí y me lleva la seguridad para un cuarto, me encerraron por dentro y por fuera. Me dejaron dentro de ese cuarto que era como un clóset, como secuestrado y estuve ahí como por 20 minutos, luego Luis Miguel salió, habló con la prensa, se fue y ahí me dejaron salir.*

Sofía le ha demostrado a Luis Miguel una amistad constante. Más allá de sus momentos de pasión, ha estado a su lado cuando él lo pasaba mal, como cuando acababa de separarse de Mariah Carey en 2001 o cuando estuvo internado en el hospital en 2010.

Llevado por su instinto seductor, Luis Miguel intentó conquistar, aunque sin éxito, a la otra gran diva de la escena mexicana y rival histórica de Lucía Méndez, que no era otra que Verónica Castro, con la que tuvo entrevistas en televisión, hecho que más tarde sería un precedente de romances, como le sucedió con Daisy Fuentes y con Myrka Dellanos. El intento de Luis Miguel por conquistar a Verónica fue algo que pronto llamó la atención de las personas que trabajaban más estrechamente con la presentadora y actriz. En una ocasión le hizo llegar un regalo al camerino. No era raro que ellas recibieran regalos en su camerino, pero éste en concreto era muy especial. Luis Miguel y Verónica estaban platicando muy distendidamente, reían. De pronto se la escuchó a ella decir "no Micky, cómo crees, no puede ser lo que me estás pidiendo, no ves que yo podría ser tu mamá, tienes la misma edad que mi hijo". En ese momento él sacó algo que llevaba para ella dentro de su saco. Era un anillo con un gran brillante, parecía un anillo de compromiso, al mismo tiempo que le insistía para que fuera su novia. Ella se negaba pero él insistía, "dame chance, vamos a salir, vamos a conocernos". En un principio le aceptó el anillo pero no consiguió salir con ella. Entre los testigos de aquel coqueteo estaba el diseñador Mitzy. Aseguraron que no pasó a mayores, fue una simple propuesta de un joven que estaba impresionado por la hermosura de una de las mujeres más bellas de la televisión mexicana.

El gran seductor no era infalible. Le pasó cuando rodó el videoclip de "Suave", en el que participaba una modelo española llamada Aldara. Sus palabras no dejaron lugar a duda alguna sobre lo que sucedió durante el rodaje:

> No es mi tipo de hombre, aunque sí muy educado, es muy lince, cree que a todas las mujeres las tiene en la mano. Si me hubiera cortejado en forma lo hubiera aceptado, a mí sí me importa la forma en que te llegan, y eso fue lo que no me gustó de él, que a los dos minutos de conocerme ya me dijera que quería todo conmigo y estaba encima de mí. Eso me desagrada porque me molesta la gente lanzada y atrevida.

Tampoco hubo nada con la actriz Brigitte Nielsen, fue más que nada una habilidad mediática de Toni Torres, su PR, al tomar la foto de una determinada manera, desde un ángulo que pareciera que ella está sentada sobre sus piernas, pero no es así, Luis Miguel simplemente está inclinado. Aquello hizo que el nombre del cantante estuviera en boca de todo el mundo, y no sólo del mundo latino, sino de la prensa internacional que seguía los pasos de la turgente noruega.

Tanto o más atractiva que Brigitte, la venezolana Alicia Machado fue tras su proclamación como Miss Universo una de las mujeres más mediáticas del momento, y llamó la atención de Luis Miguel. Si bien Alicia no era su fan, era más de Miguel Bosé y de dos grupos españoles muy conocidos, Mecano y La Unión, y no estaba en esa actitud de euforia loca que él solía provocar en millones de mujeres en todo el continente, lógicamente no escapaba a la onda expansiva del fenómeno Luis Miguel en toda América Latina y aceptó conocerlo después que él comenzara con la "artillería pesada" durante una sesión de fotos, su aluvión de agasajos y flores en su más puro estilo seductor.

El encuentro entre ambos dio lugar a una relación informal que se prolongó durante unos ocho meses más o menos, justo en la época que él andaba con intermitencias, no sin tremendas peleas de por medio y un abrupto final en su relación con Daisy Fuentes. El cantante fue a buscarla, la invitó a cenar en Los Ángeles y en aquel primer encuentro se sorprendió durante la cena de la edad de Alicia, quien apenas tenía en ese momento 18 años. De hecho él hizo un comentario: "Cuando saliste elegida que yo te vi ganar el concurso, yo pensaba que tú eras más grande, que tenías por lo menos 22, mayor de edad, y tienes apenas 18, eres una niña", le dijo en un tono que ella percibió incluso como de cierto coraje.

Era una relación difícil de consolidarse como pareja pero hubo un cariño que perdura en el recuerdo. Luis Miguel fue un buen consejero para una persona como Alicia, plena de ingenuidad y con todo por aprender en aquel momento en el difícil mundo de la fama, algo de lo que el cantante, a pesar de sus 26 años, ya estaba bien experimentado por todo lo que le había tocado vivir. El momento sentimental de Luis Miguel era complicado en ese momento debido a los altibajos en su relación con Daisy Fuentes. Alicia Machado vivió una curiosa anécdota en la casa blanca que el artista tenía en Beverly Hills. Ella se encontraba dentro de la casa de Luis Miguel cuando la conductora de MTV se personó en la puerta del inmueble y empezó a montar un auténtico show a grito pelado como se suele decir, profiriendo palabras y groserías irrepetibles contra el intérprete de "Sol, arena y mar", quien haciendo gala de templanza y caballerosidad, se mantuvo sereno sin perder la compostura. La situación se volvió tensa e incómoda. Alicia no sabía qué hacer ni qué decir, "no, mi reina, no te preocupes, no pasa nada", le dijo Luis queriéndola tranquilizar, al tiempo que dijo a su empleado de seguridad, que esperaba instrucciones, que la dejaran gritar y no hicieran nada, "déjala, no le digas nada, ella se va a cansar de gritar", comentó Micky. Alicia se quedó contrariada y con la duda de qué es lo que realmente pasaba, si ella estaba montando una escena de celos porque en teoría todavía estaban juntos o qué. Micky no daba explicaciones en ese sentido y ella no se atrevió a preguntar.

Alicia simplemente se dejaba llevar. Le encantaban todos los detalles que tenía con ella, cómo cerraba lugares para que estuvieran los dos solos y hasta le cantaba. Ella lo acompañaba a veces al estudio, se iban a comer juntos, salían a alguna discoteca. Durante el tiempo que duró, se iba a pasar muchos fines de semana a su casa de Acapulco. Luis Miguel le mandaba el avión para recogerla, tuviera o no permiso de los dueños del concurso de Miss Universo, se tenía que escapar literalmente, pero para eso tenía la complicidad de una chaperona mexicana a su cargo que solía dejarla encerrada los fines de semana y ella aprovechaba para escaparse e irse a México para encontrarse con Micky. Conforme llegaba Alicia a la magnífica casa del cantante en el puerto de Acapulco se encontraba con su cuarto lleno de flores. Detalles de gran conquistador. El personal que también estaba en la casa recuerda que Alicia Machado dormía con él en la misma recámara en Acapulco y que ella era muy encantadora y muy caribeña. En las tardes de alberca, era también la persona con quien él se desahogaba y lloraba en ocasiones al recordar la ausencia de su mamá. Alicia lo escuchaba, lo apapachaba, le brindaba todo su apoyo. Luis Miguel se sentía confiado al revelarle a Alicia el dolor por el que estaba pasando al no saber donde se encontraba Marcela.

En septiembre de 1996 Alicia Machado concedió una entrevista exclusiva a Juan Manuel Navarro donde habló del rumor de que podía tener un hijo con Luis Miguel. ¿Qué dijo Luis Miguel cuando se enteró del rumor? Su respuesta fue elocuente:

> *Que era uno más en la lista de todos los hijos que supuestamente tiene. Esto a él le hizo muchísima gracia. Además fue como una casualidad, él se engorda y yo también me engordo. Nos relacionan amorosamente y definitivamente la gente ha de decir que nos la pasamos comiendo en Los Ángeles y por eso estamos gordos. Me dijo oye, también están diciendo lo mismo de mí, que estoy gordo, pero por lo menos de mí no pueden decir que estoy embarazado. Estuvo trabajando muy duro en el disco pero es como te digo: Luis Miguel estaba acostumbrado a un régimen de comida, y de repente está metido tres meses en un estudio, donde lo que puede comer es hamburguesas y esas cosas; mira, a cualquiera le puede pasar eso.*

Ella guarda de él un gran recuerdo, mucho cariño y siempre le desea lo mejor.

María Celeste Arrarás y Myrka Dellanos eran las caras del programa *Primer Impacto* que lograban impactar al público por su belleza y profesionalidad. Myrka es una de las miles de mujeres habitantes del sur de la Florida de origen cubano y tenía una hija, Alexa, fruto de su relación con el doctor Alejandro Loynaz, con quien estuvo casada en la década de los noventa. La periodista conoció al cantante precisamente por su trabajo en Univision cuando lo entrevistó por primera vez en plena promoción de *Amarte es un placer*. A nadie se le escapó que las artes del gran seductor se dejaban ver en el desarrollo de aquella entrevista. No era el momento, pero el cambio de luces quedó hecho y dos años después, con Mariah en el pasado, la artillería pesada de la conquista, joyería fina incluida, enfocó a la bella conductora, quien a su vez se desenfocó de su éxito profesional para acceder al deseo de Luis Miguel de dedicarse de pleno a la relación.

Aquella plática televisiva sobre tener una familia, hijos y un hogar calaron hondo en Myrka al punto de apostar todas las fichas a un mismo número. Se alejó de las cámaras del estudio y se hizo objetivo de las cámaras de los paparazzi por América y por Europa. Un lujoso hotel de Napa, en California, fue el lugar donde estos objetivos dispararían por vez primera. Un nuevo intento del gran seductor para no enfrentar un corazón solitario. Plenamente vivieron su relación tanto lejos como cerca de los focos en sus salidas nocturnas, que reflejaban lo que era la vida de Luis Miguel en Los Ángeles. En marzo de 2004 se paseaban en un lujoso auto Maybach, valorado aquel entonces en unos 350 mil dólares. La pareja acudía a la inauguración de un antro llamado Prey en West Hollywood. Los dos salieron de la disco de muy buen humor y él accedió a tomarse fotos con fans y a firmar autógrafos. No era sin embargo muy dado a las fiestas sociales, más bien elegía lugares íntimos, restaurantes en Beverly Hills como Matsuhisa, donde le gustaba comer sushi o el Mr. Chow, de comida china.

Italia y España dejarían fotos para la historia del romance vivido por el gran seductor con Myrka Dellanos. Dejó escenas propias de las armas de siempre, paseos en yate, en jet privado, hoteles de lujo, agasajos y viajes. Venecia fue una luna de miel y un exclusivo recuerdo hasta que la presentadora se enteró, junto al mundo entero, que la mujer que ocupó su lugar, la actriz mexicana Aracely Arámbula, también paseó enamorada por las calles y los canales de la mítica ciudad italiana.

El "Sí, Luis Miguel y mi mamá se van a casar" pronunciado espontáneamente por su niña Alexa en un evento de Univision simboliza el principio del fin. Para la manera de pensar de Luis Miguel, eso era quebrar sus códigos. Todo lo había apostado Myrka al rojo de un posible hogar con Luis Miguel, pero salió negro. Cansada y derrotada, tiró la toalla y decidió mirar hacia un futuro en el que ya no tenía cabida el intérprete de "Eres", una canción hecha pensando en ella. La ruptura le dolió. "Me han pasado cosas peores", se limitó a decir. Recientemente declaró que no tiene contacto con él desde hace 10 años pero que no tiene nada en contra suyo.

En todas las relaciones en las que he estado de manera seria, por decirlo así, han sido experiencias muy particulares, cada una de ellas han sido importantes en su momento y han marcado una etapa en mi vida, cada una de ellas ha sido original y diferente, y no puedo comparar. Pero algo sí puedo decir, cuanto más cree que sabe uno por todo lo que ha vivido, en realidad ves que no lo sabes todo y siempre aparece algo nuevo que te sorprende y así es de interesante la vida.

De esas relaciones serias de las que habla hay tres que destacan sobremanera dentro de su vida y que por ello merecen capítulo aparte como son los casos de Daisy Fuentes, Mariah Carey y Aracely Arámbula. De las cosas "nuevas" que han ido apareciendo hay una larga lista de romances más o menos efímeros de Luis Miguel que es interminable y lo pone a la altura de otras luminarias del ámbito latino que han sido conocidos por ser también "admiradores de la belleza femenina", como son los casos de su "papá" Andrés García o de Julio Iglesias. En esta lista hay mujeres conocidas como Fey, Yuri, Luz Elena González, Pilar Montenegro, Ninel Conde, Genoveva Casanova, Adriana Fonseca, Erika Buenfil, Brittny Gastineau, Kristina o su más reciente pareja, la corista Mollie Gould. En alguno de estos casos, la era de la tecnología y las redes sociales han sido una fuerte tentación para querer sacar partido publicitario de lo vivido. Fue el caso, por ejemplo, de la venezolana Desirée Ortiz o de la modelo estadounidense Brittny Gastineau, una de las mejores amigas de las hermanas Kardashian. Lógicamente, esto era algo que chocaba frontalmente con la personalidad del cantante, abrumado por la facilidad de indiscreción de las personas, sean famosas o no.

El físico de la modelo bielorrusa Kristina, la mujer desconocida que lo acompañó en sus peores años, era deslumbrante, propio de la belleza de la mujer eslava. Conoció a Luis Miguel en un momento en el que todo estaba ya cuesta arriba. Fue la envidia de todas las fans cuando en un concierto él se inclinó para besarla en los labios y darle una rosa. Era un dique de contención ante los malos tiempos que se cernían sobre la salud y la carrera del cantante, a cuyo lado al menos se mantenía su hija Michelle. Los paparazzi, como siempre prestos a su trabajo, lograron captarlos a bordo del yate *Único*, en Miami, en 2014. Apareció y desapareció hasta que dejó de aparecer.

Las conquistas no siempre han sido mujeres conocidas. El gran seductor también actuaba a veces en los conciertos, sobre todo en las épocas que su corazón andaba dañado o solitario. Un ejemplo de ello fue en un show en Guadalajara a finales de los noventa. Entre canción y canción se fue fijando entre el público y le comentó a su guardaespaldas que había una mujer que le había gustado, para que la contactaran y después invitarla a cenar. Era una de las cuatro edecanes que ocupaban las primeras filas. Al final del concierto, le dijeron que la quería invitar a cenar. Ella no lo creía, pero aceptó. Puso como condición que debían ir sus tres amigas. El guardaespaldas dijo que no había problema, y se fueron las cuatro al hotel. A la siguiente noche le pidieron que fuera sola a petición del cantante. Se quedó con Luis Miguel y al día siguiente se fueron a un lugar de descanso en Punta Mita. A los dos días la regresó a su casa a Guadalajara y ella quedó feliz de la vida, comentando que le había ido muy bien, que él se había portado excelente en todos los aspectos.

Otras veces aplicaban aquello de cría fama y échate a dormir. No faltaban los romances inventados por cualesquiera motivos, a veces sólo por vender periódicos o revistas. El 12 de julio 1996 Juan Manuel Navarro publicaba cómo la argentina Paula Diagosti, la modelo de la famosa foto en la que los dos están metidos en el agua y él la alza y la sostiene en brazos, revelaba toda la verdad después de que les hubieran inventado un romance 6 años antes.

Hace aproximadamente 6 años, Luis Miguel la llamó por teléfono para invitarla a Acapulco. El cantante mexicano le propuso a Paula Diagosti pasarse cuatro días en el puerto para hacer juntos una sesión fotográfica que serviría para la portada de su próximo álbum. Sin embargo, esas fotos curiosamente sólo fueron usadas en varias revistas latinoamericanas para hablar del supuesto romance que el cantante tuvo con la modelo y conductora de televisión. Ahora, ella aclara que con Luis Miguel sólo existió una amistad de cuatro días, al grado que jamás lo volvió a ver, incluso, no ha tenido ningún tipo de comunicación con él desde ese entonces.

En esa misma nota ella narraba cómo lo conoció:

Yo participaba en el evento con un desfile y al finalizar el concierto nos presentaron a todo el grupo con Luis Miguel. Después tanto él como su mánager me llamaron a mi casa para proponerme ir a Acapulco por cuatro días y hacer esas fotos para su álbum. Estando allá, Luis Miguel y su equipo se portaron muy bien conmigo, sólo tuvimos una relación de trabajo, tan es así que él trató más con sus amigos, primos y equipo de producción que conmigo, por eso no entiendo por qué me inventaron ese romance.

5

Luis Miguel 20 años: "Tengo todo excepto a ti"

Fue en una de tantas reuniones de amigos en la intimidad del puerto de Acapulco. En mitad de la reunión, que transcurría entre bromas, risas y brindis, las bocinas reprodujeron una de las canciones emblemáticas de Juan Gabriel, "Amor eterno". En esos momentos, todo el mundo se dio cuenta que Micky se derrumbó. Con algún trago encima, que sirve de potenciador de las emociones, el cantante no cesó de llorar acordándose de su mamá. La escena es conmovedora, nadie se atreve a decir nada, nadie se atreve a preguntar nada, nadie menos todavía se atreve a cambiar de canción. Las risas se tornan rostros serios en espera de un nuevo brindis cuando haya pasado el mal momento. Pasará la noche, pero nunca pasará el dolor, que no tiene más alivio que en la fe cristiana.

Muchos años antes de aquel episodio, el cantante viajó a Isla Margarita, en Venezuela, con la actriz venezolana Ruddy Rodríguez, los acompañaba Alex McCluskey, además del resto de personal del equipo de trabajo para grabar el videoclip de la canción "Tengo todo excepto a ti" del exitoso disco *20 años*. La logística en la isla era complicada, no había más infraestructura que una casa donde operar; todo parecía ir bien hasta que alguien advirtió que Luis Miguel empezó a mostrarse como ausente y lánguido. Estaba repasando el *story* del video pero su alma le pedía hacer otra cosa muy diferente de lo que ahí veía plasmado. Pidió a sus colaboradores que se olvidaran de ese guion y que procedieran con un video que fuera lo más sencillo posible en el que él quería estar a solas con el mar. Era como querer estar a solas con su madre. El mar siempre ha sido paz para él y refugio de escape en muchas de sus soledades. El director lo resolvió filmando por separado a la actriz, de la que luego metería planos silueteados fundidos con los del cantante. La razón era muy íntima. La canción le recordaba y le evocaba a la figura de su madre, de la cual en ese momento hacía ya cuatro largos años desde la última vez que la había visto y no sabía nada de ella. El diálogo con el mar que se aprecia en este videoclip es conmovedor pensando en la carencia afectiva que en ese momento sentía el joven intérprete.

En aquellos años él sufría mucho por todo lo que había pasado con su papá y por no haber logrado encontrar a su mamá. Antes de morir su padre, un día le dijo muy seriamente a Andrés García, al que también llamaba así por la cercanía, "oye papá, tú de verdad no sabrás dónde está mi mamá". Andrés le vio tal tristeza en los ojos, tal hastío de quien ha intentado de todos los modos buscar sin encontrar, que ni siquiera quiso decirle nada que pusiera más desolación todavía en su corazón. Le confesó que había encargado investigadores por todo el mundo para buscarla, pero no había tenido ningún resultado. Conforme más información fue recabando de la desaparición de su madre más afligido se mostró con personas de su entera confianza, derrumbándose en momentos puntuales completamente desconsolado después de tanto tiempo de haber alimentado la esperanza de que su mamá estuviera viva y poderla encontrar, esperanza que tuvo hasta mediados los noventa. Luego, consciente de que eso no iba a suceder, sabiendo todo lo que había sucedido, su angustia y dolor se rebelaron contra la desesperación, y la esperanza adquirió forma de sueños y de canciones: "Yo sé que volverás cuando amanezca...".

En un evento con fans en Miami, en 1991, se produciría otro hecho que pondría de manifiesto el sufrimiento interior que arrastraba. Era la época de Hugo López, en la que había una clara política de cuidado y mimo de las fans. Le inculcaban esa mentalidad para que se vinculara con ellas, le hacían ver el papel tan importante de estas seguidoras incondicionales, que él debía estar por encima de sus estados anímicos y tener siempre el tiempo para atenderlas, pues es a ellas a las que les debe todo. Lo aceptó de buen grado.

Aquel día, mientras tenía lugar ese encuentro en el sur de la Florida, una chica se le acercó y le dijo algo al oído. Él se quedó como contrariado, hizo una señal a su relaciones públicas, que enseguida supo que algo extraordinario había pasado. Recibió instrucciones de investigar lo que esa chica acababa de decirle. Aquella fan le había dicho que se escribía con su mamá. Le pidieron las cartas. Dijo que ella vivía en Fort Lauderdale, pero no importaba, el tema era lo suficientemente importante como para justificar que alguien de la confianza del cantante se tomara el tiempo en ir y volver. Desesperado tomó las cartas, pero pronto su rostro pasó de la esperanza al desencanto. No eran la letra ni las cartas de su madre las que esa fan tenía, sino de su tía Adua. Se fundieron todos en un abrazo y se hizo un silencio muy doloroso.

❋   ❋   ❋

La tía de Marcela, hermana de su padre, Adua Basteri, no volvió a tener contacto con su sobrino nieto Luis Miguel después de que la recibiera en el hotel Sheraton de la Argentina en 1992, justo cuando Luisito empezó a agonizar. Con el tiempo no sólo dejó de hablar con Micky, le recriminó que no tuviera respeto por los tíos mayores, hermanos de su abuelo, repartidos entre Argentina e Italia, que han ido desapareciendo, como fueron los casos de Piero, Franco, Carolina, Enzo y Renato. En 2020, en plena pandemia, Adua Basteri declaró a la televisión argentina que "soy la única que quedó de siete hermanos que éramos, quedé yo sola, todos los demás están muertos". Este abandono familiar, escenificado en su momento más triste en la muerte del *nonno* Sergio, es un efecto colateral de la desaparición de Marcela. El último que estuvo allí fue Alejandro, para pedirles el favor de que fueran discretos con el tema, pero la decadente salud de su abuelo hizo que la discreción fuera incompatible con un doloroso silencio por parte de sus nietos. Adua ha sufrido todo este tiempo y toda la familia concuerda en que están en el derecho de saber lo que Luis Miguel sabe. Él jamás accedió a compartir dicha información por miedo a que se filtrara a la prensa, a pesar de la dramática situación que se generó en 1996.

En ese año Sergio Basteri sufrió una nueva complicación de salud que acabó con él en el centro de reposo donde permanecía ingresado, donde Javier León Herrera lo conoció en el mes de abril y donde falleció un año después de haberse publicado *Luis Mi Rey*. Ese presentimiento del adiós cercano provocó en marzo de 1996 la campaña mediática en Italia de la búsqueda de Marcela Basteri que dio lugar a los programas de la televisión italiana. El desaparecido abuelo de Luis Miguel aseguraba una y otra vez que a raíz de aquella llamada se convenció de que a su hija la habían matado, y con ese pensamiento y ese desasosiego se tuvo que ir al otro mundo, pues de nada sirvió toda la búsqueda y el ruido que se generaron en Italia en 1996 gracias al popular programa *Chi l'ha visto?* Aquel escándalo fue detonado por la exclusiva de Juan Manuel Navarro para el grupo Reforma desde su puesto de trabajo en *El Norte* de Monterrey. En aquella ocasión Adua Basteri reconoció que un año antes había recibido la visita de dos investigadores que dijeron haber sido agentes del FBI y que acudieron a Massa Carrara trabajando en la investigación del caso.

Juan Manuel Navarro tuvo acceso exclusivo a Adua Basteri a comienzos de año. La tía abuela de Luis Miguel desde Massa Carrara le confesó que tenían 10 años buscando a Marcela y que por favor le ayudara a difundir la noticia. La intención de Adua, al dar la entrevista, era también mandar un mensaje a Luis Miguel, cuyo silencio ya era prolongado, para que les wabuelo Sergio había empeorado su estado de salud y que quería verlo. Juan Manuel habló con su editor Edgardo Reséndiz, que dio el OK a la exclusiva y guardó celosamente la nota en un diskette para no subirla al sistema del periódico y correr el riesgo de que se fuera a filtrar antes de ser publicada, ya que era fin de semana y se iba a publicar hasta el lunes. A pesar de todos los cuidados que se tuvieron para guardar la nota, una editora del diario *Reforma*, cabecera hermana de *El Norte*, habló a la oficina de Luis Miguel en México para comentarles lo que se publicaría el lunes sobre la desaparición de la mamá del cantante, con el propósito de congratularse con ellos y así tener una respuesta directa. Lo hizo sin consultar con Reséndiz. Su acción causó revuelo en las oficinas de Luis Miguel y fue Rossy Pérez, quien en ese momento había sido contratada para manejar sus relaciones públicas a través de su agencia Consecuencias, la que habló por teléfono a Edgardo para pedir que se parara la nota, que no se publicara la exclusiva y hasta pidió hablar con los altos ejecutivos del periódico. La oficina de Luis Miguel estaba temerosa de que la nota fuera a ser publicada en tono amarillista y eso le podía causar un dolor al cantante. La petición fue escuchada, pero no aceptada. La exclusiva de Juan Manuel Navarro saldría adelante, se les prometió tratar el tema de forma respetuosa. De este modo, el 27 de febrero de 1996, la entrevista con Adua Basteri vio la luz en los diarios *El Norte* y *Reforma* con el titular "¿Dónde está Marcela?" y estas elocuentes declaraciones de Adua:

> *No la vemos desde 1986, de hecho, ya hemos dado parte a la policía para que la busquen. Hace unos años fuimos a la estación de policía de Massa a pedir que buscaran a mi sobrina, pero creo que no lo tomaron con atención. No levantamos un acta ni nada, porque después de tantos años de desaparecida nos dijeron que era imposible, que nos olvidáramos del caso. Pero yo creo que no estaban interesados, porque no nos hicieron caso. Luis Miguel lo único que mandó decir fue que no la buscáramos.*

La bomba había estallado.

El caso Marcela, que arrancó en la Toscana, se internacionalizó. La RAI le dedicó muchas horas a través del popular programa de búsqueda de desaparecidos *Chi L'Ha Visto?*, y desde entonces y hasta la fecha se han vertido ríos de tinta y dedicado cientos de horas de radio y televisión al asunto, muchas veces de manera amarillista y malintencionada. El periodista local Massimo Braglia, reportero del periódico *Il Tirreno*, puso mucho interés en aquel año de 1996 y ayudó a la familia en la difusión de la búsqueda, le dedicó páginas enteras en Italia a la desaparición pero tampoco consiguió una respuesta positiva: "Estamos contribuyendo para localizar a su mamá, ella es italiana y por consiguiente le interesa a todos los medios de aquí", decía en 1996, reconociendo que había grandes sospechas de que ella no estuviera con vida.

Tras la sutileza de *Luis Mi Rey*, en *Luis Miguel: la historia* se afirmó con más rotundidad que Marcela Basteri falleció en 1986 en España por causas no naturales. Las fuentes fueron desgraciadamente solventes e irrefutables en este sentido desde el principio. Ya lo dijimos en más de una ocasión, ojalá hubiéramos estado equivocados, pero no. Aquel año Marcela pasó varios meses, desde enero hasta agosto, con su hijo Sergio en la Toscana, acompañada de su padre y demás familia italiana. Después de varios intentos, fue convencida para que viajara a Madrid. Voló desde Pisa en los primeros días de agosto. Un productor chileno aseguró haber sido testigo de un último encuentro en el aeropuerto Adolfo Suárez de Madrid, entonces Madrid Barajas, entre Luis Miguel y su madre, cuando él se disponía a viajar a Chile y ella llegaba procedente de Italia con unos boletos de avión que tuvo que pagar la productora chilena. Nos extenderemos posteriormente en este episodio, que a nuestro entender cobra verosimilitud sabiendo el proceder de Luisito y teniendo como teníamos la información de que efectivamente él había regateado con el boleto de Pisa a Madrid para que Marcela y Sergio pudieran volar porque no lo quería pagar él, de hecho cuando ella llegó con su familia al aeropuerto, tuvo que esperar porque todavía no les habían hecho llegar los citados pasajes.

En todo caso, Marcela no llegaba ya a quedarse a pernoctar en Las Matas. Llegó con su hijo pequeño a un apartamento que tenían en el norte de la capital de España, donde se quedaron con Alex, el otro hermano, mientras Luis Miguel y Luisito sí se quedaban en el chalet. Ella solía acudir a la lujosa casa del club de golf tan sólo por pequeños detalles o tareas como usar la lavadora. Hubo un momento dado que Marcela dejó de acudir. Poco después de haber vuelto a España, Luisito dijo a Marcela que viajarían a Chile a reunirse con Luis Miguel, para lo cual debía dejar a Sergio con los abuelos en el apartamento de Plaza de Castilla. Partirían desde el chalet de Las Matas. Ella hizo una llamada a su familia en la Toscana, se la escuchó decir a su hijo Alex que se apurara con la maleta porque él también se iba a ir antes. Después de colgar, a la mamá del cantante se le perdió el rastro para siempre. El enfrentamiento entre la madre y los hijos por causas de los chismes que había enredado el papá es algo que ha pesado siempre en ellos, pero es algo por lo que no deberían tener ese sentimiento de culpa.

Las declaraciones de Sergio y Adua Basteri siempre apuntaron a la misma teoría, pero sus denuncias eran con base en indicios, sin prueba alguna de que su hija o sobrina, según el caso, hubiera perdido la vida por haber sido "amassata" (asesinada), que era la palabra que Sergio repetía entre lágrimas postrado en la cama donde dependía de la respiración asistida de su máquina de oxígeno.

Las palabras del abuelo Sergio desafortunadamente apuntaban en la misma dirección de sospecha que Andrés García hizo pública en 2018. Andrés vivió muy de cerca todo el montaje que Luisito Rey organizó justo en la época que ella desapareció. Ya a finales de 1985 en las fiestas de fin de año en Acapulco, con Marcela a punto de volver a explotar y salir huyendo de nuevo a Italia con su hijo pequeño, un testigo aseguraba que en el transcurso de una velada Luisito Rey pidió ayuda para "hacerla desaparecer". El mismo favor que le pidió a Andrés García, quien advirtió a Micky en cuanto pudo. Aquélla sería una conversación muy delicada.

> *Acabo de hablar con Durazo y me advirtió que sí es verdad, que tu papá me iba a pedir que le ayudara a desaparecer a tu mamá, y es cierto que me lo ha pedido y lo he mandado a la chingada. Me dijo me tienes que ayudar con esto porque Durazo se me ha echado para atrás, y tengo que hacer desaparecer a Marcela que me está jodiendo y se está cogiendo a una bola de cabrones (sic).*

Ahí mismo le dijo que eso era mentira, "le dije a Luisito que estaba mintiendo porque sabía que Marcela no era así", y por supuesto no estaba dispuesto a hacer semejante barbaridad.

En Madrid hubo una reunión de enorme tensión entre los tres, Luisito, Andrés y Luis Miguel, de la que dimos amplios detalles en *Luis Miguel: la historia*, en la que cuestionaba a su padre su actitud e insistía en saber dónde estaba su madre para mandarle dinero. El papá lo refutaba insultándola pero Micky decía que era su mamá y quería ayudarla. Luisito no accedió y Luis Miguel se quedó consternado con la versión que le estaba dando su padre y con el aparente hecho de no enviar dinero a su mamá. En cualquiera de los casos, aunque hubiera sido cierto lo que decía Luisito, que no lo era, no eran los celos la razón por la que presuntamente andaba queriendo hacer desaparecer a su pareja. En uno de esos días, la verdadera razón salió a flote, Luisito confesó a su compadre, muy alterado y con una alta dosis de cocaína en el cuerpo, que Marcela le había bloqueado el acceso a las cuentas bancarias de Suiza, donde había mucho dinero, que no le quería dar su dinero y que iba a recibir su merecido por eso.

Andrés nunca olvidó sus sensaciones en aquella casa de Las Matas, observó que era una casa desangelada, donde fluía mala energía, donde Luisito apenas quería estar, y donde se veían visiblemente nerviosos tanto a él como al cuidador, como a sus hermanos Pepe y Mario, queriéndose ir pronto. Andrés se quedó ahí con su hijo Andresito pero pronto les hicieron salir de Madrid con la excusa de ir a Cádiz. Cuando se fueron escuchó a Luisito decir al cuidador que cerrara la casa y que no se abriera para nadie. Andrés no lo sabía, pero la casa ya estaba en venta. La venta se formalizó en 1988, la noticia pasó casi inadvertida. El conocido periodista Bob Logar se hizo eco en su columna "Bomba 2000", donde dijo que Luisito se había embolsado un millón de dólares por dicha propiedad, de la que recordaba tenía dos albercas, amplios jardines y que "ocupaba toda una manzana de un fraccionamiento muy exclusivo". A eso había que añadir la cantidad obtenida por la venta de los muebles, recordaba.

Para llegar a la casa había una subida donde se ascendía con el coche e iba haciendo como una curva conforme avanzaba. Ahí quedaba una pista de pádel. Luego se hallaba un espacio para dejar dos coches. Allí estaba el famoso Rolls Royce matrícula de Roma adquirido de manera irregular para evitar pagar impuestos cuando Luisito cobró tras el Festival de San Remo y la gira italiana de 1985. Al llegar a la puerta de la casa había un llamador con las letras L.G., de Luis Gallego. Era una casa con mucha luz, muy diáfana, con grandes cristaleras. Tenía un salón enorme, con dos plantas y una especie de entreplanta. En el salón había una gran televisión con un video de los de la época donde a veces con visitas se proyectaban las dos películas que había hecho Luis Miguel, *Ya nunca más* y *Fiebre de amor*. Los tres dormitorios de la planta de abajo no quedaban a la misma altura de la planta principal, había que subir unas pequeñas escaleras que daban acceso a los mismos. En la planta de arriba estaba el dormitorio de Luis Rey, absolutamente faraónico, con una cama extra *kingsize* hecha casi con toda la intención de dar rienda suelta a sus más retorcidas fantasías sexuales. Abajo había un sótano donde se ubicaba un gimnasio y una piscina climatizada. Afuera, en el enorme jardín, había otra piscina al aire libre con una pequeña cascada artificial. El terreno estaba cubierto de césped y tenía un porche.

El lugar sobre el que se asentaba era muy grande. El chalet estaba en aquella época casi en un descampado a pesar de estar dentro de una urbanización. En la parte de atrás de la piscina, el solar daba a terreno abierto sobre el que no habían otras edificaciones. La casa quedaba como un poco más en alto de lo que había alrededor, por ello la mencionada subida al entrar con el coche. La cubría un vallado que delimitaba el solar de la finca. El hecho de estar algo en alto, la falta de vecindario y la arboleda de los alrededores garantizaban una privacidad absoluta para cuanta fiesta se le ocurriera hacer allí a Luisito, tanto dentro de la casa como en la piscina del exterior. Desde la calle la casa era casi imposible de ver.

En la habitación de Luis Miguel destacaban dos cosas por encima de todo: dos cuadros de sendos dibujos, pintados como al carbón, uno de su madre, Marcela, un cuadro muy peculiar, como una especie de posado artístico desnudo, y otro del propio Luis Miguel. Cuando estaban allí, tanto a Luisito como a sus hermanos les gustaba presumir de que se iban al Casino de Torrelodones, allí se jugaban el dinero, "se metían droga y fanfarroneaban de tener contactos en la Interpol", recordaba alguien muy cercano a la familia durante aquellos años. La reputación que Luisito tenía entre la familia andaluza era de que era "un mafioso que se juntaba con gente de mucho poder y que era un mujeriego empedernido y adicto al alcohol y las drogas. Cuando preguntábamos por Marcela decían que se le había perdido la pista, que se había quitado ella de en medio y no se sabía donde estaba".

La sutileza en la falsa historia que construyó Luisito Rey no tenía límites y no tenía reparo alguno en poner a su madre a hacer de cómplice en sus fábulas. Antes de viajar a España, Matilde Sánchez telefoneó a Andrés García desde Cádiz a México diciendo que hablara con su hijo y que sacara a Marcela de allá, que la tenía encerrada en su piso allí con otro hombre conviviendo con ella, y su esposo Rafael incluso se atrevió a dar el nombre de Joe Ruffalo. Le decía que Marcela lloraba todo el rato y que eso no estaba bien. ¿Alguien puede encontrar verosimilitud a que una persona del perfil de Ruffalo estuviera recluido en un pequeño apartamento de una ciudad del sur de España con Marcela Basteri y con dos ancianos?

Hasta Cádiz llegó Andrés García con Luis Miguel y Luisito en su estancia en España acompañados de su hijo Andresito y de Alex. Luis Miguel les acompañó por atención con Andrés y su hijo, no por querer precisamente compartir con su padre. Marcela, que según la abuela había estado diciendo estaba en Cádiz compartiendo piso con ellos y su supuesto amante, no apareció por ningún lado y nadie supo dar razón. La cosa venía ya tensa entre Andrés y Luis Rey, el actor estaba molesto por el trato recibido de alguien a quien él prácticamente había salvado la vida en México. Acabó en pelea. Andrés agarró y zarandeó a Luisito. Tuvieron que contenerlo, "suéltalo que lo vas a matar", dijo Micky conforme vio la situación. Llevaba razón, con la diferencia de físico y de fuerzas el papá del cantante era hombre muerto a madrazos a manos del actor. La gota que derramó el vaso fue una novia que Andrés iba a ver en Marbella. En el viaje a Cádiz desde

Madrid, en el coche de delante iban Andrés y Luisito. En el de atrás iban Andresito, Luis Miguel y Alex. En un alto se bajó Andrés, quien andaba peleando con Luisito y al bajar se resbaló y se lastimó. Tuvo que ir al hospital en Cádiz por una fisura en las costillas que acabó después en fractura por no hacer caso al Doc y dejarse tratar por un masajista supuestamente amigo de Luisito. Viéndose incapacitado para ir a Marbella a ver a su novia, y acumulado a todo lo que venía de atrás, Andrés se agarró a golpes con Luisito y si no es por Micky a saber cómo hubiera acabado la cosa. Después de aquel viaje no se volvieron a comunicar durante un buen tiempo y de su mamá y su presunto amante italiano lógicamente no se volvió a saber.

Tanto Andrés como otras personas cercanas a Luis Miguel negaban esta versión de Luisito a sus hijos diciendo que ella se había ido con un capo de la mafia italiana. Ruffalo tenía apellido italiano pero no era ningún capo, era uno de los socios de la agencia que acabaría manejando a Luis Miguel desde Los Ángeles. Mucho antes de la desaparición, después de haber estado de viaje en Japón, tuvieron muchas actividades en Los Ángeles en las que de un modo u otro estaba de por medio el nombre de Joe Ruffalo, junto a otro de sus socios y su secretaria. La vida transcurría entre clases diversas, fines de semana de shows, y fue también por esa época que surgió el viaje a la República Dominicana para hacer una serie que se iba a llamar *Tropics*. Durante todo ese tiempo, compartieron con Ruffalo y sus socios en su casa de Santa Mónica, allí estaba todavía Marcela con Luisito antes de su segunda y definitiva huida a Italia en enero de 1986. Es bueno recordar la carta de puño y letra que ella escribió a su padre, fechada el 19 de noviembre de 1985, desde México después de su primera escapada a Italia, donde lógicamente no nombra a ningún nuevo hombre en su vida ni nada por el estilo:

> *Espero que estés bien, yo no puedo decir lo mismo, no te quiero mentir, todo va mal. Luis me ha dicho de ir a Los Ángeles con Alex y con Sergio a un apartamento solos, la idea no me gusta pero al menos puedo estar cerca de Micky. Luis y yo hemos llegado a la conclusión de ser amigos, porque no puedo soportar cosas que no son verdad, te lo juro, y no me creo lo que está pasando, es muy desagradable. No salgo, no quiero ver a nadie, estoy todo el día fumando y tomando café, no me siento bien,*

me siento extraña, me gustaría estar contigo. Gracias por los 16 días que he estado contigo, has hecho que no me falte de nada. La herida está abierta, haré todo lo posible por cerrarla. Soy fuerte. Esperaré. Seguro que cuando todo se descubra tengo miedo de cómo podré pensar. Los momentos que estoy pasando no se los deseo a nadie, estoy sufriendo mucho (…).

La incongruencia de la historia inventada queda en evidencia en diciembre de 1986, ya con Marcela desaparecida, cuando Ruffalo y Luis Rey aparecen juntos en la firma del nuevo contrato con WEA. Luis Miguel, que estuvo a punto también de protagonizar la película "La Bamba", para la que hizo pruebas, confirmó después que el proyecto de la serie del viaje a la República Dominicana se había venido abajo pero no habló de las verdaderas razones:

Fue terrible, estuve casi un mes para intentar rodar el piloto de la serie con continuos cambios de guion. Hasta que me cansé y decidí dejarlo. No sé qué habrán hecho pero fue un verdadero desastre, a pesar de que la idea de la serie estaba muy bien y contaba con el mismo productor de Corrupción en Miami.

Fue una respuesta diplomática a la prensa pero en realidad la cosa no había sido tal que así. La serie se iba a rodar en inglés. Él iba a hacer el papel de un joven puertorriqueño muy pobre que deseaba ser cantante. Detrás estaba la cadena NBC. Inicialmente se iba a rodar en Puerto Rico pero después se pasó a la República Dominicana por motivos de producción. El contrato definitivo debía firmarse en Santo Domingo. Primero llegó Luis Miguel, después Carlos Suárez, que fungía como *manager* junto a Bob Logar que manejaba la prensa, y dos días más tarde llegó Luis Rey desde España. Estuvieron un mes en el Sheraton de Santo Domingo, testigo de la desordenada vida de excesos de Luisito y de la imprevisibilidad de su estado de humor cada mañana, hecho que acabó colmando la paciencia de la gente de NBC tras interminables juntas que acababan siempre en pleito. Luisito se portó luego muy mal con unas exigencias y unas incongruencias que acabaron con el negocio. El proyecto se cayó.

De aquel frustrado proyecto quedó una curiosa anécdota dominicana. Había un centro nocturno cercano al hotel donde un cantante y un trío cantaban boleros mientras un comediante amenizaba con chistes. Un día acudió la comitiva con Luis Rey a la cabeza y su hijo acompañándolos. Luisito se lanzó y se subió al escenario, pidió una guitarra y empezó a cantar. A la media hora reclamó a su hijo, y juntos ofrecieron un improvisado espectáculo que hubiera sido digno de grabarse, pues más allá de los comienzos en Ciudad Juárez cuando el hijo no era todavía ni siquiera cantante, no se recuerda otra ocasión de verlos juntos actuar sobre un escenario.

※　　※　　※

El 16 de marzo de 1985 le cantó "Marcela" a su mamá, quien toda emocionada, en el Luna Park de Buenos Aires, era un mar de sentimientos.

> *Aquel día quedé sobrecogido, se veía un afecto y un cariño hacia los hijos por parte de Marcela impresionantes y conmovedores, podía notarse que esa mujer estaba sufriendo mucho, cada vez que veo el video de aquel día en el Luna Park en 1985 con Micky cantando a su mamá me pongo a llorar, no me quiero ni imaginar lo que debe sentir él cuando ve esas imágenes, es un dolor muy intenso y muy profundo.*

Estas palabras proceden de alguien muy cercano a la familia allí presente aquel día y son palabras que nos volvieron a emocionar profundamente a la hora de recordarlas y redactarlas.

"Nada en este mundo vale si no estás, Marcela", decía una de las frases de la canción que Luisito había compuesto cuando se conocieron en Mar del Plata a finales de los sesenta. No es difícil empatizar con la felicidad de la mamá ante tan linda sorpresa ni con los hijos con los ojos aguados al recordarlo. La familia estaba rota ya para aquel entonces y la manipulación del padre puso a los hijos en contra de la madre, lo que desembocó en un agrio desencuentro en vísperas de la desaparición y a ese sentimiento de desasosiego de los hijos al que antes nos referimos. Marcela huyó dos veces a Italia a buscar refugio entre su gente, la primera, sola, en ese mismo año 1985, tal como se vio en la carta. Luego la segunda y definitiva escapada de Marcela a Italia en enero de 1986 con su hijo Sergio, donde pasó todo el primer semestre del año. En libros anteriores contamos con detalle todo aquel proceso y cómo finalmente Luisito la convenció para que regresara a Madrid, cosa que hizo en agosto de 1986 desde el aeropuerto de Pisa y aquella famosa fotografía de Marcela en aquella especie de overol blanco, cargando a Sergio y despidiéndose de una familia que no volvería a ver jamás.

Jaime Vas Carrasco es un productor musical y tour *manager* que coincidió con Luisito Rey y con Luis Miguel en la década de los ochenta. Vas es un reconocido profesional del medio. Entre otros artistas ha trabajado para eventos con Frank Sinatra, Raphael o José José. A raíz de la popularidad de la primera temporada de la serie de Luis Miguel, Vas reveló en exclusiva en el canal chileno TVN algunos detalles del pasaje que ya describimos de cómo Luisito puso en marcha su máquina de manipulación para lograr que Marcela viajase a Madrid procedente de Italia, donde se había refugiado con su familia y de donde era reticente a atender las llamadas de su pareja. Vas aseguraba haber presenciado el que sería el último encuentro entre Luis Miguel y su madre en el aeropuerto momentos antes de embarcar con rumbo a Chile.

Empezó recordando que ese propio canal en el que se encontraba, TVN, tuvo mucho que ver en aquella historia que Luisito usó para presionar a Marcela Basteri de la que dimos cuenta en *Luis Miguel: la historia*. En esa época él ni siquiera sabía quién era Luis Miguel:

> *Me acuerdo perfectamente que un viernes como a las 9 de la noche, me llama Ernesto Clavería diciéndome que me quiere pedir un favor, que el siguiente lunes quería llevar a un estelar del Canal 7, un programa que se llamaba En Vivo, que lo conducía Antonio Vodanovic, a un cantante que se llama Luis Miguel, pero que el papá le estaba diciendo que no podía viajar.*

Clavería pone en contacto a Vas con Luisito. Jaime telefonea al padre del cantante y este le empieza a usar su habitual verborrea, con el típico "picha" y otra serie de palabras irreproducibles refiriéndose a los mexicanos, "los voy a matar a todos", le dice al productor, aduciendo que le habían quitado el pasaporte a su hijo. Vas, sorprendido con el discurso y sin entender nada, le responde que lo único que sabe es que el lunes Luis Miguel tiene un estelar en Chile y que tiene que viajar, a lo que el padre responde negativamente insultando nuevamente a las autoridades mexicanas.

Jaime Vas vuelve a contactar con Clavería, y ante lo inaudito de la situación, decide contactar con el Consulado de Chile situado en el madrileño Paseo de la Habana.

Chile no tenía entonces relaciones con México, y las visas se tenían que hacer a través de los Ministerios de Interior y era un rollo eso. Entonces resulta que al llegar allí efectivamente me dice el funcionario del Consulado que en esa semana había ido un niño con un mayor a estampar la visa, y que la visa estaba preparada para estamparse, pero que resultaba que el pasaporte estaba a menos de treinta días de vencer y por eso mismo no se la habían podido estampar. Yo le pregunté qué había pasado, y él me dijo que les había comentado que se fueran a la Embajada de México, que estaba a un paso, en el Paseo de la Castellana, a que le renovaran el pasaporte, y en cuanto lo renovaran regresaran y él les estampaba la visa.

El productor hizo lo imposible por contactar con el embajador, pero el problema se destapó cuando el cónsul le mostró un télex procedente de Gobernación de México dirigido a todas las embajadas mexicanas en el mundo diciendo que en el momento que el ciudadano Luis Miguel Gallego Basteri se presentase en cualquier embajada, se le debía retener el pasaporte y avisar inmediatamente a Gobernación de México. Puesto que Luis Miguel se había presentado en la Embajada de México en Madrid, el cónsul siguió las instrucciones y mandó a su vez otro télex a Gobernación informando, y a su vez Gobernación había vuelto a contestar diciendo que le emitieran un pasaporte provisional que fuera solamente válido para volar desde Madrid a la Ciudad de México. El embajador, completamente contrariado, pregunta al cónsul cuál era el problema con ese joven, y la respuesta dejó atónitos a ambos. El problema era que tanto el pasaporte mexicano de Luis Miguel, como su hoja de registro de nacimiento en el registro civil mexicano, eran falsos, producto de las gestiones que se habían hecho años antes de la mano del Negro Durazo y su amistad con el gobernador de Veracruz, al que pidió el favor de legalizar la fábula de que el cantante había nacido en el puerto jarocho por obra y gracia de los embustes y la manipulación del papá, en aquella fase inicial de lanzarlo como cantante y mexicanizar a un niño andaluz nacido en Puerto Rico. Como efectivamente todos esos documentos eran irregulares, alguien que no estaba en la cuerda de la onda expansiva del Negro, ya en prisión por ese entonces, lo había descubierto y todo este lío había encendido a su vez la bombilla manipuladora del ínclito Luisito para armar todo un enredo (no dijo a nadie que podía haber viajado con su pasaporte español o el estadounidense) y tener una excusa más con la que presionar a Marcela para que fuera a Madrid. Poco de eso desde luego podría saber en ese momento Jaime Vas, que más tarde no obstante empezaría a sospechar que él también había sido manipulado.

Visto el panorama, el embajador, sin salir todavía de su asombro, le dijo que poco podía hacer él ante esa situación. Con sensación de derrota y de que poco se iba a hacer, el productor llamó a Chile para informar de la gravedad de la cosa y acto seguido llamó a Luisito Rey. Le llamó la atención verlo relajado y bromeando incluso, invitándolo a que fuera a su casa de Las Matas a tomar un gazpacho bien fresquito, la típica sopa fría a base de tomate original de Andalucía y que apetecía especialmente en ese mes de agosto de pleno calor veraniego en España. Jaime Vas tomó su coche y se fue hacia Las Rozas, en la famosa zona residencial donde se ubicaba esta casa, de la que recuerda que era "muy fría y con muy mala vibra, ahí vivía él solo con Luis Miguel. Luisito era además un señor con muy mala aura, con muy mal rollo, muy negativo. Y el respeto que el niño le tenía al padre también me sorprendía mucho".

Una vez en la casa, Luisito se jactaba de ser amigo del Negro Durazo y de expresar que iba a mandar a matar al secretario de Gobernación. Dijo textualmente: "Para que este pinche embajador se entere de quién es mi jefe, picha, voy a hacer una llamada a México y te voy a demostrar quién es Luisito Rey". Acto seguido contempló cómo Luisito tomó el teléfono y llamó a México a un amigo suyo que no identificó. Cuando concluyó la llamada dijo que todo estaba arreglado. No mucho más tarde, era alrededor de las seis de aquel caluroso día de verano del mes de agosto de 1986, Jaime recibe una llamada del embajador y le dice que se apersone el lunes temprano en la mañana. Cuando llegó, le dijo textualmente que "no sé con quién habrán hablado usted o la familia del niño", pero acababa de recibir una orden de que debía hacer rápidamente un pasaporte transitorio para Luis Miguel para viajar de Madrid a Santiago de Chile, de Santiago de Chile a Buenos Aires y de Buenos Aires a Bogotá, eran las tres escalas que necesitaba atender en ese desplazamiento en sus compromisos, y de ahí de Bogotá una de dos, o se quedaba a vivir allí o se tenía que ir forzosamente a México, porque si quería ir de Bogotá a cualquier otro destino no lo iban a dejar viajar. El cónsul lo emplazó al día siguiente a sacar el pasaporte de Luis Miguel, le puso como condición que cuando fuera se abstuviera de llevar la compañía de Luisito, cuyas groserías en visitas anteriores ya lo habían convertido prácticamente en persona non grata de dicho consulado. El martes acudió con Luis Miguel y un secretario para retirar el pasaporte y acto seguido al Consulado de Chile a estamparle la visa y asunto arreglado, programando los pasajes para el miércoles y volar a Chile.

A esas alturas de los acontecimientos, Jaime Vas ya había tenido que decir reiteradamente a la gente de producción del programa que iba a ser imposible que el lunes estuviera en Chile, que era el día en el que el programa se emitía regularmente, y que los pasajes debieron sacarlos para el miércoles. La televisión lo que hizo ese lunes fue programar la película *Fiebre de amor* y pasar un falso directo que el propio Jaime tuvo que hacer en el chalet de Las Matas con Luis Miguel, bajo la excusa inventada de que estaba enfermo y por eso no iba a llegar a tiempo, y enviarlo por vía satélite desde Televisión Española. Eso no iba a ser todo. Cuando el productor comunicó al papá y *manager* del artista que ya estaba todo solucionado y los pasajes de avión emitidos para ese miércoles, recibió una contestación sorprendente: "Es que el niño no va a viajar tampoco el miércoles", lo cual no hizo ninguna gracia a su interlocutor, que no sabía cómo tomarlo. La respuesta que le da Luisito es que hacía ocho meses que Luis Miguel no había visto a su madre y tenía que verla, que estaba por llegar desde Italia. Con el paso del tiempo, Vas, tal como le dice a la televisión chilena, cree relacionar ese comentario de Luisito con el concierto del Luna Park en el que aparece Marcela, datado en marzo del año anterior, 1985, pero obviamente los ocho meses a los que se refería Luisito no obedecían a esa fecha, sino a las navidades del 85 al 86, cuando Marcela había regresado efímeramente de su primera escapada de separación a Italia, para volverse a ir poco después nuevamente con su hijo Sergio de la mano.

No había ningún interés de que Luisito quisiera que el niño viera a su madre, sino que todo aquello era por un interés económico propio, seguramente como estaba a punto de firmar el contrato nuevo con Warner, al ser menor de edad, necesitaba la firma de los dos. Recuerdo cómo le decía el hermano, Mario, que en la serie se llama Tito, que aparece como tonto y de tonto no tenía nada, porque era más delincuente que el hermano, que me exigía que tenía que conseguir el pasaje para que Marcela viajara de Italia a Madrid.

Es en este punto, y recordando la historia de Luis Miguel, cuando cabe señalar el enorme poder de manipulación de Luisito en la escena en la que Marcela, con su familia y su hijo Sergio en el aeropuerto de Pisa, descubre que no tenía boleto para viajar a Madrid, y tuvo que esperar hasta que más tarde se lo hicieron llegar, porque efectivamente Luisito logró que la televisión chilena se hiciera cargo de ese gasto. Jaime Vas recuerda la respuesta afirmativa cuando llamó para comentar ese nuevo incidente y lo enrarecido que se estaba poniendo el ambiente por obra y gracia de aquel andaluz bajito, cosa de la que ya le habían advertido desde un principio, "me dijeron que tuviera cuidado con él porque era un delincuente y era de armas tomar, cosa que sabían bien porque en febrero habían traído a Luis Miguel a Viña del Mar". El canal chileno se hizo cargo del pasaje de Marcela Basteri y de su hijo Sergio Gallego para que volaran de Pisa a Madrid. Pero eso no era todo, Vas recordó la exigencia de Luisito de que había que ponerles una avioneta porque "la madre del niño no vivía en Milán, sino en un pueblo de las montañas en Massa Carrara". Obviamente ahí sí ya no cedieron. El compromiso era ponerle un boleto desde Milán o un aeropuerto cercano para que ella se desplazara con el niño, tomara el avión allí y desde allí volara a Madrid.

El productor creía que ya su trabajo estaba hecho, pero no iba a ser así. Sus colegas de Chile no se fiaban nada de Luisito Rey, y le pidieron que tenía que ir personalmente a la casa con su vehículo y sacarlos de allí para llevarlos al aeropuerto. Cuando Vas acudió a la casa de Las Matas fue cuando tuvo plena conciencia de la manipulación de la que había sido objeto por parte de Luisito Rey. Un par de horas antes de salir para el aeropuerto, según él mismo narra, "me di cuenta que era bien cabrón. Me tiró en plan prepotente dos pasaportes, uno americano y otro español". El español que tenía por la españolidad de su padre, y el estadounidense por haber nacido en el estado asociado de Puerto Rico. Los pasaportes estaban en regla, todo el show con el pasaporte mexicano había sido la enésima tranza del papá para lograr ahorrarse el dinero de los pasajes de Marcela y Sergio, convencerla a ella para que viajara y, quien sabe si también, para dejar constancia de otro testigo más que pudiera sostener en el futuro que había visto a la mamá antes de, según la versión de Luisito, "haberse fugado con un mafioso". "En realidad el que tenía complejo de mafioso era el propio Luisito, pero no llegaba ni a mafiosito, me llamó la atención que cargaba uno de esos aparatos de defensa personal que hacen descargas eléctricas, y cuando le preguntaba decía que la mafia lo quería matar, lo cual no dejaba de ser una mentira más", llegó a decir en TVN.

El productor recordó que aquel mismo día llevó a Luis Miguel junto a su papá al aeropuerto. Realizó los trámites pertinentes de la tarjeta de embarque, documentación y demás, y posteriormente se dirigieron a un restaurante de la segunda planta del aeropuerto donde Luisito había quedado de encontrarse con Marcela. Cuando ellos llegaron, la mamá ya estaba allá. En ese momento, según su versión, se produjo un abrazo muy emotivo entre madre e hijo, que no pudieron evitar derramar alguna lágrima. Notó igualmente la tensión en el ambiente en la relación entre el papá y la mamá. Ya en la mesa, recuerda "el brillo en la mirada de Marcela y la tristeza que se desprendía de ella" y la actitud cortante de Luis Miguel con su papá, al que llegó a pedir que lo dejara a solas con su madre. Luis Miguel se quedó por un tiempo que el productor no concreta, tal vez una hora, hasta que llegó la hora de avisarles que había que ir a la puerta de embarque. Bajaron entonces las escaleras en busca de la puerta de control de pasaportes, se despidieron con otro abrazo muy emotivo que sobrecogió a algunos de los testigos presenciales y Luis Miguel cruzó la puerta del control de pasaportes. Jamás volvería a ver a su mamá. Luisito y Marcela se fueron por otro lado con rumbo desconocido. El productor tampoco los volvería a ver jamás.

Al llegar a Santiago, un equipo de la televisión y fans lo esperaban. Lucía una chamarra y un jersey de tono pardo con solapas de piel para el frío del invierno chileno, una camisa blanca y una corbata. Cargaba lentes de sol oscuros que disimulaban el cansancio físico de las horas de vuelo y el huracán emocional que arrastraba. Le preguntaron si se había recuperado de su supuesta enfermedad. Obviamente sus declaraciones seguían el juego de la invención de Luisito: "Tuve un pequeño percance, los médicos me recomendaron no salir, pero ya estoy completamente recuperado". El periódico chileno *La Tercera* publicó lo sucedido aquel día de agosto:

> *Es el 7 de agosto de 1986 y un expectante Antonio Vodanovic espera entre la neblina que cubre la losa del aeropuerto de Pudahuel el aterrizaje del avión que trae a Luis Miguel. "En este instante se comienza a cumplir la promesa de los últimos días: el vuelo Lufthansa itinerario desde Madrid está llegando", dice a la cámara. Apelando a la confianza entre ambos, el animador entra al avión y recoge las primeras impresiones del cantante, quien echa su pelo hacia atrás en su gesto característico y explica que una enfermedad le impidió llegar antes al país.*

Pasaron 32 años y tres meses desde aquella llegada de Luis Miguel a Chile, cuando la madre de sus hijos Miguel y Daniel, Aracely Arámbula tuvo presente a Marcela Basteri en el altar para la ofrenda del Día de Muertos del año 2018, hecho que no pasó inadvertido.

Tampoco pasó inadvertida la publicación en Instragram de Alejandro Basteri el 10 de diciembre de 2020, el día que cumplía años su madre, refiriéndose a ella en pasado:

> *Mi madre fue la mujer más hermosa que he visto en mi vida. Todo lo que soy se lo debo a mi madre. Atribuyo mi éxito en la vida a la educación moral, intelectual y física que recibí de ella. Eres y serás una mujer de alma grande, mujer hecha de amor.*

Luis Miguel adoraba a su mamá. Cuando llegó del entierro de su padre fue cuando dijo que su papá se había llevado a la tumba el paradero de su mamá. "Mi papá se llevó a la tumba lo que pasó con mi mamá", dijo textualmente a su amigo Polo Martínez, testigo de aquellos momentos. El Servicio de Inteligencia judío (Mossad) le dijo: "Ya está, no la busques más". Él siempre decía, cuando saltaba algún rumor sobre su vida: "Pobre mi mamá, que Dios la tenga en la gloria", con lágrimas en los ojos. Pero como quien se aferra a una fe del tamaño de un grano de mostaza, él se aferraba a la esperanza de que nunca apareció el cuerpo. Esa esperanza debe mantenerse en su intimidad y en su silencio. Sus íntimos amigos coinciden: la muerte de la madre le hizo mucho daño. Las lágrimas son inevitables y la garganta se atora al entonar la última canción que le dedicó: "Hasta que vuelvas, detengo el tiempo, que nadie pise tu recuerdo. Hasta que vuelvas junto a mis ojos, hilando sueños, te esperaré".

6

El Rey del bolero

Hay un punto de inflexión en la carrera de Luis Miguel que marcan los boleros. Las meras cifras hablan por sí solas, cuando apareció *Romance* en 1991 el éxito fue tan arrollador que Luis Miguel traspasó unas fronteras hasta ese momento inimaginables. El disco le valió otra distinción en los World Music Awards por sus altas ventas en lugares como Japón, Taiwán, Indonesia, Tailandia, Corea, Malasia, Singapur, Hong Kong, Filipinas, Arabia Saudita, Australia, Bélgica, Finlandia, Portugal, Nueva Zelanda, Turquía, Holanda, Grecia, Francia, Dinamarca y Canadá. No es extraño que dijera en su momento que el objetivo que se había marcado era llegar a los diez álbumes de boleros en toda su carrera, lo que implica que llegado a los 50 años tiene todavía por delante cinco más, sin contar claro está los dos discos que ha dedicado al mariachi, incluyendo el álbum *Mis boleros favoritos*. Temas y talento no faltan desde luego.

En uno de los viajes en mitad de las giras a bordo del avión, Hugo López se fijó que Luis Miguel escuchaba con mucha atención música a través de sus auriculares, y era tal la cara de satisfacción que tenía que no se aguantó en preguntarle qué estaba escuchando. Micky respondió escuetamente: "boleros". ¿Boleros? Repitió sorprendido el *manager* argentino. En ese momento se encendió una bombilla en su mente. Empezó a averiguar y se dio cuenta que él cantaba boleros por su cuenta a capela cuando estaba solo o con algunos amigos. Lo hacía tan bien que parecía una orquesta. Hugo López era una máquina y se acababa de poner en marcha una idea que podía ser completamente revolucionaria. El salto cualitativo con los boleros es algo que se gestó en esa época y que al principio tenía al propio cantante muy reticente. Hugo lo logró persuadir con la idea de hacer una especie de experimento previo. Lo que se hizo fue probar en algunas presentaciones para ver la reacción del público. Antes de grabarlos, los boleros empezaron a escucharse en hoteles incluidos en el show. En uno de ellos, muy especial, estuvo presente el gran artista Marco Antonio Muñiz. Fue en el hotel Fiesta Palace de la capital mexicana. Él recordaba que Hugo se había puesto en contacto con su *manager*, Rubén Fuentes, para hacerle saber que estaba pensando con Alex McCluskey probarlo con música romántica anterior a su edad, para lo cual le pidió que le ayudara con la colaboración del trío de Fernando Becerra. Lo que vio aquella noche lo dejó maravillado, la interpretación de "No me platiques más" y la "Historia de un amor" fue mágica y mostraba un tremendo potencial y un terreno por explorar muy grande.

Marco Antonio Muñiz siempre fue un espejo donde mirarse y una persona con la que había un lazo de amistad estrecho por todo lo que habían compartido cuando las familias eran vecinas en la calle Xola en la Ciudad de México, pasaje contado con detalle en *Luis Miguel: la historia*. Amigo de Luisito desde la primera época en México, cuando llegó primero con Marcela embarazada y después de pasar por Puerto Rico con Micky bebé. Llamaba sobrino a Luis Miguel, tanto en público como en privado. En YouTube hay un video que muestra a Marco Antonio Muñiz cantando una canción de Luisito Rey llamada "Éxito" junto al que llama en la introducción su "sobrino", actuación que tuvo lugar en la entrega de los premios de la revista *TVyNovelas* del año 1985. Marco Antonio sería testigo del éxito del joven con los boleros, cuando coincidieron un tiempo después en Las Vegas. Era el primer latino en presentarse en el Caesar's Palace, el "tío" Marco Antonio se presentaba por aquel entonces en el Tropicana.

Luis Miguel dejó de mostrarse escéptico y de negarse a grabar un disco de boleros. Hugo López lo convenció plenamente. Cuando lo vio predispuesto, y a pesar de que no era todavía el momento, se puso en contacto con Armando Manzanero, al que ya conocía de trabajos en épocas pasadas con cantantes como Vicky Carr. Le comentó que "el niño", en alusión a Luis

Miguel, ya se había convencido para grabar ese tipo de música romántica, y que iba a hacerlo con él, que fuera ya pensando y trabajando en el proyecto. Al poco tiempo volvió a hablarle para pedirle que le acompañara a cantar en el programa de Verónica Castro. En 1989, Luis Miguel y Armando Manzanero se conocieron personalmente en el programa de televisión conducido por la actriz. Desde aquella ocasión quedó clara la admiración que sentía por el trabajo y la trayectoria de toda una leyenda de la música mexicana. "Es mi sueño pero no estoy preparado para esto". Era raro ver a Luis Miguel nervioso, ya era todo un ídolo entre el público adolescente con sus baladas. Ese día se sentó junto al pianista y autor de canciones legendarias que lo recibió tocando los acordes introductorios de "Mía", tema que terminaron a dúo. "Hay canciones que no pasan de moda y se quedan con nosotros, como estas canciones se quedan conmigo", dijo sorprendido con el sueño que le había cumplido la conductora de conocer al gran maestro de Yucatán.

Después que se habían conocido, hubo una tercera llamada en la que Hugo le comentó a Armando Manzanero si podía esperar un poco más, al menos un año, para lanzarse antes el disco de Juan Carlos Calderón que iba a coincidir con sus 20 años, pero que siguiera preparando el material. El maestro le contestó que no había problema por su parte. Para entonces, ya había una gran involucración en el proyecto por parte de la compañía discográfica. Cuando *Romance* se produjo, Mauricio Abaroa era director artístico de Warner Music México, aunque en aquel entonces, la dirección artística solamente manejaba los productos de artistas firmados a nivel nacional. El proyecto de Luis Miguel había sido firmado con Warner Music Neatherlands, se manejaba directamente a través de la dirección general de la compañía, a cargo de Julio Sáenz. El propio Mauricio Abaroa recordaba:

Sin embargo, por mi cercanía con Luis Miguel y con Julio, quien era mi jefe directo, tuve la oportunidad de participar en el desarrollo integral de la producción al lado de Manzanero, Silvetti, José Quintana y los grandes músicos e ingenieros de grabación que colaboraron en uno de los proyectos más relevantes de la discografía internacional de todos los tiempos. La idea inicial de proponerle a Luis Miguel que considerara realizar un álbum en donde él cantara boleros, se debe a la complicidad e iniciativa de dos argentinos, su manager Hugo López y el ejecutivo de Warner, Julio Sáenz.

La necesidad y la urgencia también tuvieron su parte de culpa. Había que entregar un nuevo disco y siempre resultaría más rápido hacerlo con canciones versionadas que con nuevas canciones inéditas. Cuando llegó el día, Manzanero fue requerido para ver el repertorio de las canciones. No tuvo mucha dificultad en seleccionar entre su amplio conocimiento y sus grandes amigos compositores, doce temas que encajaran a la perfección con la idea que llevaban en mente. Había estado trabajando muy a conciencia en el proyecto, siempre de la mano de su hijo Diego. Seleccionó entre decenas y decenas de canciones para dar con los doce temas que quedaron en el álbum. Clásicos de autores como Vicente Garrido, Julio Gutiérrez, Roberto Cantoral, César Portillo de la Luz y dos joyas de Manzanero: "Te extraño" y "No sé tú", una composición de 1986. Hasta incluyó el bolero "Cómo", del argentino Chico Novarro, un reconocimiento a su trabajo como compositor del género.

Fueron citados tarde para la ocasión de ver por fin y dar forma a la idea de los boleros. Desde las ocho de la noche se reunieron en las oficinas para que pudieran escuchar la selección de los temas. Les encantaron. Entonces le dieron a escoger al maestro entre Chico O'Farrill y Bebu Silvetti para trabajar en el disco. La elección fue la de Bebu, pues lo conocía de haber trabajado anteriormente con él. El sentimiento que Luis Miguel le puso a aquella grabación vaticinaba ya de por sí buenos augurios. El resultado de aquellos experimentos fue la aparición en noviembre de 1991 de *Romance*, el primer disco de boleros, de la mano de Armando Manzanero y Bebu Silvetti. La consecuencia de esa decisión es conocida del gran público, numerosos discos de platino en México, Chile y Argentina, oro en otros tantos países, un éxito sin precedentes que llevaría su música a ser escuchada en países exóticos y lejanos. Ya durante la grabación todos apreciaban que estaba poniendo toda su esencia en cada interpretación. Hugo miraba, fumaba y confesaba a Alex McCluskey que estaba convencido que iba a ser un antes y un después. No se equivocaría. El disco rompió fronteras. El éxito fue tal que a la oficina llegaban cartas hasta de Japón solicitando la actuación del cantante por el impacto que sus boleros tenían en el país del sol naciente.

El álbum fue grabado en Los Ángeles, en el estudio Ocean Way, de manera analógica, con los mejores músicos disponibles y unos impresionantes arreglos de Bebu Silvetti que llevaban al intérprete a un gran sonido clásico. Era la mezcla perfecta de artista *crooner* con el toque del sonido más actual. El propio Manzanero grababa la canción en su propia voz y se la llevaba en un cassette para que Luis Miguel la fuera aprendiendo de la manera más natural y grabarla después. Durante la grabación Bebu Silveti y Armando Manzanero estaban al frente de todo. Se produjo un percance que afortunadamente no tuvo mayores consecuencias, pero el susto quedó, él mismo lo reconoció: "La cosa se estaba complicando hacia una peritonitis, pero afortunadamente llegué a tiempo". Se refería a cuando tuvo que ser internado de urgencia en el hospital por un dolor agudo en el bajo vientre que resultó ser una apendicitis. La indisposición no impidió que se recuperara para acabar con un millón de discos vendidos en la Argentina, convirtiéndose en el álbum de un artista no nacional más vendido de la historia. Fue ocho veces disco de platino en México y 16 veces disco de platino y de diamante en la Argentina.

"Fue un éxito que ni yo ni nadie nos lo imaginamos cuando lo hicimos, de hecho no lo apoyé con promoción ni hice absolutamente nada, pero arrasó", dijo poco después de reinaugurar con este disco en 1992 el emblemático y entonces recién remodelado Auditorio Nacional de la Ciudad de México. Después llegó *Segundo romance* (1994), *Romances* (1997), *Mis romances* (2001) y *Mis boleros favoritos* (2002) con trece canciones grabadas previamente de la serie *Romance* y una nueva evocación a la memoria de su madre: "Hasta que vuelvas". En 2012, Warner Music reeditó el álbum *Romance: 20th Anniversary*. Prueba del fenómeno que había protagonizado reinventando el bolero, fue una vez que, invitado a Punta del Este a una cena con la hija y la sobrina del presidente Lacalle, se encontraba la cantante María Marta Serra Lima, quien estaba con otros boleristas, y le agradecieron públicamente que gracias a su disco el bolero había resurgido y que ellos mismos lo habían notado porque se les había incrementado el trabajo.

Otro gran bolerista, el chileno Lucho Gatica, fue sin embargo crítico y una de las pocas voces que negaron el ciclón que supuso la manera en que Luis Miguel interpretaba el género, luego de ser invitado a participar en la producción de *Segundo romance*. "No me llega ni a los talones, y no es por presumir", dijo en 2007. Cuatro años más tarde volvió a la carga:

Luis Miguel no es el intérprete que yo quisiera porque el bolero hay que sentirlo para cantarlo. Tiene mucho talento como cantante, pero creo que si no hubiera grabado boleros no sería tan famoso. Él fue famoso cuando empezó su carrera y después con los boleros. A mí me tocó incluso ir a una de las primeras grabaciones que hizo de boleros. Pero después dejé de ir porque ahí no cabía una opinión.

No obstante, antes de expresar esa opinión crítica, ambos protagonizarían una actuación a dúo de "La barca" y "No me platiques más", dentro del concierto de Luis Miguel, el 2 de noviembre de 1995 en el Los Ángeles United States Universal Amphitheatre. Incluso poco después, en enero de 1996, se realizó un homenaje a Lucho Gatica en el James L. Knight Center de Miami y el dueto fue exhibido como parte de dicho homenaje.

De la mano de los boleros, Luis Miguel fue protagonista de noches mágicas y plenas de romanticismo en locales pequeños, acogedores, conciertos muy añorados por el público en sitios de la Ciudad de México como el Premier o el Cristal, lugares íntimos donde se presentaba y se creaba un gran clima, allí estaba Alex Basteri que entregaba una rosa a las señoras conforme iban entrando al local. Una noche en el Premier hasta hubo una circunstancia muy peculiar, el cantante había tenido un percance esquiando y quiso que el público lo comprobara, pasando mesa por mesa para mostrar los estragos del golpe con el árbol que se le había atravesado.

Tras el espectacular éxito de *Romance*, el Rey del bolero estaba condenado a continuar con la saga. La noticia fue incluso adelantada a los medios por el propio Luis Miguel el día de la presentación de su inmediato antecesor, otro disco inmortal en su carrera, *Aries*. Después de que *Aries* dejara plenamente satisfecha su aspiración en el terreno pop de las canciones originales, se puso en marcha la producción de la segunda entrega que llevaría el sencillo título de *Segundo romance*, que sería grabado en Los Ángeles en Record Plant y nuevamente con los mejores músicos, entre los que estaban gente de la talla de Robbie Buchanan, Paul Jackson Jr., George Doering, Kiko Cibrián, Ramon Stagnaro, Neil Stubenhaus, JR, Luis Conte, Jeff Nathanson, Pancho Loyo, Ramón Flores, Dan Higgins y Coco Trevisono. El arreglo de "El día que me quieras", recuerdan los allí presentes, fue impresionante y puso la piel de gallina de todo el mundo en el estudio. "Imagínate ver grabar en vivo el tema con un arreglo monstruoso de Juan Carlos y ver a Luis Miguel como se emocionaba, fue increíble, no sé como explicarlo, la emoción, llegas al cielo en un segundo, es como la emoción de meter un gol, fantástico". Cada momento de la grabación se hacía con un gran clima de compañerismo, un Luis Miguel amable y caballeroso con todo el mundo y una sesión preciosa de grabación de las cuerdas en Capitol Records.

La preproducción del disco se hizo en la Villa Mykonos de Acapulco, en una habitación que se acondicionó especialmente para ello. Allí compartieron largas jornadas y veladas, con el piano y el encanto del lugar. El maestro Manzanero y Micky se pusieron a recordar y ensayar temas durante un mes y medio hasta dar con el repertorio final. Kiko Cibrián y Juan Carlos Calderón participaron también en la producción del disco, en el que nuevamente volvió a participar Bebu Silvetti. Bebu era una persona muy divertida y siempre contaba con simpatía anécdotas relacionadas de su relación profesional y de amistad con Luis Miguel. Bromeaba con los regalos que le mandaba, sobre todo aquellas corbatas que traían su nombre. Micky decía que se las tenía que poner y el célebre músico no veía el modo de cumplir el deseo del cantante. Cristina Abaroa estaba al cargo de todas las partituras.

Canciones míticas como "El día que me quieras" de Carlos Gardel, "La media vuelta" de José Alfredo Jiménez, "Todo y nada" de Vicente Garrido o "Delirio" de César Portillo de la Luz, fueron los cuatro sencillos, con dos videoclips fabulosos: los que se filmaron con una orquesta compuesta por 36 músicos en el Palacio de Bellas Artes de la Ciudad de México para la canción de Gardel y el que dirigió Pedro Torres para el tema del hijo pródigo de Dolores Hidalgo, con un elenco de talentos y personalidades todavía recordados. El resto de canciones del disco eran verdaderas joyas, entre las que figuraban "Solamente una vez" del maestro Agustín Lara y tres temazos del maestro Manzanero, "Somos novios", "Como yo te amé" y "Yo sé que volverás", esta última además de una carga emocional muy importante para Luis Miguel. Las canciones que completaban la producción eran "Nosotros" de Pedro Junco, "La historia de un amor" de Carlos Eleta y el "Sin ti" de Pepe Guízar. Ganó otro Grammy como "Best Latin Pop Performance".

El compositor y arreglista cubano Rudy Pérez había participado en *Aries* escribiendo cuatro de las canciones del álbum, "Me niego a estar solo", "Luz verde", "Tú y yo" y "Ayer", la versión del cover de David Foster, una canción que sufrió modificaciones, como suele ser habitual en Luis Miguel, el tema se titulaba originalmente "El sueño" pero en su letra final pasó a la posteridad como "Ayer". Rudy tenía una gran canción para el siguiente disco de Luis Miguel, que iba a ser *Segundo romance*. La canción era "Lo mejor de mí" y la grabó en los estudios Record Plant con la compañía de la Orquesta de Cuerdas Hollywood Stream Orchestra para incluirla en el disco. Luis Miguel y su equipo querían incluir un tema inédito en formato bolero. De todos los temas recibidos, al final destacaron "Yo sé que volverás", de Armando Manzanero y "Lo mejor de mí" de Rudy Pérez. Mauricio Abaroa recordaba que:

> *Ambos temas contaban con las condiciones que buscábamos, pero solamente podía quedar uno debido a que desde la concepción de Segundo romance, siempre definimos que sería un álbum de once boleros. Por la importancia de ambos temas y con la finalidad de tomar una decisión más asertiva, decidimos producir los dos temas y valorar su participación en el álbum escuchándolos ya como material terminado. El tema de Armando Manzanero se engrandeció más, tanto con el arreglo como con la apasionada interpretación de Luis Miguel.*

A eso hay que añadir algo que ya contamos en *Luis Miguel: la historia*, y es el hecho de que ha sido una de las canciones que más le han llegado cantando al recuerdo de su madre. "Lo mejor de mí" podría tener cabida en el siguiente disco de temas originales. Sin embargo, no llegaría nunca a salir a la luz con la voz de Luis Miguel en *Nada es igual*, pero sí con la de Cristian Castro en el álbum del mismo título que lanzó poco después. "Lo mejor de mí" no sólo fue canción, sería el título del primer álbum de Cristian Castro con BMG US Latin, lanzado el 30 de septiembre de 1997.

El video de "La media vuelta", grabado en blanco y negro, fue un acontecimiento en sí. Reunió a importantes figuras de la época de oro del cine mexicano y luminarias del mundo de la música; se pretendía contar con gente como Juan Gabriel, Ofelia Medina, Lola Beltrán, Amalia Mendoza "La Tariácuri", Carlos Monsiváis, Yolanda Montes "Tongolele", Jorge Russek, Estela Moctezuma, Katy Jurado y el Mariachi Vargas de Tecatitlán. Se grabó en dos días en el restaurante Cícero de la Zona Rosa y en la hacienda La Gavia, lugar este último que había servido también de locación de la telenovela *La gloria y el infierno*. Luis Miguel lució para la ocasión un exclusivo traje de charro hecho para él. Tras la grabación Micky se puso a cantar con un trío. Un día inolvidable con anécdota final, casi se deja olvidado a su hermano Alex cuando abandonaron el lugar.

La tercera entrega fue *Romances*, que además cobró un significado especial, pues fue el disco que le abrió de nuevo y para siempre las puertas del público español. El disco contiene doce versiones y dos composiciones inéditas de Armando Manzanero ("Por debajo de la mesa") y Bebu Silvetti ("Contigo"). Doce son boleros, mientras que "Uno" y "Mañana de carnaval" son un tango y un tema de bossa nova, respectivamente. Su grabación tuvo lugar a principios de 1997, en el estudio Ocean Way Recording en Los Ángeles, California. De la mano de este disco tuvo lugar una curiosa anécdota. En la gala de la entrega de premios de los World Music Awards de 1998 en el Principado de Mónaco, Luis Miguel debía interpretar el tango "Uno", incluido en su tercera entrega de boleros. Durante los ensayos, con la platea vacía, mientras hacía una perfecta interpretación del tema, una persona se fue acomodando poco a poco hasta situarse justo enfrente del cantante. Sin dar lugar siquiera a que acabara la canción, empezó a decir en voz alta "¡*wonderful, wonderful!*", hecho que llamó la atención de alguna que otra persona que por allí andaba también asistiendo al ensayo. El improvisado y entusiasta espectador no era otro que Stevie Wonder, al que posteriormente Luis Miguel saludaría y agradecería su admiración, haciéndole saber que era mutua.

Luis Miguel admira mucho la música de Mariano Mores, el tango tirando como a melódico. Tenía la ilusión de haberlo podido cantar con él. Hay que recordar que una nieta de Mores, la argentina Mariana Fabbiani, protagonizó el video de la canción "Suave". Con esta canción se dio otra anécdota que muestra el profesionalismo y la perfección que él siempre ha buscado. Una vez paró la canción y corrigió a la persona que estaba tocando el bandoneón diciéndole que estaba equivocándose en un tono. Así hasta en tres ocasiones, creyendo el músico que estaba en lo correcto. Tuvo que parar, irse al camerino, y más tarde el músico se dio cuenta que el cantante llevaba razón.

Éste es el disco más romántico que he hecho hasta el día de hoy; es un disco que se combina muy bien con la luz de las velas en una bonita

cena y con una bonita compañía. Lo que espero con este disco es con-
tribuir para que haya más parejas de enamorados; que la gente siga
creyendo en el romanticismo y que exista un puente entre generacio-
nes, porque estas canciones son de nuestros padres y nuestros abuelos.
¡Qué sería del mundo sin romance!

Era sin duda el Rey del bolero, y a raíz de eso su música se fue abriendo
paso en España, tanto con su versión de los viejos temas como con los
éxitos de Juan Carlos Calderón que habían triunfado de manera arrolladora años antes al otro lado del Atlántico. Con el disco *Romances* y de la
mano del bolero llegaría la reconquista de la madre patria, o más bien cabría
decir conquista en sí, pues su incursión en España en los primeros años de
su carrera había sido muy tímida.

Precisamente el cuarto disco de boleros, *Mis romances*, volvería a
contar al igual que el segundo con arreglos de Juan Carlos Calderón, en
el que también trabajó desde su casa Cristina Abaroa con las partituras.
Puede que de los cuatro sea el disco que menos esté en las reproducciones
habituales de sus seguidores, pero desde luego iba a ser el que aparecería
en el mercado tras una gran convulsión sentimental de su intérprete, que
tuvo incluso que interrumpir la grabación del disco en Los Ángeles para
acudir a Nueva York ante la llamada a la desesperada de una hospitalizada
Mariah Carey, con quien había roto poco tiempo antes en mitad de aquel
2001, año en el que renovó el contrato con Warner con un compromiso de
grabar por fin en inglés que nunca se concretó.

Lo que sí se concretó fue un quinto disco de boleros, un recopilatorio
llamado *Mis boleros favoritos* con una canción nueva, pero muy significativa: "Hasta que vuelvas", producida por Bebu Silvetti y grabada en
Crescent Moon Studios. Nuevamente el recuerdo de su mamá agitando
su alma. Desamor, dolor y esperanza que caminaban en su corazón y sus
interpretaciones desde estas dos últimas entregas de boleros hasta el disco
33. Era la manera de conmemorar dos décadas de carrera. El disco incluía
un DVD con sus mejores videos y sí, efectivamente, llevaba por aquel
entonces 20 años de carrera, unos 47 millones de discos vendidos hasta
aquella fecha y siete premios Grammy. Luis Miguel ofreció una rueda de
prensa multitudinaria en el Palacete de los Duques de Pastrana, en el
Paseo de La Habana de Madrid, ante más de doscientos periodistas. Un

cronista de hecho llegó a escribir: "Me pregunto si no hay más cámaras de televisión en Madrid. Seguro que no, están todas aquí". Allí entre otras cosas volvió a dejar claro que el *crossover* iba a ser algo muy complicado.

> *En los discos que llevo hechos no hay ni el 50% de lo que puedo llegar a dar de mí y espero tener la oportunidad de ofrecerle más a la gente. Siempre he intentado enaltecer nuestro idioma en todas partes. Incluso cuando estoy en Estados Unidos intento evitar cantar, incluso hablar, en inglés. Aunque es probable que grabe un disco en inglés y estar de gira pronto por muchos países europeos.*

Una cosa era las intenciones de su compañía de discos y otra lo que él sentía y lo que acabaría sucediendo.

7

De Sevilla a Buenos Aires: un concierto entre lágrimas

Amanecía el mes de octubre del año 1992 en una Sevilla otoñal de sol y vida. Para el tercer día de aquel mes, dentro de las actuaciones que se venían dando en la capital hispalense con motivo de la Expo '92, iba a actuar un mexicano que el público sevillano ignoraba que era también andaluz. De haberlo sabido hubiera sido mayor el ya de por sí embrujo que aquella noche se vivió en La Cartuja. En el escenario hubo un clímax. Luis Miguel estaba en éxtasis y su público en conexión mágica. La música envuelve, la música llena el alma de quien canta y de quienes escuchan, una sensación que recorre todo su cuerpo, un orgasmo espiritual de segundos, indescriptible. Hay un torrente de sentimientos que se suman al torrente sanguíneo de las emociones. Es Andalucía, la tierra de la sangre que corre por sus venas, de esa familia rota, de ese padre que horas antes era despachado del lugar donde su hijo se alojaba sin verlo.

Antes de llegar a la capital andaluza, cumplió con su agenda para las fiestas patrias mexicanas en Las Vegas. La siguiente cita era con motivo de los actos de la Exposición Universal de 1992. Llegaron a una enorme casona propiedad de Emilio Azcárraga. Luisito Rey acudió acompañado de su hermano Mario en donde se hospedaba para intentar verlo, pero éste dio orden de no dejarlo pasar. El intento por llegar al camerino tampoco dio resultado positivo. Iba a ser la última vez que padre e hijo iban a estar físicamente tan cerca antes de su muerte, dos meses después. A Luisito le quedaban apenas dos meses de vida y era consciente de su delicado estado de salud.

El concierto de Sevilla fue el 3 de octubre de 1992 y la magia de aquella noche fue recordada por la prensa sevillana cuando regresó en 2018: "Es la cuarta vez que el Sol visita Sevilla. La primera fue con motivo de la Expo '92, éxito rotundo, la última en 2012, con un concierto cargado de incidentes, problemas de sonidos varios y desmayo del cantante incluido", en alusión a lo sucedido en mayo de 2012, cuando se cayó desplomado al piso para susto de todos los presentes en el Palacio de los Deportes de Sevilla. Tras el porrazo se apagaron las luces y todo el mundo quedó perplejo. Estaba bailando, de pronto se cayó tras un extraño movimiento. Se acercaron los dos guardaespaldas y el bajista. Tardó más de un minuto en reponerse, lo levantaron y se quedó sentado un momento mientras terminaba de recuperarse. A los pocos minutos, sin explicación alguna retomó su concierto como si nada hubiera pasado con una naturalidad que desconcertó aún más al público, que sin embargo pudo apreciar que se veía cansado y más pasivo de lo habitual. La versión oficial de Live Nation, la compañía que gestionaba la gira, fue de un mareo provocado por el calor y el cansancio tras tres ciudades seguidas, "eso se nota, porque él se deja la piel y cada concierto desgasta mucho", aseguraban en aquel mes de mayo de 2012.

En septiembre del año 1992, la compañía de discos de Luis Miguel decidió publicar un EP titulado *América & En Vivo* que incluía tres directos de su gira del disco de boleros en el Auditorio Nacional. Eran "No sé tú", "Inolvidable" y "Contigo en la distancia", junto a una versión del tema "América, América" en la que su fantástica voz evocaba la no menos prodigiosa de Nino Bravo, un artista que apuntaba a leyenda pero que la muerte sorprendió de manera prematura en 1973 con un fatídico accidente en carretera semanas después de haber grabado la canción. Tiene estrofas y un giro en inglés con un guiño a los pueblos nativos americanos de América del Norte que se ve en el videoclip, filmado en varios lugares de Estados Unidos. La canción fue dedicada también a los soldados que participaron en la Guerra del Golfo. Ganó el premio de MTV International en los MTV Video Music Awards de 1993. La idea era que fuera el preámbulo del *crossover* hacia el mercado anglosajón. "América, América" fue publicado como sencillo y alcanzó el lugar 20 de la lista del Billboard Hot Latin Songs. Llegó al número doce de la lista del Billboard Latin Pop Albums y fue certificado platino en Argentina por la Cámara Argentina de Productores de Fonogramas y Videogramas (CAPIF).

La canción no era nueva para él, ya la había interpretado durante un concierto en Viña del Mar en el año 1986. Luisito era un gran admirador de Nino Bravo, lo mismo que su gran amigo Pepe Asensi, padre de Alejandro Asensi. En 1992 la versión fue personalizada por Mauricio Abaroa y Humberto Gatica. Detrás hay una curiosa historia que el propio Abaroa recordaba:

> *André Midani, mi mentor en la industria del disco, y entre otras cosas el fundador del movimiento del Bossa Nova en Brasil, ocupaba la posición de presidente de Warner Music International, con sede en Nueva York. En 1992 se celebraron en Barcelona los Juegos Olímpicos. Warner Music International decidió producir el álbum Barcelona Gold, en el que participaron los artistas más relevantes de la familia artística de WEA (Warner Music, Electra y Atlantic), tales como Phil Collins, Madonna, Eric Clapton, Freddie Mercury, etcétera. André impulsó internamente la idea de incluir a un artista latino en dicho álbum. Por decisión unánime se acordó que tal artista debería de ser Luis Miguel. Una vez que aceptó participar en Barcelona Gold, André me asignó directamente la realización de dicho proyecto.*

La producción del tema "América, América", de Herreros y Armenteros, fue realizada por Humberto Gatica en los Estudios Record Plant de la ciudad de Los Ángeles. La interpretación de Luis Miguel y el resultado final de la mezcla hizo que el *track* quedara impecable, pero por cuestiones de calendario no alcanzó a entrar en el repertorio de *Barcelona Gold* tal como inicialmente fue planeado. En su lugar, entró el tema "No sé tú" de Armando Manzanero, que había servido ya como sencillo del álbum *Romance*. Mauricio Abaroa recibió los masters de dos pulgadas con las grabaciones originales de "América, América", y a partir de ahí se iba a dar una curiosa casualidad.

> *Los masters fueron mandados a mi oficina en México, mismos que conservé a la vista con el fin de algún día poderles dar uso en alguna*

otra oportunidad. Y ahí estaban. Resultó que tiempo antes, Hugo Ló-
pez me había solicitado apoyo para grabar el audio de un concierto en
vivo que Luis Miguel realizaría en el Auditorio Nacional de la Ciudad
de México para Cablevisión. Por cierto, este concierto fue el último que se
presentó en el Auditorio Nacional antes de dar inicio a su remodela-
ción. Cuando Luis Miguel se enteró que Hugo había cerrado esta pre-
sentación para Cablevisión, en la que se incluía la grabación en vivo de
audio y video, accedió poniendo una sola condición, que el audio se gra-
bara por separado para después ser posproducido garantizando el nivel
de calidad que lo caracterizaba. Ése fue el motivo por el cual Hugo me
llamó y me solicitó que Warner Music México se encargara de arreglar
todo lo necesario para realizar dicha producción y posproducción y tra-
jimos equipos y personal especializado desde los Estados Unidos,
y usamos los mejores profesionales de México. Armamos un estudio
de grabación sin precedentes en los camerinos del Auditorio Nacional
y realizamos la grabación de todo el concierto. Posteriormente, viaja-
mos a Los Ángeles, en donde realizamos las mezclas de todo el audio
en los Estudios Ocean Way. Luis Miguel supervisó personalmente el
resultado final, mismo que entregamos a Cablevisión para ser sincro-
nizado contra las imágenes del concierto.

Todos los masters de dos pulgadas de las grabaciones originales del concierto en vivo en el Auditorio Nacional fueron mandados también a la oficina de
Mauricio Abaroa en México, de tal manera que quedaron apilados al lado
de los masters de la grabación de "América, América".

Desde mi escritorio yo vi recargados contra el muro del fondo de mi
pequeña oficina en la colonia Condesa de la Ciudad de México, los mas-
ters rotulados bajo el nombre de "AMÉRICA", y justo al lado, los
masters rotulados "EN VIVO". Al paso de algunas semanas surgieron
dos acontecimientos: por un lado, la oficina central de Warner Music en
Nueva York nos estaba exigiendo la entrega de un nuevo álbum de Luis
Miguel, mismo que ni siquiera se había iniciado, pues fue el que
un año más tarde llegaría a ser Aries. El rotundo éxito comercial de Ro-
mance en 1991 había creado una inercia en favor de todo lo que tuviera
que ver con Luis Miguel y el no tener un álbum que le diera continuidad

a este "momentum" generó dentro de Warner una inmensa presión. Se nos había presentado como resultado del gran éxito de Romance un desafío interno que debíamos atender. Por otro lado, se había presentado justo en esos días en un concierto en una ciudad latinoamericana y se le había presentado algún tipo de falla mecánica a su avión particular. Ese mismo día tuve la oportunidad de hablar personalmente con él y comprobar que todo estaba bien, tanto la gente como el avión. Sin embargo los medios de comunicación amarillistas tomaron el control de la noticia deformándola en una nota que favoreciera estrictamente su agenda comercial, anunciando la posible "muerte" de Luis Miguel. Esa tarde y todo el siguiente día fue un caos total. Todos los medios de comunicación estaban en la recepción de las oficinas de Warner Music México tratando de conseguir alguna primicia de lo sucedido. Sobre mi escritorio tenía una colección de por lo menos una docena de los periódicos del día en cuyos titulares se presumía la "posible muerte" de Luis Miguel. Estando ahí mismo en mi escritorio, tomé un respiro para ordenar las ideas y definir los pasos a seguir, cuando justamente me llamó la atención aquel rótulo de los masters recargados al fondo de mi oficina que decía "EN VIVO". Ese letrero anuló el mensaje pretencioso de los titulares que yacían sobre mi escritorio. Volví a mirar al fondo y leí completo los 2 rótulos: "AMERICA" y "EN VIVO". Salí corriendo de mi oficina a buscar al presidente de la compañía y mi amigo, Julio Sáenz. Cuando compartí con él mi idea de hacer un maxi-single (en aquella época no se usaba el termino de EP), con cuatro temas, "América, América" y los tres boleros (pero en versión en vivo) del disco de Romance que hasta ese momento ya habían sido promocionados, Julio se levantó de su escritorio, me besó la frente y me dijo ¡hazlo! En menos de dos horas teníamos el visto bueno de la oficina de Warner Music International y el OK de Hugo López y del mismo Luis Miguel. Esa misma noche le presenté el arte final y al día siguiente empezamos a fabricar el producto. El anuncio, a menos de 72 horas del supuesto accidente de Luis Miguel del lanzamiento de América & En Vivo paralizó el ataque de los medios, nos subimos sobre la ola de expectativa que ellos mismos habían creado, servimos internamente la solicitud de la oficina central de Nueva York de editar un nuevo álbum para darle continuidad al éxito de Romance, le dimos uso a unos masters que estaban sentados *en mi oficina, luego de haber invertido una fortuna en su realización, y lo demás, es historia.*

Así fue. Una historia dispuesta a vestirse de luto en los meses venideros, cambiando muchas cosas en la vida del cantante.

✳ ✳ ✳

Después de Las Vegas y Sevilla, Luis Miguel tenía en la agenda la gira por Sudamérica. Un día antes del concierto en Asunción, estando en Argentina, Hugo López le comunicó que su padre estaba muy enfermo y que tal vez había que considerar la opción de cancelar el concierto. La primera reacción de él fue de absoluta negación e incredulidad, conociendo como era, convencido de que serían nuevamente mentiras suyas. No lo parecían, sin embargo, trataron de insistirle y de persuadirlo para que al menos averiguara si era cierto o no. El plan de trabajo siguió adelante y el cantante viajó de Buenos Aires a Paraguay en el avión de Hugo López, que era más pequeño, y dejó el suyo en la Argentina. En el trayecto intentaron hacerle recapacitar para cancelar el concierto, él se abrumó, decidieron seguir adelante con la agenda. El acuerdo al que llegaron fue el de mandar a su hermano Alejandro, quien en esa época estudiaba fotografía en la Ciudad de México, para que viajara a Barcelona y comprobase lo que había de cierto en todo eso. Se organizó todo el viaje del Pichita a instancias de Hugo López. La idea era hacer el concierto y al acabar comunicarse con él para ver qué sucedía. No quisieron hacerlo antes del show para evitar que una mala noticia afectara al cantante. El doctor Octavio Foncerrada recordaba en el programa *Ventaneando* que Hugo López le pidió que lo acompañara para darle la noticia a su "chamaco".

> *Yo le dije que fuéramos a Paraguay y que Alex fuera a Barcelona. Cuando confirmaron la gravedad él se fue con Hugo y yo me regresé a Argentina, que es donde me tocó recibirlo cuando volvió de España. A mí me dolió mucho la muerte de Luis Rey. A él le dolió también el alma.*

Cuando terminó el concierto en Asunción telefonearon tal y como habían quedado con Alex para que les informara de primera mano. Las palabras de su hermano no pudieron ser más alarmantes: "vente corriendo, papá está lleno de cables e inconsciente". Inmediatamente se pusieron a armar la logística. Su avión se desplazó de Buenos Aires a Asunción, desde donde Luis Miguel y Hugo López viajaron urgentemente hasta Barcelona. Cuando Micky llegó, Luisito todavía vivía, y es ahí donde se produjeron escenas de una emotividad tremenda. Fueron tres días de agonía en los que debía cerrar ese círculo, perdonar y pedir perdón, de corazón a corazón, de dejar a esa alma ir en paz. Pidió consejo, lloraba, su padre no hablaba, él tampoco, ni siquiera atinaba a hablar con nadie con un nudo en la garganta. Las escenas eran tan dantescas que era imposible no emocionarse intentando empatizar con el dolor de los dos hermanos en aquella sórdida cama del hospital barcelonés con su padre moribundo y en coma. Allí hubo un choque de sentimientos muy abrupto que sumió al cantante en un mar de lágrimas y en unos gestos que buscaban inconscientemente el instinto del amor filial por encima de tanto dolor y rencor acumulados. La descripción de un Luis Miguel derrumbado ante la agonía de Luis Rey fue conmovedora. En la última escena de los dos hermanos solos junto al padre, su tío hablaba de que por la mejilla de Luisito, postrado en coma, se derramó una última lágrima al sentir la cercanía de sus hijos. Este adorno parecía más típico de la fantasía de los Gallego que de la realidad en sí pero en cualquier caso es innegable la emotividad del momento. Nadie somos para juzgar los errores gravísimos que cometió en vida. Sólo Dios decidiría su suerte en el más allá.

Alex McCluskey, quien aseguró en su día haber viajado antes también a Barcelona a instancias de Hugo López para realizar todos los trámites, había ordenado ya que le dieran la extremaunción. En su día comentó que parecía que el padre estaba esperando que llegara su hijo para expirar. Frank Ronci era otro gran amigo de la familia por aquella época y llegó también a Barcelona junto a Alex. Más tarde llegó su pareja, Erika Camil, que había volado con su mamá y con Jaime Camil desde América para acompañarlo en esos difíciles momentos. Cuando ellos llegaron Luisito ya había expirado. Luisito Rey murió el 9 de diciembre. Guiños del destino, casi muere el mismo día que la desaparecida Marcela hubiera cumplido 46 años, no lo hizo por apenas una hora, ya que la hora de la muerte fue establecida en torno a las 11:00 p. m. del 9 de diciembre de 1992. Sí sería el 10 de diciembre, el día que la mamá de sus hijos vino al mundo, el mismo que su capilla ardiente acogería su cuerpo en el cementerio de Collserola. Se celebró la misa funeral en una iglesia de la calle Balmes de Barcelona, acto que recogieron algunos medios, como la edición argentina de la revista *Caras*, en la que se podía ver a un Luis Miguel vestido completamente de negro. En una imagen está él solo con la cabeza agachada ante la urna con las cenizas de su padre, en otra sosteniendo dicha urna, en otra recibiendo el abrazo de Erika Camil y en otra junto a su hermano Alejandro, con saco y camisa de colores más claros.

El 12 de diciembre de 1992, a la una de la tarde, en el aeropuerto de Buenos Aires aterrizaba el avión de Luis Miguel procedente de Barcelona. Iba acompañado de su hermano Alex, su novia Erika y su *manager* Hugo López. Siete horas después estaba comenzando el concierto más triste de su vida en el Luna Park. De la serie de conciertos que tenía en el Luna Park, los días 4, 5, 11, 12, 17 y 18 de diciembre sólo reprogramó el del 11, tal vez como último homenaje a su papá recordando que el artista se debe a su público y debe estar siempre por encima de sus emociones. Nunca se le olvidó esto: "Al público hay que darle la mejor cara, por encima de las situaciones personales, porque el público es siempre lo que tiene que recibir, la mejor cara, no podemos quitarles sus sueños y sus fantasías". Las emociones fueron inevitables en aquel concierto del 12 de diciembre de 1992. Llanto y más llanto, entre las canciones lágrimas que brotaban y buscaban los brazos de sus músicos. Hay quien aseguró haberlo visto desahogarse con ellos. Las personas que asistieron al concierto no olvidarán esas lágrimas derramadas aquella noche, con la voz completamente quebrada, embargado por la emoción:

> *Muchas gracias. Antes que nada quisiera disculparme de alguna forma por no tener la oportunidad de estar, esta noche, como siempre he deseado estar, pero esta noche, es una noche un poco diferente para mí y yo quisiera que entendieran que básicamente, el tener la oportunidad de estar con ustedes... La verdad es que el cariño de todos ustedes es lo más importante para mí. Y yo quisiera que me ayudaran a estar esta noche con todo mi grupo de músicos y con toda la gente para hacer de esta noche algo bonito y algo divertido, porque la vida es bonita y es divertida y hay que disfrutarla. Por eso yo quiero desearles a todos y cada uno de ustedes que están aquí esta noche, mucha felicidad y que*

compartan todo lo que tengan con la gente que quieren, no mañana, sino hoy y que siempre tengan algo que dar a otra persona, porque lo más bonito que tenemos es el amor y el cariño de un ser humano ¡Muchas gracias!

Tenía los ojos aguados, expuesto y vulnerable mostrando el sufrimiento que lo ha perseguido toda la vida. En primera fila las fans le gritaban que lo querían y al unísono aquel sonoro cántico "¡Luis mi rey, Luis mi rey, Luis mi rey…! Fue la escena que inspiró el titular de la primera biografía que años más tarde él autorizaría para basar su serie. Especialmente emotivo fue también su encuentro con el conductor Marcello Tinelli en su programa *Ritmo de la noche*. Con la emoción contenida en su rostro y ante los gritos de apoyo de las fans allí presentes, apenas atinó a decir que lo más importante para él en esos momentos era el cariño de la gente.

Entre la escena de su llegada al aeropuerto y la de aquel inolvidable concierto del Luna Park, se produjeron otras en la más estricta intimidad de su suite, plenas de desgarro y desconsuelo. Su amigo Polo Martínez recordaba haberlo encontrado allí completamente destrozado cuando llegó. "Estaba muy mal con la muerte del papá cuando fui a verlo en el hotel". La desolación era todavía mayor porque confesó que su padre se había llevado a la tumba lo que había sucedido con su madre. "Una de mis experiencias más difíciles que he tenido fue con mi padre, no tuve la oportunidad de pedir perdón en muchas cosas, es difícil cuando pides perdón y no hay una contestación, es lo más duro", diría dos años después en una entrevista. Aquel día, cuando llegó al hotel pidió que le prepararan el jacuzzi de su suite. Dentro de él, empezó a llorar sin parar, a desahogarse, a dejar salir ese dolor tan grande que llevaba dentro. Él, ¿por qué yo?, ¿por qué? La pregunta retórica que tantas veces se ha hecho, y se sigue haciendo, siempre sin respuesta. Dijo que en Barcelona murieron su padre y sus tíos al mismo tiempo. Tuvo un enorme desahogo emocional hablando del perdón a su papá, al tiempo que decía que a los que no perdonaba era a sus tíos, a su tío Pepe y a su tío Tito, por todo lo malo que habían hecho y que él sabía, por las fechorías que a él le constaban habían consumado incluso en esas horas en las que su padre estaba moribundo y después de cuerpo presente. Una versión que coincide con el sentir de su hermano Alex, quien incluso renunció públicamente al apellido Gallego. Una versión de los hechos muy diferente a la versión manipulada que Mario Gallego quiso divulgar a mediados de los noventa en la prensa sensacionalista.

Los tíos, principalmente Vicente Gallego, que se hacía llamar Mario y a quien conocían como Tito, no dejarían de darle la razón desde el mismo momento de las tensas reuniones en Barcelona con Luis Rey de cuerpo presente. Mario estaba muy violento en el hospital y su hermano Pepe tuvo que sacarlo. Luego tuvo lugar otra reunión donde el propio cantante cortó las discusiones con más temperamento. Los tíos exigían unas compensaciones muy elevadas que Luis Miguel no aceptó. Alex McCluskey aseguraba en su día que los tíos pedían regularmente dinero, él los ayudó hasta un momento dado. Después se dio cuenta de todo y dijo que no quería volver a saber nada más de ellos. Tras la muerte del papá se les entregó un dinero para cubrir los gastos funerarios. Rinel Souza, el abogado cubano de Nueva Jersey que trabajaba para Luis Miguel y le acompañaba en las giras americanas, se encargó de poner orden. Contrató un despacho en España con sede en Barcelona para rechazar las peticiones de los tíos, principalmente Mario, gestionar la salvaguarda de las cenizas y su traslado al cementerio de Chiclana en Cádiz, asegurarse la manutención de sus abuelos y su hermano pequeño, luego el rescate del pequeño Sergio y más tarde la manutención del abuelo Rafael hasta que éste murió en el año 2000. El cuidado del abuelo Rafael se realizaba a través de terceros para que los recursos quedaran lejos del alcance de Mario Gallego, quien a su vez recibió una carta del abogado de Luis Miguel en España advirtiéndole de que se abstuviera de dañar la imagen de su representado de manera gratuita o se atuviera a las consecuencias, entre las que estaban la manutención de su padre, Rafael Gallego.

No se abstuvo en absoluto hasta que las fuerzas le menguaron. Las cámaras de TV Azteca fueron testigos de ese declive. Mario se dedicó durante esos años a vender objetos diciendo que eran de Luis Miguel. En junio de 1994 aparecerían en la revista *Diez minutos* unos reportajes que eran sendos montajes. En uno él fingía pedir limosna acusando a su sobrino de haberlos desamparado, y en otro decía que tampoco se hacía cargo de las cenizas de su padre ni de los gastos del mausoleo. Esto provocó que las cenizas quedaran a buen recaudo lejos del mal uso que pudiera darles el tío. Más tarde publicó un libro tendencioso y lleno de falsedades contra Luis Miguel y también quiso abusar de Javier León Herrera en la época de gestación de *Luis Mi Rey* tal como contamos en *Luis Miguel: la historia*. Viendo que ninguna de sus malas artes para sacarle dinero al sobrino daba fruto, decidió interponer una demanda para exigir un 10% del total ganado por el cantante durante los once años que él decía que había trabajado con él como representante, más una manutención de 600 euros mensuales multiplicados por la misma cantidad de años. Trató de buscar testigos para su causa con falsas promesas de dinero, como fue el caso del periodista argentino Cacho Rubio para que testificara en el juicio en contra de Luis Miguel. Ante la obviedad de las falsedades, Luis Miguel nunca se presentó en Cádiz para enfrentar a su tío en ningún juicio. No hubo caso.

Una vez que el abuelo Rafael murió, Luis Miguel se despreocupó completamente. Ignoró el posterior fallecimiento tanto de Pepe como de Mario Gallego y algo parecido ha sucedido con los restos de sus abuelos Matilde y Rafael, que estaban en riesgo de ir a una fosa común del cementerio de San Fernando si nadie se hacía cargo. Cabe señalar en descargo del cantante que no es el único nieto responsable de que eso no suceda. De las cenizas de Luisito sólo sus hijos saben el paradero en el cementerio de Chiclana. No consta nadie allí con ese nombre, pero ya en su día Luis Miguel puso las medidas para que su tío no hiciera uso indebido.

No tiene contacto alguno con la familia española, ni con las viudas de los tíos ni con sus primos, cuatro por parte de Mario, dos con Rosa Barbarito y dos con Amelia, su primera esposa; y tres por parte de Pepe. La despreocupación y el desprendimiento absoluto de su familia española afectó a las propiedades que todavía tenían en Cádiz. El departamento en el que vivía el abuelo en San Fernando fue embargado y subastado debido a una deuda acumulada por impagos de más de 25 mil euros. Luis Miguel no cuenta con ninguna propiedad en España que esté al menos a su nombre.

8

La triste balada de la triple orfandad

Su camerino estaba listo como siempre en aquella época. Su manzana roja fría, su agua y su rosa roja. Toallas y vestuario entre cuatro paredes, además de silencio y de vez en cuando una lágrima que no se sabía de dónde había salido. Cuando se prepara para salir al escenario, Luis Miguel se concentra al máximo y piensa por qué él. "¿Por qué yo?". ¿Por qué en esos momentos en los que tal vez su estado de ánimo le pide salir corriendo y perderse en la inmensidad de una playa solitaria, debe estar ahí en el camerino calentando la voz y concentrado? La misma pregunta que retumba en su alma de manera retórica sin respuesta posible. Miles de personas esperan afuera su salida, muchas de ellas le esperarán después cuando abandone el estadio a ver si pueden cazar un autógrafo. Reflexiones trascendentales que más tarde compartirá con gente de su entera confianza pero que en esos instantes rondan su mente dentro de su soledad, una extraña soledad del artista en compañía de miles de gargantas que empiezan a corear su nombre.

¿Por qué él y por qué a él? Preguntas en bucle girando sobre la mente de alguien a quien la vida le seguía obligando a crecer y vivir muy deprisa. Huérfano de padre, huérfano de madre aunque todavía no lo sabía, aferrado a la esperanza del alma, a un sentimiento, llora el irremediable dolor de una tercera orfandad inevitable por la muerte anunciada de Hugo López.

La triste balada de la triple orfandad que se ha de sortear en el escenario, otra vez más como la noche del Luna Park, qué más da sea Paraguay, Argentina o el Auditorio Nacional de la Ciudad de México. Lo suyo es cantar con el corazón en la garganta y recordar las palabras de su padre: el público manda, y estés como estés has de salir ahí y corresponderles en los sueños y las ilusiones que hay detrás del pago de cada boleto. Sí, pero ¿por qué yo? ¿Por qué yo?

Todo empezó el día que el *manager* sufrió una tremenda indisposición en sus oficinas. Regresó del sanitario pálido y confesó a los allí presentes que no se podía levantar del baño y que estaba sangrando. Con un mal presagio palpable en el ambiente, se pusieron inmediatamente en contacto con el doctor Héctor Montiel, quien rápidamente se puso en marcha para hacer unos exámenes. El resultado de las pruebas descubrió que la enfermedad se había ramificado en el colon, con muy malas noticias. Cuando Luis Miguel se enteró, de la propia voz de su *manager*, quedó en shock. No podía ser. Acababa de perder a su padre y era difícil de asimilar que estaba en alto riesgo de perder también a su segundo padre. Anteriormente se le había detectado un tumor en la garganta del que fue operado con éxito, le habían estirpado las glándulas, de ahí el timbre de voz que tenía, pero esta recaída sería mortal. Empezó a tratarse con un médico en Texas, pero con el paso del tiempo, después de varios viajes a Houston, Hugo empezó a desistir del tratamiento como queriendo evitar un sufrimiento añadido a lo que entendió era inevitable. Lo que nunca dejó fue el trabajo. Hasta el final fue el excelente *manager* que todos conocieron, ese caballo de carreras como le decían cariñosamente, de hecho siguió fiel a su afición a los caballos, tenía un caballo que adoraba, La Porota, y afrontó con entereza su destino.

Hugo López fue su salvación en uno de los peores momentos de su vida. Es la larga historia que contamos en libros anteriores con ese momento álgido y delicado cual fue el descubrimiento de la catastrófica gestión de Luis Rey, evasión fiscal incluida y un grave problema legal que pudo dar con el cantante en la cárcel. Con Hugo todo era transparente y sereno. Cuando no encontraban el dinero que supuestamente Luisito había evadido rumbo a Suiza por ningún lado, todo el dinero había desaparecido, estaba quebrado y sin un cinco, Hugo lo tuvo claro. Había que ponerse a trabajar para poder recuperarse, ganar su propio dinero y salir adelante. Sólo necesitaron una ayuda para arrancar y tapar el problema legal más urgente con el fisco mexicano, ayuda que encontraron en el magnate y amigo Jaime Camil.

Hugo puso todo su ingenio y profesionalidad para rodear a Luis Miguel del personal cualificado y competente y de las decisiones correctas que lo pondrían en una dimensión superior, apoyado en músicos de la talla de Juan Carlos Calderón y Armando Manzanero. En lo personal, también le había echado una valiosa mano. Fallecido su padre y con su mamá desaparecida, su hermano menor Sergio estuvo en España con la abuela paterna Matilde, y cuando ella falleció le ayudaron a rescatarlo de las manos inadecuadas de su tío Mario Gallego que ya había empezado a utilizarlo para intentar sacar algún beneficio. Sergio y Alejandro quedaron bajo su custodia. Personal de Hugo se hizo cargo también del mediano de los Gallego Basteri, que se convirtió en un excelente fotógrafo. Luis Miguel confiaba en la gente de su equipo y en especial en Toni Torres para estar pendiente de su hermano al que, como se ha dicho, cariñosamente llaman Pichita. Hubo un tiempo, años más tarde, en que ella dio hospedaje durante ocho meses al hermano de Luis Miguel en momentos en que ellos estaban distanciados y el Pichita no pasaba precisamente por una de sus mejores rachas.

Hugo, que había trabajado con David Copperfield, hizo magia pura con Luis Miguel, a quien manejó a través de su empresa Publishow International hasta el final de sus días. Gente como Alex McCluskey, su mano derecha, la prestigiosa relaciones públicas Toni Torres, quien se incorporó en enero de 1990 al equipo de trabajo del cantante e hizo su primera gira viajando a Viña del Mar, o la secretaria de Hugo, Malena, entre un amplio abanico de profesionales, se convirtieron en un excelente equipo capitaneado por el *manager* argentino que hacía que todo fluyera y todo funcionara. Era gente capaz y con las agallas de contradecir al artista cuando éste hacía algo inconveniente, gente que lo tenía en contacto y no alejado del mundo real, algo que le perjudicó mucho en etapas posteriores y que le originaría con el tiempo una mala reputación de arrogancia e insensibilidad.

Coincide esta época con una política de muy buena atención con las fans, con una gran organización en los conciertos y en la atención a los medios, con la grabación de discos completamente magistrales y emblemáticos en la carrera del Sol como *Busca una mujer, 20 años, Romance,*

Aries y en el camino de *Segundo Romance* nada más y nada menos. Mucha empatía, poco error. Personas que trabajaban con el artista pero que a su vez eran su apoyo, su gente de confianza, sus cómplices de escapadas, sus hombros en los que desahogar y liberar sus penas y tristezas, la mayoría de ellas asociadas en aquellos momentos a la ausencia de su mamá. Ése es el Micky que hay que recuperar, el del contacto con las fans, el que reía con ellas, el que siempre entendía lo que le decían.

Hugo siempre lo animaba a que se aventase explorando nuevas vías, lo hizo con los boleros, con el impulso para más tarde lanzarse con el mariachi, presente ya en algunos temas del *Segundo Romance*. Lo animó con la idea de grabar en inglés, él siempre tenía llegada y alcance con muchos productores, ahí fue donde se produjo la aventura al contactarlo con Emilio Estefan. Lo hizo también dando el paso como productor, algo que no todo el mundo dentro de la industria vio con buenos ojos, por aquello de "zapatero a tus zapatos" pensando que le podía perjudicar más que otra cosa, pero él quiso hacerlo, y habló sobre eso, sobre la responsabilidad de producir también a raíz del disco *Aries*.

> *Es una prueba que he querido hacerme solo, decir voy a hacerlo y lo voy a hacer yo como productor. El papel de productor siempre lo tuve a un lado, yo veía cosas y aprendí mucho, no era ajeno a ese trabajo pero sí es distinto. Una vez que me senté en el papel de productor me di cuenta que venían más responsabilidades a toda hora, cosas que no estaba yo acostumbrado a hacer ni a manejar ni me gustan, por eso me dedico a lo artístico. Me resultó en un momento dado algo muy tedioso y algo muy difícil, pero por eso es para mí muy importante ese disco porque espero a ver qué pasa con este disco.*

Lo que pasó ya es sabido, un éxito rotundo. Su perfección como profesional ha sido una obsesión constante, esa herencia positiva de las exigencias de su papá a la que nos hemos referido en muchas ocasiones. Él solía reunir a todos los músicos una vez acabados los conciertos para ver la grabación del show con tal de corregir las cosas que hacían mal.

Otro gran ejemplo de la diligencia del manejo de Hugo López fue cuando en una de las visitas a Puerto Rico, Alex McCluskey recibió la visita de un viejo conocido que lo quería saludar. Junto a él estaba Luis Miguel, que acababa de dar una conferencia de prensa en la que había aludido a su hermano menor Alejandro. Cuando Alfred D. Herger llegó a saludarlo le dijo que si efectivamente era el primogénito de Luisito Rey tenía que decirle que era boricua porque seguramente no lo sabía. Todos los presentes se quedaron pasmados sin dar crédito a lo que oían; inmediatamente se comunicaron con Hugo López, que tomó las riendas del asunto. Hugo pidió a su personal que investigaran pero que mientras tanto la cosa no saliera de ellos. Habló personalmente con Alfred, al que supo darle el trato correcto y al que agradecería más tarde su discreción.

Mientras se acababa de averiguar que efectivamente había nacido en San Juan de Puerto Rico y no en Veracruz como el mundo creía, su personal no dejaba de gastarle bromas recordándole los comentarios que él solía hacer cada vez que iba a Puerto Rico diciendo que se sentía estupendo en el país y que percibía una energía especial. "Pues con razón dices que sientes algo mágico cada vez que vienes, si resulta que eres de aquí". Así era. Siempre que iba a Puerto Rico él decía que algo mágico tenía la isla que le encantaba y viajaba del mejor humor.

Hugo no perdió el control en ningún momento de la situación. Se mantuvo el secreto más o menos un año hasta que la revista *Vea* lo aireó, pero el escándalo se sorteó sin perjudicar la carrera del cantante. No se restó, se sumó, nadie se molestó en México y, por el contrario, Puerto Rico lo hizo también suyo. Se acabaron las solicitudes de visa para trabajar en territorio federal de los Estados Unidos, porque ellos ignoraron siempre que había un pasaporte estadounidense previo, ese mismo que años más tarde Mario Gallego conservaba. El Sol siguió siendo de México, Hugo López organizó una campaña donde él reivindicaba los sentimientos mexicanos de su corazón. La verdad es que tampoco mentía. Podemos afirmar con rotundidad que él ama a México y defiende a México a muerte, más allá de que naciera en Puerto Rico y fuera español antes de hacerse famoso. Así lo ha expresado en innumerables ocasiones en público y en privado, y así es.

No perdieron el tiempo para hacer las cosas bien hechas en previsión de una filtración, pues era cuestión de tiempo que alguien en la isla daría con la verdad. Había que regularizar su estatus antes de que el asunto estallase. La gran ventaja de tener un buen *manager* a tu lado. Hacía rato que se había descubierto que el pasaporte mexicano y el certificado de nacimiento que Luisito obtuvo por su palanca con el Negro Durazo eran falsos. Él tenía pasaporte español e italiano, este último fue el que usaron hasta que se pudo normalizar su situación con Carlos Salinas y obtuvo uno nuevo, esta vez verdadero, mexicano. Hugo López y Alex McCluskey lógicamente desconocían que su padre había usado en su momento un pasaporte estadounidense. La Ley de Población mexicana daba opción a los menores que radicaran en el país, hijos de padres extranjeros, a elegir la nacionalidad mexicana con la mayoría de edad. El 23 de noviembre de 1991 el país se enteraba a través de la prensa, con una fotografía en la que el presidente de la República y el cantante se saludaban al tiempo que sonreían, de que Carlos Salinas de Gortari le concedía la nacionalidad mexicana entregándole la carta de naturalización, que también se ve en otra imagen. En esos momentos el país creía todavía que había nacido en el puerto de Veracruz sobre el Golfo de México. Con este golpe de efecto patriótico, el futuro golpe del escándalo quedaría ya muy amortiguado.

No fue difícil agilizar el trámite. Luisito Rey siempre tuvo bien tejidas las conexiones con el Partido Revolucionario Institucional (PRI) desde la época de su llegada, con el jefe de la Dirección General de Policía y Tránsito de la Ciudad de México, Arturo Durazo Moreno, y el presidente José López Portillo. No hay que olvidar la decisiva participación de Micky en la boda de Paulina López Portillo en mayo de 1981. Cuidando esas relaciones, Luis Miguel amenizó el 15 cumpleaños de la hija del presidente, Cecilia Salinas Occelli, en una fiesta organizada en un gimnasio de la residencia oficial de Los Pinos. Cecilia acabaría siendo esposa de su gran amigo Alfie Gatica. También asistió a la toma de posesión de Carlos Salinas de Gortari el 1 de diciembre de 1988, a pesar de la polémica desatada por presunto fraude por la caída del sistema de conteo de votos. Incluso hizo declaraciones en aquel evento: "Es un día muy importante para todos los mexicanos, porque es un día en donde se inicia una nueva etapa para nuestro país. No sólo el presidente tiene que trabajar, sino todos y en cada labor que hagamos, debemos esforzarnos por mejorar este país", le dijo a Óscar Cadena.

Más allá de las palabras, cuando *Vea* publicó la exclusiva en aquella histórica portada del 26 de julio de 1992, "¡Luis Miguel es boricua!", México había visto ya muchos hechos y nadie dudaba del amor que le tenía la gente. Prueba del cariño que los mexicanos le tienen es que en una ocasión, no mucho después, justo por esta época, en Tucumán, en Argentina, el gobernador que era Palito Ortega lo recibió en una cena y en mitad del encuentro le dijo que lo que tenía que hacer era presentarse para presidente de México y ganaba con seguridad por el amor que se veía le tenía el pueblo mexicano.

Hugo López negoció con Siro Batelli la temporada del Caesar's Palace de Las Vegas, con un Luis Miguel que crecía como la espuma y que se iba a convertir en pionero entre los artistas latinos en deleitar con su voz en tan emblemático escenario. Estando ya en la capital del entretenimiento y los casinos, un día se encontraba aburrido en su suite intentando ver a quién convencía o qué se le ocurría para pasar el tiempo, pero no halló quien le siguiera el juego. Al día siguiente andaba como molesto y medio en broma comentando que lo habían dejado solo. Hugo y Batelli estaban delante, su *manager* le dijo que era lo mejor que podía haber hecho, quedarse solo y descansar, puesto que tenía que cantar. Hugo sabía cómo persuadir a Luis Miguel sabiéndose adentrar en su interior. Cuando llegaba a plantearle algo, como por ejemplo con el éxito de *Romance* en Japón la posibilidad de viajar hasta allá a hacer promoción, y él se mostraba reacio, siempre hallaba un modo de hablarle mediante el cual el cantante entraba en razones y acababa entendiendo que a veces debía de hacer cosas, así no le apetecieran, que eran buenas para él y su carrera.

Fue una época divertida y llena de anécdotas tanto en las grabaciones como en los eventos y en las giras. Hasta que adquirió su avión privado usaba a veces para desplazarse el avión que le prestaba Jaime Camil, otras veces volaban en jets rentados y finalmente adquirió el suyo propio, *Aries*. En una gira por Estados Unidos precisamente del tour *Aries* el cantante y su personal, con su jefe de seguridad incluido viajaron en un avión que les prestó el promotor de la gira. Camino de San Diego, donde debía cantar ese día, hicieron escala en Denver, Colorado, sin saber que daría pie a una de esas escenas propias del guion de cualquier película. El avión fue confundido por su matrícula con otro que era buscado por las autoridades que había sido reportado como robado. Agentes federales llegaron en un vehículo por la pista hasta el aparato. Bajaron a los ocupantes, entre ellos Luis Miguel, a quien ellos ni siquiera conocían, y los echaron cuerpo al piso, pecho a tierra, mientras los interrogaban y hacían las averiguaciones. Un episodio dantesco que el cantante prefirió tomarse con humor diciendo que si se imaginaban lo que daría la prensa por tener la fotografía de él en ese momento tumbado boca abajo en una pista y cacheado como si fuera un delincuente. Rinel Souza, el abogado del cantante en Estados Unidos que iba en la expedición, fue el encargado de convencer a los agentes que debían acelerar el trámite porque se trataba de un artista y tenía que llegar a un concierto. Una vez que se comprobó el error, y sin mayores disculpas, haciendo gala de ese perfil de agente estadounidense que tan mala fama mundial ha adquirido porque primero atropellan y luego preguntan, pudieron reanudar su marcha sin mayor problema. Encima de todo, más tarde les llegó una factura de 5 mil dólares por el tiempo que tuvieron que permanecer en la pista de Denver.

El problema vino después al ir con el tiempo justo, tener que ir a cantar y prácticamente no tener tiempo, haciendo del baño del hangar de San Diego un improvisado camerino donde no hubo más solución que optar por el look de pelo mojado y peinado hacia atrás. Se echó abundante agua en todo el cabello entero y listo. En aquel concierto estaba el presidente de Televisa, Emilio Azcárraga, que lo primero que pensó es que habían tenido que salir de alguna situación embarazosa por una indisposición del cantante, incrédulo con la verdad de que los habían retenido en Denver.

No fue la única vez que sufrió un incidente similar ni la única que fue detenido por equivocación o malentendido. En Bolivia su vehículo fue interceptado por unos patrulleros policías militares en el año 1991 después de una cancelación de un concierto en Oruro, la ciudad junto al lago Uru Uru. La patrulla había sido enviada por el alcalde de la ciudad, Wálter Soto Luna, después de que el artista decidiera no salir a cantar y marcharse del recinto. El alcalde exigió el cumplimiento del contrato, mientras que la gente de Luis Miguel aducía que no se cumplían con los requisitos de garantía de cobro. Por ese motivo, Luis Miguel decidió no salir a cantar. La comitiva se fue del estadio y puso camino de regreso a La Paz, pero fueron alcanzados. La patrulla obligó a la comitiva a regresar a Oruro y se armó un pleito tremendo. Hubo que recurrir al hijo de Pedro Vargas, Marcelo Vargas, por entonces embajador de México en Bolivia, para resolver la situación. Mientras el embajador llegaba y la situación se arreglaba, Micky y su equipo, retenidos en un hotel de una central camionera, el Hotel Terminal, intentaban matar el tiempo haciendo fiesta con la música. Finalmente Marcelo Vargas pudo solucionar todo con el alcalde, Luis Miguel cantó al día siguiente a las tres de la tarde, en el estadio Jesús Bermúdez incluso fue homenajeado recibiendo las llaves de la ciudad. En aquel concierto, al que entró con el overol que solía usar, no se quitó los lentes en ningún momento, cosa que llamó la atención del público asistente, que desconocía que había recibido sin querer un golpe en el ojo el día anterior en mitad del bullicio y del gentío de acceso al hotel y que lo tenía con el ojo morado. A pesar de que el golpe que recibió fue completamente involuntario, en la ciudad boliviana se desataron una serie de rumores en la prensa especulando con que hubiera sido una agresión del padre de una fan y que esa habría sido la causa de la suspensión, pero no fue así.

Sí fue el padre de una fan el que le propinó el golpe, pero ella misma contó que había sido completamente involuntario entre la confusión de la gente y el querer abrirse paso entre la multitud. El chisme quedó tan arraigado que dos décadas después, Luis Miguel volvió a actuar en Bolivia en Santa Cruz de la Sierra y las crónicas todavía hacían alusión al incidente del 91. Así lo contaba una nota de agencia que citaba a diarios de Bolivia el 9 de diciembre de 2010 y donde se recogía una versión de los hechos que no fue la real, como la alusión "a las mujeres más feas" que nunca hizo:

> El cantante Luis Miguel borró con un impecable concierto la noche del miércoles el mal recuerdo que tenía de Bolivia donde recibió hace 20 años un puñetazo en pleno rostro de un padre enfurecido por el desprecio del mexicano a su hija. "Las mujeres más feas del mundo están en Oruro (Bolivia)", había dicho Luis Miguel, enojado por el acoso de adolescentes, frase que provocó la ira del padre de una de ellas. La agresión al cantante provocó la suspensión del concierto en Oruro, 220 kilómetros al sur de La Paz. Luis Miguel fue acusado de incumplimiento de contrato y fue detenido, liberado por una gestión de la embajada de México, y juró que nunca más volvería a cantar en Bolivia. Dos décadas después rompió el juramento y Luis Miguel se presentó el miércoles en la ciudad de Santa Cruz de la Sierra, este de Bolivia, deleitando con sus baladas durante dos horas a unas 12 mil personas en el estadio de futbol Ramón Tahuichi Aguilera.

En las últimas fechas del Auditorio Nacional de junio de 1993, durante la serie de presentaciones en mitad del *Aries Tour*, un día recibió un requerimiento de una de las personas de confianza de su equipo. Le dijo que quería cenar con él en su casa, que era importante. Frente a frente, Micky escuchó las impresiones de esta persona que eran la crónica de una situación muy complicada con el horizonte de la enfermedad de Hugo López, que ya de por sí había generado fricciones involuntarias dentro del entorno del equipo de trabajo. Una de ellas se produjo en un casino de Las Vegas entre Lucía Miranda, pareja de Hugo, y Toni Torres, la RP de la compañía, por causa de un cigarrillo. Los médicos le habían prohibido el cigarrillo y precisaba de saliva sintética. Él no era muy obediente siempre con lo que los médicos le decían. La enemistad entre ambas trascendió a aquel día, en el que ya de por sí hubo pleito e insultos, y perduró hasta escenas tan desagradables como en el funeral del empresario argentino, en donde Lucía llegó a increpar a Toni muy injustamente y fuera de tono diciendo que se había muerto porque ella le había dado cigarrillos.

Micky se quedó muy preocupado y dos meses más tarde, en agosto, organizó una nueva comida, esta vez en su casa de Las Brisas Guitarrón de Acapulco, la que mucha gente conocía como la casa del Guitarrón, y se volvió a producir la misma reunión y a escuchar las mismas advertencias sobre los malos tiempos que se le avecinaban. La armonía estaba a punto de quebrarse. La crónica del adiós anunciado de Hugo López había generado ya fricciones e intrigas entre personas que estaban de un modo u otro vinculadas a la carrera del intérprete de "Suave" que no auguraban nada bueno. El consejo que le dieron fue que estuviera muy atento para el día que Hugo no estuviera y pudiera tomar decisiones inteligentes y acertadas para su carrera. La advertencia era clara, que Dios lo protegiese porque se iba a quedar completamente solo en un mundo lleno de tiburones y pirañas.

Hugo se iba a llevar consigo y sin querer a personas de la valía de Toni Torres, quien lo consideraba como alguien de su propia familia, quien ha desarrollado una excelente trayectoria profesional posterior con otros artistas como Alejandro Fernández, Chayanne o Cristian Castro. De ese modo no iban a ser una sino dos las bajas en recurso humano, fundamentales ambas, que se iban a producir en Publishow International. Aquella reunión acabó en la laguna de Coyuca para acabar de pasar el día, hacer esquí acuático, reír, comer tacos de camarón, tomar unas chelas y unos tequilas e intentar evadirse del aire de mala vibra que parecía avecinarse en el horizonte.

Los malos presagios se cumplieron. Hugo López no pudo superar el cáncer de colon y falleció en el mes de noviembre de 1993 con apenas 50 años de edad. Casualidades de la vida, tal como le sucedió con su padre, la fatal noticia le sorprendió en Sudamérica, en suelo argentino. Fue el punto y final a una época transparente y dorada, de anécdotas y bromas en los ensayos, de un cantante accesible en su entrada y salida de los conciertos. Un contraste enorme con la época posterior en la que el hermetismo llegó a tales extremos que parecía un fantasma inaccesible que llegaba y salía de los recintos en una camioneta blindada negra sin que nadie pudiera saber, tocar, hablar. Pedían que la camioneta de Luis Miguel fuera blindada nivel 5 y las de sus guardaespaldas nivel 3. Él llegaba, se subía al escenario, cantaba y luego se bajaba al final y entraba directo a la camioneta. No pisaba el camerino porque a veces debajo de la batería, la cual la ponían en un nivel alto, había un espacio para que ahí se cambiara rápido. Un contraste que se percibía también en el camerino, del sencillo habitáculo de la manzana fresca, la rosa roja y el agua, se pasó al búnker repleto de frutas y bebidas, de un derroche innecesario de endiosamiento y aislamiento. Era algo que criticaban algunas personas de su entorno cercano y que confirmaban las notas de algunos medios de la época:

> *El cantante pidió velas con aroma a vainilla en su suite, decoración minimalista con bonsáis en su camerino, además de frutas frescas enteras y picadas, frutos secos, quesos artesanales, vino cabernet Sauvignon, doce botellas de la exquisita agua mineral Fiji, así como otras bebidas vitaminadas, té y refrescos.*

Después de la época de Hugo López, no fue capaz de rodearse de gente con la capacidad de manejarlo eficientemente.

9

Bajo el signo de Aries

El éxito que Cristian Castro tuvo con su álbum de debut producido por Kiko Cibrián fue algo que no pasó inadvertido ni a Luis Miguel ni a Hugo López, celosos de que pudieran perder a un gran músico para que lo ganara un rival en ciernes. El productor inicialmente previsto para *Aries* iba a ser Juan Carlos Calderón, al que además se le pidieron algunas canciones, pero Luis Miguel impuso a WEA la figura de Kiko Cibrián, lo cual provocó no pocas discusiones con los ejecutivos y la gente de la industria, que insistía en Calderón. El cantante, que había viajado a España para conocer el material, adujo que no le acababan de convencer las canciones que Calderón le había propuesto para ese nuevo proyecto. Ahí mismo le preguntó a Kiko si podía él componer canciones. El guitarrista respondió que sí, que lo intentaría. La primera que le salió fue "Suave" y la segunda "Dame tu amor". Cuando Luis Miguel las escuchó se ratificó en su idea. Kiko era su hombre. Le dijo a WEA que no se había equivocado. A pesar de todas las voces discrepantes, el cantante se empeñó además en elegir a "Suave" como lanzadera del disco y funcionó.

Decidió llamar al disco con su signo zodiacal por un sueño cuando despertó en la madrugada. Soñó que debía llamarlo así. Le había estado dando vueltas a los títulos de las canciones, que normalmente una de ellas marca el título del álbum, y ninguna de ellas le decía nada como para darle nombre al disco entero, sin embargo todas las canciones decían mucho de él, y así se le reveló en el sueño. Lo más identificable de él mismo era su signo. Tanto le gustó el símbolo del signo de Aries que acabó llevándolo a sus casas, a su avión y a cuanto tuviera que identificarlo como persona y como marca.

Obtendría con él un nuevo Grammy para su carrera en la categoría de Mejor Disco de Pop Latino 1993 y fue un homenaje a Hugo López. Eso sí, un último disco del que sentirse tremendamente orgulloso, tanto él como todo el personal que estaba en aquella época al frente de WEA, desde Julio Sáenz, Mauricio Abaroa, Alfie Gatica, Gerardo Vergara o la encargada de prensa de la disquera, Rosario Valeriano. Mauricio Abaroa aseguraba:

> *Es el proyecto discográfico más relevante en el que he participado en toda mi carrera. Este álbum también es de suma importancia, debido a que, aunque Luis Miguel ya había participado activamente en la pre y post producción de sus álbumes anteriores, fue justo en Aries en donde lideró la totalidad del proyecto fungiendo como productor integral del álbum. El disco representa, por primera vez, la mirada a través de la cual él observa su propia realidad. Aries tendrá siempre todo que ver con Luis Miguel y las circunstancias de su vida. Siempre consideré que representaba en su totalidad esa alma maravillosa que hace a Luis Miguel ser Luis Miguel. En este disco se tatúa artísticamente él mismo de manera magistral. Haberme hecho merecedor, por decisión suya a la posición de productor ejecutivo de Aries es y será, el logro profesional mas importante de mi vida.*

Todos se felicitaban por uno de los grandes discos de la carrera de Luis Miguel. Acumuló 40 discos de platino y 6 discos de oro. Ganó los premios Billboard al Mejor Intérprete Masculino del Año y Mejor Álbum del Año. *Aries* es fruto de un consenso entre la estrategia de mercadotecnia de la compañía de discos y el cantante, quien va teniendo su propio criterio y tomando sus propias decisiones, pero estaba muy bien asesorado, guiado y persuadido por Hugo. Estaban de acuerdo en aplazar una segunda entrega de boleros, a pesar del éxito tan rotundo de *Romance*, con tal de no perder el perfil pop del artista, y además habían podido salvar la urgencia comercial exigida por la compañía y la continuidad inmediata con el EP de *América & En Vivo*. El disco a su vez supuso el despegue de la carrera de otro gran artista y compositor como lo es Pancho Céspedes. El músico cubano narraba cómo su canción "Pensar en ti" acabó colándose en el álbum.

Pancho llevaba dos meses intentando que le dieran una cita en Warner para que escucharan sus canciones, haciendo guardias guitarra al hombro en las disqueras mexicanas. Alfie Gatica y Mauricio Abaroa habían observado que en el lobby había un chico moreno que estaba allí con su guitarra y les entró la curiosidad de saber quién era. La asistente del director artístico por fin salió un día y regresó diciéndole que había hablado con el señor, cuyo nombre era Francisco Fabián Céspedes y que le había dicho que tenía unos temas pero que no necesitaba una cita, que tenía todo el tiempo del mundo y que se podía quedar ahí sentado en el lobby. Mauricio salió, lo saludó, y hasta tomó personalmente su estuche invitándolo para que pasara a la oficina. "Cuando sonó la primera nota, ya nos dimos cuenta, incluso antes de cantar, de que lo que iba a suceder ahí iba a ser algo importante. Había profundidad, había armonía, y el sonido de aquella guitarra, aun siendo vieja, era extraordinario". Cantó varias canciones y se fue sintiendo a gusto viendo el interés que tenía de los ejecutivos. La primera de ellas fue "Pensar en ti". Mauricio decidió presentársela inmediatamente a su jefe, Julio Sáenz. Ambos concluyeron que era un tema que ameritaba ser escuchado por Luis Miguel, que ultimaba el repertorio de su disco *Aries*. Lo contactaron rápidamente: "Micky, necesitas escuchar esto, dame dos horas, me voy al aeropuerto, me tomo un vuelo y te caigo, pero necesito que la escuches".

A Pancho lo habían despedido con el típico "dame tu teléfono que ya te llamaremos", pero en esta ocasión él sintió que no iba a ser el eufemismo al uso de decir no nos interesa lo tuyo, sino que de verdad esa llamada se iba a producir. Pareció intuir que en esas horas posteriores a su reunión Mauricio Abaroa se había plantado urgentemente en el estudio de grabación tras tomar un avión para que la escuchara Luis Miguel, y hubiera visto la cara de Luis Miguel nada más escucharla. Lo hizo con respeto y solemnidad. Metió su cabeza entre las palmas de sus manos, apoyado sobre ellas, y ahí mismo acabó de escuchar, se giró hacia el entonces director artístico de su compañía y exclamó: "Mao, wow, ¿qué es esto, de dónde salió esto?". Le contaron la historia. Volvió y la escuchó una y otra vez hasta que dos horas después había tomado la firme decisión de sacar un tema de David Foster para meter la canción de Francisco Fabián Céspedes, desde ese momento el gran Pancho Céspedes que todo el público conoce. De regreso en México, Mauricio hizo esa llamada. "Francisco, ven a la oficina que tengo que hablar algo contigo".

Cuando Pancho Céspedes llegó a la oficina de Mauricio Abaroa empezaron a conversar de manera informal de cosas triviales. En mitad de la plática, empezó por detrás a sonar una bocina con los primeros compases de la versión de "Pensar en ti" cantada por Luis Miguel. No hicieron falta más palabras, empezó a llorar como un niño y provocó el llanto de Abaroa también hasta fundirse ambos en un abrazo. Para Luis Miguel fue una canción más, sublime, eso sí, dentro de su repertorio, posteriormente le grabaría también "Que tú te vas" para el disco *Nada es igual*, una canción de gran éxito sobre todo en la Argentina. Para Pancho Céspedes fue la culminación de una vida de sueños y el triunfo en el siempre complicado mundo de la industria musical. "Pensar en ti" fue el primer sencillo de *Aries*, un éxito rotundo, y él a su vez obtuvo un contrato discográfico con Warner.

Aquella anécdota era uno de tantos buenos presagios para el disco que iba a suponer el debut como productor de Luis Miguel. Ya en las grabaciones del disco se respiraba un magnífico ambiente que se reflejaría en el resultado final. Las sesiones eran en la tarde en el Ocean Way de Los Ángeles. Ahí estaba el cantante siempre haciendo gala de gran amabilidad, con una buena vibra entre los músicos y una muy buena relación con todos. *Aries* fue el gran disco de despedida del gran Hugo López. Cuando Hugo muere, todo el mundo aspira a hacerse con las riendas de la carrera del artista. Se rumoreaba en aquellos días que podría ser gente de Warner como Julio Sáenz o Mauricio Abaroa, o que la mano derecha de Hugo, Alex McCluskey, que es quien en primera instancia se queda provisionalmente, tomaría el relevo. Prácticamente al mismo tiempo que se hizo el anuncio de la inminente llegada del nuevo disco de boleros de Luis Miguel, hecho que tuvo lugar en la presentación del disco *Aries*, el cantante estaba tomando decisiones para el futuro de su nueva empresa de producción, Aries Productions, creada justo tras la muerte de Hugo. El avispero alrededor de él tras la muerte de Hugo estaba revuelto y había que poner orden.

La salida de Alex McCluskey y su equipo de colaboradores se produce muy pocos meses después de la muerte de su amigo Hugo López. Alex Mc-Cluskey afirmaba en su día que había sido víctima de las luchas internas en el entorno de Luis Miguel por hacerse con el poder de su representación, que le acusaron injustamente de ser responsable de unas cuentas que no cuadraban. Esto provocó que empezaran a generarse situaciones inconvenientes de incumplimiento por parte del cantante, y acabó presentando una demanda porque entendía que se le debía un dinero y no se le quería pagar. Siempre según su versión, a Luis Miguel le estaban dañando la cabeza con chismes que le inducían a tomar decisiones equivocadas. La situación provocó la salida del empresario argentino tras una muy fuerte discusión, una salida nada amistosa. McCluskey tomó la representación de Cristian Castro y acabó ganando la demanda a Luis Miguel. Gracias a eso recibió tras el consiguiente embargo el famoso penthouse de Polanco de la calle Monte Elbruz, en el que por cierto invitó a comer a Javier León Herrera en octubre de 2002. Fue la última vez que el escritor lo pudo ver.

Marcos Alejandro McCluskey falleció en noviembre de 2006 sin volver a tener ninguna relación con Luis Miguel. Fue hijo de músicos. Donald Dean McCluskey, Don Dean, llegó en 1930 a la Argentina desde Estados Unidos. Sus hijos Buddy y Alex seguirían sus pasos musicales y junto a Eduardo Morel Quirno y Eduardo Sanoner, fundaron el cuarteto vocal Los Mac Ke Mac's. En los años ochenta se mudó a México, país en el que se quedaría. Tras salir de Luis Miguel, ahí mismo tomó el manejo de la carrera de Cristian Castro. Después McCluskey se instaló nuevamente en Buenos Aires. Con varios de sus hijos fundó la productora Mc Entertainment, dedicada a la grabación, representación artística y organización de eventos musicales y deportivos. En 2002 manejaba derechos de Diego Armando Maradona. Hoy en día su hijo Matías McCluskey aparece como CEO de McCluskey Brothers Inc. A mediados de los noventa organizó la gira argentina de Luis Miguel y acabó también en problemas con el cantante. La muerte le sorprendió en lo que le gustaba. Estaba dedicado a las presentaciones de Amanecer, un grupo creado en 1994, justo el año que separó para siempre su camino del camino de Luis Miguel.

El cantante decidió poner en manos de Mauricio Abaroa el manejo de su nueva empresa, a la que hace alusión en la rueda de prensa celebrada en México en septiembre de 1994 con motivo de su *Segundo romance*, acompañado de Armando Manzanero y Juan Carlos Calderón. El propio Mauricio concreta rememorando aquella fecha:

El 28 de junio de 1994 en la ciudad de Torreón, Coahuila, justo dos días antes del concierto que presentara en el Centro de Convenciones de dicha ciudad, me extiende la invitación formal para hacerme cargo de la dirección general de Aries Productions, misma que acepto con el compromiso absoluto de otorgar al más alto nivel, el tipo de servicio que un artista de su talla y características requería. Es importante hacer notar que la convocatoria de Luis Miguel fue para que yo me hiciera cargo de la dirección general de su propia empresa de producción y management mas no a ocupar solamente la posición de manager misma que había quedado disipada con la partida de Hugo López. Él siempre lo tuvo claro, y yo siempre honré la línea de su instrucción, de que a partir de ese momento la gente ubicara al responsable de llevar sus asuntos personales y profesionales, como el director general de su empresa, por encima de ocupar la posición de manager. Por aquel tiempo, la visión de Luis Miguel había embarnecido lo suficiente como para comandar con precisión estratégica los destinos de su propia carrera, convirtiéndose él mismo, desde entonces, en su propio manager. Lo único que necesitaba era conformar un equipo de profesionales que lo ayudaran a transformar en resultados tangibles sus proyectos, sus iniciativas y sus más altas aspiraciones profesionales.

Mauricio Abaroa había formado en sociedad con Arturo Velasco una empresa llamada Claps Producciones, a la que después se unió también Joaquín Barona. A finales de 1988 Hugo López contrató los servicios de dicha empresa para que se encargara de diseñar de manera integral el concepto del concierto de la gira del álbum *Busca a una mujer*. Claps Producciones generó las ideas conceptuales de todo el espectáculo y también se encargó del diseño escenográfico, montaje y la producción integral de la gira en México y toda Latinoamérica. Fue entonces cuando Mauricio Abaroa conoció a Luis Miguel.

Lo conocí en una de las reuniones preliminares. Al presentarle las ideas creativas detrás de cada uno de los diferentes segmentos del concierto, se hizo evidente entre él y yo, así como ante el resto de los asistentes, que nuestra relación había hecho un buen click. A partir de ese momento, nos concentramos en hacer el trabajo para el cual habíamos sido contratados, buscando siempre y desde entonces, alcanzar el máximo nivel de excelencia en todo lo que hiciéramos, ya fuese

*para él, para su concierto, o para su carrera. En lo personal, me sentí
altamente atraído con la disciplina y profesionalismo que le imprimió a
cada comentario, a cada instrucción, a cada reunión, a cada canción,
a cada interpretación, a cada concierto, etcétera. Todo, absolutamente
todo lo relacionado con él se revelaba a través de una estética sublime
e inédita. Mi admiración había nacido sin imaginarme que algún día
terminaría trabajando primero como director artístico en su casa discográfica, Warner Music, y tiempo después como director general de
su propia empresa de* management *y producción, Aries Productions.*

Otro de los socios de Claps, Joaquín Barona, se vería también involucrado
desde ese momento con la carrera de Luis Miguel. Barona sería quien re-
velara en una ocasión al productor Pedro Torres que la inspiración original
de Juan Carlos Calderón para componer "La incondicional" había sido por
una muñeca inflable, que como es lógico tiene incondicionalidad absoluta.
Joaquín Barona fue después de Claps a Showtime con Alejandro Soberón,
que fue el creador de Ocesa, donde trabajaron en las primeras oficinas del
Palacio de los Deportes. Alejandro Soberón fue el que "me vendió como
si fuera un fichaje de un futbolista", diría el propio Barona después, a Hugo López para integrarse directamente al equipo de Luis Miguel con una
sociedad en la que estaban el propio Barona, Luis Miguel, Hugo López y
Alex McCluskey. A Barona le encargaron que fuera el *personal manager*
del cantante, haciéndose cargo de sus producciones, sus ensayos y el día
a día de él hasta su salida a mediados de los noventa.

Aries Productions con Mauricio Abaroa al frente manejó desde entonces toda la carrera del artista, que planeaba para 1995 la edición de un disco
en vivo aprovechando el impresionante directo que el cantante tenía ya a esas
alturas y el buen recuerdo de la publicación años atrás del EP *América &
En Vivo*. La agencia Consecuencias, de Rossy Pérez, se encargaba de las
relaciones públicas. Mauricio Abaroa lo recordaba así:

*1995 es justo el año en el que logro imprimir un acierto artístico
y empresarial en la carrera de Luis Miguel. El concierto fue el proyecto discográfico más ambicioso hasta ese entonces, en su ya exitosa
carrera. Se trató de la realización de un proyecto integral y sin precedentes en aquel entonces. Los diferentes elementos que se agrupa-*

ron bajo el concepto genérico de El concierto fueron un álbum LP, CD, cassette, video VHS, láser disc, gira de conciertos internacional, libro, merchandising, etcétera.

Aries Productions fue la encargada de crear, planear, diseñar, producir, posproducir, elaborar y comercializar todos esos productos. El libro recogía una serie de fotografías y alguna selección de frases del artista, acompañadas de sus registros en el mundo de la música hasta la fecha. Se comercializó con el nombre de *Luis Miguel: el libro.* Se puso a la venta un catálogo de productos con una línea de *merchandising* con camisas, sudaderas, gorras, playeras, etcétera.

En 1990 había dado a conocer una producción audiovisual denominada *Un año de conciertos,* que incluía presentaciones dedicadas casi en exclusivo a sus discos *Soy como quiero ser, Busca una mujer* y la sorpresa del video de la canción "Entrégate", que anunciaba su disco *20 años. El concierto* logra incluso mejores versiones en directo que en sus álbumes y es un éxito rotundo en el que se introduce abiertamente la música del mariachi, antesala de lo que una década después sería *México en la Piel.* Qué mejor manera de hacerlo que de la mano del inmortal José Alfredo Jiménez con "Si nos dejan", "Amanecí en tus brazos" y "El rey". Un año antes él mismo lo había hecho público después de cerrar en 1994 sus actuaciones en el Auditorio Nacional con el mariachi. "Cada vez que tenga la oportunidad de hacerlo en México o en Estados Unidos, me voy a hacer acompañar de un mariachi, porque eso va a formar parte de mi vida, tenga disco o no". Se convierte en uno de los mejores discos en directo en cualquier idioma de la década de los años noventa. Fue grabado durante la gira Segundo romance en el Auditorio Nacional de la Ciudad de México en agosto de 1994 y una parte en el estadio Vélez de la ciudad de Buenos Aires, en Argentina, en noviembre de ese mismo año. "¿Cómo dicen mis metales esta noche?", es la famosa frase que quedó para la posteridad, pronunciada durante la interpretación de "Alguien como tú", el cover del "Somebody in your life" de Peabo Bryson. Kiko Cibrián se encargó de hacer el interludio musical y a su vez la introducción al tema "Hasta que me olvides", al que seguía el rítmico "Qué nivel de mujer". El nivel, pero de artista, estaba muy alto bajo el signo de Aries.

10

Acuérdate de Acapulco

Con 20 años cumplidos, posando en las paradisiacas locaciones de la barra de Coyuca en Acapulco, Luis Miguel siente que está en el sitio que quiere estar y que Acapulco será su casa. En tiempos de una muy estrecha relación con el empresario Jaime Camil y su familia, quienes se mantuvieron al margen del distanciamiento padre-hijo (cabe recordar la amistad que unía también a Jaime Camil con Luisito), lo acogieron como un miembro más de la familia, de hecho lo será de facto merced a su noviazgo formal con Erika Camil. Una vez solventados sus problemas económicos tras la ruptura con su papá, Luis Miguel decidió comprar una de las casas que el empresario había construido en la zona conocida como Las Brisas Guitarrón, la que acabaría siendo conocida como Villa Mykonos en el conjunto de Los Siete Chakras que incluso se comunicaban entre ellas. El vecindario era reducido y muy exclusivo, el propio Jaime Camil y el tenor español Plácido Domingo tenían casa ahí, entre otros. La Ciudad de México irá perdiendo protagonismo progresivamente en favor del sol acapulqueño.

La casa de Luis Miguel en Acapulco será testigo de grandes momentos, en lo personal y en lo profesional. Desde servir como lugar de preparación del disco *Segundo romance*, a hacer de anfitrión de amigos y amigas como Rebecca de Alba, Sofía Vergara, Paty Manterola o Kate del Castillo entre otras muchas personas invitadas especiales del cantante.

Algunas veces se hacían fiestas programadas con karaoke y amigos, otras veces improvisadas. Una de ellas es la que se produjo el día que recibía una serie de premios que simbolizaban el excelente momento profesional por el que pasaba, a pesar de la reciente pérdida de Hugo López.

Fue el día que la revista *Eres* organizó la gala de sus premios correspondientes al año 1994. El evento tuvo lugar en el Baby Rock de la Ciudad de México y prácticamente fue una de las últimas veces en las que iba a aceptar estar presente en una ceremonia de esta naturaleza. Luis Miguel recibió varios premios, todo el mundo pensaba que no había acudido, pero sí estaba, medio escondido en el *backstage*, y de repente salió para sorpresa de los presentes y recogió el premio al mejor concierto del año, y no sólo ése, sino varios premios más; fue el gran triunfador de la noche. Entre los premios que recibió se encontraba al de mejor canción por su versión de "La media vuelta", premio que anunció Sasha Sokol, a la que se le escapó un "a fuerzas" que revelaba su poca objetividad sobre quien pensaba ella que debía recibirlo. Luis Miguel dedicó el premio a la memoria legendaria del autor de la canción, el gran José Alfredo Jiménez. Cuando recibió el tercer premio de la noche al mejor disco por su *Segundo romance*, ya casi no sabía qué decir en la alocución de agradecimiento. En el último que recibió, como mejor cantante de 1994, comenzó diciendo que hasta le daba pena por lo acaparador en la gala. Agradeció a Laura Laviada, "por ser amiga y tan linda, gracias a la revista, a todos los medios de comunicación, y espero que pueda seguir la fiesta ahora", remató.

La fiesta siguió en un privado que había ahí mismo en el Baby Rock. Pero Luis Miguel no se conformó. Como a las dos de la mañana dijo de seguirla en Acapulco. Entre los acompañantes de la parranda estaban Paulina Rubio, Alejandra Guzmán, Yuri, Chayanne y el empresario Beto Santos. Lo anecdótico es que estando ya en el avión privado con la música prendida y todo listo para volar al puerto a seguirla, echaron de menos a Chayanne, al que habían invitado para que se fuera. Estando casi para despegar llegó una camioneta a toda velocidad al aeropuerto con el intérprete de "Salomé" voceando para que lo esperaran. El boricua se subió al avión y la fiesta continuó llegando a la casa de Micky a las cuatro de la madrugada. Aquello fue una fiesta de risas y diversión hasta el amanecer, tenían comida preparada y acabaron con traje y todo conforme venían de la gala bañados en la alberca.

Conforme los altibajos en su relación con Erika Camil fueron aumentando y conforme el final de esa relación se intuía no muy lejano, la casa empezó a ser un problema para Luis Miguel, y así se lo confesaría un día a un íntimo amigo tras una noche que habían estado juntos tomando unos tragos. Micky le contó que cuando estaba de novio con Erika se sentía como prisionero y falto de intimidad en el entorno de los Camil. La ubicación de su casa dentro del fraccionamiento le impedía, decía él, tener su propia privacidad. El inicio del romance con Daisy Fuentes, que significará el punto y final definitivo al noviazgo con Erika Camil, fue el motivo por el que empezó a pensar en comprar otra casa, pues allí empezó a sentirse incómodo a pesar del cariño y la buena relación que había con los Camil, ya fuera porque iba a la casa de ellos y estaban todos allí o porque él quería organizar algo y también la caían todos de golpe. Empezó a darle vueltas a la cabeza y a soñar con una casa aislada del mundanal ruido con su sello personal. La casa de la playa fue su sueño y acabó siendo su gran remanso de paz, su cargador de pilas: "Me gusta llegar aquí a mi casa, me gusta llegar a Acapulco cuando vengo de las giras porque la energía del lugar es increíble, recargo las baterías a tope, disfruto de mis momentos de soledad y me contagio de la vibra tan bonita que aquí se respira", le confesó a un amigo recién llegado en una ocasión, quien dio fe de que efectivamente así era. Una casa casi sin paredes con la caricia de la brisa acapulqueña constante en el alma. Él se implicó en la arquitectura y en la decoración de la casa dando instrucciones de lo que realmente quería. La quería redonda para recibir más energía del sol, abierta, sin puertas ni paredes, con un gran contacto con la naturaleza. Todos los materiales que se usaron eran de Acapulco y el estado de Guerrero.

La casa de la playa se construyó en una de las playas mas solitarias de Acapulco en aquellos años noventa, la playa Bonfil, en la carretera a Barra Vieja, cerca del aeropuerto, una mansión asentada sobre un terreno acotado entre la carretera y el mar, con acceso directo por mar a una playa privada delimitada con el ancho de la propiedad desde donde podía abordar su lancha o el jet ski. A la casa se llegaba también por acceso directo en helicóptero, tanto él como algunos de sus amigos que acudían a visitarlo, como el empresario Jaime Camil, solían llegar por aire. Las bardas que daban a la calle estaban construidas de forma ondulada dándole un aire medieval. Tenía una cancha de tenis, una de bádminton, gimnasio, discoteca, una bodega climatizada con miles de botellas de vino, un pequeño lago artificial, jardín con palmeras con una cascada de agua cristalina y estacionamiento techado para seis automóviles. Durante mucho tiempo era incluso atractivo turístico, fans y admiradores llegaban a las inmediaciones a contemplarla. La casa principal tenía tres pisos, una alberca al aire libre entre el jardín y la sala de la casa. Tenía un estudio con telescopios para observar las estrellas y el mar, bar, comedor, cocina, baño y otra piscina en el primer piso. En el segundo había varias suites y contaba con un complejo sistema de seguridad para controlar el más mínimo movimiento. Era de un estilo muy tropical, con techo de palapa, tipo quincho, hojas de palmera y madera, con acceso directo a mar abierto. Se conocería como casa Aries por muchos amigos, hubo hasta quienes la llamaban la casa de Tarzán. Le costó unos 3 millones de dólares y la inauguró el 31 de diciembre del año 1995. Ahí se mudó desde Los Siete Chakras, a unos 15 minutos, donde había sido vecino de Plácido Domingo y los Camil, casa que conservó durante tiempo también, a veces se quedaba en una y a veces en otra, y que cumplía sus funciones alojando a sus hermanos, amigos o invitados en general cuando no podían quedarse en la casa de la playa.

En esa casa se vivieron momentos mágicos, el simple hecho de sentarse en la mesita que tenía junto a la orilla, las pláticas tomando un vino, cenas escuchando el mar o cantando al piano, colocado ex profeso para la ocasión, alrededor de las fogatas y las antorchas sobre la arena, fueron experiencias que muchos allegados y mujeres compartieron. Incluso otras más exclusivas, como las que propiciaba la propia naturaleza, puesto que en el pedazo de playa de la casa iban tortugas a desovar. Allí se organizaron fiestas particulares a las que se llegaba a través de un pasillo cubierto por una alfombra de petate y antorchas encendidas que dirigían a los invitados hasta la playa, donde se ponían mesas circulares con música de fondo, haciendo un ambiente mágico para cada una de esas ocasiones.

Su vida en Acapulco era una vida feliz, sus paseos en jet ski, las escapadas en lancha, los paseos a la laguna, los paseos a caballo... A veces llegaba a la zona de La Quebrada navegando en la lancha y conforme llegaba iban hacia él los lugareños nadando pues ya la conocían y sabían que era él, a ofrecerle pescados o a saludarlo. Era un hombre querido por los acapulqueños, tenía detalles increíbles, les compraba pescados, hacía bromas. Hay una anécdota muy divertida de cuando se presentó en la boda de Arlette

Pacheco y Raúl Vale que se estaba celebrando a bordo de un yate muy cerca de la playa y él cayó allí a bordo de su jet ski. Lo dejó a un lado y se subió a la embarcación irrumpiendo en la ceremonia con su traje de baño y su playera. Hay una foto que inmortalizó el momento donde se ve a los novios vestidos de blanco posar con un Luis Miguel que también iba de blanco, blanca al fin y al cabo era la playera sobre la que colgaban sus lentes de sol oscuros. Raúl Vale y Luis Miguel compartieron *manager* en la persona de Hugo López además de una gran amistad que se remontaba a los años ochenta.

Otras veces se iban a Pie de la Cuesta a ver a Andrés García a la selva, como él decía, a comer tacos de camarón, se divertían con las motos acuáticas, con el esquí sobre la laguna de Coyuca. Después se iba con los amigos al Baby'O de incógnito, cosa que era por cierto muy complicada porque enseguida había alguien que lo reconocía. Muchas veces lo abrían para él cuando cerraban en la noche. Lo trataban con mucho cariño en el puerto. La discoteca Baby'O es un ícono de Acapulco y protagonista no solamente en la biografía de Luis Miguel, quien fue un gran asiduo del local en sus años de residencia en el puerto, incluso antes de irse a vivir a Acapulco, sino en la de miles de turistas que han vivido en ella momentos inolvidables. El cantante hizo de la discoteca casi su segunda casa, iba a visitar seguido al entonces gerente Carlos Piedrasanta, que lo consentía continuamente, y allí se hacía ver acompañado por sus grandes amigos como El Burro Van Rankin, Miguel Alemán, Beto Santos, los hermanos Rodríguez, David Antúnez, etcétera. Baby'O fue creada en 1976 por Eduardo Cesarman y otros jóvenes que desde niños pasaban las vacaciones en las costas de Guerrero que se inspiraron en una canción de Dean Martin para bautizarla. Por este local que fue concebido en forma de una enorme cueva han pasado, además de todas las luminarias mexicanas, personalidades de la talla de Sylvester Stallone, Tony Curtis, Ringo Starr, Michael Jordan, Bono, George Clooney, Julio Iglesias y Elizabeth Taylor. Cesarman reconoció que "es impresionante lo que representa Luis Miguel para Baby'O y para Acapulco, es desde luego el ídolo número uno, hemos tenido gente como Bono por ejemplo, pero no se compara a Luis Miguel que es una locura, todo el mundo lo quiere ver, saludar…".

Gozaba Acapulco y su noche en su plenitud. El conocido empresario Tony Rullán subió a Instagram en octubre de 2020 una imagen con un

Luis Miguel pletórico en plena década de los noventa. La foto era de una velada en uno de sus locales nocturnos, Extravaganzza, otra emblemática referencia de la noche acapulqueña, construido en la ladera de un cerro.

Desde Acapulco hacía también escapadas a lugares paradisiacos muy cercanos. Un día fue hasta Costa Careyes, el destino exclusivo del visionario italiano Gian Franco Brignone, justo entre Manzanillo y Puerto Vallarta, en esa zona casi solitaria y espectacular del Pacífico mexicano. Allí iban a llegar Erika y unos amigos. Fueron a pasear en una lancha a un lugar muy bonito y muy fotogénico. Allí había un niñito nativo de unos 10 años que les ofreció pescado y refrescos. El niño le hablaba a Micky y sin darse cuenta en un momento dado había establecido una conversación con él sin saber con quién estaba hablando. Se interesó por lo que hacía, le dijo que cortaba cocos, que si quería uno. El cantante le dijo que sí, el niño se encaramó a la palma. Bajó con los cocos, y en la continuidad de la plática le preguntó que si era difícil subir a la palmera con la destreza que él lo hacía. El niño le dijo que no y le preguntó si quería subir. Luis Miguel contestó afirmativamente y se dirigió hacia el árbol con el muchacho, quien lo instruyó de la manera que debía hacer. En un momento dado el intérprete de "Cuando calienta el sol" estaba encaramado a la palmera ante el asombro de cuantos le acompañaban, feliz, sonriente, sintiendo plenitud, libertad, felicidad. La misma habilidad que demostraba para esquiar, para jugar al tenis o para patinar se ponía de manifestó para trepar árboles.

Costa Careyes sirvió de locación para algunas de las fotografías más famosas que han pasado a la historia de la discografía de Luis Miguel como fueron las del disco *Busca una mujer*. Para el de *20 años*, también muy enmarcado en el ambiente marino que tanta buena vibra le genera, se eligió Acapulco como locación, unas en el muelle de la casa de Jaime Camil y otras en la zona de la laguna de Coyuca, en la parte de la barra de Coyuca, en los palmerales donde el mar se junta con la laguna se hicieron esas maravillosas fotografías en las que estrenaba su cabello corto para un disco ambientado en el color azul que sería uno de los más célebres y emblemáticos de su carrera. En mitad de las sesiones respiró profundo y comentó: "Mis mejores amigos son el sol y el mar, me revitalizan y me llenan de energía".

❋ ❋ ❋

El romanticismo de Acapulco fue el escenario de momentos inolvidables, de dos amores e intersección de los mismos: Erika Camil y Daisy Fuentes. La conductora cubana se había convertido en una admiradora intensa del cantante al tiempo que ya era una persona conocida de los medios. Tras triunfar en su paso por Telemundo y Univisión, fue contratada por MTV en 1988 para dirigir una sección de una hora dedicada al mundo de la música en español, llamada MTV Internacional. En 1993 era parte oficial del staff de MTV y se convirtió en la primera latina VJ (la figura del *video jockey* que nació de la mano de ese célebre canal musical). A pesar de eso, y de su indudable belleza, sus primeros intentos de acercarse a Micky, que mantenía la relación de noviazgo con Erika Camil, no fructificaron. En lugares como el hotel Crowne Plaza se recuerda su persistencia por llegar al cantante, al que agasajaba mandándole arreglos de rosas rojas y lo intentaba contactar todo el rato por teléfono. En esos momentos, viendo la insistencia de la cubana, Luis Miguel llegó a dar órdenes a su personal de confianza para que trataran de mantenerla alejada.

En una de las primeras ediciones del Festival de Acapulco, el certamen que impulsara Raúl Velasco en 1991, producido por Televisa, Daisy conocería a Luis Miguel gracias a su trabajo como entrevistadora de televisión. Su intensa labor de acercamiento y seducción terminaría dando frutos. El festival tuvo su sede principal en el Centro Internacional Acapulco para las noches de gala, en esa época, desde 1993 hasta 1998, se colocaban escenarios para cantantes en diferentes puntos de la bahía de Acapulco y en las instalaciones del Hotel Elcano. Con el paso del tiempo, Luis Miguel acabó enloquecido por su fuerza vital, incluso hizo que apareciera en su videoclip "Cómo es posible que a mi lado", una extraña premonición de lo que sería el abrupto final de la pareja. Aunque siempre demostró ante los ojos de terceros ser un perfecto caballero con Erika Camil, acabaría, vueltas que da la vida, no sólo aceptando el encuentro con Daisy, sino formalizando un noviazgo que pronto acaparó el interés de los medios y que dejaba en el camino a Cristian Castro, que salía con la conductora cubana, quien a su vez venía de un fracaso matrimonial con el actor Timothy Adams. Cristian lo confesó hace mucho tiempo en privado, recordamos un día en Fisher Island en el año 1997 cuando lo manejaba Alex McCluskey; y lo confesó en público como pudo verse en un video viral del programa *Un nuevo día* a finales de 2019.

> *No somos amigos. Fuimos amigos pero me decepcionó su personalidad. Yo estaba saliendo con Daisy y me decepcionó porque vino a meterse y eso fue lo que nos distanció. Él empezó a enamorarla, a hablarle, y ella me lo decía. Sentí que le gustaba Daisy y yo al ver la situación le dije a ella que lo mejor era que probara con él. Lo curioso es que él se hizo el ofendido cuando en realidad era yo quien tenía la ropa en la casa de Daisy.*

La consecuencia musical fue la canción de "Lo mejor de mí", de Rudy Pérez, que además se ajustaba más al sentimiento del hijo de Verónica Castro luego de perder a Daisy a manos de su colega. Cristian tuvo un éxito descomunal con ese álbum, fue el modo de desquitarse. Esa carta de presentación de la cubana provocó cierto recelo de la gente que rodeaba a Luis Miguel debido a que adoraban a Erika Camil y lamentaron profundamente la ruptura. La llegada de Daisy provocó la salida de Erika Camil y precipitó el triste final.

La actitud puntual del cantante de bloquearse ante determinadas situaciones y de cierre de cortinas no le ha ayudado mucho sin alguien cerca que le hiciera ver sus posibles equivocaciones, pues dice el refrán que de bien nacidos es el ser agradecidos. Primero se alejó de Erika y luego se alejó de la familia Camil. Toni Starr fue muy amable y diplomática cuando le preguntaron y señaló que la relación con los Camil siempre fue muy hermosa y muy estrecha. Y no mentía, durante mucho tiempo aquella fue su familia y compartieron momentos, veladas y viajes inolvidables, compartieron alegrías y se consolaron en las penas. "Él era como un miembro más de la familia y es muy querido en nuestras vidas", dijo. Ellos le ayudaron mucho en una relación de amistad y afecto que se remonta incluso a la época de su papá. El estrecho vínculo que durante muchos años hubo entre ambas familias sobrevivió al distanciamiento y la pelea entre padre e hijo, la prueba es que de las pocas personas que acudieron con el artista a Barcelona cuando murió Luisito Rey fueron ellos. Los favores eran constantes, el usufructo del avión y las propiedades del reconocido empresario estaban siempre a la orden. Providencial fue su ayuda en forma de dinero en unos momentos muy complicados para el cantante.

La explicación pública que dio Toni Starr del alejamiento posterior fue el hecho de la mayor presencia del cantante en los Estados Unidos, hecho que no parece suficiente argumento para las reacciones viscerales que se vieron en miembros de esa familia. La causa de la ruptura y sobre todo de la notoria enemistad que Jaime Camil hijo demuestra constantemente no fue desde luego el adiós a su hermana Erika para irse con otra mujer, pues después de ello siguieron compartiendo momentos especiales con la familia en los que incluso estaba presente Daisy Fuentes. En una ocasión Jaime Camil hijo aterrizó en helicóptero en la casa de la playa de Luis Miguel para unirse a la fiesta de celebración de su cumpleaños, iba con el cantautor cubano Amaury Gutiérrez y juntos le cantaron "Las mañanitas". Pero en un momento dado del cariño se pasó a la frialdad, de la amistad a la enemistad, de pasar Navidades y Fin de Año juntos a un dolor que según la versión de su entorno se debe a un nombre propio: Sofía Vergara. En una de las visitas del papá a bordo de su helicóptero a la casa de Luis Miguel, salió por casualidad el nombre de la bella actriz colombiana, de la que Jaime Camil estaba muy enamorado. Los comentarios y la intervención de Luis Miguel, cuya relación con Sofía Vergara era de una incondicionalidad absoluta, provocaron tal grado de enojo y resentimiento que nunca se lo ha perdonado. Jaime Camil hijo no se siente cómodo cuando le preguntan por Luis Miguel. Jaime Camil Garza, por su parte, fallecido el 6 de diciembre de 2020, había confesado en vida a gente de confianza estar decepcionado por el silencio y el alejamiento del cantante. El tiempo fue creando una brecha que muchas de las personas allegadas a ambas partes no entendieron y les sorprendió el hecho de que Luis Miguel no estuviera conforme con darle publicidad de ninguna de las maneras a Jaime Camil al exponer su vida.

El fin de la relación con Erika se manejó con la misma discreción y bajo perfil con el que se manejó el noviazgo en sí. Fuera de los focos, ella rehizo su vida y las huellas de aquel adiós se borraron para siempre, sin querer en ningún momento desempolvar el baúl de aquellos recuerdos, tal como pudo comprobarse con la emisión de la primera temporada de la serie en 2018. Rehusó decir ni una sola palabra sobre su ex, que siguió su camino en 1995 de la mano de Daisy Fuentes. Juan Manuel Navarro lo descubrió e informó del hecho el 29 de marzo de aquel año a través del periódico *El*

Norte y *Reforma*. Corrió como la pólvora por el mundo entero. Sucedió durante la cobertura de la entrega de los Oscar.

> *Luis Miguel aparece en la exclusiva fiesta posterior a la ceremonia, románticamente acompañado de la conductora de* MTV *Latino, Daisy Fuentes y, de paso, anuncia su nuevo trabajo con Quincy Jones.*

La nota venía de la mano de una fotografía impactante de los tres protagonistas que él mismo tomó.

> *Luis Miguel también fue uno de los ganadores de la noche del Oscar, ya que el cantante mexicano acudió a la fiesta exclusiva, el Governor's Ball, que ofreció la Academia a los ganadores del evento acompañado de la conductora de mtv Latino Daisy Fuentes. El cantante luciendo su nuevo look, bigote y patilla estuvo presente en la reunión en donde convivió con el músico Quincy Jones y la actriz Nastassja Kinski, novia del también productor. Luis Miguel siempre se mostró amable con las personas que se le acercaban a pedirle la foto del recuerdo, hasta posaba para ellos. Tomado de la mano de Fuentes, el artista no se cansó de saludar a cualquier persona que lo reconocía. Junto a su mesa, que compartió con Jones, estaba la de Jessica Lange y Tom Hanks. Lejos de ser molestados por una gran multitud, durante el evento, Luis Miguel y Daisy también tuvieron rato para ellos. En varias ocasiones el cantante abrazó y tomó de la mano a Fuentes. Y mientras platicaba muy de cerca con ella, se abalanzó y le dio un beso en la boca, que la conductora correspondió. A ratos, ella permanecía sentada en la mesa y Luis Miguel parado observaba a la multitud bailando; más tarde, se abrazaban y se decían secretos al oído. Pero después de un buen rato de estar en la fiesta, ambas personalidades decidieron retirarse del lugar pero no sin antes despedirse de Jones y Kinski.*

Con el tiempo, Daisy acabó ganándose también el aprecio y el cariño del entorno de Luis Miguel. La describían como muy cubana, muy posesiva y muy directa, completamente natural, como se suele decir una mujer de armas tomar. Era muy divertida, cuando iban a Aspen a pasar las vacaciones de diciembre o convivían en la casa de Acapulco se ponía a jugar con todo el mundo, a inventar, a jugar a las cartas, a hacer juegos de imitaciones, a cocinar comida cubana, a hacer la vida de todos más agradable. Allí llegaban a veces también sus papás y su hermana, se ponían a cocinar y estaban encantados de saborear incluso típicos platos españoles como la fabada, una comida bien oportuna para el frío invierno de Colorado. El último año en Aspen, donde él acudía a esquiar, un deporte que siempre ha manejado con gran destreza, dicho sea de paso, fue finales de 1997. Las alarmas del lugar los sobresaltaron el día en que se mató en accidente el hijo de Bobby Kennedy. Aquel suceso fue publicado en medios el 2 de enero de 1998. "Michael Kennedy, de 39 años, hijo del asesinado senador Robert F. Kennedy, murió antes de ayer por la tarde a causa de las heridas que sufrió en la cabeza al chocar con un árbol mientras se divertía con su familia en este exclusivo centro de esquí de Colorado".

En la época que ellos estaban bien la relación era muy pasional, de ello incluso pueden dar fe personas que no andaban muy lejos cuando ellos tenían sus encuentros amorosos. Pero igual que intensa era la pasión, intensas y subidas de tono eran las peleas, la mayoría de ellas por escenas de celos, por parte de ambos, tanto celos de él como de ella. Especialmente hermosos eran los encuentros que se daban después de las peleas. Pareciera a veces que se peleaban aposta con tal de protagonizar tan apasionadas reconciliaciones. La gente que estaba alrededor sentía que había buena química entre ellos, Daisy lo consentía mucho, le daba un ambiente más familiar a la relación, eso él lo apreciaba mucho, y nuevamente se daba la circunstancia de que era cuatro años mayor que él, algo que nuevamente evocaba las carencias afectivas de la figura de su madre. Erika también lo era, si bien solo un año, y en su día lo fueron Mariana Yazbek y Lucía Méndez.

Una de las peleas más grandes que tuvieron fue precisamente por los celos, cuando en 1997 Salma Hayek invitó a Luis Miguel para que la acompañara a su primera ceremonia de los Oscar que iba a tener lugar el 24 de marzo, con motivo de la 69ª entrega de los Premios de la Academia. Antes habían acudido también a la gala Carousel of Hope en Beverly Hills, que se realizó en octubre de 1996. La propia Salma publicó un foto de ese evento en su cuenta de Instagram dos décadas después para recordar aquel momento. Salma apenas comenzaba su exitoso caminar por Hollywood, él era ya un cantante de masas que incluso contemplaba todavía la opción de grabar en inglés para darse a conocer con el público anglosajón, al que ella conquistaría completamente con el tiempo.

Cuando Daisy se enteró que la foto en los Oscar no se iba a repetir y que acudiría con Salma Hayek se desató una pelea, por decirlo en términos caribeños, tipo huracán categoría 5. Él se defendía diciendo que ella era apenas una amiga, pero no sirvió de nada. El pleito estaba servido. Luego hicieron las paces pero de algún modo ella tuvo como deseos de una especie de venganza para darle celos a él. Fue cuando acudió poco después a la gala de los premios World Music Awards que se celebraba en Mónaco. Se dejó ver junto a Ricky Martin en una fiesta tomando y bailando, hecho que fue incluso publicitado por los medios, y esto enojó terriblemente a Luis Miguel sumido en un ataque de celos. "Sí, soy celoso", respondió franco y tajante cuando se lo preguntaron en un programa de televisión en 1994.

Al año siguiente, en 1998, Luis Miguel sí acudió de nuevo con Daisy Fuentes. Salma lo hizo del brazo de su novio Edward Norton. Eran ya los coletazos finales de la relación. Estaba más tiempo en Los Ángeles cuando salía con Daisy y allí fue donde se produjo el abrupto final. Rompieron con una discusión muy fuerte y con testigos. Él le dijo que hasta ahí llegaba la relación y punto. Se enteró de una presunta infidelidad, algo que no le gustó y ahí mismo le acabó. Le tocaron el orgullo, igual que luego le iba a suceder con Mariah. Su entorno se quedó completamente aterrado por lo sucedido, era la primera vez que algo así pasaba, no les constaba de manera fehaciente el supuesto engaño de la conductora cubana, pero por lo visto a su amigo y/o jefe sí.

Juan Manuel Navarro publicó una nota titulada "Daisy Fuentes está triste", en la que decía que después de la ruptura con Luis Miguel, Daisy Fuentes se quedó muy triste, ya que el cantante era su adoración. Un amigo íntimo de la pareja le confesó:

Ella era la que quería casarse, no Luis Miguel. Mucho se comentó que era él que andaba muy enamorado de Daisy, pero la verdad es que era ella la que quería casarse, estaba dispuesta a contraer matrimonio. Yo siempre vi en Luis Miguel a una persona que no tenía la más mínima intención de casarse y así sucedió.

La relación buscó con el paso del tiempo una segunda parte, ambos metidos ya en más de 40 años. Juan Manuel Navarro todavía recuerda un incidente en un restaurante de Las Vegas en el que coincidió con unos amigos y con la pareja en uno de esos intentos de regresar juntos. Ella instó al *manager* del restaurante a moverlos de lugar por temor a que alguien pudiera tomar una foto. En cualquier caso, Daisy estuvo a su lado pero finalmente se dieron cuenta que su proyecto de vida en común era una quimera y ella alcanzó la estabilidad y el matrimonio al lado del también cantante Richard Marx. La pareja celebró su boda a finales de 2015 en Aspen, Colorado, después de poco más de un año de relación. Daisy protagonizó el video del sencillo "Beautiful goodbye", estableciendo un paralelismo con lo que en su día hizo con Luis Miguel. Él no ha logrado alcanzar esa estabilidad y ese hogar que intentó de la mano de Aracely Arámbula, tras cuyo fracaso fue cuando buscó nuevamente a Daisy.

"La verdad si yo tuviera que decir cuál fue el gran amor de su vida yo creo que mencionaría a Daisy por encima de Mariah, fue un noviazgo más intenso, más espontáneo, estaba más chavo, más joven y Daisy lo apapachaba mucho" llegó a decir su gran amigo Polo Martínez, que vivió muy de cerca aquella relación. Él no es el único que afirma tal cosa, entre las personas que lo han tratado íntimamente hemos encontrado algún que otro testimonio similar poniendo por encima a Daisy sobre Mariah. Podemos decir que hay división de opiniones al respecto, y si nos atenemos al trágico final que hubo con Mariah y a los posteriores intentos de volver que hubo con la cubana, es muy posible que Luis Miguel coincida con su amigo Polo.

❋   ❋   ❋

Con Luisito ya fallecido, en los meses siguientes Mario Gallego llamaba constantemente, a veces en estado de embriaguez según recordaba Alex McCluskey, reclamando dinero e insultando a Luis Miguel y a su gente. Llegó un momento dado que nadie le levantaba el teléfono, de modo que cuando llamó diciendo que su madre había muerto para que su nieto lo supiera, nadie le creyó, pensando que sería una vieja estrategia al estilo de los Gallego para llamar la atención del sobrino y pedirle dinero. Por la mente de Tito ya pasaba un descabellado plan, el cual era repetir con su sobrino Sergio la jugada de su hermano con Luis Miguel. Todo el mundo se aterró cuando lo vieron en uno de los programas de más audiencia de la televisión en España, conducido por la periodista María Teresa Campos. El uso mediático del pequeño Sergio fue escandaloso. Le tomaría fotos en la tumba de su abuela Matilde con la intención de venderlas a las revistas amarillistas. En televisión buscó rentabilidad mediática contando que no podían comunicarse con Luis Miguel. Fue el 26 de octubre de 1993, apareció el niño de la mano de su tío. María Teresa Campos dedicó diez minutos al tema. El tío habló mal de Luis Miguel, con versiones sesgadas de los hechos diciendo que no se hacía cargo de las cenizas y que no se le ponía al teléfono para decirle que se había muerto su abuela. El espacio acabó con el pequeño Sergio cantando un fragmento de una canción de su padre, "Hay un algo", imitando la famosa escena de Ciudad Juárez del propio Luis Miguel de 12 años atrás. Estas imágenes indignaron a Luis Miguel, que vio rápidamente las intenciones de sus tíos y aceleraron el proceso para reclamar la custodia y sacarlo de allá. Si algún productor avispado le echaba el ojo en manos de su tío, las consecuencias para la vida del pequeño Sergio eran impredecibles. El tío lo puso a cantar en el Casino Bahía de Cádiz en un evento que organizaron en el puerto de Santa María en memoria de Luis Rey, y ya había comentado con su hermano Pepe y otros conocidos la posibilidad de poner a cantar al niño en las calles.

Actuaron rápidamente. Dos semanas después, el 11 de noviembre, Sergio ya estaba volando rumbo a América para reencontrarse con sus hermanos. En el tiempo que estuvo con sus abuelos en Cádiz llegó a estudiar en el mismo colegio que lo habían hecho sus hermanos hasta que viajaron a México en septiembre de 1980 para cambiar su destino. En el colegio Sagrado Corazón de San Fernando aún se conserva el recuerdo del bajo rendimiento de Luis Miguel y las malas notas que publicamos en su día en *Luis Mi Rey*. Un fan intentó vender un boletín de evaluación de su cuarto año de EGB (por entonces la primaria en España), en el que se veía que suspendía las asignaturas de lengua y matemáticas.

El abogado Rinel Souza, al que Mario Gallego tiró despectivamente las monedas en la escena descrita en *Luis Miguel: la historia*, fue el comisionado y quien se hizo cargo de todo. Estimable fue también la ayuda de Frank Ronci, muy cercano al cantante en aquellos tiempos. En una ocasión, justo recién llegado de España, en casa de Frank, el pequeño Sergio se arrancó a cantar trepado en una banqueta dejando boquiabiertos a todos los presentes. Realmente tenía el mismo talento innato de su hermano. Recién llegado fueron todos juntos en un viaje a los parques de atracciones de Orlando. "Me encanta comprar cosas para mi hermanito", decía Luis Miguel en aquellos momentos.

El Doc, a la postre la persona que quedaría al cuidado del pequeño, estaba en Guadalajara cuando todo sucedió, allí fue donde Luis Miguel lo localizó para comunicarle que la abuela Matilde había muerto. Fue el mismo mes de noviembre en el que fallecería Hugo López. Un mes difícil de olvidar. El Doc se trasladó a Acapulco cuando se lo ordenaron para estar allí en el momento que el pequeño Sergio llegara para hacerse cargo de él. Ahí mismo se produjo la plática con Luis Miguel.

Yo le expliqué al chamaco de la conveniencia de no estar en México siempre bajo los focos de ser el "hermano de". Y es cuando propongo y acordamos llevarlo a Boston. Ahí es cuando empecé a disciplinarlo. Recuerdo con emoción el día que íbamos caminando, cuando de pronto me agarró la manita, fue cuando tomé conciencia de que me había convertido en su papá...

Recordaba emocionado el doctor Foncerrada. Sergio es para el Doc el hijo de su corazón, de hecho él le llama padre. Un lazo afectivo admirable. Octavio Foncerrada fue a la vez padre y madre de Sergio, se siente muy orgulloso de él, un ejemplo de amor por el ser humano acorde con la espiritualidad de este gran hombre, que sigue desarrollando una labor profesional desde Guadalajara, Jalisco, sin lugar a duda alguna de ese tipo de personas de las que Luis Miguel no debió desprenderse jamás.

11

Un Sol con estrella

El momento en el que el gran intérprete al que muchos llaman "el Sinatra mexicano" tuvo la ocasión de hacer un histórico dueto con el propio Frank Sinatra es un momento estelar en la carrera de Luis Miguel que hacía presagiar una dimensión mucho mayor de su propia leyenda gracias al famoso *crossover*. Los elogios que recibió del propio Frank eran de por sí un motivo sobrado para animarse a dar el salto. Cuando grabó, tuvo que bajar un tono para cantar como Frank Sinatra, él le dijo que si cantaba en inglés la iba a romper completamente y que era lo mejor que jamás había escuchado de ningún cantante latinoamericano. Éste es un punto de inflexión en la biografía de Luis Miguel muy claro. Su público se quedará con las ganas de saber qué hubiera pasado si finalmente se hubiera atrevido a lanzarse en la conquista del público anglosajón, que a su vez arrastra muchos otros mercados mundiales. La imagen de Luis Miguel cantando junto al mítico talento estadounidense es la culminación de un sueño en su carrera y era la puerta abierta para apuntar todavía más alto. No tiene caso en la vida hablar de lo que pudo haber sido y no fue, pero con un Hugo López atrás del cantante, de hecho fue el primero que lo animó a cantar en inglés, tal vez las decisiones y las gestiones hubieran sido distintas y el resultado final también.

El gigante del mercado anglosajón esperaba con los brazos abiertos al gran talento de la música en español, a la voz más privilegiada del mercado latino. Se daban muchos factores favorables, su voz, su imagen y su carisma estaban en pleno apogeo, su dominio del idioma inglés era absoluto, y tenía excelentes cómplices para sacar adelante esa aventura. ¿Qué pasó? Sólo Luis Miguel lo sabe, y es probable que ni siquiera él mismo haya sido capaz de encontrar una respuesta que entraría más en el terreno de las causas emocionales y psicológicas que en las estrictas decisiones comerciales o profesionales. Para los hispanohablantes, ya lo dijimos al principio, es todo un orgullo y un honor su ardua defensa de la música en nuestro idioma, pero nadie puede obviar el hecho de que, como por ejemplo hizo Julio Iglesias, su incursión en busca de una mayor internacionalización no hubiera restado mérito ni progreso a su carrera en español, es más, seguramente la hubiera potenciado todavía más. Salvando las distancias, y entendiendo la comparación en su justa medida, a Luis Miguel acabó sucediéndole algo parecido a lo que impidió triunfar a su difunto padre, su personalidad se impuso a su talento impidiendo llegar más arriba de lo que ya de por sí lo ha hecho en estos casi 40 años de carrera.

Antes de recordar el pudo haber sido y no fue y el por qué no salió jamás a la luz el valioso material en inglés en el que se trabajó de la mano de productores de la talla de Quincy Jones y Emilio Estefan, vamos a recordar la intrahistoria del "vuelo conjunto" con The Voice, de la que ya adelantamos varios detalles en *Luis Miguel: la historia*. Su intervención en el gran evento de los 80 años de Frank Sinatra era su consolidación como astro latino y un claro guiño hacia el *crossover*. Aquel día Luis Miguel llegó al *backstage* en compañía de Mauricio Abaroa. En el Shrine Auditorium de Los Ángeles estaba también el compositor Juan Carlos Calderón con Cristina Abaroa, hermana de Mauricio y también productora, quien trabajó muchos años con Calderón. Pero una de las personas clave para llegar a ese momento fue la publicista y *manager* Marianne Sauvage, quien logró los trámites para que Luis Miguel tuviera el privilegio de cantar esa noche para Frank Sinatra y estuvo también detrás de otro momento significativo e importante como fue la estrella en el Paseo de la Fama de Hollywood.

Marianne Sauvage era por ese entonces publicista de George Schlatter, quien con su compañía George Schlatter Productions fue el encargado de organizar el evento de Sinatra. Él producía muchos programas de TV en

Estados Unidos y Marianne estuvo a su lado en calidad de publicista por 17 años, antes de convertirse en *manager* de artistas. Así lo recordaba:

> *Un día estaba trabajando con George en el especial para la TV de los 80 años de Frank Sinatra y en el pizarrón que teníamos en la sala de juntas teníamos a todos los artistas con los que Sinatra había hecho duetos. De los latinos estaban Gloria Estefan, Jon Secada y Luis Miguel. En un principio se estaba proponiendo a Gloria o Jon, pero yo insistí en que fuera Luis Miguel, porque él tenía a los fans de los mexicanos que viven en California. Para que George se convenciera de que Luis Miguel era el indicado de los latinos, lo llevé a ver un concierto en el anfiteatro Gibson de los estudios Universal. Se quedó impresionado por ver cómo las mujeres ovacionaban y gritaban. Fue el momento que se convenció de que Luis Miguel debía estar en el evento de Sinatra, donde cantó el tema "Come Fly With Me". Recuerdo que antes de salir a cantar, Luis Miguel estaba muy nervioso, por lo que gente de su equipo me pidió que le fuera a comprar una botella de whisky para que se calmara. Me acuerdo que en el parking del Shrine Auditorium estaban estacionados todos los campers y trailers donde estaban los camerinos de los artistas y mi intención era llevar la botella sin que la prensa se diera cuenta, ya que andaban rondando por ahí. El camper de Luis Miguel estaba por donde estaba el de Bruce Springsteen y el de Tony Benett. Después de su actuación estuvo ahí muy platicador con la prensa y dio una conferencia. Al final Frank Sinatra se tomó una foto con todos los invitados y se la pasaron muy bien.*

Luis Miguel estuvo muy amable con la prensa aquel día. "Estoy muy orgulloso de estar esta noche acompañándolo. Yo aprendí el idioma inglés oyendo sus canciones". El 21 de noviembre de 1995 Juan Manuel Navarro publicaba desde Los Ángeles una nota titulada "¡Qué cumpleaños, Frank!", en la que recogía y destacaba entre otras cosas la intervención del astro mexicano: "Frank Sinatra festejó el domingo su cumpleaños número 80 al lado de un gran número de celebridades, entre ellos Bruce Springsteen, Arnold Schwarzenegger, Ray Charles, Paula Abdul y Luis Miguel. El cantante mexicano, vistiendo smoking negro, le cantó a Sinatra el tema "Come Fly With Me", acompañado por un video del festejado.

Este tema lo interpretó con el artista norteamericano en su más reciente LP de duetos.

"Todo el mundo que estaba en el auditorio se quedó fascinado con la actuación del mexicano. Los que ya lo conocían se quedaron más que contentos con él y los que todavía no sabían quién era, preguntaban que de dónde había salido una persona con gran talento", dijo Marianne Sauvage aquel día en unas declaraciones incluidas en la nota de Navarro, quien también añadió que el cantante Tony Bennett felicitó personalmente a Luis Miguel por su actuación: "Atrás del escenario lo abrazó y le dijo que lo felicitaba porque tenía una estupenda voz", escribió citando a Sauvage como fuente.

Esta experiencia significó para él una satisfacción que trascendía mucho más allá de lo profesional. En el plano personal dejó una gran huella en su corazón por la admiración que toda la vida tuvo de su música.

✳ ✳ ✳

Tras el éxito de su dueto con Frank Sinatra y en plena época de crecimiento, Marianne Sauvage tuvo otra brillante idea que acabaría convirtiéndose en uno de los momentos más simbólicos y estelares del intérprete de "Que tú te vas". Ella misma lo rememoraba en una plática:

> *Luego del éxito del especial, un día iba yo caminando por el Paseo de la Fama y se me ocurrió que era necesario que Luis Miguel tuviera una estrella allí. Ahí mismo me comuniqué con su manager de ese entonces, Mauricio Abaroa, y se lo propuse. Obviamente a él le encantó la idea, pero le pedí que me diera una carta firmada donde Luis Miguel se comprometiera a presentarse ese día, era una exigencia lógica, no podemos imaginarnos organizar el día de su estrella y que no acudiera. Cumplió ese requisito para que se la otorgaran y así fue. Llené la solicitud y después nos dieron la noticia de que se la habían aprobado. Fue una gran alegría para todos, tanto él como su gente se pusieron muy contentos.*

Marianne tendría otra recordada intervención, la de volver a convencer a George Schlatter de que invitara a Luis Miguel y a Salma Hayek para acudir juntos al evento Carousel of Hope Ball, en octubre de 1996, que se efectúo en el Hotel Beverly Hilton. El 26 de septiembre de 1996 develó la estrella en el 7060 de Hollywood Boulevard y al día siguiente, el 27, Navarro publicó la nota:

Duración: 30 minutos. Características: Ha sido uno de los más concurridos en toda la historia, de acuerdo con los ejecutivos de la Cámara de Comercio de Hollywood. Hora: 11:30 Asistencia: Alrededor de mil admiradores. Look del cantante: Bronceado intenso, cabello más largo y traje color crema. Título recibido: Rey del pop latino (Así lo llamó Johnny Grant, presidente de la Cámara de Comercio de Hollywood) Ambiente: Las fans, con camisetas, pósters, pancartas y grabadoras, apoyaron al cantante, desde casi tres horas antes de la ceremonia. Discurso (en inglés): «Muchas gracias por todo, estoy muy contento de estar aquí, con ustedes, en un evento que significa mucho en mi carrera, esto me hace comprometerme a trabajar más duro y estoy muy orgulloso de que algún día mis hijos, mis nietos, tendrán la oportunidad de caminar por aquí y ver mi estrella... pero primero tengo que encontrar a una mujer. Este momento lo voy a recordar siempre en mi vida». Saludo (en español): «Por supuesto, no me voy a olvidar de todas mis fans; me siento muy orgulloso de hablar español, de todos y cada uno de ustedes, y sigamos dando ejemplos como éstos, los quiero, gracias». Reconocimientos adicionales: Un certificado de la ciudad de Los Ángeles, en señal de agradecimiento por su labor artística y una réplica de su estrella. El clímax: El cantante posó para los fotógrafos junto a la estrella recién develada y, besando su mano, la tocó, mientras alzaba su dedo pulgar derecho en señal de triunfo. Piropos más escuchados: «Luis mi rey» y «Luis papacito». Sobre su lanzamiento en inglés. «A pesar de que no he grabado un disco en inglés, recibí la estrella y eso le da más importancia al evento, sobre todo por el idioma, en español. En febrero del próximo año voy a estar en toda una gira por Estados Unidos y realmente me gusta mucho la idea de grabar un disco en inglés, pero primero quiero acostumbrarme más al idioma, para realmente sentir lo que canto, ya que mi inspiración viene del corazón, del espíritu».

✷ ✷ ✷

Luis Miguel daba pistas en sus declaraciones de su inseguridad a la hora de decidirse por un lanzamiento en toda regla en inglés, algo por lo que estaba loca su compañía de discos. "Cantar en inglés exige una pronunciación perfecta y yo tengo que hacerme todavía con el idioma, y sentir en el corazón lo que canto", decía en 1990. Resultaba extraño, porque él sí tiene una gran pronunciación y dominio del idioma, lo tenía ya en sus 20 años, y así se lo hacían saber. Warner quería hacer de Luis Miguel otro Julio Iglesias grabando en otros idiomas, al menos en inglés, italiano, portugués y francés. Podía hacerlo porque ya había antecedentes. Tanto en portugués en la época de EMI como en italiano, la *Collezione Privata* de 1985 a raíz del éxito y la proyección que tuvo tras quedar como segundo clasificado en el Festival de San Remo, con temas entre otros como "Tu di cuore non ne hai", "Il bikini blu", "Noi ragazzi di oggi" o "Parola D'onore", demostraban que podía cantar con talento en la lengua materna de su madre. Y por supuesto en inglés. El público comprobó por la versión del "América, América" de Nino Bravo que lo hacía muy bien. Con 19 años cantó en un concierto una versión muy particular del "Yesterday" de los Beatles acompañándose al piano en una bonita exhibición de su manejo del instrumento, luego de introducirla diciendo que era una canción que hablaba mucho de "lo que yo pienso que debe y no debe de existir en este mundo". Siendo adolescente se había atrevido también con una versión del "Let it Be" en la televisión chilena, donde también interpretó el famoso "We are the World". Hizo una magnífica versión en inglés del tema "Sueña" ("Someday") de la banda sonora de la película *El jorobado de Notre Dame*.

Todo apuntaba a que sí se podía hacer. Era la idea por la que luchó Julio Sáenz pero que no logró sacar adelante desde su puesto en la disquera y en su influencia junto a Mauricio Abaroa, tratando de recoger el fruto que Hugo López había sembrado. Hugo contactó en su día con Emilio Estefan, quien fue uno de los productores con los que se abordó la idea de grabar en inglés. El célebre productor de origen cubano le hizo dos versiones de una canción, una en inglés, "Girl in a Sports Car", y otra en español, "María Elena", que se grabó en el Crescent Moon Studios, los estudios de Estefan en Miami. Una grabación muy rápida, el talento de

Luis Miguel sorprendió a todos en el estudio de grabación, sólo precisó de dos tomas para calentar la voz y salió de una. También sorprendió que no tenía acento, su pronunciación era excelente, al contrario de lo que él mismo pensaba.

Se trataba de una canción que había sido enviada desde la compañía WEA de su sede en el Reino Unido, que junto a WEA Estados Unidos estaban viendo en Luis Miguel el perfil de artista perfecto para ser el pionero del *crossover*. En aquellos momentos, todavía sin explotar su éxito con los boleros gracias al primer *Romance*, hubiera sido efectivamente el gran precursor y se hubiera adelantado a otros artistas como Jon Secada, Ricky Martin, Marc Anthony, Shakira, Jennifer López o Enrique Iglesias. A decir de quienes conocen esa grabación, fue una lástima que nunca fuera lanzada porque tenía mucha calidad y mucha fuerza, "un tema de fusión movido, muy percusivo, con ritmo y todos los ingredientes para haberse convertido en un gran éxito que hubiera facilitado su entrada en el mercado anglosajón internacional", según recordaba el propio Emilio Estefan.

La canción iba a ser acompañada de una versión en inglés de sus mayores éxitos hasta el momento como "La incondicional", "Fría como el viento" o "Tengo todo excepto a ti". Se hizo una versión en inglés de "Entrégate" que se llamó "Before the Dawn" y la version original de "Alguien como tú" ("Somebody in Your Life"). Juan Carlos Calderón se ocupó de la producción de esos temas que se grabaron en Londres. El prodigioso compositor español le insistía que si cantaba en inglés iba a ser un éxito descomunal, por su talento, su capacidad y porque tenía un gran dominio del idioma sin acento ninguno. Le recordaba el éxito que ya había tenido cantando en otro idioma, como el italiano y su recordado segundo puesto en San Remo. Aun así, el propio Luis Miguel reconocía que algo dentro de él no mostraba entusiasmo en un material que en realidad está muy bien, ya que se filtraron las grabaciones inéditas de algunos de esos temas, con una interpretación sobresaliente del cantante en la lengua de Shakespeare. "Es como un experimento, como una prueba, queremos abarcar el mercado europeo entrando por Inglaterra para luego intentar Estados Unidos, pero es sólo una prueba". Aquel mismo día, frente al reportero Víctor Hugo Sánchez, daba claros síntomas de su inseguridad en torno a éste y a un próximo proyecto en inglés que nunca vería la luz: "Este disco no está hecho pensando en el público inglés, el europeo, es un disco pensado para el público latino pero traducido al inglés, si no funciona lo entenderé. El siguiente que haremos inédito pensando para el público europeo ese sí me preocupará". Ya en aquel entonces, antes de que finalmente fuera realidad, señaló: "Me gustaría que Quincy Jones, que es el número uno como productor, me pudiese producir un disco. Uno de los ejecutivos de mi compañía en Estados Unidos es muy amigo de Quincy y a él le gustan mucho mis canciones, ojalá se dé". Además había un fuerte vínculo de amistad entre Emilio Estefan y Quincy Jones. Quincy Jones es padrino de Emily Marie, conocida como Emily Estefan, la hija de Emilio y Gloria Estefan que también se ha lanzado como artista. No pasaría mucho tiempo para que se diera esa oportunidad, aún sin llegar a tener un final feliz.

El primer intento de *crossover* fracasó porque nunca lograron sacar un hueco en la agenda ni una firme decisión del artista para poner toda la maquinaria de Warner en funcionamiento. El éxito de *Romance* hizo dudar a su entorno y a él mismo sobre la conveniencia del lanzamiento en inglés, aduciendo la posible confusión de mercados que a veces esgrimen los responsables de algunas compañías, no obstante había otras voces que apostaban por *simultanear* ambos mercados y estilos convencidos de que funcionaría muy bien como por ejemplo lo hicieron Gloria Estefan o Shakira, pero desafortunadamente estas voces no eran las que tomaban las decisiones. El propio Emilio Estefan, para quien Luis Miguel es uno de los mejores cantantes del mundo y de todos los tiempos, era una de esas voces que no fueron escuchadas: "Un artista que no tiene límites, hubiera sido un auténtico hit en mercados como Estados Unidos, Reino Unido, Alemania o Francia".

El idilio profesional que nunca se consumó entre Luis Miguel y Quincy Jones se convirtió en tema recurrente en la ceremonia de los Oscar durante tres años seguidos hasta que la posibilidad de hacer algo juntos se cayó para siempre. Tras el éxito del dúo con Frank Sinatra era el momento, la segunda gran oportunidad de abordar el *crossover*. Quincy Jones creía mucho en Luis Miguel, y no tuvo reparo en contestar a Juan Manuel Navarro cuando le preguntó, tras coincidir con el cantante y su entonces pareja Daisy Fuentes en la gala de entrega de los Oscar de marzo de 1995, en la fiesta de los Governors Polls donde Quincy andaba con su pareja, Natasha Richardson. Por el gusto de volverse a ver, ambas celebridades intercambiaron varios abrazos y por un momento se sentaron en la misma mesa. "Luis Miguel es el mejor artista de Latinoamérica, no hay nadie como él, es un muchacho muy talentoso", comentó Jones, "estábamos tratando de trabajar juntos desde hace 6 años y por fin ahora se logró hacer el proyecto que saldrá en agosto". Luis Miguel dijo que Jones era el mejor productor del mundo y anunció incluso que en junio de ese año comenzarían las grabaciones del disco que iba a catapultar al Sol al mismo universo en el que reinaban astros de la talla de Madonna o Michael Jackson. Iba a cantar en su nuevo álbum el tema "She's Out of My Life", el cual diera a conocer Michael Jackson. "Quincy es un gran señor en la música y yo también lo respeto mucho", expresó Luis Miguel. A lo que Quincy contestó que le gustaría realizar otros proyectos con el cantante. "Lo que sea, así sean películas, discos o videos", señaló, "yo estoy dispuesto a hacer una mancuerna con Luis Miguel porque lo admiro mucho. Es una persona muy inteligente con una gran voz por lo que estoy seguro él va a triunfar también en el mercado anglosajón".

En esos días se publicaba en la prensa mexicana que iba disparado a la conquista del mercado anglosajón:

> *Luis Miguel vuelve a estar entre los grandes y, en esta ocasión, comparte créditos al lado de Phil Collins en el nuevo álbum del multipremiado músico Quincy Jones. El cantante mexicano fue incluido para interpretar el tema "She's Out of my Life" en esta producción que se planea sacar a la venta en agosto y en donde, además, participa Gloria Estefan. Una vocera de Quincy Jones Productions dijo que es seguro que Luis Miguel, Phil Collins y Gloria Estefan iban a estar incluidos. El disco* Thriller, *que Quincy produjo a Michael Jackson, es el más vendido en la historia de la música. También su tema "No sé tú" fue incluido en la película del mismo nombre que protagonizan Michael Keaton y Geena Davis.*

Parecía ir todo viento en popa, pero desavenencias profesionales hicieron que el proyecto tampoco saliera adelante. Quincy no estaba de acuerdo en el hecho de que Luis Miguel con su gente modificaran o intervinieran en la mezcla de la canción, ya que una vez que escuchó el resultado, pretendía hacer alguna modificación que no fue aceptada por el productor, "yo no trabajo así", llegó a decir textualmente. Fue un error. Quincy Jones es un productor completo con el que no todo el mundo que ha querido ha podido trabajar. Su reputación en la industria es enorme y es un honor hacer un proyecto con él.

Nuevamente en la ceremonia de los Oscar, esta vez de 1996, Luis Miguel dijo que estaban planeando algo y quizás grabaran. Quincy Jones confirmó que seguía abierto a trabajar con Luis Miguel pero excusó el fracaso del primer intento:

> *Estuve a punto de incluir una canción de él en mi pasado disco, pero como el álbum tenía un concepto especial y la canción que interpretaba Luis Miguel no cabía en esa línea, la tuvimos que dejar fuera. No sacamos el tema porque no nos gustara o porque Luis Miguel no fuera uno de mis artistas preferidos, sino porque quisimos seguir un concepto en la producción y esa canción no se acomodaba en el proyecto.*

No quiso desvelar en público las diferencias profesionales que fueron la verdadera causa de excluir la canción y negó problemas personales: "Para nada, me llevo muy bien con Luis Miguel, es un muchacho encantador. Estoy viendo la posibilidad de incluirlo en otra producción porque es un muchacho muy talentoso que me encanta y por eso es de mis favoritos. Le hablé a Nueva York y ya estamos en las negociaciones". Las negociaciones nunca fructificaron. Luis Miguel desapareció. Se desanimó. Desistió de cantar en inglés. También rechazaría un proyecto con David Foster, con quien había trabajado desde *Aries* interpretando "Ayer", el cover de "All that my heart can hold" que hizo Rudy Pérez. Foster le propuso una muy buena producción en inglés a la que él dijo que no. Con el tiempo se la acabó dando a Michael Bublé.

El frustrado *crossover* de un artista que no tiene límites es una prueba más de la influencia que tiene el rodearse de personas correctas. El talento es siempre incuestionable, la proyección del mismo depende de acertar en las decisiones. La ceremonia de los Oscar de 1997 fue la tercera y última en la que salió a relucir el asunto. Acompañado de Salma Hayek, Luis Miguel respondía a la pregunta de si era cierto que se había peleado con Quincy Jones. "No, lo que pasa es que hubo distintas opiniones en el proyecto, sólo eso, no hay ningún problema. Este proyecto seguramente va a quedar para el 98". No quedaría, como tampoco quedó el que grabó con Céline Dion, con quien interpretó a dúo una versión de "Somos novios" que le preparó Juan Carlos Calderón. No obstante en este caso parece, según el testimonio de Mauricio Abaroa, que los intereses contrapuestos de Warner y Sony Music fueron los que privaron al gran público de disfrutar de este dueto.

> *La idea de hacer un dueto con Céline Dion surgió de Humberto Gatica, sabía de la gran admiración que ella sentía por el trabajo de Luis Miguel. En alguna ocasión, conversando en el estudio, Humberto propuso promover la idea de hacer el "Somos novios" de Manzanero a dueto con Céline. Obviamente, la idea provocó interés y deseos de explorar la posible participación de Luis Miguel. Sabíamos que un dueto de tal magnitud desprendería una serie de gestiones corporativas que debían ser autorizadas desde el nivel más alto de ambas compañías discográficas, Sony Music y Warner Music. Mientras dicha gestión tomó su propio curso, decidimos dar inicio a la producción del track. Juan Carlos Calderón fue el arreglista de las cuerdas y coproductor al lado del mismo Humberto Gatica, que fungiría también como coproductor. Obviamente el productor del track sería, al igual como lo había hecho en Aries y en Segundo romance, el mismo Luis Miguel. El tema se grabó y quedó enorme. Ese track es indudablemente una de las joyas más representativas de todos los tiempos. Desafortunadamente, por problemas relacionados con las políticas internas de cada una de las compañías discográficas, no logró encontrar la luz y se ha quedado resguardado en la oscuridad del anonimato desde entonces.*

La oscuridad del anonimato vio la luz el 31 de agosto de 2020, cuando 48 segundos de ese dueto con Céline Dion, ella en inglés, él en español, fueron publicados en las redes sociales oficiales de Luis Miguel. Esta publicación por sorpresa intensificó las especulaciones sobre el posible paso del cantante a Sony y un posible disco de duetos de la mano de dicha multinacional. Días antes había posteado un fragmento del dueto con Frank Sinatra y en el mes de julio había subido un montaje junto a la voz de Michael Jackson cantando a dúo el tema "Smile", mezclando el inglés del Rey del Pop con el español del Sol. Luego se hizo el silencio en sus redes los siguientes cinco meses y 2020, el año de su 50 cumpleaños, se cerró sin ninguna novedad.

Un mes después de los Oscar, el 24 de abril de 1997 se publicaba la confirmación de que Luis Miguel y Quincy Jones siempre no trabajarían juntos. "Luis Miguel es de mis cantantes favoritos, adoraría trabajar en su disco en inglés, pero tal parece que no se va a poder porque ambos estamos muy ocupados por el momento. Lo he buscado sin tener resultado. Yo ando muy ocupado y él también, todo se ha quedado en proyecto", le dijo a Juan Manuel Navarro. Caso cerrado.

Ni publicó el dueto con Céline Dion, ni con Vanessa Williams, ni con Mariah Carey. "After Tonight" es la canción que aparece en el álbum de Mariah titulado *Rainbow*. La canción la hizo David Foster para que la cantaran a dúo, es un verdadero himno de amor que reflejaba la dulce historia que la pareja vivía, pero la incompatibilidad de las voces de ambos debido a los tonos extremadamente altos de la voz de ella implicó que debieran realizarse varias grabaciones. A Luis Miguel no le gustó y así se lo hizo saber a ella y a David Foster. Alguien filtró que rompió el cassette de la grabación y se la mandó hecha pedazos a Foster, algo que éste negó. Finalmente el tema salió con la voz de ella solamente. Ella reveló la manera de pensar del que por entonces era su novio: "Él está seguro de sí mismo y de lo que hace, y a pesar de que le dicen que haga un disco en inglés, no lo hace porque no lo necesita. Hace lo que debe, no sigue modas".

Tras el fracaso en el intento tomó la decisión de desistir. Tomó por bandera el argumento de que no seguiría modas, que defendería al español por encima de todas las cosas, y de ahí nunca se bajó. De hecho en octubre de 1996 fue muy claro con Susana Jiménez en su casa de Acapulco:

> *Insisten en que grabe un disco en inglés y yo no he querido grabar todavía, porque…¡no!, porque me gusta mucho el español y es un idioma que debemos de defender. Yo soy un gran defensor de nuestro idioma y nuestra cultura. El inglés es un idioma práctico, es todo lo que tiene, pero no tiene la belleza del español. Cantar en español me sale más natural porque es mi idioma, es el idioma que me sale del corazón.*

En cada comparecencia de prensa posterior despacharía las preguntas sobre el tema del mismo modo, dando largas, como en Madrid en 1999, en la presentación de *Amarte es un placer*:

No me guío por las modas, no me guío por lo que está en este momento vendiendo comercialmente. Me guío por lo que mi corazón me dicta. El español es un idioma maravilloso, amo mi idioma, me siento orgulloso, no quiero decir que no voy a cantar en inglés en un futuro, pero siento que no es el momento para hacerlo, todo mundo lo está haciendo y ¿por qué lo voy a hacer yo?

Respondió cuando le ponían el ejemplo del éxito de Ricky Martin y Enrique Iglesias en el mercado anglosajón.

Es bueno que todo artista que tenga éxito en lo que hace, debería de ser reconocido, porque tener éxito es bueno. Yo estoy muy seguro de mí, de lo que hago; la gente de habla inglesa, tarde o temprano se dará cuenta de que el español es una lengua muy bonita y va a empezar a aprenderla más, pero tengo tiempo para grabar en inglés, apenas tengo 29 años de edad, probablemente en el futuro voy a cantar en inglés, pero por el momento en español.

12

Luis Mi Rey: nada es igual

En el mes de mayo de 1997 salió a la luz en España y en América, con México como punta de lanza, el libro *Luis Mi Rey*, que supone un antes y un después respecto a lo que se sabía sobre la vida de Luis Miguel. Fruto de una ardua y larga investigación que se prolongó por 14 meses, y que daría pie a su vez para que se conocieran los autores del actual *Oro de Rey*, un primer ejemplar llegó a las manos del cantante solicitando su autorización, ésta debió esperar, sin embargo, 20 años exactos para tener una respuesta positiva cuando el cantante lo avaló para la producción de la serie emitida por Netflix.

El tiempo le ha hecho ver que no se puede poner puertas al campo, como dice una de sus canciones. Su intento de sentar un precedente con la disparatada demanda que interpuso a la periodista Claudia de Icaza, buscando un efecto disuasor para que nadie hablara de su vida, fue una mala decisión. Su reacción fue la de quien pretende matar una mosca con un cañonazo. No nos queremos ni imaginar qué reacción hubiera habido en Luis Miguel y qué hubiera pasado, dicho sea con todo el respeto, si en aquel libro hubiera escrito de manera explícita la barbaridad que difundió en 2018 afirmando que Sergio, el hermano, era hijo de Arturo Durazo, cosa que es completamente falsa (en este volumen confirmamos la gestación del hermano menor del cantante en Baja California Sur), que por ende jamás hubiera podido demostrar, y que además daba por sentado que la mamá del cantante mantuvo relaciones sexuales con el general. Pensemos por un instante en nuestras propias madres, con toda seguridad a nadie le gustaría que algo así se difundiera de un modo tan crudo.

Las vidas de las personas públicas no son las vidas de cualquiera, menos todavía en este caso, y a nuestro entender lo que en realidad debe exigir, tanto él como cualquier otro protagonista, es un rigor, un respeto y una ética a la hora de escribir, ya sea un libro o un guion sobre su vida, pero no negar un derecho básico a la información, no tapar el sol con un dedo. Por ello siempre sostuvimos que así se demorara 20 años, la autorización implícita de *Luis Mi Rey* como libro de base para la serie de televisión autorizada por él, emitida en primera ventana por Netflix y Telemundo (Estados Unidos), es la certificación definitiva de que fue la novela que estableció ese antes y después, y provocó justamente el mismo efecto que años después multiplicó la serie que la usó para armar sus guiones. Es el efecto empatía con el ser humano que hay dentro del personaje.

Y si ya nada fue igual en ese sentido tras la aparición de dicho libro, *Nada es igual* sería también casualmente el título del disco que establecería otro punto de inflexión en el año 1996 en la carrera del intérprete de "Dame", tras el cual, como parecía presagiar dicho disco, nada sería igual. Todo parecían malas sensaciones, a pesar de que es un disco con muy buenas canciones en el que Luis Miguel invirtió mucho esfuerzo, "es el disco que siento como más mío", llegó a decir. Algunas de las canciones perduraron en el repertorio de las giras y "Si tú te vas" sirvió de arranque de los conciertos mucho tiempo. Pero nada más salir al mercado recibió críticas primero por su carátula, lo tildaron de ser un disco oscuro, completamente alejado de la chispa y la frescura de su antecesor en canciones inéditas como había sido *Aries*. Al cantante le costó un arduo trabajo de varios meses sin salir del estudio, lo cual le provocó un aumento de peso que le obligó a contratar a un entrenador personal para recuperar la figura. El menor impacto de *Nada es igual*, que no obtendría ni un solo reconocimiento a pesar de sus nominaciones, como había sido una constante en sus últimos discos, lejos de darle confianza para intentar el *crossover*, lo empujaría a la apuesta inmediata y segura de los boleros.

Cuando se rodó el videoclip "Dame" en el Desierto de Mojave, bajo la dirección del estadounidense Marcus Nispel, Luis Miguel no estaba a gusto. Se sentía subido de peso, incómodo, no le gustó en absoluto el resultado final y lo excusaba a cada rato: "Fue un video muy interesante; desgraciadamente acababa de salir del estudio, en donde me pasé cuatro meses metido y probablemente mi imagen no era la más positiva, ni yo me sentía muy bien". Lo reconoció el mismo día que develó su estrella en el Paseo de la Fama de Hollywood. Luis Miguel tiene como regla que todos sus videos, sin importar quién es el director, tiene que editárselos su editor personal, así que ese video no lo tocó nadie hasta que llegó a manos de esa persona. Hay una escena en donde existe una explosión y por lo delicada que era la toma sólo podía ser ejecutada una sola vez. Al editor de Micky no le gustó mucho el resultado final, lo que hizo fue que esa parte la hizo ver en cámara lenta para así disimular que la explosión no había sido del agrado tanto de Luis Miguel como del director. El otro videoclip de la canción "Cómo es posible que a mi lado" lo puso en manos de Pedro Torres, lo filmaron en Acapulco y Los Ángeles, y contó con la participación de Daisy Fuentes.

Durante una reunión en el hotel Villa Magna de Madrid a principios de los años noventa, un muchacho llegó a saludar a Luis Miguel. No era desde luego la primera vez que compartía con él en dicho hotel. Micky estaba junto a su *manager* Hugo López, el compositor Juan Carlos Calderón y el ejecutivo de wea René León. Todos se preguntaron quién era él, el cantante respondió que era un amigo, hijo de Pepe Asensi, al que de sobra conocía sobre todo Calderón. Alejandro se disponía en aquella época a prestar el servicio militar en España probablemente sin sospechar todavía en esos tiempos de juventud que alguna vez él ocuparía el puesto del gran *manager* argentino al que acababa de saludar y que acabaría peleado tanto con el compositor que allí estaba como con su propio amigo. Son las cosas que tiene el destino. Pocos años después, el nombre de aquel muchacho apareció por primera vez en los créditos de un disco. Alejandro Asensi se involucró profesionalmente en la producción del disco *Nada es igual*, donde aparece como letrista en dos temas, "Cómo es posible que a mi lado" y "Un día más", además del crédito de coordinador artístico. El siguiente paso será tomar la representación absoluta como *manager* del que además de ser su gran amigo pasará a ser su jefe.

El sol de Acapulco y las acogedoras instalaciones de la casa de Luis Miguel iban a ser testigos de otro momento clave en el devenir de las vidas de los dos amigos del alma. Los allí presentes observaban a un joven español delgado y de baja estatura que no disimulaba su inquietud mientras compartía con el resto de amigos mexicanos del cantante que sí estaban completamente relajados. Alejandro estaba un poco nervioso y acabó confesando el motivo de su intranquilidad a uno de los allí presentes. Resultaba que, sabiendo que Micky andaba a la búsqueda de gente de confianza para su empresa luego de haber despedido a todo el mundo, él estaba dispuesto a cruzar definitivamente el Atlántico y ofrecerse para que le echara una mano y trabajar junto a él. Los nervios se debían a que no sabía cómo iba a reaccionar su amigo Micky, por eso no paraba de tomar tequila a ver si de ese modo se atemperaba el nerviosismo y se cargaba de valor para decírselo. Su interlocutor lo animó, le aconsejó que se lo dijera de una vez y finalmente lo hizo. Aquel día se estaba gestando lo que con el tiempo sería una larga andadura profesional.

Nada es igual involucró también a otro Alejandro, el hermano del cantante, al que todos llamaban Alex o más familiarmente Pichita. Alejandro es un excelente fotógrafo y le dieron la oportunidad de demostrarlo con las fotografías del disco. Al igual que sucedió con su hermano pequeño, Sergio, a Luis Miguel le tocó hacerse cargo de la formación de su hermano Alex en el momento que se separó de su padre y posteriormente quedaron huérfanos. Siempre en un segundo plano, y con un carácter muy distinto al de sus otros dos hermanos, el Pichita tuvo siempre tendencia a estar bajo la protección de su hermano mayor, al que nunca se atrevió a contradecir. "Alex va a estar de acuerdo con Luis Miguel diga lo que diga, Sergio no". Con esa frase resumió la personalidad de uno y otro una persona que los conoce a la perfección. Como dice el refranero popular, amor o aborrecimiento no quita conocimiento.

Alex Basteri es español, nacido el 25 de agosto de 1972 en Cádiz, pero desde que viajara aquel día de septiembre de 1980 con su hermano mayor y su madre a México para reunirse con Luisito su vida cambió para siempre y México se convertiría en su país. Ahí vivió la mayor parte del tiempo primero con sus padres y después cuando estuvo bajo la custodia y la manutención de su hermano. En Ciudad de México reside actualmente. Realizó estudios de fotografía y tiene talento, a tenor del testimonio de quienes lo han visto trabajar. Completó su formación con estudios en diferentes universidades norteamericanas. En la actualidad se dedica a negocios relaciona-

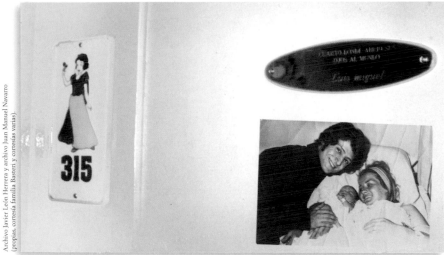

Archivo Javier León Herrera y archivo Juan Manuel Navarro (propias, cortesía familia Basteri y cortesías varias).

Habitación 315 del hospital San Jorge, en San Juan de Puerto Rico. En la fotografía, Luis Miguel recién nacido con sus padres. En la puerta hay una placa que recuerda el natalicio: "Cuarto donde abrió sus ojos al mundo Luis Miguel".

Archivo Javier León Herrera y archivo Juan Manuel Navarro (propias, cortesía familia Basteri y cortesías varias).

Bautizo de Luis Miguel en la parroquia del Purísimo Corazón de María, en la Ciudad de México. La madrina, Yolanda Sasea, esposa de Jaime Ortiz Pino, sostiene al niño al lado de su madre.

I

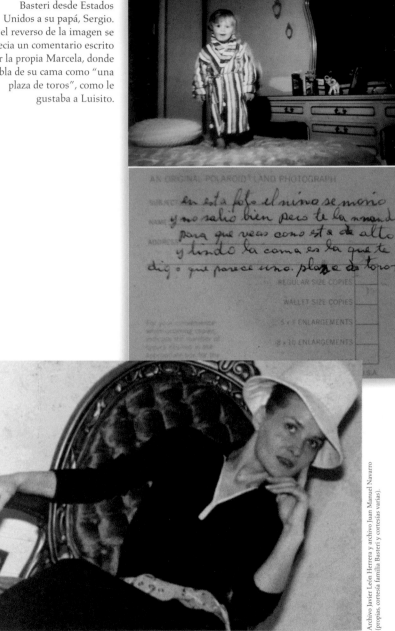

Foto enviada por Marcela Basteri desde Estados Unidos a su papá, Sergio. En el reverso de la imagen se aprecia un comentario escrito por la propia Marcela, donde habla de su cama como "una plaza de toros", como le gustaba a Luisito.

Archivo Javier León Herrera y archivo Juan Manuel Navarro (propias, cortesía familia Basteri y cortesías varias).

Archivo Javier León Herrera y archivo Juan Manuel Navarro (propias, cortesía familia Basteri y cortesías varias).

Marcela Basteri en todo su esplendor y belleza en sus años de juventud en la Argentina.

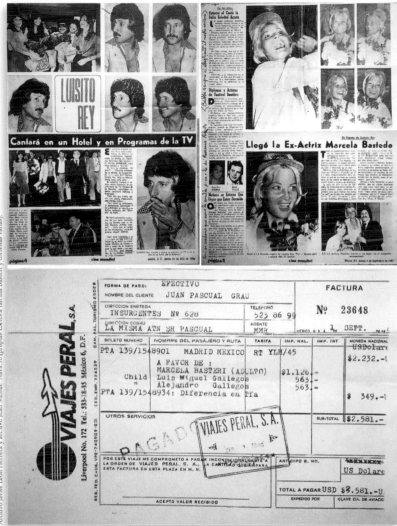

Archivo Javier León Herrera y archivo Juan Manue Navarro (propias, cortesía familia Basteri y cortesías varias).

Tres documentos que reflejan el cambio de destino de Luis Miguel, quien huyó con su familia de la pobreza en España hacia una nueva vida en México: el día que llegó Luisito en julio; el día que llegó Luis Miguel con su madre, en septiembre de 1980, y los boletos que pagó el empresario Juan Pascual.

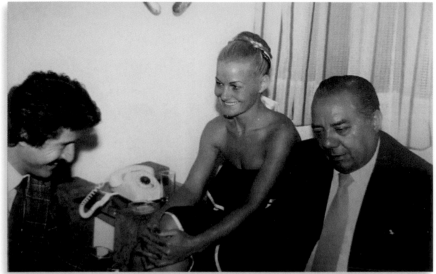

Archivo Javier León Herrera y archivo Juan Manuel Navarro (propias, cortesía familia Basteri y cortesías varias).

Luisito se apoyó en el poder del Negro Durazo para sobrevivir en México y lanzar la carrera de Luis Miguel. En la imagen aparecen ambos junto a Marcela. El rumor de que el hermano menor del cantante era hijo de Durazo es falso.

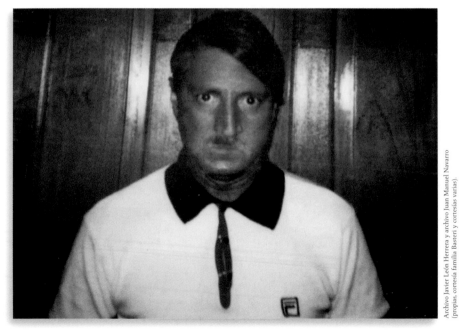

Archivo Javier León Herrera y archivo Juan Manuel Navarro (propias, cortesía familia Basteri y cortesías varias).

El papel de villano de Luisito Rey quedó patente desde la publicación de *Luis Mi Rey* en 1997, libro que sirvió de base para la serie de televisión sobre la vida de Luis Miguel. Esta imagen de los ochenta en su casa de Las Matas, en la que imita la apariencie de Adolf Hitler, evoca su rol de malo.

Cortesía archivo Angélica Vale.

Angélica María
y Angélica Vale
convivieron con
Luis Miguel cuando
era niño, en sus
primeros años en
México. La Vale era
muy amiga de Micky
y fue testigo de su
despegar como artista
desde la privada de
San Bernabé.

Archivo Javier León Herrera y archivo Juan Manuel Navarro (propias, cortesía familia Basteri y cortesías varias).

Días felices de convivencia en Italia con la familia Basteri. Las sonrisas de Luis Miguel, y sobre todo la de su madre Marcela, hablan por sí solas de aquellos felices momentos cuando triunfó en el Festival de San Remo.

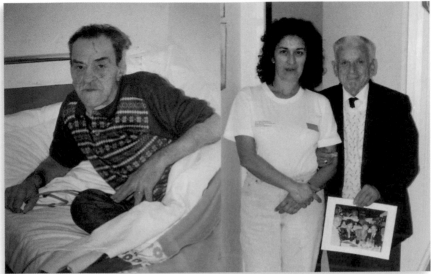

Archivo Javier León Herrera y archivo Juan Manuel Navarro (propias, cortesía familia Basteri y cortesías varias).

Su abuelo Sergio, el *nonno*, postrado en la casa de reposo donde vivió sus últimos días. El abuelo Rafael, junto a la empleada en el departamento de San Fernando (Cádiz, España) que Luis Miguel pagó hasta su fallecimiento.

Archivo Javier León Herrera y archivo Juan Manuel Navarro (propias, cortesía familia Basteri y cortesías varias).

Otra escena familiar en la Toscana con los Basteri, ahí está el *nonno*, Marcela, Alex "el Pishita" y, agachada junto a Luis Miguel, su tía abuela Adua Basteri, quien denunció la desaparición de Marcela en 1996.

Archivo Javier León Herrera y archivo Juan Manuel Navarro (propias, cortesía familia Basteri, y cortesías varias).

Una imagen entrañable de Luis Miguel feliz y sonriente a mediados de los años ochenta, antes de que la vida empezara a golpearle duro debido a la pelea con su padre y la desaparición de su madre.

Archivo Javier León Herrera y archivo Juan Manuel Navarro (propias, cortesía familia Basteri y cortesías varias).

Luisito, Luis Miguel y su hermano Alex "el Pishita" en la casa de Las Matas de Madrid a mediados de los ochenta. El fin de la convivencia familiar se aproximaba.

Archivo Javier León Herrera y archivo Juan Manuel Navarro (propias, cortesía familia Basteri y cortesías varias).

La feliz convivencia de Marcela y su familia en Italia, donde se refugió durante el primer semestre de 1986 con su hijo Sergio. A la derecha, el momento de partir rumbo a España en agosto de ese año. Foto tomada antes de salir rumbo al aeropuerto. Jamás la volverían a ver.

Promocionales WEA México

Las playas del Pacífico mexicano sirvieron como locación para unas de las imágenes promocionales más sexis y aclamadas por las fans de Luis Miguel.

Young Talent. International recording artist Luis Miguel signs a long-term, exclusive worldwide agreement with WEA International and Warner Bros. Records. His first album will be recorded in Spanish and is slated for early 1987 release. Pictured with Miguel are, in back from left, manager Joe Ruffalo of Cavallo, Ruffalo & Fargnoli; the artist's attorney, Peter Lopez; and the artist's father, Luis Rey. Sitting next to Miguel is WEA International chairman Nesuhi Ertegun.

Archivo Javier León Herrera y archivo Juan Manuel Navarro (propias, cortesía familia Basteri y cortesías varias).

Recorte de *Billboard* que recoge la firma del nuevo contrato de Luis Miguel con Warner a finales de 1986. Aparece Joe Ruffalo, quien, según los inventos de Luisito Rey, se había fugado con Marcela, por entonces ya desaparecida.

Promocionales WEA México.

Luis Miguel en la plenitud de su recién estrenada mayoría de edad, listo para promocionar
Un hombre busca a una mujer, con unas imágenes llenas de energía y sensualidad.

Archivo Javier León Herrera y archivo Juan Manuel Navarro (propias, cortesía familia Basteri y cortesías varias).

Una de las imágenes de la última visita que Luis Miguel hizo a su familia en Italia, en diciembre de 1989. Posando con su prima segunda Cinzia, una de las hijas de Adua Basteri.

Archivo Javier León Herrera y archivo Juan Manuel Navarro (propias, cortesía familia Basteri y cortesías varias).

Otra imagen de la última vez que visitó a su abuelo en Massa Carrara a finales de 1989, brindando con vino junto al *nonno* y los amigos de éste. Luis Miguel ya no regresaría.

Archivo Javier León Herrera y archivo Juan Manuel Navarro (propias, cortesía familia Basteri y cortesías varias).

Los íntimos conciertos en las salas pequeñas cuando se empezaba a probar la reacción del público ante sus interpretaciones de boleros. Muchos fans guardan gratos recuerdos de estos shows, donde había una gran cercanía con el artista.

Cortesía archivo Toni Torres.

Toni Torres trabajó por varios años con Luis Miguel como publicista, y viajaron por varios países. Con el tiempo construyeron una gran relación y amistad. Aquí los vemos juntos en dos imágenes de aquellos tiempos.

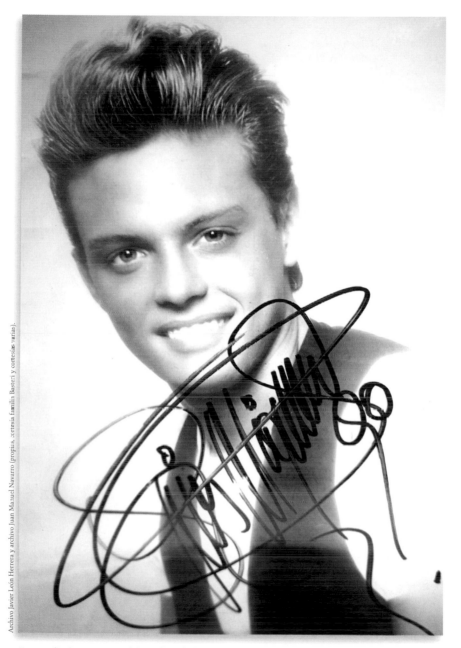

Archivo Javier León Herrera y archivo Juan Manuel Navarro (propias, cortesía familia Basteri y cortesías varias).

Fotografía de Luis Miguel firmada y dedicada. Estos tesoros eran muy valorados por las fans; en la época de Hugo López se cuidaba mucho la relación con las admiradoras.

Archivo Javier León Herrera y archivo Juan Manuel Navarro (propias, cortesía familia Basteri y cortesías varias).

Luis Miguel paseando por la Expo Universal de Sevilla en octubre de 1992. Tuvo una gran actuación y fue ahí donde rechazó recibir a su padre, quien intentó nuevamente verlo sin éxito. A Luisito le quedaban dos meses de vida.

Cortesía archivo Polo Martínez.

Diferentes imágenes de Luis Miguel con Polo Martínez, su gran amigo argentino. Arriba a la izquierda aparece también Alejandro Asensi; abajo a la izquierda "el Doc" Octavio Foncerrada y Sergio Rey en unas vacaciones en Aspen.

Archivo Javier Javier León Herrera y archivo Juan Manuel Navarro (propias, cortesía familia Basteri y cortesías varias).

Una de las primera actuaciones de Luis Miguel en los World Music Awards, que se celebraban en Montecarlo, en el Principado de Mónaco.

Promocionales WEA México.

Imagen promocional e icónica de Luis Miguel ante su primer disco de boleros titulado: *Romance,* uno de los grandes puntos de inflexión en su carrera profesional.

Cortesía archivo Emilio Estefan. Foto de Maggie Rodríguez.

Emilio Estefan en su estudio en Miami con Luis Miguel, durante la sesión de trabajo para grabar en inglés, el primero de varios intentos fallidos por hacer el *crossover*.

Archivo Javier León Herrera y archivo Juan Manuel Navarro (propias, cortesía familia Basteri y cortesías varias).

La actriz Brigitte Nielsen y Micky durante los World Music Awards en Mónaco. La habilidad de la publicista Toni Torres para dar las instrucciones al fotógrafo Bernard Hilda, al que contrataron para llevar a Mónaco, autor de la foto, generó un gran revuelo en la prensa internacional.

Promocionales WEA México

El éxito de los boleros derivó en una segunda entrega, en la que WEA explotó la imagen clásica de Luis Miguel como bolerista para fines promocionales.

Archivo Javier León Herrera y archivo Juan Manuel Navarro (propias, cortesía familia Basteri y cortesías varias).

Distintas instantáneas de Luis Miguel y Daisy Fuentes con Quincy Jones, en la fiesta oficial de los Oscar (marzo de 1995), noche en la que Juan Manuel Navarro, autor de las fotos, descubrió el romance.

Archivo Javier León Herrera y archivo Juan Manuel Navarro (propias, cortesía familia Basteri y cortesías varias).

Luis Miguel y Daisy Fuentes regresaron juntos a la entrega de los Oscar en 1996 y nuevamente, por última vez, en 1998, tras el paréntesis de 1997.

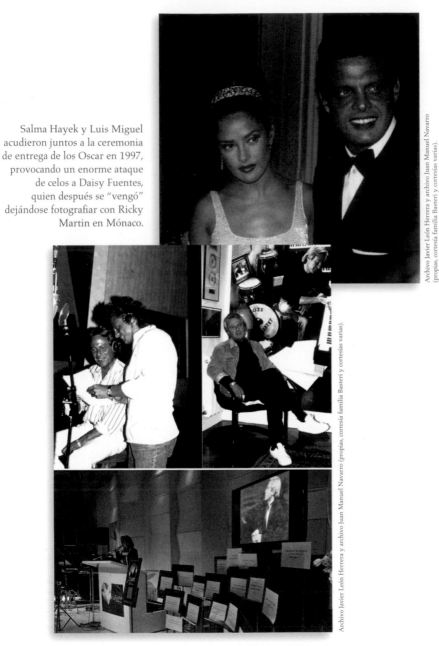

Salma Hayek y Luis Miguel acudieron juntos a la ceremonia de entrega de los Oscar en 1997, provocando un enorme ataque de celos a Daisy Fuentes, quien después se "vengó" dejándose fotografiar con Ricky Martin en Mónaco.

Archivo Javier León Herrera y archivo Juan Manuel Navarro (propias, cortesía familia Basteri y cortesías varias).

Archivo Javier León Herrera y archivo Juan Manuel Navarro (propias, cortesía familia Basteri y cortesías varias).

Juan Carlos Calderón y Luis Miguel, una dupla que aportó grandes canciones a la carrera del cantante. Arriba, en la imagen de la derecha, el compositor en Madrid el día de la charla con Javier León Herrera; abajo, un momento del homenaje que le organizó Cristina Abaroa en Los Ángeles tras su fallecimiento en 2012.

Archivo Javier León Herrera y archivo Juan Manuel Navarro (propias, cortesía familia Basteri y cortesías varias).

FRANK SINATRA

October 1996

Dear Micki,

For years it's been flattering to
hear young singers talked about as
the new Frank Sinatra. It was even
nicer when I heard of a young man in
Mexico who was beyond comparison
with <u>anybody</u>. When I met you in
Mexico and actually heard your voice,
I realized that you are a true original,
a tremendous talent and not bad to look
at either.

Congratulations on getting your star on
the "Walk of Fame." I'm sure there will
be a lot more to come.

Warm regards,

Frank

Mr. Luis Miguel
c/o George Schlatter Prodns.
8321 Beverly Blvd.
Los Angeles, CA 90048

La carta que Frank
Sinatra le envió a Luis
Miguel para felicitarlo
por su estrella
en Hollywood.
La admiración entre
ambos aumentó luego
de la participación del
Sol en el disco de duetos
de *The Voice* .

Archivo Javier León Herrera y archivo Juan Manuel Navarro (propias, cortesía familia Basteri y cortesías varias)

Luis Miguel junto a Johnny
Grant, presidente del Paseo
de la Fama en Hollywood
(OEPD), el 26 de septiembre
de 1996, día que develaron
la estrella del cantante.

Luis Miguel en Madrid,
en 1999, durante la
presentación mundial de su
disco *Amarte es un placer*.
El viejo sueño de conquistar
al público español quedó
cumplido plenamente en el
último año del siglo XX.

Archivo Javier León Herrera y archivo Juan Manuel Navarro (propias, cortesía familia Basteri y cortesías varias).

Juan Manuel Navarro
y Luis Miguel en una fiesta
posterior a los Oscar en 1995;
y en la suite presidencial
del hotel Palace en Madrid,
durante una entrevista
exclusiva en 1998.

Archivo Javier León Herrera y archivo Juan Manuel Navarro (propias, cortesía familia Basteri y cortesías varias).

Archivo Javier León Herrera y archivo Juan Manuel Navarro (propias, cortesía familia Basteri y cortesías varias)

Luis Miguel en su rueda de prensa en Madrid, en la primavera de 1998. *Romances* fue su exitoso intento por reconquistar al mercado español tras muchos años de ausencia.

Los medios captaron al empresario Beto Santos, uno de los grandes amigos del cantante, y a su prima Catalina Bredée Santos dialogando distendidamente con Luis Miguel durante unas vacaciones invernales en Aspen.

The Grosby Group.

Luis Miguel y Mariah Carey, plenamente enamorados, posan de manera espontánea como dos turistas durante su visita a la isla italiana de Capri.

Archivo Javier León Herrera y archivo Juan Manuel Navarro (propias, cortesía familia Basteri y cortesías varias).

Archivo Javier León Herrera y archivo Juan Manuel Navarro (propias, cortesía familia Basteri y cortesías varias)

Luis Miguel feliz en la Argentina atendiendo a unas fans y posando amablemente para imágenes llenas de ternura como ésta.

Luis Miguel con Andrés
García en el puerto
de Acapulco. El actor
es una de las personas
clave e imprescindibles
en la carrera y en la vida
de Luis Miguel.

Archivo Javier León Herrera y archivo Juan Manuel Navarro (propias, cortesía familia Basteri y cortesías varias).

Archivo Javier León Herrera y archivo Juan Manuel Navarro (propias, cortesía familia Basteri y cortesías varias).

La actriz y cantante Mariana Seoane, en pleno performance,
en casa del actor Andrés García, vestida como Luis Miguel, de
quien con el paso del tiempo acabó siendo una gran amiga.

The Grosby Group.

Aracely Arámbula y Luis Miguel fueron captados por los paparazzi. Caminan tranquilamente por las calles de Venecia comiendo un helado, en los días en que ambos soñaban con construir un hogar.

Archivo Javier León Herrera y archivo Juan Manuel Navarro (propias, cortesía familia Basteri y cortesías varias).

Diferentes imágenes de la que fue la casa de Luis Miguel en la playa en Acapulco, símbolo de los años dorados del cantante en el puerto en los noventa, y lugar de inspiración de discos inmortales. Arriba a la izquierda su nido de amor; arriba a la derecha la sala con alberca y vista al mar; abajo a la derecha el cine privado y abajo a la izquierda la entrada.

Cortesía archivo Martha Codó.

La fan Martha Codó, una de las más reconocidas incondicionales del cantante, con 338 conciertos y pleno en el Auditorio Nacional, donde celebró su concierto número 300 junto al cantante. Era muy querida y su partida conmocionó tanto al artista como a sus fans.

Cortesía archivo Mariana Gagliardi.

Archivo Javier León Herrera y archivo Juan Manuel Navarro (propias, cortesía familia Basteri y cortesías varias)

Luis Miguel y su amiga, la reportera argentina, Mariana Gagliardi a la salida de un restaurante en Beverly Hills, en Los Ángeles, en los días más complicados del cantante, cuando pesaba sobre él una orden de arresto en 2017.

Renata García, la "mini fan" de Laredo, Texas, de Luis Miguel recibe un beso del cantante durante uno de los shows de la gira de su renacer artístico en 2018.

Archivo Javier León Herrera y archivo Juan Manuel Navarro (propias, cortesía familia Basteri y cortesías varias).

Luis Miguel rodeado de fans emocionados al verlo jugar tranquilamente como un ciudadano más, en un casino de Las Vegas durante su gira en el 2018.

Archivo Javier León Herrera y archivo Juan Manuel Navarro (propias, cortesía familia Basteri y cortesías varias).

Luis Miguel en pleno derroche interpretativo en Las Vegas durante las fiestas patrias mexicanas en septiembre de 2019, a las puertas de su cumpleaños número 50. La madurez del artista queda manifiesta en la imagen.

dos con el mundo de la construcción, pero a lo largo de su vida se ha visto involucrado también en gestiones puntuales relacionadas con la carrera de Luis Miguel. Tuvo épocas de distanciamiento con su hermano. La última de hecho tuvo lugar en los primeros meses de 2019. Los motivos del distanciamiento preferimos reservarlos. En los primeros años del siglo XXI hubo una larga serie de tiempo sin hablarse con Luis Miguel donde lo pasó mal. Tuvo que tocar varias puertas pidiendo ayuda, y la obtuvo. Quienes bien lo conocen y lo han tratado aseguran que fuera del mundo público o social, por decirlo así, es un gran ser humano, pero que a veces cuando se involucra mucho en el ambiente del medio se desvía del camino y eso no le hace bien.

Alex tiene un hijo, Pierre Alexander, nacido en febrero de 2010, fruto de su relación con Bibiana Domit, artista y sobrina de Carlos Slim. En su época de Los Ángeles, fruto de su relación con Alexandra Alcocer tuvo otra hija, Isabella Sofía, que vive en California. Es una adolescente muy guapa, incluso ha presumido con orgullo a su padre en sus redes sociales. Atrás quedó el mal trago cuando trató de ocultar su paternidad y hubo amago de escándalo por el hecho de la edad de la mamá en el momento del embarazo. Ella tenía 17 años y él 24.

Nada es igual hará honor a su nombre y coincidirá con el final de Aries Productions, de Mauricio Abaroa y la salida de Kiko Cibrián, un gran músico, que lo había acompañado desde *Aries, Segundo romance* y *El concierto*. Fue uno de los implicados en la demanda por plagio que interpuso Francis Smith contra los autores del tema que daba título al álbum. La noticia se publicó el 26 de octubre de 1996. El diario *El Universal* titulaba "Lo acusan de plagiar «Nada es igual»", y daba cuenta de las acciones legales del citado autor y compositor argentino, que decía en ese momento que esperaba resolver el asunto de manera extrajudicial con la editora de la canción, que no era otra que Warner Music. Francisco Bydon Smith presentó la denuncia del plagio a la Sociedad de Autores y Compositores de Argentina contra los autores de "Nada es igual" que eran Kiko Cibrián y Alejandro Lerner, principalmente el primero, que era el autor de la música, el segundo simplemente había escrito la letra. La canción presuntamente plagiada era "Y mañana volverás", compuesta en 1976. La comisión de la mencionada sociedad ya avanzó que era un caso ganado para Smith al considerar que al menos ocho compases de la canción de Luis Miguel eran idénticos a la del denunciante.

Nacido en California, Kiko Cibrián había sido uno de los grandes pilares del equipo de músicos del cantante desde 1990, año en que se mudó a la Ciudad de México para trabajar como guitarrista suyo. El año anterior le habían presentado a Alex McCluskey en un local de San Diego donde él tocaba, y él fue quien le dijo que Luis Miguel estaba buscando banda y que si le interesaba. Dijo que sí, a las dos semanas lo llamaron, hizo una audición, en la que quedó muy sorprendido de la presencia y el profesionalismo de Luis Miguel, y ahí comenzó su andadura junto a él, al principio dubitativa, pues sólo pensaba quedarse seis meses de gira, hacer dinero y regresar a California. Al final de esos seis meses lo requirieron para producir en San Diego a un incipiente Cristian Castro que debutaba con *Agua nueva* y su famoso "No podrás". Fue su debut exitoso como productor. Luego decidió volver con Luis Miguel. Lo buscó Hugo López para que regresara. Fue curioso, porque hasta lo regañó medio en serio medio en broma, con aquella voz ronca que tenía motivada por su enfermedad en la garganta, diciéndole que le había querido robar el estilo al "joven" como él decía al trabajar para Cristian, y le mostró la lista del top ten en la que Cristian estaba por delante de Luis Miguel. Acabó diciéndole que quería que le ayudara al joven a producir el siguiente disco, *Aries*. Después de salir de la banda de Luis Miguel a raíz de los problemas con *Nada es igual*, volvió en 2018 reincorporado al equipo de músicos para la gira *México por siempre* y estaba a cargo de la banda sonora del proyecto de la segunda temporada de la serie de televisión.

El tema de la demanda por plagio quedó en manos de Julio Sáenz, el director de WEA, quien intentó llegar a un arreglo con el demandante ofreciéndole una remuneración económica, incluso el crédito en el CD de Luis Miguel. Smith rechazó la oferta y decidió seguir por la vía penal en los tribunales argentinos. Le salió cruz, a pesar de que en ese momento provocara un embargo de un millón de pesos y la citación de Luis Miguel para declarar como testigo en la gira que él tuvo por la Argentina a finales de 1999. Finalmente, tras las apelaciones, la justicia absolvió a Kiko Cibrián. En el mes de julio de 2010, el *Diario Judicial* informaba que el juez de instrucción, Alberto Baños, sobreseyó a los imputados, el presidente de la compañía discográfica Warner Music Argentina, Luis Santiago Méndez, y los compositores Ignacio Kiko Cibrián y Alejandro Lerner. Era una sentencia que ratificaba el pronunciamiento de la Cámara del Crimen que el

17 de marzo de aquel año había revocado el procesamiento y embargo de un millón de pesos dictado por presunta violación de la Ley de Propiedad Intelectual.

Mauricio Abaroa por su parte presentó su renuncia el 14 de octubre de 1996:

> *Después de mucho valorarlo en lo personal, con mi esposa y con mis tres hijos, decidí presentarle mi renuncia a Luis Miguel en su casa de Beverly Hills. El motivo, muy simple: me propuse dedicar la totalidad de mi tiempo a mi familia. De hecho, al día siguiente de mi renuncia me mudé con mi familia a la ciudad de Miami en donde iniciamos una nueva vida. El resto de equipo de Aries Productions se quedó un poco más hasta que la nueva administración decidió darle un nuevo rumbo a la empresa luego de que la gira de* Nada es igual *llegó a fin.*

A raíz de todo lo que pasó con *Nada es igual*, el cantante no ocultó lo que estaba pasando en torno a su empresa y le aseguró a la conductora argentina Susana Jiménez, en un programa emitido desde su casa de Acapulco, poco antes de iniciar su gira de noviembre por Sudamérica, que estaba cansado de los malos manejos y que estaba muy enojado porque sus colaboradores habían cometido muchos errores. "Hoy estoy empezando nuevamente con gente nueva que me pueda llevar mi carrera para que yo pueda realzarme como profesional y como persona. No puedo permitir que existan más errores que no me pertenecen". La nueva era incluyó hacerse con los servicios de Gallin-Morey Associates, la compañía que había manejado la carrera de Michael Jackson. Sandy Gallin y Jim Morey se hicieron cargo desde enero de 1997. Era el único artista latino que manejaban en ese momento. En diciembre habían viajado a Argentina para ver el espectáculo de Luis Miguel y ultimar los detalles del contrato. Regresaron fascinados, se quedaron impactados con el profesionalismo de Luis Miguel, convencidos de que debían unirlo a su amplio y selecto catálogo de artistas como eran los casos, además del "Rey del pop", de Neil Diamond, Dolly Parton, Liza Minnelli y en un tiempo de Barbra Streisand. El problema que se encontrarían a muy corto plazo es que el cantante desistiría de cantar en inglés. En el horizonte no se veía sino sólo un nombre al frente de la carrera del artista. Alejandro, su amigo de la infancia.

Con todo el personal renovado, la tercera entrega de los boleros se aceleró con el fin de dejar cuanto antes atrás el mal sabor de boca de *Nada es igual* y la cosa funcionó. "Por debajo de la mesa" fue un éxito incontestable en el verano de 1997. Será el disco que apunte a un claro objetivo, la conquista del público español, donde llegará estrenando *manager*; Alejandro Asensi tenía el primer reto de hacer a Luis Miguel triunfar en la tierra que los unió.

✳ ✳ ✳

En el mes de abril terminó sus cuatro conciertos en el Caesars Palace de Las Vegas y empezó la cuenta atrás para el gran reto del año. Cuando planeó su vuelta a los escenarios españoles en 1998, era todo un mar de nervios y dudas. No sabía cómo iba a reaccionar el público del que un día fue su país, además seguía temeroso de los escándalos que sus tíos pudieran formar en la prensa amarillista y de cómo eso le podría afectar a su imagen y así lo reconoció. "Desgraciadamente no he podido estar con el público de allá el tiempo que he deseado por razones personales y familiares". Para sentirse más arropado, invitó a varios amigos y gente de su confianza para que lo acompañaran en la aventura que iba a iniciar con una primera serie de cuatro conciertos en el Palacio de Congresos y Exposiciones de Madrid, muy cerca del estadio Santiago Bernabéu, al norte de la capital, un lugar de aforo reducido, unas 2 mil personas aproximadamente, que serviría de test positivo para la conquista de la madre patria.

Su avión privado aterrizó en el aeropuerto de Torrejón de Ardoz el 27 de abril en plena primavera española del año 1998. Con la cara visiblemente afectada por el *jet lag* y el cambio de horario, atendió a un grupo de fans que le dieron la bienvenida de la manera más calurosa, presagiando que todo estaría bien. Desde luego todo fue mejor que bien. Se hospedó en el hotel Villa Magna, donde permaneció el resto del día y en espera de los cuatro días de Madrid, el 1, 2, 3 y 4 de mayo, que registrarían llenos completos, de tal modo que hubo que abrir una nueva fecha para el día 13 de mayo también en el Palacio de Congresos. Por medio le esperaba un viaje relámpago a Montecarlo y cuatro conciertos en Málaga, Murcia, Valencia y Barcelona ya en lugares de aforos grandes y completamente llenos como estuvieron la plaza de toros de Málaga y Murcia, el Velódromo Luis Puig valenciano y el Palau Sant Jordi de la Ciudad Condal. En Barcelona salió a cenar al barrio gótico a un reconocido restaurante llamado Els Quatre Cats (Los Cuatro Gatos) donde casualmente coincidió con Paulina Rubio y Ricardo Bofill, entonces pareja. Hubo hasta reventa, algo inaudito. Los boletos que normalmente costaban 50 dólares en taquilla, en reventa llegaron a tener un precio de hasta 500 dólares. La moneda salió cara y desde ese mismo momento Luis Miguel tuvo claro que España sería el escenario del lanzamiento de su siguiente disco.

Durante esa gira, desde el primer concierto de Madrid, hubo algo que no le pasó ni mucho menos inadvertido. Le llamó mucho la atención el hecho de que el público español coreasé las viejas canciones de Juan Carlos Calderón que él cantaba en un *medley* después de los muchos años de ausencia en España y de suponer que el gran público español desconocería estos temas. Inmediatamente se puso en contacto con su viejo amigo, que lo había ido a ver los cuatro días que se presentó en el Palacio de Congresos y Exposiciones. Quedaron después del show en el hotel y hablaron para volver a trabajar juntos, dejando atrás algunas desavenencias profesionales durante la colaboración en el *Segundo romance* que los había mantenido separados cuatro años. "Juan Carlos, tenemos que hablar para el próximo disco, además me gustaría presentarlo aquí en España". Comenzaba la cuenta atrás para que un año más tarde un single destacara por encima de todo en la madre patria. La canción se llamaría "O tú o ninguna". Se retomaba una mancuerna que se remontaba a la era de EMI. "Él tenía 16 años y yo no sabía si ya la voz le había cambiado, lo cual resultó para mí una tortura. Ni él lo sabía y yo lo tuve que adivinar", solía recordar el compositor de aquellos primeros tiempos. A veces de acuerdo, a veces en desacuerdo, Calderón reconocía que con Luis Miguel había tenido muchas polémicas, "sin embargo hemos vendido juntos muchos discos, pero he de reconocer que no era agradable a veces y discutíamos mucho, porque somos dos temperamentos totalmente opuestos".

Tras su último y exitoso concierto, compartió con algunos amigos ilustres como Miguel Bosé. Al día siguiente de su último concierto en Madrid, Luis Miguel recibió a Juan Manuel Navarro en su suite del hotel Palace. El cantante lo invitó a pasar a una sala privada de su suite para conversar sobre la reciente gira que había ofrecido en España. En la suite sólo estaban su *manager* Alejandro Asensi y una persona de su compañía disquera, quien había ido para regalarle algunos discos de sus artistas. Luis Miguel se veía tranquilo, relajado, descansado. En plena entrevista, le dice que artistas de la talla de Miguel Bosé, Joaquín Cortés, Lolita (hija de Lola Flores) o Mónica Naranjo estuvieron presentes y hablaron bien del show, del mismo modo que el diario *El País* había titulado su artículo "El último dios de la música latina", haciéndose eco de lo apoteósico y rotundo de su éxito. "¿Te crees un Dios?", pregunta.

> *No, para nada, ni mucho menos. Estoy emocionado, feliz por todas las demostraciones de amor y cariño que me dieron tanto los fans como los medios de comunicación de aquí. De alguna forma los sacrificios que uno ha hecho tanto a nivel profesional como personal ahora los vengo a cosechar como este éxito en España. El tiempo me ha venido a premiar con la opinión de la prensa y del público.*

¿Y el mariachi? El público español también lo pedía.

> *Una de las razones por la que no quise traer al mariachi es porque me quedaba poco tiempo para traer a todo el mundo, además como sabes, esta gira era más pequeña. La próxima vez que venga a España voy hacer 40, 50 conciertos aproximadamente y ahora sí voy a presentar un espectáculo más grande.*

La puerta grande de la madre patria estaba ya abierta.

El 6 de mayo hizo un alto en el camino de su gira y viajó al principado de Mónaco. Era el tercer año que obtenía el premio World Music Award por ser el latino que más discos vendía. Fue premiado en el Sporting Club de Montecarlo en una ceremonia presidida por el príncipe Alberto de Mónaco a la que asistieron estrellas internacionales como Andrea Bocelli, Mariah Carey, los BackStreet Boys, Gloria Estefan, Mike Tyson, Steven Seagal y el grupo Aqua. Antes de recibir su premio de manos de la modelo, actriz y ex novia de Sylvester Stallone, Angie Everhart y Mark McGrath (Sugar Ray), interpretó una canción del disco. El año transcurría de éxito en éxito.

> *Es un gran honor tener un premio como éste. Como sabes, acabo de ganar el Grammy, por lo que es un gran año para mí. Además,*

a pesar de que no había ido a España por mucho tiempo, la gente ha respondido muy bien a mis conciertos. Esto es algo que me tiene muy sorprendido.

13

Amarte es un placer

Retomando lo que habían hablado en España, después de las Navidades de aquel año, a principios de 1999, Luis Miguel pidió a Juan Carlos Calderón que viajara a Acapulco para concretar el trabajo para el nuevo disco. Antes de eso, le hizo llegar una cinta de cassette con una persona de confianza para que revisara algo de lo que él ya tenía preparado con vistas al disco. Cuando la revisó le dijo que le parecía buen material. Se puso a trabajar ordenando todo lo que había, más los temas que él iba a aportar y se dispuso a prepararse para viajar a México, un viaje que arrancaría con una curiosa anécdota para alguien acostumbrado a ser muy exigente con los horarios. Cristina Abaroa, que trabajó a su lado, recordaba que quedaban a las 2:20 p.m. para comer y a las 2:30 p.m. comían, en punto, era muy exacto.

Tenía su calendario de verano y de invierno. Siempre pedía lo mismo, así supiera que no lo tenían en el restaurante, lo pedía, como el salmón, era muy gracioso. Juan Carlos Calderón era un genio. Los músicos americanos lo querían mucho, siempre querían trabajar con él, lo admiraban. Era una persona encantadora, viviendo la vida a tope. Siempre hubo química con Luis Miguel, se tenían respeto y admiración mutuas. Un autor siempre va a necesitar de un buen cantante y viceversa, se respetaban. Todo lo que hicieron fue éxito, el día que Juan Carlos salía para Acapulco estaba convencido que la romperían con el álbum.

La premonición desde luego fue cierta, *Amarte es un placer* acabaría recibiendo tres nuevos premios Grammy, Álbum del Año, Mejor Álbum Pop Vocal y Mejor Interpretación Pop Vocal Masculina.

El día que llegó a Acapulco en aquel recién estrenado 1999 los horarios se le desajustaron nada más y nada menos que seis días, que fueron los que tuvo que esperar solo allí en la casa de la playa, casi desesperado, hasta que un día por fin aterrizó el cantante a bordo de un helicóptero. Lo primero que le dijo es que a ver si aumentaba la variedad de vinos, que llevaba todo el tiempo bebiendo un vino chileno y que no tenía otro, que no estaría mal tener a mano también algunos buenos vinos españoles, sobre todo sabiendo que a él le encantaban. ¿Dónde estaban los Vega Sicilia que él bebía? Preguntó jocoso, sabiendo que compraba botellas carísimas. Su pasión por el vino la ha llevado incluso a sus conciertos y a crear en 2003 su vino personal Único. Un día en Aguascalientes hizo regresar a un miembro de su seguridad al hotel antes del show para que fuera por la copa de vino que él solía usar y que había dejado olvidada.

Ya en la casa de Acapulco se pusieron a trabajar. Luis Miguel le contó con detalle cómo estaba su corazón en esos momentos. Acababa de conocer a Mariah y estaba flechado. El disco reflejaría el hastío de su gastada relación con Daisy Fuentes y el fulminante enamoramiento de Mariah Carey. Las letras cantando al amor, incluso al desengaño, como en el caso de "Sol, arena y mar", después de su turbulento final con la presentadora cubana, garantizaban una interpretación espectacular. Juan Carlos Calderón, con conocimiento de causa, propuso hasta tres letras diferentes de algunas de sus canciones para que Micky escogiera. Él ya sabía que era delicado con las letras a la hora de elegirlas.

Es de los cantantes que mejor explica sus canciones, pero es una pena que no haya podido hacer letras más incisivas. Le da mucha vergüenza decir ciertas palabras. Tiene un carácter muy pudoroso. Yo no creo que él quisiera cantar, por ejemplo «me sentí un payaso a tu lado», porque es un hombre muy orgulloso y hay cosas que no quiere cantar, es algo que pasa mucho en Latinoamérica, donde hay palabras prohibidas.

El disco tiene hermosísimas canciones de amor que muestran a un ser humano completamente enamorado: "Tu mirada", "Amarte es un placer", "Dormir contigo", "O tú o ninguna", son claros ejemplos que todo el público conoce. En una de aquellas pláticas íntimas, Luis Miguel habló con su amigo el compositor de los desengaños que ha tenido que vivir a lo largo de su vida, la desconfianza forjada a base de reveses, desde su papá hasta alguno de los que fueron sus más estrechos colaboradores, mujeres aprovechadas, todo lo que había sucedido en los últimos años, con tantos cambios, errores, idas y venidas, situaciones que le habían desarrollado una desconfianza existencial hacia el mundo entero. Juan Carlos Calderón capta el sentir de Luis Miguel en una canción inolvidable, un retrato perfecto titulado "No me fío", en el que el propio compositor confesaría años más tarde que estaba la esencia de Luis Miguel, que no perdonaba las traiciones, y la de él mismo.

En aquel encuentro se pusieron a trabajar juntos conviviendo más de un mes y se hizo una primera selección de las canciones. Iban a quedar seis canciones de Juan Carlos Calderón. En la primera selección había una gran canción que popularizara en su día el inmortal Nino Bravo, "Cartas amarillas", que finalmente quedó fuera. No sería mala idea que Luis Miguel la rescatase en un futuro disco. Es un tema bellísimo. Finalmente Luis Miguel, en su rol de productor, redujo de seis a cuatro las canciones de Juan Carlos Calderón en el disco. Era el reencuentro de compositor e intérprete después del fulgurante éxito de los discos anteriores, realizados en la época en la que el genial talento cántabro tuvo que elegir entre Micky y Luisito Rey cuando rompieron, y la elección lógicamente era fácil por mucho que Luisito le echara en cara que había sido él quien lo había buscado cuando se pasaron de la EMI a WEA, cosa que sí fue cierta, tras largas reuniones en la casa de Las Matas, donde también tenía su casa el propio Juan Carlos Calderón, de las que salió el acuerdo para hacer tres discos, el que supuso el debut en la nueva disquera, *Luis Miguel 87*, *Busca una mujer* y *20 años*, de los mejores discos de Luis Miguel de todos los tiempos.

Para la fase final del disco, Juan Carlos se trasladó a Los Ángeles a pesar de que no le gustaba mucho viajar en avión, cosa que se convertía en un auténtico suplicio, y lo evitaba siempre que podía. En Los Ángeles el tiempo de convivencia fue mucho menos, además no compartían techo, al contrario de lo que había sucedido en el mes y medio que estuvieron

juntos trabajando en Acapulco. La labor de preproducción del compositor por alguna razón quedó sin crédito en el disco. Calderón culpaba a
Alejandro Asensi, con quien nunca se llevó. Menos todavía le gustó en
absoluto, tal y como se lo comentó en entrevista a Javier León Herrera
en un encuentro en el año 2000, lo que sucedió con la canción "Te propongo". En una llamada telefónica hubo palabras muy subidas de tono
entre ambos, donde Juan Carlos increpó duramente a Alejandro con graves acusaciones.

> *No estoy en nada de acuerdo con que tocaran la letra de "Te propongo".*
> *Él es un gran cantante, de ésos que salen cada 25 años, y los temas los*
> *canta de una manera genial, pero no es un arreglista, y para producir*
> *debería tener un coproductor musical para partituras, que es el lado en*
> *el que no es tan fuerte y en el que pudiera manejar mejor a los mejores*
> *músicos del mundo, que están en Los Ángeles. De todos modos el disco*
> *es un gran disco y en líneas generales se respetó mi trabajo.*

Alejandro Asensi nunca quiso atender los requerimientos de los autores
para dar su versión de los hechos.

Juan Carlos Calderón se quejaba de que después de la amistad que existía entre ambos y de la estrecha colaboración en *Amarte es un placer*, no
pudo comunicarse con él cuando fue a Madrid a presentar el disco y tampoco consiguió unas entradas para verlo en directo, ya que quería ir con su
familia. El compositor decía que estaba convencido que la culpa no era de
Micky, "yo lo conozco, cuando se dan estos silencios es por la gente que está
a su lado, porque han ido y le han dicho cosas, chismes, o porque ni siquiera
le han dicho nada". Apuntaba nuevamente al *manager*, a quien dejó varios
recados en su contestador personal sin obtener respuesta alguna.

Con *Amarte es un placer* regresaba un doble tándem muy exitoso
Luis Miguel-Juan Carlos Calderón y Luis Miguel-Armando Manzanero.
"O tú o ninguna" quedó como leyenda de una de las canciones top de su
carrera artística y confirmó la solvencia de los temas de Calderón en
su carrera, apoyado en un equipo de grandes profesionales como Cristina
Abaroa, que se encargó de las partituras. Es una belleza de canción. Se
eligió con buen criterio Madrid como ciudad para lanzar el disco e iniciar
la gira después del éxito del año anterior y la conquista por fin del mer-

cado español, algo que le hizo siempre una especial ilusión. Su verdadero *crossover* fue cruzando el Atlántico.

☀ ☀ ☀

Luis Miguel había llegado a Aspen como cada año a descansar, esquiar y prepararse para lo que se venía de trabajo. Un día tomaba tranquilamente un café con Polo Martínez, su gran amigo argentino, quien se fijó en una mujer que acababa de entrar y le preguntó al cantante que quién era esa "gordita", en el sentido cariñoso de la palabra, que parecía mostrar como un cierto aire de hacerse notar. Su amigo Luis le dijo que cómo era posible que no la hubiera reconocido, "¿cómo no te has dado cuenta? ¡Es Mariah Carey!". Por aquellos días Luis Miguel fue visto con otra chica, lo cual provocó especulaciones de la prensa, que además había captado a Daisy Fuentes en Miami sin saber que esa relación llevaba tiempo rota. La chica era la regiomontana Catalina Bredée Santos, una vieja amiga de Acapulco, prima de uno de los mejores amigos suyos, Alberto Santos Jr., que en realidad sólo era una buena amiga.

Luis Miguel andaba durante esos días, en el mes de diciembre de 1998, curioso de conocer a una mujer que le habían dicho que andaba preguntando por él. Después descubriría que a ella le habían dicho lo mismo. No sospechaba el hombre que rentaba las casas a los famosos en Aspen y que se inventó aquello para que se conocieran que aquel día iba a suponer un antes y un después en la vida de ambos y que lo que sucedió después iba a rebasar todas las expectativas de lo que le pasaba a él por la cabeza.

> *La química entre ambos fue descomunal desde el primer instante, se enamoró muy fuerte de ella, la admiraba mucho como artista, se enamoró de su talento, es posible que haya sido la mujer que más ha amado, aunque no hay que dejar muy atrás a Daisy, al principio eran también pura luna de miel.*

De esta manera lo recordaba un íntimo amigo del cantante cuando evocaba el principio de aquella intensa pasión.

Desde que se conocieron hubo flechazo. A él le gustaba muchísimo, la tenía en un pedestal por su carrera y su talento y cayó completamente enamorado. Fue conocerse ambos en un salón privado de un exclusivo restaurante y verse atravesados por las flechas de Cupido hasta límites antes insospechados. En noviembre de 1999 ella le contó a *USA Today* que efectivamente "nos conocimos el año pasado en Aspen, los dos estábamos rentando casas y el agente de bienes raíces nos mintió. Él le dijo a él que yo quería conocerlo, a la vez que me dijo que Luis Miguel quería hacerme una fiesta. Creo que esa persona quería que nos uniéramos". Ya en los primeros días de enero de 1999 el entorno de la cantante Mariah Carey murmuraba acerca de la fiesta íntima que Luis Miguel le había organizado en Aspen y no tardaron en filtrarlo. Él la había invitado a cenar rentando un piso completo del restaurante Bang, no dejó de ordenar botellas de champán de un costo aproximado de mil dólares la botella, así como caviar fino de beluga iraní. En el momento más romántico de la noche, le regaló un collar de diamantes y platino. La columnista norteamericana Liz Smith reveló detalles del encuentro amoroso de la pareja en diferentes periódicos de la Unión Americana.

> *Mariah Carey fue vista muy a gusto con el rompecorazones latino y cantante Luis Miguel, y ambos mantuvieron una charla muy amena en el íntimo salón de vinos del Caribou Club. Disfrutaron de caviar y postre, así como compartieron una botella de champagne de la marca Taitinger versión Comtes de 1988. Los testigos los vieron en un abrazo muy apasionado.*

La conexión y el flechazo fueron de tal calibre que, tras esos primeros pasos de la artillería pesada del gran seductor en Aspen, que después continuarían en Acapulco, Luis Miguel aceptó la propuesta de Mariah Carey para que viajaran a pasar la fiesta de Año Nuevo y brindar juntos en un local de Nueva York al que ella iba a asistir y al que acudió con su amigo Polo Martínez y con su amigo y *manager* Alejandro Asensi. Cuando el cantante llegó allí con sus amigos, se sintieron como auténticos extraños en un antro muy al estilo Bronx, lleno de gente de color y jugadores de baloncesto. Ella andaba acompañada de su secretaria brasileña y de su gente. Luis Miguel ya andaba loco por ella, aunque aquella noche no acabarían juntos, pues ella se fue antes de que acabara la fiesta por su lado sola y él acabó en la discoteca Studio 54 con su gente.

Mariah venía de un fracaso matrimonial tras cuatro años casada con el magnate del entretenimiento y presidente de Sony Columbia Records, su compañía de discos por aquel entonces, Tommy Mottola, quien hallaría después en Thalía un nuevo amor. Aquello fue para ella, según sus propias palabras, "un infierno", describiendo una relación profesional mezclada con la personal que recordaba bastante en ese sentido cierto paralelismo al infierno vivido por Luis Miguel en la relación con su padre. Ella le habló largo y tendido de cuanto había sufrido con su ex, quien años más tarde publicaría un libro en el que de algún modo venía a reconocer las exigencias que tuvo con ella, pero las justificaba como condición *sine qua non* para alcanzar el éxito que logró. Lo que no deja de ser curioso es que Mariah Carey describiría un comportamiento posesivo de Tommy Mottola, quien por cierto es 20 años mayor que ella: "pretendía aislarme de todo". Luis Miguel no controlaría su carrera, como hizo Mottola, pero desde luego sí encontraría en él ese perfil de hombre celoso que no iba a permitir la más mínima concesión a la infidelidad.

Cuando el mundo se enteró del romance, eran la pareja del momento. Las redes sociales todavía no habían irrumpido en nuestras vidas (faltaban cinco años para el nacimiento de Facebook), pero ellos hicieron de sus discos sus particulares "posts" públicos de declaración mutua de amor, *Amarte es un placer* versus *Gracias a Dios por haberte encontrado* del álbum *Rainbow*. Si bien aquí fue donde encontraron su primer desencuentro con el fallido intento del dúo "After Tonight", que como ya vimos fue una petición expresa de ella a David Foster para componer un himno al amor que quedó reducido a pedazos. Sin embargo, ella quedó feliz con el producto final y publicó el tema como parte de su disco *Rainbow* con la famosa dedicatoria: "Luis: Gracias a Dios que te encontré". En 1999 ambos coincidirían en la Argentina en sus respectivas giras.

Como dicen que el amor y el dinero no se pueden esconder, desde enero se venía mascando la noticia y en marzo el mundo se enteró de la intensa pasión de ambos. Después de los primeros encuentros amorosos, la relación se hizo formal a pesar de que siempre sufrió subidas y bajadas en todo el tiempo que estuvieron juntos. El día 19 de marzo de 1999 Juan Manuel Navarro publicaba que Luis Miguel y la cantante Mariah Carey habían sido sorprendidos en actitud romántica en un salón de baile parisino.

Muchos dicen que sólo son amigos, otros que hay romance en puerta, pero lo cierto es que estas fotografías revelan que hay más que amistad entre Luis Miguel y Mariah Carey. Por primera vez, la pareja fue fotografiada junta y en actitud amorosa en el famoso centro de baile parisino Les Bains Douches. Luis Miguel, según los testigos, abrazó y tomó de la mano a la cantante durante toda la noche, mientras ambos estaban sentados en la mesa. No le importó que le tomaran fotos con Mariah porque cuando se le acercaron los fotógrafos hasta sonrió para ellos. Se ve diferente, más relajado y con ganas de que el mundo sepa que está enamorado, cosa que no sucedía con su anterior noviazgo.

Son las cosas que hace el amor. Su entorno ya empezó desde entonces a preocuparse por la exposición que se venía y por las consecuencias que pudiera tener en un futuro para la estabilidad y salud emocional del cantante. No se equivocarían.

La exposición pública siguió *in crescendo*. Iba a ser una constante hasta el final, porque ante la discrepancia de criterios, la balanza se vencía siempre del lado de ella, y ella estaba feliz con los medios cerca. A finales de marzo, llegando de Londres y París entre otros lugares, viajaron a Los Cabos para descansar y relajarse, antes de retomar sus actividades artísticas. Por las noches se fueron a divertir a El Squid Roe. Fueron abordados por varios de sus fans, quienes se lanzaron a tomarles fotos y pedirles autógrafos. Se mostraron accesibles. Cantó y bailó con su amada y sin reprimir sus impulsos cada vez que podía la besaba y la abrazaba. De ahí abordó su avión privado para dirigirse a Acapulco, donde celebraron el cumpleaños de ella. La fiesta siguió en la discoteca Palladium, donde bailaron sin parar un buen rato en uno de los rincones del lugar. No se recordaba una exposición similar de él en público desde que Juan Manuel Navarro lo sorprendiera acaramelado con Daisy Fuentes en la entrega de los Oscar en 1995. En abril ella le devolvió el detalle romántico del cumpleaños y lo invitó al Caribe a la Isla de San Bartolomé para celebrar en grande a bordo de un yate y en pleno paraíso el 29 cumpleaños. Luis Miguel no tuvo más remedio que interrumpir unos días la grabación de *Amarte es un placer* para no tener que decir no.

En el mes de julio en Nueva York volvieron a ser captados muy acaramelados, escenificando un encuentro candente en la limusina que los paseaba por la ciudad. Se hospedaron en una lujosa suite del hotel Four Seasons y de acuerdo con testigos del lugar, los enamorados salían y entraban por la puerta principal sin importar que fueran vistos por los paparazzi. Era tal el grado de permisividad, completamente opuesto a lo que era habitual en él, que bastaba recordar el relato de un reportero:

> *Cuando entraron a la limusina, el chofer medio cerró la puerta y yo le puse el pie para que no se cerrara. Mientras el chofer se dirigía al volante yo mantuve la puerta abierta para obtener las fotos. Normalmente esperaba que me fueran a echar de inmediato pero, al contrario, estaban tan entretenidos en sus caricias que ni hicieron caso que yo estuviera ahí.*

El gran seductor completamente enamorado empezó a generar escenas propias de la más sublime imaginación. Las estrellas y el cielo de Acapulco, las antorchas, el mar, la brisa, la declaración de amor: "Vamos a comernos el mundo". Cuando dos enamorados tienen recursos y poder adquisitivo superiores a su imaginación, las veladas y los momentos románticos son más sencillos de producir. Luis Miguel perdió la cabeza completamente, en el mejor sentido de la palabra, y se fue dejando llevar por ese amor apasionado con el que efectivamente empezó a comerse el mundo, que les quedaba pequeño a bordo de sus respectivos aviones, yates y rincones perdidos en la inmensidad del lujo. Tan pronto tomaban café en Europa y cenaban en América, como comían en África y amanecían en Barbados. Todo lo que la imaginación diera de sí se podía hacer, como el genio de la lámpara de Aladino, amarse era sin duda un inmenso placer.

El placer se tornó susto una vez y pudo haber engrosado la lista de sucesos más trágicos del siglo XX, así lo desveló en un libro el productor Damion Young "Damizza", cuando narró cómo en el avión particular en el que viajaban hacia Acapulco empezó a expandirse una neblina blanca que inundó el aparato, sufrió un repentino descenso y cayeron las máscaras de oxígeno provocando el pánico de los pocos y selectos viajeros. El productor asegura que, mientras Mariah estaba histérica y llorando junto a su entrenador personal, él miró a Luis Miguel y dijeron "wow, realmente vamos a morir", preguntando al tiempo qué hacer. Damizza siempre se refiere al cantante como Luis a secas, y lo que hicieron fue encogerse de hombros, agarrar una botella de vodka cercana y ponerse a tomar. Se pusieron las máscaras de oxígeno en la cabeza a modo de sombrero y se pusieron a tomar fotos. Cuando el avión ya con el control recuperado logró tomar tierra en un aterrizaje de emergencia, ambos estaban borrachos. Fueron directamente a un club donde el intérprete de "No culpes a la noche" iba ya completamente loco.

Para Luis Miguel el susto no era nada nuevo. El 16 de noviembre de 1995 confesó al público tapatío: "Acabo de pasar uno de los momentos más duros de mi vida. Toqué la muerte", dijo después de la cuarta canción durante un concierto en Guadalajara que comenzó 45 minutos después del incidente. Su jet privado *Aries*, con matrícula XAMIK, se estrelló en la pista diez del aeropuerto internacional de la capital de Jalisco tras un fallo del tren de aterrizaje, lo cual provocó que se incendiara al tomar tierra y acabara en la malla ciclónica tras recorrer cuatro kilómetros. Bomberos y socorristas apagaron el fuego rápidamente y todo quedó en un tremendo susto. El capitán resultó levemente herido y Luis Miguel fue evacuado. Después fue atendido para una revisión médica para calmar el shock, pero tras comprobar que no tenía mayor impedimento físico, decidió seguir adelante con el concierto. Cuando develó su estrella en Hollywood casi un año después, todavía tenía presente este susto al contestarle a Juan Manuel Navarro sobre su visión de la vida. "Tuve un percance con un avión y fue un milagro que me haya salvado. Ha cambiado mucho mi manera de pensar desde entonces, trato de verle el lado positivo a las cosas, con el simple hecho de que todos los días son un día importante". Unos años antes también había sufrido otro percance con el avión que provocó una campaña mediática sobre su supuesta muerte y dio pie a *América & En Vivo* como ya vimos.

Volviendo al incidente con Mariah, todo había empezado horas antes cuando pensaron en volar en el jet privado G5 Gulfstream a Cabo San Lucas, en Baja California Sur, pero Mariah cambió la ruta diciendo que era un grado más caliente en Acapulco, y que allí tenía Luis Miguel la casa, por tanto, mejor ir para allá. Ya en mayo de 2015 Damizza había dado otra pista en el *Daily Mail* británico de cómo era la vida de la pareja desplazándose por el mundo como el que se desplaza por su ciudad o por su barrio. En este otro episodio el avión fue solamente medio de transporte, no protagonista. Contaba el productor cómo fue un viaje a Corea en 1999 para actuar con

Michael Jackson. Mariah le pidió a Damion que les acompañara como vulgarmente suele decirse, de carabina:

> *Mariah me llamó a las 6 de la mañana y dijo: "Hey, despierta, nos vamos a Corea". Le dije: "¿Para qué tengo que ir yo?" y me dijo: "Bueno, no voy a hacerlo sola". Así era la vida cuando estabas con ella. Todo giraba en torno a ella. Esperaba que lo dejaras todo y fueras. Así que cogimos el jet y paramos a repostar en Alaska. Recuerdo estar sentado en su G5 Gulfstream en mitad de una pista de aterrizaje vacía pensando: "Esto es surrealista. Estoy aquí sentado con la mayor estrella femenina de todos los tiempos y el artista latino que más discos ha vendido de camino a ver al mayor artista de todos los tiempos".*

Los tres vieron el concierto de Seúl desde el lateral del escenario. "Michael Jackson estaba sobre el escenario, pero lo más raro era que, entre canción y canción venía al lateral del escenario y hablaba con Mariah sin perder el ritmo. Cantó "Billy Jean" y salió, sin apenas sudar ni perder el resuello y le hizo a Mariah una aburrida pregunta sobre quién llevaba su contabilidad. Luego se metió en el camerino, se cambió la ropa para la siguiente canción, volvió al escenario e hizo "Thriller" y luego volvió a Mariah y continuó con la conversación exactamente donde la había dejado unos minutos antes. Era el maestro del espectáculo. Podía salir entre canciones, charlar tres minutos, cambiarse de ropa y volver a ponerse ante 100 mil fans gritando. Durante el show, Mariah cantó "Hero" y "I Still Believe".

Corea, Nueva York, Barbados, las Islas Canarias, París, Buenos Aires, Miami, Marruecos, la isla de Capri, Acapulco, Madrid o Marbella, no había lugar en el mundo para saciar los deseos de amor idílico. En el verano de 1999 la pareja aparecía en una fotografía posando sonrientes, completamente casuales, él en short oscuro, ella con un pareo, tan informal que se le notaba algún kilo de más, en una relajación impropia de quien posa para la prensa, de hecho no sabía que esa foto acabaría en manos de un periodista que pasaba por allí. La pareja paseaba felizmente enamorada por la calle principal de la isla de Capri, la que atraviesa su pequeño casco urbano. Fueron reconocidos por los lugareños y turistas que se dan cita en este romántico enclave de la bahía de Nápoles que Frank Sinatra hizo célebre en una canción.

Antes de coincidir en Argentina a finales de año, con motivo del lanzamiento de *Rainbow*, la cantante de ascendencia irlandesa y venezolana confiesa que el tema "Thank God I Found You" está dedicado a su novio. "Desde que llegó a mi vida soy una persona más feliz", dijo en la discoteca Coconuts Music. En los créditos de agradecimientos de su disco, Mariah escribe "Louie M. ¡Gracias a Dios que te encontré!", en español, cuando todo lo demás está en inglés. En el programa televisivo *Thirteen*, conducido por Charlie Rose vuelve a mostrarse como una mujer completamente enamorada.

> *En este momento estoy muy feliz con la relación que llevo con la superestrella latina que se llama Luis Miguel. Es muy bueno conmigo, y como está en esta carrera sabe perfectamente lo que es este trabajo. Porque no es fácil estar hablando con tu pareja y decirle: "Está bien, mi amor, tengo que colgar porque tengo que ir a cantar enfrente de 40 mil personas, después nos vemos". En ese aspecto, creo que en este momento de mi vida soy la persona que no pude ser con mi anterior relación (Tommy Mottola). Me siento libre de expresarme como quiero, y eso es gracias a él.*

Para cuando coincidieron en la Argentina en diciembre de 1999, ella ya había hecho la cuenta de que habían estado compartiendo momentos románticos en 26 ciudades, así se lo contó al diario estadounidense *USA Today*:

> *Es realmente interesante estar en un lugar donde miles de jovencitas lo persiguen y a mí ni siquiera me ponen atención. Él ha estado conmigo en Estados Unidos, Europa y Corea y ha tenido la misma experiencia, pero al revés. Así que no competimos entre nosotros, y eso es lo bonito de estar con alguien seguro de sí mismo.*

En Argentina no es que no le pusieran atención, es que en el concierto que él ofreció en el estadio de Quilmes, en diciembre de 1999, las fans le decían de todo, no les entusiasmó la idea de ver a su ídolo enamorado y empezaron a chiflarla. Ha sido la única pareja a la que ha presentado de esa manera.

En esos días Luis Miguel y Mariah Carey se dejaron ver muy contentos y desinhibidos en una noche de tango en Barracas. Presenciaron en Señor Tango un show que se tuvo que repetir especialmente porque ella llegó tarde. Aquella noche él debió esperarla, llegó al local casi a la 1 de la mañana y como siempre con el séquito de personas que se harían famosas en el entorno personal del cantante cuando le tocó recibirla tanto en Aspen como en Los Ángeles como en Acapulco. Su mamá, un hermano, un *manager*, unos bailarines, un peinador, una asesora de vestuario, un maquillador, varios guardaespaldas de seguridad y asistentes varios. El show tuvo que repetirse a puerta cerrada. Entrados en alegría y tragos, Luis Miguel se animó y pidió el micrófono para cantar "El día que me quieras" junto al sexteto Juventango. Luego cantó "Uno", junto a Fernando Soler, la figura principal del show. Cuando sonó "Cambalache" prendió un habano y se puso a la tarea de traducirle la letra a su novia al oído. Un cronista local se apercibió del detalle, ella prohíbe fumar a su alrededor, pero en ese momento pareció no importarle el humo del habano luego de haber cenado una entrada fría de salmón, bife de chorizo con vegetales y postre de helado con frutas, regado con vino y posteriormente unas ruedas de tequila, donde él mostró a sus acompañantes el ritual a la mexicana con sal y limón. Al final de tanto arte, tanto trago y tanta emoción, abandonarían el Señor Tango para buscar la intimidad en el piso 23 del Sheraton reservado en exclusiva para ellos.

La ciudad de Marbella se ubica en la llamada Costa del Sol, al sur de España, y el destino iba a querer que dicha costa acogiera al Sol para que Mariah Carey le celebrara el 31 cumpleaños a su amor. Marbella en realidad fue toda una puesta en escena que todavía se recuerda en el lugar. La cantante dejó boquiabiertos a los turistas de Puerto Banús al bajarse un día de un lujoso automóvil rodeada por una nube de fotógrafos en un traje de raso rojo y unas sandalias negras de tacón. Comenzó un paseo como si fuera una diva en una pasarela de 200 metros camino del yate en el que le esperaba Luis Miguel en el embarcadero. Allí en la cubierta se besaron como si de una escena de cine se tratase. La fiesta de celebración del cumpleaños incluyó mariachi sorpresa al final de la cena, para cantarle "Las mañanitas" y fue en el restaurante Babilonia, que pertenece a Olivia Valere, la discoteca marbellí donde acabaron la fiesta; lugar que ha visto pasar por sus rincones reservados a gente como Rod Stewart, Prince o Mick Jagger. Mariah Carey pidió al personal del restaurante que nadie fumara, entonces no había entrado todavía en vigor la legislación que actualmente prohíbe en España fumar en todo tipo de establecimientos públicos. La prensa empieza a especular que no tardará mucho en anunciarse el compromiso oficial. Nada ni nadie podía presagiar sin embargo que lo que no tardaría en llegar sería el final abrupto de la relación.

El intenso romance que vivió con Mariah Carey hizo que la faceta agasajadora del gran seductor llegara a cotas ilimitadas. Precisamente en España, donde ella grababa por aquellas fechas la música del film *Glitter* le regaló un brazalete de diamantes del prestigioso joyero Van Cleff & Arpel, el mismo que había lucido Julia Roberts la noche del Oscar, tal como informó el periódico británico *The Sun*, para celebrar el contrato multimillonario que ella había firmado. Era el más caro de cuantos le había hecho, entre los que estaban también una pulsera de diamantes que envió junto a cien rosas y un mensaje de amor a la casa de ella; o en Londres, con ocasión del estreno de *Hannibal*, un collar de diamantes en su caja de palomitas. Él la tenía inundada de rosas, cuando rodaba la película le llenaba el camerino de rosas a diario. Ella le regaló también a él un auto Bentley, curiosamente, años más tarde, en agosto de 2010, la prensa mexicana se hacía eco del hecho de que Luis Miguel le regaló a su hija Michelle Salas un Bentley Azure valorado en más de 300 mil dólares como premio a sus excelentes notas en su escuela de alta costura en Nueva York.

Para el cantante, Mariah era un placer, pero para la gente que tenía alrededor el placer se tornaba quebradero de cabeza. "Así era la vida cuando estabas con ella. Todo giraba en torno a ella", había dicho Damizza sabiendo perfectamente de lo que hablaba. Ese divismo chocó desde el minuto uno con todo el personal alrededor del cantante, aunque lógicamente guardaran discreción. "Es difícil encontrar gente del entorno de Luis Miguel en aquella época que mostrara simpatía por Mariah, más bien todo lo contrario", frase repetida por más de una persona que lo vivió muy de cerca. Desde luego el personal empleado del cantante sufría como nadie la irrupción de la cantante de origen venezolano, cuyo nombre podría haber sido María Núñez, de haber llevado el apellido de su abuelo. Para la oficina de Luis Miguel era un quebradero de cabeza durante la época que estuvieron juntos, ya que ella les marcaba la agenda y les trastornaba continuamente los planes. Causaba un trastorno en la organización de la oficina, pues ella llegaba sin avisar y se lo llevaba sin reparar si había citas de trabajo con productores de vídeo o cualquier otra persona, que veían cómo Luis Miguel desaparecía de repente y tenían que reorganizar la agenda de trabajo no sin claros disgustos la mayoría de las veces, devengando claro está un costo extra. Él no se oponía. Estaba enamorado, completamente enajenado por los caprichos y los deseos de ella, y esto a veces provocaba bromas de allegados y amigos. En su casa de Acapulco acostumbraba siempre a tener puesta muy buena música, música muy agradable de escuchar y de todo tipo, muy de su gusto, pero cuando estaba Mariah la música que sonaba era la que ella quería, puro hip hop, un género que él por su cuenta no ponía jamás, y esto era algo que molestaba al resto de invitados, incluso al personal del cantante, porque era un síntoma más de la asimetría con la que funcionaba la relación, asimetría que se vio reflejada en la exposición mediática a la que ella era tan propensa y a la que lo arrastró a él como nunca se le había visto. Por muchos consejos que él recibía, su enamoramiento se imponía siempre a la razón.

El cuento de hadas empezó a resquebrajarse por celos y por el temperamento de ambos. Durante el rodaje del videoclip de "O tú o ninguna" en la ciudad de San Francisco, el cantante interrumpía la grabación para atender el teléfono en llamadas de su novia, que se negaba a esperar a que acabase. En los cambios de set, que fueron varios, Luis Miguel se encerraba en su tráiler para tener fuertes discusiones por teléfono con Mariah. La gente de producción escuchaba cómo el cantante discutía sin importarle que el tono de voz era alto. Al terminar cada llamada, se lavaba la cara para disimular el llanto, lo que provocaba que tuvieran que maquillarlo nuevamente antes de reanudar con la filmación. Esto provocó retrasos en la filmación, pero nadie se atrevía a decir nada ya que al cantante se le veía de poco humor debido a los pleitos.

Aunque nada tuviera que ver con Mariah, hubo otro contratiempo en aquel viaje que puso en alerta a la gente de su disquera. Eran aproximadamente las 4 de la mañana del siguiente día cuando Alejandro Asensi llamó por teléfono a Gerardo Vergara, en ese momento *label manager* de la compañía, que se encontraba dormido en el cuarto de su hotel. Gerardo había viajado desde Nueva York para estar al pendiente del rodaje. Le pidieron desesperadamente que encontraran un cirujano plástico en Los Ángeles. Le reveló que Luis Miguel había sufrido una cortada en una de sus cejas y estaba sangrando mucho. A esa hora la comitiva se dirigía al aeropuerto para viajar a Los Ángeles, pero por accidente uno de sus guardaespaldas lo gol-

peó a la altura de una de sus cejas al abrir una de las puertas de la limusina. Los alarmó por miedo a que le fuera a quedar una marca. Después de
varias llamadas telefónicas se localizó a un cirujano plástico, quien ya lo
esperaba tan pronto aterrizó en Los Ángeles.

En Aspen cada dos por tres la pareja reñía igual que sucedía en otros
lugares donde pasaban tiempo juntos, como Los Ángeles o Acapulco. En
esas riñas ella daba muestras de una gran inestabilidad, y en cada pelea la
gente que vivía alrededor de Luis Miguel se veía afectada, cuando estaban
mal debían darle la espalda a ella, pero cuando estaban bien debían mos-
trarle un afecto que en realidad no sentían. Por todo eso, la convivencia no
era nunca agradable cuando estaba Mariah de por medio. Al principio en
Aspen ella estaba en su casa y Luis Miguel en la suya. Después de la segunda vez decidieron compartir la misma casa. En realidad no era la casa de los
dos, era la casa de Mariah, ella hacía y deshacía, y eso no gustaba para nada
al entorno de Micky. Cuando ella llegaba a la casa, quedaba literalmente invadida por el numeroso séquito que arrastraba de aproximadamente
cuarenta personas que llevaba alrededor, familia, con su mamá al frente,
estilistas, maquillistas, decoradores, guaruras, etcétera. Mariah siempre
iba acompañada a todos lados de su mamá, Patricia Carey, una mujer de ascendencia irlandesa que había sido cantante de ópera. Ahí mismo llegaba,
colocaban fotos de ella por todos lados, fotos de la infancia, de su juventud,
de su carrera. Un ejemplo de aquella invasión era el piano. El instrumento
era normalmente preparado con partituras y todo para que el hermano pequeño de Luis Miguel, Sergio, pudiera practicar en sus vacaciones sus dos
horas diarias de piano. Su personal removía la partitura y encima de ella
colocaba un libro de partituras de las canciones de Mariah Carey de Navidad
con una foto de ella en plan sexy pintada y vestida de Santa Claus. Cuando
el pequeño iba a ensayar llegaba uno de los empleados de ella y volvía a
recolocar su libro y su fotografía para que dominara claramente el espacio
y la escena junto al piano. Enseguida se suscitaban los comentarios y las
intrigas entre la gente de Luis Miguel.

En la casa de Luis Miguel en el exclusivo sector de Beverly Hills, en
Los Ángeles sucedió lo mismo cuando ella decidió irse a California para
estar cerca de su amado. Fue llegar y cambiar toda la decoración de la casa
sin que él mostrara oposición alguna. Marta, la empleada que tenía él al
frente de la casa, tuvo que vivir y lidiar con el hecho de que llegara Ma-

riah Carey con sus escoltas, sus amigos, su gente, la fiesta móvil a ponerlo todo patas arriba. Hasta los amigos le hacían bromas del grado de ensimismamiento y permisividad que mostraba, completamente enajenado por el amor ciego que sentía por su pareja; no lo reconocían en su personalidad.

No faltaron los roces entre el personal de ambos artistas. Cuando la gente de Mariah iba a avisar para requerirlo a él lo hacían sin modales, algunos de manera displicente y altiva, esto molestaba mucho, al punto de cruces de palabras en el sentido de decir tú no sabes quién es Mariah Carey y responder y es que tú no sabes quién es Luis Miguel. La proporción del séquito era de unas 40 personas de ella por unas 10 de él más o menos. Esta ingente cantidad de personas que viajaban con ella era permanente, también se daba en las visitas a Acapulco, mientras ella se quedaba en la casa, la comitiva pernoctaba en hoteles como el Princess, que quedaba muy cercano a la propiedad, pero todo el día se la pasaban en la casa de la playa, a veces caían a Los Siete Chakras, con una convivencia muy complicada con la gente de Luis Miguel que estaba allá.

En una fiesta de Año nuevo hubo una cena muy peculiar en la casa de la playa. En la pista de baile sonaba el disco de ella sin parar, parecía que no había más música. Siempre tenía que ser el centro del universo que estaba a su alrededor. Una anécdota refleja a las claras el ensimismamiento, enamoramiento y si cabe hasta servilismo incondicional que había por parte de Luis Miguel hacia Mariah Carey, y el carácter caprichoso y endiosado de ella que tan mal caía a cuantos estaban alrededor del intérprete de "O tú o ninguna". Uno de los detalles que más molestó al entorno de Luis Miguel y que mostraba a las claras cómo funcionaba esa relación, fue un desplante que Mariah le hizo a su novio en la casa de la playa de Acapulco en vísperas de dicha cena de fin de año. La pareja estaba tomando el sol y ella llevaba puesto el último de tantos regalos carísimos con los que la agasajó durante la relación: era un brazalete de diamantes de la firma Cartier. De pronto a ella se le ocurrió quitárselo y ponerlo en la muñeca de Luis Miguel a ver cómo se le veía, pero en la broma resultó que la muñeca del cantante era más ancha, le quedó apretado y como consecuencia se le salió un baguette y se cayó. Mientras él, todo desesperado, buscaba el baguette en el suelo como un sediento busca agua en el desierto, ella comenzó una pataleta pueril medio gritando, medio sollozando, que ésa era la joya de su vestimenta de gala para la cena de Año nuevo que tenían preparada al día siguiente. Fue tal la actitud de ella, que todo el mundo entendió que era capaz de plantar a Luis Miguel en la cena si no se le arreglaba el brazalete roto. El cantante tuvo que buscar a un joyero de urgencia desde la Ciudad de México, removiendo contactos y transporte aéreo privado, para que llegara a tiempo a Acapulco y tener el brazalete listo. Y así fue. El joyero llegó, el brazalete quedó como nuevo, ella recuperó su sonrisa y ya estaban listos para la cena. En aquella cena había gente que disimulaba como podía su poca empatía con la intérprete de "All I Want for Christmas Is You".

Coincidiendo con el fin de año, la cena sobre la misma playa era espectacular. Había un reducido grupo de invitados entre los que estaban Luis Miguel y Mariah, el sobrino de ella con su novia, la mamá, la *manager* de ella y el de él, Alejandro Asensi. En mitad de la cena una tortuga acudió y desovó ante los ojos de los perplejos comensales. Cuando acabó la cena hubo un detalle de Mariah Carey que confirmaba ese perfil suyo de continua impostura, de pose, de falta de naturalidad y aterrizaje con el mundo real que ya habían apercibido todos los que estaban alrededor del Sol pero que a él, deslumbrado por el amor, parecía no importarle. Mariah no quería tocar los huevos seguramente por no ensuciar su vestido rojo. Años más tarde, en septiembre de 2016, su hermano Morgan hizo unas polémicas declaraciones en las que venía a confirmar todo cuanto se observó en los tres años de relación con Luis Miguel: Morgan Carey dijo que lo único que le importaba a la cantante era mantener la imagen artificial que había creado. Aquellas declaraciones fueron a raíz de un turbio asunto de una hermana mayor de Mariah detenida por ejercer la prostitución, atrapada por las drogas y con el VIH a la que ella negó ayuda, según denunció su hermano mayor en la prensa: "Mariah sólo cuida de sí misma. Siempre ha sido así".

No deja de ser llamativo, desde el punto de vista de las casualidades provocadas por las energías, que Mariah arrastrara un problema de enemistad con su hermana Alison, que dura más de dos décadas, y haya sido justo en la onda expansiva de su ruptura con Luis Miguel que se originó un problema similar que también ha cumplido más de dos décadas, pues justo el día del desplante de la mamá de Mariah Carey al Sol en Nueva York, como se verá con detalles, ese día Micky se peleó con su hermano Sergio.

❀ ❀ ❀

Paralelamente a su historia de amor con Mariah Carey y prácticamente como homenaje a la misma, en septiembre de 1999 se lanzó desde España el disco *Amarte es un placer*. Más de 300 representantes de la prensa mundial fueron invitados. Luis Miguel llegó de nuevo a Madrid y se hospedó en la Suite Real del hotel Palace, donde recibirá durante esos días a varios amigos, incluso sacó tiempo para recibir a algunas de las representantes de sus fans españolas. Entre ellos Alejandro Sanz, que incluso tuvo el detalle de mandarle un ramo de flores, y Miguel Bosé, quien lo encontró en bata escuchando a Frank Sinatra. "Voy a cantar hasta los 70 años con un vasito de whisky, como hacía Frank Sinatra", comentó el intérprete de "Tu mirada".

La gira española fue la consagración de lo apuntado el año anterior y un éxito rotundo, con grandes aforos llenos entre los que habían algunos muy emblemáticos, la plaza de Las Ventas, con tres fechas, la plaza de toros de Valencia, con dos fechas, la plaza de toros de Zaragoza, estadios de futbol como Valladolid , Marbella o Vigo, el Palau Sant Jordi de Barcelona con dos fechas, y el Palacio de los Deportes de Gijón en Asturias que fue el punto de partida el 9 de septiembre de aquel 1999. Disfrutó profesionalmente y disfrutó personalmente. Viajó por carretera con su amigo Enrique Ponce de Valencia a Madrid, donde llegaron de madrugada al hotel Palace, aprovecharon el concierto en Valladolid para disfrutar de las exclusivas bodegas de la Ribera del Duero y de la variedad de tapas de la gastronomía española. No se cansaba de comer los famosos boquerones en vinagre, comidas que para él no eran nada extrañas por otro lado, pues ya era un jovencito de 10 años cuando se fue a vivir a México.

Su triunfo en Las Ventas, emulando las tardes de gloria del inmortal Luis Miguel Domínguín, padre de Miguel Bosé y diestro que inspiró su nombre, supusieron una de las mayores satisfacciones de aquel año. Horas antes que iniciara el primero de sus tres shows consecutivos en el coso de la calle Alcalá, las fans madrileñas se presentaron para hacer fila. Inició puntual su show, a las 10 de la noche. Entre el público había diversos artistas y personalidades como Paulina Rubio, Ricardo Boffil, Jaydy Mitchel por entonces esposa de Alejandro Sanz, Marta Sánchez, Julio Sabala o Lolita. "Esta canción a lo mejor no se la saben...", dijo al público mientras se escuchaban los primeros acordes musicales de "O tú o ninguna", al momento que escuchó un grito sonoro de un sí, "ah, ¿sí se la saben?, pues cántenla conmigo". "Salió en hombros", publicaba la prensa española y mexicana. Era la primera gran prueba y fue despedido al grito de "¡torero!".

La gran anécdota de la gira fue la falsa alarma de bomba que se dio en el hotel Palace y que obligó a evacuar a los huéspedes. Todo sucedió muy rápido. En un momento llegó el aviso y había que desalojar el hotel Palace ante la amenaza de que había sido colocada una bomba en las instalaciones. Aquello fue un verdadero caos, gente en pijama, en ropa interior. Muchos huéspedes no alcanzaron a cambiarse y salieron en bata a la calle. A él lo sacaron literalmente de la cama, y se lo llevaron por la puerta trasera hasta su vehículo. Lo tuvieron que levantar, algo que nadie se hubiera atrevido a hacer en circunstancias normales. Cuando llegaron a la suite de Luis Miguel lo primero que se encontraron fue a alguien molesto ante tal invasión por el mero fastidio de que lo despertaran. Hay que aprovechar esta anécdota para recordar que Luis Miguel es una persona que acostumbra siempre a dormir hasta tarde. A las 10 de la mañana, que fue la hora aproximada en que sonó la alarma, él dormía profundo. En aquella ocasión se negó a salir, llegó incluso a decir a los agentes de seguridad que casi con toda probabilidad se trataba de una de las bromas de su amigo el argentino Polo Martínez, que se encontraba con él por aquellos días, y a quien la policía se puso a buscar inmediatamente. Polo andaba fuera del hotel haciendo unas compras ajeno a todo lo que estaba pasando y cuando llegó no lo podía creer, casi lo detienen.

El cantante español Joan Manuel Serrat también se encontraba hospedado con su esposa, y su reacción fue realmente calmada y hasta jocosa.

Ya estoy acostumbrado a este tipo de incidentes. A mí me han pasado cosas, en México yo he vivido varios temblores, uno de ellos desde el piso 17 del Hotel Aristos, en el cual realmente fue una experiencia interesante, ver patinar por Reforma los automóviles y ver a las gringas descender en ropa interior por las escaleras de incendio. Me han pasado cosas varias, pero afortunadamente he podido sobrevivir a todas ellas.

En un momento pletórico, enamorado, triunfador rotundo en la madre patria, Luis Miguel concede una nueva y extensa entrevista a Juan Manuel Navarro al que recibe en la suite del Hotel Palace, de Madrid, un día antes de su primer gran concierto en la Plaza de Toros Las Ventas. Lo encuentra al fondo, de pie en el balcón, de espaldas, mirando la ciudad. Al sentir su presencia y la de su representante, se da la vuelta y con una enorme sonrisa, vistiendo un impecable traje azul marino, corbata del mismo color, le invita a tomar asiento. Inicia la charla.

Yo creo que el amor es lo que hace que una persona pueda llegar a cambiar, puede ser el amor a una mujer, a tu familia, a tus amigos, a tu carrera. Sabes que el amor tiene tantas formas de interpretación, pero cuando tienes ese sentimiento creo que te vuelves una persona quizá mucho más estable, mucho más tranquila, mucho más feliz. Yo creo que soy una persona mucho más feliz ahora que hace algunos meses o uno o dos años, porque siento que estoy más estable, más tranquilo.

Más feliz y más espiritual. Daba gusto escucharle decir:

Creo en Dios y lo respeto como todos debemos respetarlo. Es el que sabe realmente tus debilidades y el que sabe quién eres, el que sabe cuál es tu misión y qué es lo que debes hacer en la vida, para qué y por qué estás aquí, y ese respeto es tan grande, y muchas religiones pueden llamarlo de distintas maneras, pero en realidad sólo hay un Dios y un Todopoderoso, alguien que maneja y que sabe que es superior a cualquiera, y eso se merece todo el respeto. No he podido quizás ejercer como otras personas, pero eso no quiere decir absolutamente nada, porque sabes que la fe y la creencia es interna.

No había mejor manera de simbolizar el Luis Miguel que despidió el siglo XXI.

14

Ciao nonno, ciao Italia

Después de su estancia en el principado de Mónaco, a principios de mayo de 1998, con motivo de los World Music Awards, Luis Miguel comentó en Madrid a Juan Manuel Navarro que extrañaba a su familia italiana. "Lo que más extraño de Italia es la comida y la familia, por lo que es muy probable que a finales de este año vaya para allá". Mientras su nieto hacía esas declaraciones, el viejo "Tarzán" Sergio Basteri vivía con gran amargura sus últimos meses de vida, postrado en un hospicio. De hecho le quedaban apenas 50 días de vida en ese momento. Éste es un capítulo completamente necesario en la lista del perdón que Luis Miguel debe elaborar para recuperar la paz de su alma, sólo él debe entender su ausencia en los últimos días del *nonno*. "Dios es el que sabe realmente tus debilidades y el que sabe quién eres", él mismo lo dijo. Solo a Dios hay que dar explicaciones.

La última visita que la familia italiana recuerda del más famoso miembro de los Basteri fue en diciembre de 1989. Fue en la víspera de la Navidad de aquel año cuando tíos, primos y el *nonno* Sergio verían por última vez a Luis Miguel. Cuando en 1996 se produce la campaña mediática de búsqueda de Marcela desatada como vimos por la exclusiva de Juan Manuel Navarro en el diario *El Norte* y continuada a través de la RAI y del célebre programa *Chi l'ha visto?* ya hacía tiempo que el cantante había dejado de comunicarse, y la última presencia en Massa Carrara fue de Alex, quien tras comprobar el deterioro de salud del *nonno* hizo por encargo de su hermano todos los trámites para que pudiera estar bien atendido en una casa de reposo. Alex le comunicó en reiteradas ocasiones a su tía abuela Adua que por favor no procedieran a buscar a su madre, petición a la que la familia italiana hizo caso omiso provocando un mayor bloqueo y un alejamiento más acentuado por parte del intérprete de "Ragazzi di Oggi".

Juan Manuel Navarro escribía en 1996 que habían pasado casi ocho años de silencio entre el cantante y los Basteri. "Su abuelo, Sergio Basteri, ya está cansado de rogarle al cantante que lo visite y por eso prefiere hablar lo menos posible del asunto. *El Norte* lo visitó en la casa de reposo de Massa Carrara y el abuelo accedió a platicar un rato".

Yo estoy enfermo, cada vez estoy más mal, pero me he cansado de pedirle que venga a verme; todo ha sido inútil, ya no me importa decir nada. Sólo quiero decirle que tenga la fuerza y el coraje de venir a verme, no entiendo por qué adopta esa actitud. Tiene el teléfono de la casa de reposo, el de Adua, el de Renato y el de toda la familia aquí en Italia. Nada le cuesta hacerme una llamada; pero bueno, creo que de nada sirve que le lleves ese mensaje porque sé que no va a venir, qué lástima. Le cambio todo el dinero que está pagando por mí por una simple visita. Quiero ver a mis tres nietos juntos. También necesito saber lo que ha pasado con mi hija, sé que él lo sabe, pero no quiere venir a decírmelo.

Respiraba con un solo pulmón, debido a una operación que le realizaron para extirparle un tumor maligno. Fue operado en 1988, Luis Miguel lo visitó tras la operación y se hizo cargo de todos los gastos, del mismo modo que pagaba los aproximadamente 2 mil dólares mensuales de la casa de reposo en la que murió. Hasta el agravamiento de su estado de salud que precisó su internamiento, estuvo viviendo solo en una casa muy humilde y muy pequeña en Castagnola di Sopra, en Massa Carrara. El viejo "Tarzán" precisaba de una cánula con oxígeno y su salud empezó a apagarse con más celeridad a raíz de todo el escándalo surgido de la búsqueda de su hija, algo que le dolía en el alma, tal como le confesó entre lágrimas a Javier León Herrera en el proceso de elaboración de *Luis Mi Rey*. Poco a poco, desolado, lánguido, se dejó ir. Desapareció por completo cualquier apego a este mundo. Su hermana Adua quedó al cargo de cuidarlo, y así lo hizo hasta el último día.

Adua Basteri también estaba dolida. Le dijo a Juan Manuel que Luis Miguel se había portado bien con el abuelo al pagar puntualmente la mensualidad del hospital, pero que él estaba desesperado con el temor de morir sin ver a sus nietos y a su hija, que estaba muy desilusionado porque no iba a verlo, incluso se negó en un momento dado a aceptar el dinero del nieto para pagar la casa de reposo, ante lo que su familia tuvo que intervenir "nosotros tuvimos que convencerlo ya que es mucho dinero y no podemos pagarlo", reconocía Adua.

Lo que Alejandro nos dice es que no puede venir porque está muy ocupado trabajando. Nosotros no queremos su dinero, ni su fama, sólo queremos que venga y visite a su abuelo, por humanidad. Él más que nadie sabe que jamás le hemos pedido dinero. No estamos acudiendo a los medios para dañarlo, sino simplemente lo hacemos porque su abuelo se está muriendo y necesitamos saber qué pasó con la Marcela. No fuimos a denunciar la desaparición de Marcela en 1986 porque él siempre nos mandaba decir que no nos preocupáramos, que él sabía dónde estaba su madre y que le iba a pedir que se comunicara con nosotros, sin embargo, no hemos tenido nunca ninguna respuesta y ya basta de callarnos. Si no quiere venir a verme a mí, a mis hijos, mis hermanos o a mi esposo, que no lo haga; pero que por lo menos venga a ver a su abuelo. Yo estoy haciendo todo esto por mi hermano que está desesperado. No se merece este sufrimiento. Creo que vale más la vida de Sergio que la carrera de Luis Miguel. Alejandro nos dijo que ya no buscáramos a Marcela porque íbamos a dañar la carrera de su hermano. No lo entendemos, simplemente no sabemos qué pasa en su mente. Él es bueno, no es ni mucho menos una mala persona, sabemos que ha sufrido mucho. Yo lo conocí de chico y de joven y sé perfectamente que algo le está pasando en su cabeza para actuar de esa forma. Tenemos la confianza en que algún día cambie, ya que sabemos que en el fondo tiene buenos sentimientos.

Por aquel entonces en Massa Carrara vivían, además de Adua y Sergio, sus tíos abuelos Renato, Franco y Enzo, quienes también se mostraron decepcionados por la actitud. Preferían esquivar el tema si se les preguntaba. El distanciamiento tuvo un punto de inflexión muy delicado en los últimos días de vida de Sergio Basteri. El viejo "Tarzán" se fue apagando como una vela postrado en su humilde cama del hospicio en el que se encontraba y en el que tuvo ocasión de sostener diversas pláticas en diferentes momentos con el escritor Javier León Herrera, tanto antes de la publicación de *Luis Mi Rey* en abril de 1996 como después de aparecer el libro, ya en el verano de 1997, con el cual llegó a posar. No era muy difícil prever por aquel entonces que no le restaba mucho tiempo de vida al otrora fornido emigrante italiano de carácter tosco y terco, y tampoco era difícil intuir que el bloqueo psicológico de su nieto iba a impedir que atendiera sus súplicas. El punto es que en aquellos momentos no mucha gente, más bien muy poca, podía conocer las razones íntimas del artista para mostrar tal frialdad e impasibilidad cuando una parte de su familia, que nunca tuvo culpa de nada, le reclamaba un poco de humanidad.

Sergio Basteri falleció el 30 de junio de 1998 a los 74 años, fruto de su deteriorado estado de salud y su profunda melancolía y abandono, sin ver cumplido su deseo, ni pudo ver a sus tres nietos ni pudo obtener una explicación del mayor de los tres acerca del paradero de su hija. La zozobra y la angustia que provocaba en el viejo "Tarzán" el convencimiento de que su hija había sido asesinada se enterraron con su cuerpo en aquel incipiente verano boreal del año del Mundial de Francia, en el cementerio de la localidad de Castagnola di Sopra, donde nació y murió, en la provincia de Massa Carrara, justo equidistante entre las dos ciudades que dan nombre a la famosa comarca del mármol, separadas por apenas 20 kilómetros, en el umbral más septentrional de la Toscana.

No mucho tiempo después de su muerte, al regreso de su estancia en Miami y Ciudad de México, donde se preparaban ya los últimos detalles del que sería su segundo libro, *El consentido de Dios*, Javier León Herrera fue de nuevo rumbo a la Toscana para dar el pésame a la familia Basteri y documentar lo que había sucedido. Fruto de aquel viaje publicó un reportaje que vio la luz en las páginas del semanario *Gente*, suplemento de los diarios *Reforma*, *El Norte* y *Mural*, con fecha 6 de septiembre de 1998. "Murió sin tener nada", destacaba el gran titular de aquella nota, que subrayaba también el hecho de que nunca pudo volver a ver a su hija y a su nieto.

El 2 de julio de 1998 se celebraba en la iglesia de la pequeña localidad de Castagnola di Sopra el funeral por el alma de Sergio Basteri, de cuerpo presente, arropado por toda su familia y por los vecinos que, como en cualquier pequeño núcleo de población de la Italia rural y profunda, asistían a las convocatorias de las campanas de la iglesia. Aquel funeral de *corpore insepulto* no tenía fotógrafos, ni curiosos, ni ningún síntoma que hiciera sospechar que se trataba del abuelo del cantante más popular de América Latina, que por aquel tiempo arrasaba en las listas de éxitos con *Romances*. A las exequias sólo faltaron sus familiares residentes en la Argentina, entre ellos su excompañera Catalina Mezín, y sus únicos nietos, Luis Miguel, Alejandro y Sergio. A las 6 de la tarde de aquel caluroso día el cuerpo del *nonno* era sepultado en una tumba sin lápida todavía en el momento de la visita del escritor, no muy lejos de las tumbas de sus padres, Ferruccio e Ida. Sobre la misma una cruz sencilla, con la foto favorita de Sergio, sus datos incrustados en el centro de la misma, y un ramo de flores a sus pies.

Sergio fue diagnosticado con un tumor en un pulmón en 1988, pero tras someterse a una complicada operación y serle extirpado el pulmón, se curó. El susto no mermó su obstinado carácter, siguió fumando de manera empedernida y desoyendo todos los consejos médicos, de modo que sufrió un cuadro generalizado de empeoramiento que provocó su entrada a una casa de reposo en 1996 y se vio obligado a vivir pegado a una bomba de oxígeno y una cánula respiratoria en su nariz. El viejo Sergio perdió su independencia, tuvo que abandonar su muy humilde morada de Castagnola di Sopra, y precisar los cuidados de su hermana Adua, con la que sin embargo no dejaba de pelear ocasionalmente dado su fuerte y tosco carácter. Sólo dejaba el internado geriátrico para sus revisiones semestrales en el hospital de Massa.

El domingo 7 de junio de 1998 Sergio acudió a bordo de una ambulancia a una de esas revisiones. Los doctores lo vieron mal. El pulso cardiaco presentaba irregularidades, su aspecto era famélico, tuvieron que administrarle un suero en vena, y decidieron prolongar su estancia en el hospital más de lo habitual. El deterioro no era extraño, en los últimos meses se había negado a comer, apenas hacía tres comidas cada cinco días a base de trucos que inventaba su hermana, como darle tarros de comida de bebés, y no hacía sino fumar, sumido en una profunda depresión. De hecho, en el hospital sólo abría la boca para pedir sus cigarrillos, que lógicamente no se le daban, o para lamentarse por el hecho de que iba a morir sin saber qué había sido de su hija y por qué sus nietos no lo visitaban. A pesar de los esfuerzos de Adua por disculpar a Luis Miguel, el abuelo no hallaba consuelo. El estado de ánimo en el que se vio, provocó que en las últimas semanas su única conversación recurrente fuera el clamor por el paradero de su hija y por los detalles de lo que quería que fuera su propio entierro.

El sábado 27 de junio se casó Ferruccio, uno de los hijos de Adua. Ella recordaba que su reacción fue buena, se alegró y le dijo que no importaba que ese día no fuera al hospital. El lunes 29 su hermana regresó al hospital, y ese día lo vio muy raro en su actitud. Dicen que es una de las señales que anuncian el inminente fallecimiento de una persona. Sergio estaba extrañamente contento y eufórico, se reía, cosa que llevaba meses sin hacer, le dijo a su hermana que había comido muy bien en la noche y que tenía que estar contenta por eso. Adua no sospechó nada, sólo se alegró de ese cambio de actitud. Le dejó más comida, él decía que la comería en la noche, que era la hora del día en la que a él le gustaba comer. También le dejó camisetas nuevas, las necesitaba porque sudaba mucho y debía cambiarlas con frecuencia. Luego se sorprendió de que le dijera que ya se podía ir. Ella le dijo que por qué la echaba así tan pronto, y él dijo que si ya le había atendido y llevado lo que necesitaba no tenía caso que se tuviera que quedar más tiempo, podría regresar a su casa. En cualquier caso, se quedó un rato más con su hermano y cuando por fin se marchó para despedirse, volvió a notar otra extravagancia en el comportamiento del enfermo, que de nuevo riéndose le dijo que no se olvidara de regresar al día siguiente. ¿Cómo iba a olvidarse si era lo que llevaba haciendo tres años prácticamente a diario desde que se agravó su estado de salud? Fue lo que le respondió. Él volvió a reírse y ella se marchó.

Al día siguiente, el martes 30 de junio, más o menos a las 8 de la mañana, Adua recibió una llamada del hospital comunicándole que su hermano había fallecido. El único consuelo es que había sido una muerte dulce, se durmió y no volvió a despertar. Un médico se dio cuenta que ya no movía la cabeza y que la máscara de respiración la tenía caída. Un paro cardíaco acabó durante la noche con la melancolía y con la vida del viejo "Tarzán". "Tuvo una vida llena de sufrimientos, pero al menos reconforta un poco que se murió dulcemente sin enterarse", decía Adua Basteri por aquel entonces.

El abuelo murió como vivió, muy humildemente. Casi toda su vida se ganó el sustento con su oficio de albañil, compartió durante unos años la vida con Catalina Mezín, una viuda a la que conoció en el gran Buenos Aires, que incluso se mudó un tiempo con él a Italia, aunque ella acabó arrojando la toalla en 1979 y regresándose a la Argentina por discrepancias en la convivencia con el rudo toscano y la negativa de éste a contraer matrimonio.

A la hora de morir no tenía nada, una Vespa de color rojo, la moto famosa que Luis Miguel le compró tras estropear la anterior en una visita en 1984, un reloj, un anillo con sus iniciales SB, una caja de zapatos llena de viejos papeles, un álbum de fotografías antiguas y otras pequeñas fotos de sus nietos Luis Miguel, Alejando y Sergino, como él le decía, un billete de 100 dólares que le mandó en su día su hija y que conservaba en su cartera, y la cubierta del casete *Decídete*. Entre sus pertenencias también habían otros discos de su nieto en formato casete y un walkman en el que solía escucharlos. De todo ello, el artículo de más valor era el reloj de oro, un preciado regalo de Micky que él a su vez regaló a su hermana Adua por haber estado cuidándolo durante todo el tiempo que estuvo. Y eso era todo porque la humilde casa en la que vivió los últimos años en Castagnola di Sopra no era suya, era alquilada.

Sergio andaba sumido en una fuerte depresión por todas las circunstancias y no disimulaba su deseo de querer hallar en la muerte el descanso que le negó la vida. Su hermana confesaba en aquellos días que "se pasó los últimos meses repitiéndome sin parar los detalles de cómo y dónde quería que se le enterrase". Y sus deseos le fueron concedidos, la tumba lucía la foto que él escogió, y cerca de sus padres. Deseábamos entonces al igual que hoy que descanse en paz.

Lo que nadie entendió entonces en Italia fue el silencio de Luis Miguel, incluso con la noticia del fallecimiento del abuelo. Adua intentó ponerse en contacto con él para decirle lo que había sucedido, logró hablar con alguno de sus colaboradores. Un año más tarde volvió a acudir a los medios para reclamar a Luis Miguel el pago del funeral, que después de año y medio no lo había pagado como había prometido. Adua se quejaba amargamente en una nota publicada por la revista *TVyNovelas*. Su tía abuela no entendía cómo era posible que "ni habló, ni mandó una corona de flores ni nada, es algo que no podemos entender, él no era así". Adua aseguraba que había llamado a Los Ángeles "para que al menos se haga cargo de los gastos del entierro y de la lápida de mármol que encargamos puesto que los dos gastos dan una cantidad que a nosotros dado nuestro carácter humilde nos cuesta cubrir". La pregunta que se hacía era, ¿realmente le llegaban todos estos mensajes a Luis Miguel?

El único que se puso en contacto fue Alex, una llamada que su tía abuela recordaba había hecho desde Francia, mientras que el pequeño Sergio, con apenas 14 años, que vagamente recordaría a su abuelo por la temprana edad que tenía cuando convivió por unos meses y lo vio por última vez en 1986, se encontraba en el colegio y con los cuidados del doctor Octavio Foncerrada en Boston.

El silencio venía ya de largo. Luis Miguel nunca sacó el valor para ir a ver a su abuelo ni a su tía para no tener que afrontar ante ellos un asunto tan delicado como la desaparición de su madre y no compartir la información que él había obtenido fruto de la investigación que había encargado por su cuenta. Adua lo expresaba muy claramente con la muerte de su hermano reciente:

> *Nosotros siempre pensábamos que iban a venir, porque nos había dicho muchas veces que si iban a España o venían a Italia, que daban el salto para visitar a su abuelo y a nosotros, por eso nos sorprende y nos entristece su actitud. Realmente no sabemos qué le pasa a Micky, porque él nunca ha sido así, él siempre fue un buen muchacho, alegre, y con nosotros tuvo un trato excepcional, por eso estamos contrariados, cuando sabe que nunca hemos querido nada más de él que su afecto, nunca hemos tenido interés material como ha podido pasarle con su familia española.*

No mucho después, el 7 de febrero del 2000, fallecía en Cádiz su otro abuelo, Rafael, el papá de Luisito Rey, a quien Luis Miguel también mantenía por intermediación de terceras personas para evitar que sus tíos tocasen el dinero. Fue otro entierro discreto.

15

Luis Miguel 30 años: el Sol radiante del nuevo siglo

Mientras saludaba a la gente, después de la tercera canción, uno de sus guardaespaldas apareció en escena empujando una pequeña mesa con mantel blanco, que traía encima una botella de champán y una copa. Al verlo, la multitud empezó a aplaudir y a cantar "Las mañanitas" ante la sorpresa de Luis Miguel, que no esperaba tal detalle. Su guardaespaldas le sirvió un poco de champaña en la copa, se la dio, él la aceptó, la levantó para brindar con su público y la gente estalló en gritos y aplausos, para seguir con el tradicional "Happy Birthday". "Muchas gracias, gracias a toda esta linda gente de Dallas, gracias por estar conmigo esta noche, los amo". Con su público y con sus fans, a las que atendió sin descanso durante esos días, "mis fans siempre serán primero" dijo. Era un modo simbólico aquél del Dallas Starplex Amphitheatre de la capital tejana para entrar en la cuarta década de su vida, en la nueva década, en el nuevo siglo.

El siglo había arrancado con fuerza retomando el tour *Amarte es un placer* el primer día de febrero luego de unas merecidas vacaciones con su familia y su amada Mariah Carey. Bakersfield y Los Ángeles fueron el punto de partida que fue a desembocar en récord con otra serie de 21 presentaciones con llenos totales del aforo de las 10 mil personas que caben en el Auditorio Nacional de la Ciudad de México, que iniciaron el 24 de febrero y se prolongaron hasta el 20 de marzo. Era oro puro de rey, el 21 de marzo de 2000 no sólo lo nombraron Artista del Año 2000, también fue reconocido como el cantante con más conciertos ofrecidos en el Auditorio Nacional, un nuevo récord que hasta ese día tenía Timbiriche con 20 presentaciones. Fue homenajeado por su compañía de discos, Warner, por ejecutivos de la sede y por la empresa Showtime. Un sencillo acto al que acudió luciendo un traje gris, camisa blanca y corbata azul. Íñigo Zabala, presidente de Warner Music México; Rodolfo Ayala, presidente de Showtime y Pedro Baranda, coordinador ejecutivo del Fideicomiso del Auditorio Nacional fueron los encargados de premiarlo. Showtime por imponer el récord de 255 mil personas asistentes a su espectáculo, tanto en México como en Monterrey. El presidente de Warner Music resaltó que había roto récords de asistencia en España, Argentina, Chile, Brasil, Uruguay, Estados Unidos y Venezuela. "La gente ha llenado los estadios de futbol, plazas de toros, teatros en los que se ha presentado, en algunos conciertos ha habido auténtico escándalo para conseguir entradas". Emocionado, dijo agradecer primero que nada:

> *A todo el público, a todas las fans, porque gracias a ellas se ha podido lograr este récord. Quiero agradecer también a toda la gente que ha colaborado conmigo en la gira, a mis músicos, técnicos, luces, sonido, a toda la gente que forma parte de esta carrera. A la compañía de discos Warner, a Showtime y al Auditorio Nacional. A todos los medios de comunicación, muchas gracias.*

Después posó con cada uno de sus premios, una placa por parte del Auditorio, un disco cuádruple de platino y uno de oro por parte de Warner y una escultura diseñada por el escultor húngaro Víctor Vasarely por parte de Showtime.

Cuando Rubén Fuentes compuso "La Bikina", en 1964 y la registró en la SACM (Sociedad de Autores y Compositores de México) con el número ISWC: T.035.246.262; no podía ni imaginar que la canción alcanzaría una popularidad internacional como la que le dio el hecho de que Luis Miguel la eligiera como tema estrella del concierto de Monterrey de su 30 aniversario que luego seria comercializado en el CD y DVD *Vivo*, con millonarias cifras de ventas y un renacimiento del tema, infinitamente superior al que le pudo dar la cantante chilena María José Quintanilla. La canción mereció páginas y páginas escritas por los fans del cantante para hacer llegar su historia, pues todos se preguntaban quién era la Bikina.

La canción tiene su origen en el puerto de Acapulco. En realidad son dos historias a su alrededor, la que narraba su compositor de cómo se inspiró y la leyenda de Carmen en la que se basa. Fuentes estaba de vacaciones en Acapulco con su entonces esposa, la actriz mexicana Martha Roth, y su hijo menor, Alejandro Fuentes Roth. El niño preguntó por el traje de baño de las mujeres en la playa. "Es un bikini", contestó su padre. La lógica del niño replicó a su papá: "No, será una bikina". Y se quedó con la palabra, imaginando después a una bella chica paseando por las playas despertando la admiración general. Pero no sería una chica cualquiera la que él imaginaba, sino la bella de ojos claros de la leyenda de los Cristeros, una historia que ocurre en un pueblo situado en Los Altos del estado de Jalisco y que despertó el interés de miles de fans de Luis Miguel.

Un lucero chocó en la cima de un monte en una noche de tormenta. Un campesino que había seguido la trayectoria del meteoro vio que en el lugar se hallaba una recién nacida abandonada a su suerte. El indígena la recogió y fue a contar al Padre Gonzalo lo que había ocurrido. El sacerdote la depositó en un convento cercano con las madres Carmelitas. La niña creció entre las monjas y cada día sus ojos azules resaltaban más ante la negrura de su cabellera. La habían bautizado con el nombre de Carmen y se dedicaba a las labores propias del lugar.

A raíz de los problemas de la Iglesia con el Estado, se había formado una liga de defensa religiosa, los Cristeros, y en 1925 el presidente Calles procedió contra los rebeldes haciendo una persecución por todos los puntos del país, principalmente en Jalisco. La madre superiora murió por un tiro en la cabeza cuando trataba de impedirles el paso. Carmen resultó el blanco de los hombres, que al verla se quedaron prendidos de su belleza. Uno la tomó en vilo y la sacó del lugar y se la llevó, era el capitán Humberto Ruiz. Él la cuidó sin diálogo entre ellos. La llevó a otro lugar con una chimenea, le besó las manos, llorando le pidió perdón y salió dejándola sola para siempre. Carmen olvidó su nombre y todo lo relacionado con su persona. Caminó por varios pueblos y haciendo trabajos domésticos se mantenía. Ningún hombre podía acercársele, respondía como una fiera ante cualquier insinuación y se daba a respetar, intrigaba su soledad y su mutismo. El destino hizo que se encontrara de nuevo con Ruiz. Ella le sonrió, no dijo nada. Vivió una noche de amor incomparable, al amanecer salió del lugar, subió a la montaña y se perdió en el firmamento.

Rubén Fuentes registró la letra a nombre de su hijo Alejandro Fuentes Roth, a fin de que pudiera algún día cobrar regalías. No se imaginaba que gracias a la elección del acapulqueño adoptivo más famoso del momento, el regalo se convertiría en auténtico oro de rey. En aquel entonces, 30 de octubre de 2000, *Vivo* sentaba un precedente como primer video-concierto comercializado en español en el que el impulso a su música con mariachi se complementó con otro tema inmortal, "Y". El primer disco exclusivo de mariachi dedicado a su amado México estaba cada año más cerca, aunque todavía se haría de esperar. Como sucedió en su día con los boleros y con algunas voces críticas como fue la de Lucho Gatica, también con las rancheras tenía algún que otro presunto crítico dentro de los clásicos del género. Un día estaba Luis Miguel comiendo con unos amigos en su casa de Acapulco, cuando alguien dijo que había estado con Vicente Fernández y que había dicho que él no sabía cantar las rancheras. Los comensales se quedaron como contrariados, y uno de ellos, su amigo Polo Martínez, tuvo una frase muy ocurrente, "sería bueno un intercambio de enseñanzas, que Vicente Fernández le enseñe a Luis Miguel a cantar las rancheras y que Luis Miguel le enseñe a Vicente a venderlas". Micky le agarró la mano y se la apretó, incómodo por la pequeña tensión provocada por esa respuesta, que desde luego no gustó a Vicente Fernández.

Monterrey se llenó de orgullo al haber sido elegida para la grabación del que iba a ser el segundo disco en directo de la carrera del cantante. Del 13 al 17 de abril de 2000, el Auditorio citiBanamex, por entonces Auditorio Fundidora, de la capital regiomontana registraría sendos llenos apoteósicos. Juan Manuel Navarro presenció su llegada luciendo un pronunciado bronceado y vistiendo de pantalón y playera negra. Descendió de su jet particular dispuesto a saludar a quienes lo fueron a recibir. Eran las 16:50 horas cuando su Grumman 2 aterrizó en uno de los hangares del Aeropuerto del Norte. Su representante Alejandro Asensi fue el primero en salir del avión. Después de unos segundos, descendió sonriente e inmediatamente dejó sentir su placer de estar en tierras regias. "Creo que va a ser una bonita experiencia porque el público ha respondido muy bonito y la vamos a pasar muy bien". Su cuerpo de seguridad lo protegió de unas fans que se colaron al hangar y que aprovecharon para tomarle algunas fotos, él se detuvo por un momento para saludarlas. Fue directo al auditorio a ensayar antes del primer concierto.

Para la producción del DVD se movilizaron un total de 65 personas trabajando en la filmación del concierto, apoyados en 16 cámaras de video, cinco grúas y un dolly, para captar las imágenes del show desde el centro del Auditorio del Parque Fundidora. Abajo del escenario, una persona filmó, de un lugar a otro, a los asistentes que cantaron sin parar y no dejaron de gritar piropos. También se hicieron algunas tomas a las pancartas que los fans llevaron al show. En el talud del auditorio se ubicó una grúa que hacía tomas panorámicas del espectáculo, así como uno que otro *close up* a los fans que se encontraban en esa área. El proyecto estaba producido por Tony Eaton y dirigido por David Mallet, quienes habían trabajado con celebridades de la talla de Madonna, Mariah Carey, Whitney Houston, David Bowie, Tina Turner y Puff Daddy. La producción corría por cuenta de Luis Miguel y su representante para su grupo de empresas Lion Enterprises.

El sábado 15 de abril por la noche organizó en encuentro hasta altas horas de la madrugada en su suite del Hotel Quinta Real en compañía de amistades regiomontanas, entre las que destacaba su entrañable amigo el empresario Alberto Santos, para celebrar el éxito de la filmación de su concierto en formato DVD. Aquella tarde tres jóvenes de Argentina le habían llevado un presente con globos por su 30 cumpleaños. Las fans viajaron 24 horas desde Buenos Aires y realizaron un gasto considerable después de ahorrar varios meses para estar en los cinco conciertos que el Sol hizo en Monterrey.

Aquel semestre tan lleno de la luz del Sol iba desafortunadamente a mostrar algunas sombras, síntomas de problemas que con el tiempo se irían agravando, como la falta de control de las finanzas, la dejadez en gestiones que implicarían consecuencias graves y una política de manejo de la carrera basada en el aislamiento que empezaría a pasar factura con personas que fueron determinantes en su carrera, como Armando Manzanero, Juan Carlos Calderón o Raúl Velasco, por poner tres claros y representativos ejemplos. Es aquí donde tantas fuentes consultadas en la elaboración de esta biografía han recordado el nombre de Hugo López y el gran equipo de personas, como la publicista Toni Torres, que lo acompañaron en algún momento de su trayectoria y le supieron guiar siempre por el camino correcto para que su nombre no saliera perjudicado. Cuántos disgustos se habrían evitado, cuánto desgaste de imagen, cuántas pérdidas materiales si el Sol hubiera contado a su lado con alguien que sostuviera con fuerza la brújula sin dejarle perder el norte.

En el año 2000 el maestro Armando Manzanero aseguraba en España durante la promoción de su disco de duetos, que agradecía a Luis Miguel por haber grabado una serie de boleros, ya que de esa forma su música fue conocida por mucha más gente. Sin embargo, el locutor apreció un malestar contenido en el célebre compositor, pues al fin y al cabo el hecho principal era que lo había invitado a participar en el disco y había obtenido un no por respuesta. Nunca se llegó a concretar la versión a dúo Luis Miguel-Armando Manzanero de "Por debajo de la mesa". Manzanero nunca entendió qué había sucedido, pues hasta hizo una versión específica para que la grabaran los dos, pero fue diplomático y correcto sin dejar entrever su decepción.

> *Tal vez sea cosa de la mercadotecnia, cosa que yo no entiendo, es posible que se deba al hecho de que él sacó su disco en vivo donde también estaba la canción dentro de una selección de Romances, y tal vez pensaron que era como amontonar demasiado material de Luis Miguel con dos versiones diferentes. Finalmente, y con todo el respeto y el cariño que le tengo, no le hizo falta al disco. Él no es de ese tipo de personas que dicen esto lo voy a hacer porque éste es mi amigo, sino que tiene muy bien medidos sus parámetros.*

Poco después de aquellas declaraciones, su hijo Diego iría a reunirse con él para que escogiera canciones de cara a *Mis romances*, en el que el maestro Manzanero escribiría un inolvidable "Cómo duele".

Aquello fue el germen de unas declaraciones que años más tarde se tornarían menos diplomáticas por parte del compositor e intérprete de "Somos novios". A finales de 2015, Manzanero salió en defensa del mismo cantante, quien por esos días había cancelado una serie de conciertos que tenía programados en el Auditorio Nacional de la Ciudad de México dentro del conocido como "Trienio Horribilis".

> *Así como hoy se le crucifica por haber suspendido dos conciertos en el Auditorio Nacional, también se le alabó cuando estuvo en la cúspide*

de la popularidad. Estoy de acuerdo en que la mayor dificultad de Luis
Miguel es la bola de alcahuetes que lo rodean, que lo aconsejan mal y
que quieren seguir viviendo bien a sus costillas.

Sin embargo dos años más tarde, en octubre del año 2017, el maestro
estalló cuando le preguntaron si creía que Luis Miguel pudiera participar en el homenaje que preparaba. "Es más fácil que un elefante logre
entrar por el ojo de una aguja, a que Luis Miguel un día haga algo por el
prójimo. Si dejó colgado a Alejandro Fernández, ¿qué se puede esperar de
él? Luis Miguel se volvió loco. Qué mal que sea como es". Ese día descartó
volver a trabajar con él.

Fue algo parecido a lo que sucedió en el adiós de *Siempre en domingo*,
programa que lo ayudó en sus inicios pero que no pudo contar con su presencia en su despedida en 1998, después de haberle concedido una entrevista a Raúl Velasco en el escenario del Auditorio Nacional en 1994. Él se
justificó de esta manera:

> *Yo quisiera dejar bien en claro que no ha sido el hecho de no estar en el pro-*
> *grama, sino más bien que hace algunos años que yo no he hecho nada de*
> *televisión por razones personales. No tiene nada que ver con el programa,*
> *ni con el señor Velasco, es una cuestión que tomé la decisión hace algunos*
> *años de no hacer tanta televisión, de hecho no nada más no he asistido*
> *al programa del señor Velasco, sino que no he asistido a muchos progra-*
> *mas de televisión que están desde hace muchos años también. El hecho*
> *de que ese programa haya sido muy importante en mi vida, lo sé perso-*
> *nalmente, lo reconozco y hay formas de reconocerlo; algunos lo hacen de*
> *manera más privada y otros, de manera mas pública, ésa es la diferencia.*

A Raúl Velasco no debió de llegarle ningún reconocimiento privado pues
no le convenció mucho la respuesta, así lo pudo constatar Javier León
Herrera en una entrevista para el documental *Los Beatles latinos* en la Ciudad de México, en el año 2002. Raúl Velasco daba a entender que había sido
un gesto de ingratitud, pero no le quiso dar mayor importancia ni profun-
dizar en el tema.

Su progresiva mayor presencia en Los Ángeles y menor presencia en
Acapulco se tradujo con su casa de la playa puesta en remate para pagar

un adeudo, tal como recogía la reportera Nora Marín en junio de 2000. Los abogados de Luis Miguel se pusieron en contacto con directivos del Instituto Mexicano del Seguro Social para pagar los 380 221 pesos que adeudaba y así evitar el embargo y subasta. Rolando Paredes, coordinador de Comunicación de la Delegación del IMSS en Guerrero, informó que ante el aviso del remate de inmediato hubo respuesta por parte de los representantes del artista. "Van a pagar, es casi seguro, porque ya vinieron y dudo que Luis Miguel quiera perder su casa" dijo el funcionario, quien explicó que "el adeudo que tiene el cantante con el IMSS corresponde a las cuotas de los trabajadores de la construcción que en diversas ocasiones han remozado su residencia". Se debían cuotas desde 1995 de diferentes periodos en los que se habían laborado en la construcción de la casa. La residencia estaba tasada en aquel momento en 16 millones de pesos. Un descuido imperdonable.

16

Cómo duele

Parecía la pareja del recién estrenado siglo a los ojos del público, un cuento de hadas repleto de viajes exóticos, regalos deslumbrantes y pasión desbordada, pero los acontecimientos dieron la razón al hermano de Mariah Carey y al personal del entorno de Luis Miguel. Una cosa eran las apariencias que tan obsesionadas la tenían a ella alimentando su personaje público y otra bien distinta la realidad de una pareja que se peleaba con mucha frecuencia y que encontró en los celos su verdadero talón de Aquiles que hizo saltar todo por los aires.

No habían pasado ni tres meses entre la pomposa puesta en escena en Marbella, España, con motivo del cumpleaños del Sol en abril, que la prensa ibérica llegó a calificar de cursi incluso, y la nota fechada el 18 de julio de 2001 en Nueva York donde ella confesaba que la relación sentimental con Luis Miguel, a quien calificó como "una bella persona con un gran corazón", estaba completamente rota. "Independientemente de lo que pasó o de lo que pasa, siempre lo consideraré como esa bella, increíble y talentosa persona que es", agregó. ¿Qué sucedió en esos tres meses para ese giro tan radical? Sencillamente que le había fallado, que él cortó de manera abrupta la relación sumido en un tremendo dolor de quien se siente traicionado. Era el inicio de su calvario.

En el mes de agosto la crisis hizo una mella insostenible en la cantante y se desplomó al punto de tentativa de suicidio, eso al menos le contó la mamá al intérprete de "Tu mirada". Un mes antes, cuando había llegado a Londres en la última escala de una gira de 14 días en siete ciudades para promocionar la película *Glitter* y el disco de la BSO, se le notó un enorme agotamiento y los primeros síntomas de una depresión severa, preguntándose cuál era el significado de la vida. Su fragilidad empezó a mostrarse en sus presentaciones promocionales, donde la cantante de 31 años de edad lucía desorientada y hacía comentarios extraños. El calvario se prolongó en Estados Unidos con nuevos eventos publicitarios donde su desorientación era tan notoria que por momentos parecía tambalearse ante millones de televidentes en *Total Request Live* de MTV.

La mañana del 25 de julio publicó una serie de mensajes extraños en su sitio oficial hasta que su mente y su cuerpo dijeron basta. Un portavoz anunció que sufría "agotamiento extremo". Canceló sus presentaciones, incluido el concierto del 20 aniversario de MTV, e ingresó a un hospital en Nueva York. La traumática ruptura con su novio fue la verdadera causa de aquella crisis. Su carácter bipolar y sus paranoias profesionales no hacían sino empeorar el cuadro, ante cuya gravedad la madre no tuvo más remedio que buscar a Luis Miguel para que la visitara, diciéndole que estaba muy mal, que estaba internada en un hospital neoyorquino y que su vida corría peligro porque incluso se quería suicidar ante la gravísima depresión en la que había caído. Él, que en esos momentos se encontraba en Los Ángeles trabajando en el disco *Mis romances*, conmovido y en contra de sus intenciones iniciales, sumido también en una tremenda tormenta emocional por el desengaño que acababa de sufrir, decidió finalmente hacer un alto en la agenda de su grabación; era de hecho la segunda vez que interrumpía una grabación por causa de Mariah Carey, y volar a Nueva York para visitarla. No sospechaba que con ese gesto, lejos de aliviar el dolor de su alma, lo que iba a hacer era echarle galones de gasolina al fuego. Cuando llegó al hospital se encontró con la desagradable sorpresa de que no lo dejaron verla con la excusa de que no podía recibir visitas, sin que la madre hiciera nada. Se indignó. En aquel momento, saliendo de allí en dirección al hotel Four Seasons, pensaba que estaba en uno de los peores días de su vida. El mes de agosto acababa de arrancar, pero lo peor estaba todavía por llegar.

Mariah Carey abandonó el hospital neoyorquino el 9 de agosto de 2001 después de haber estado internada 14 días. Su madre, Patricia Carey, quedaba al cuidado de su hija. Su vocera se limitó a decir que el tratamiento psiquiátrico al que estuvo sometida se debió a un colapso nervioso sufrido aquel 25 de julio. En abril de 2018, después de haber transcurrido 17 años de aquella crisis, Mariah Carey le contó al mundo a través de la revista *People* que padecía un trastorno bipolar que explicaba muchas de sus paranoias y obsesiones.

> *Estaba irritable y vivía con un miedo constante a decepcionar a la gente. Resultó que estaba experimentando una forma de manía. A veces me golpeaba con una pared. Supongo que mis episodios depresivos se caracterizaron por tener muy poca energía. Me sentía tan sola y triste, incluso culpable de no estar haciendo lo que necesitaba para mi carrera.*

Lo que no contó a *People* fue el detonante de aquella crisis, que no fue otro que la ruptura súbita, traumática y repentina de la relación que se produjo cuando Luis Miguel se enteró de una supuesta infidelidad suya con un miembro de su cuerpo de seguridad, es decir, un guardaespaldas o guarura, como se les llama en México, como él mismo contó entre lágrimas desahogándose con amistades; nada que ver con los posteriores rumores que la relacionaron con Eminem, con quien cruzó más tarde mensajes a través de canciones en las que él no salía muy bien parado. La letra de "Clown" ("Payaso") decía en 2003: "Nunca debiste haber insinuado que éramos amantes, cuando sabes muy bien que ni siquiera nos hemos tocado". A Luis Miguel le dolió mucho y buscaba consuelo en su pesar con gente de su confianza. No lo pudieron superar jamás por mucho que quisieron darse otra oportunidad volviendo al lugar donde todo había comenzado. Pasaron el final de año en un *spa* de Aspen que blindaron bloqueando ventanas y desocupando espacios con un pago extra. En enero de 2002 la pareja que formaban Luis Miguel y Mariah Carey estaba rota para siempre.

Fue el final de una historia de amor y el inicio de un tremendo dolor que saldría de su corazón a la hora de interpretar canciones del disco *Mis romances* y sobre todo algunas compuestas con toda la intención para lo que sería su siguiente disco, *33*, dedicado al desamor de su frustrado idilio con Mariah pero con algún guiño también a Myrka Dellanos como veremos. El "Cómo duele" que fue concebido por la letra del maestro Armando

Manzanero como un sufrimiento por los celos de un hombre que ama con locura a una mujer, acabó entonado en un sufrimiento por desengaño y traición. Junto a ese tema, otro inédito del maestro Manuel Alejandro, "Al que me siga", rasgaba de pleno el alma del intérprete como el iceberg que rajó el casco del *Titanic*.

"En este periodo todo lo que canto lo he sentido y lo he vivido", reconocería él en la presentación del disco.

Después de terminar con Mariah tuvo una terrible depresión, al igual que le había sucedido a ella. Fue una de esas relaciones extremadamente pasionales que dejan huellas y heridas difíciles de reparar, que sólo el sabio bálsamo del tiempo es capaz de ir aliviando. Cuando cortaron, él se irritaba, decía que la odiaba, no podía verla ni saber nada de ella, si alguien le llevaba una revista o veía un periódico, los tomaba, los rompía y los aventaba al tiempo que soltaba por su boca una serie de irreproducibles improperios.

> *Él estaba muy enamorado de ella, se gastó un dineral en regalos, creo que ni él debe saber los cientos de miles y miles de dólares que gastó para finalmente sufrir una decepción tan grande. Muchos se lo decíamos, que tuviera cuidado, y no lo tuvo, me atrevería a decir que después de lo de su madre debe ser la cosa que más le ha dolido en la vida.*

Son palabras de alguien que conoce al Sol y que vivió muy de cerca aquel proceso que sumió al cantante en un profundo dolor y una gran pena. Tanto fue así, que del sufrimiento se le empezó a caer el cabello. Él solía echarse la mano al cuero cabelludo para enseñar los estragos de esa alopecia amenazante por causa del desengaño amoroso y lo enseñaba a personas de su más íntima confianza como prueba del daño que le había hecho el mal final con la mujer con la que soñó hacer la gran boda del siglo XXI. La pérdida de cabello sería una constante en él desde entonces, asociada a momentos de crisis emocionales, de los cuales habría por desgracia bastantes en los siguientes años.

Es la historia de un dolor que apenas si encontraba consuelo con sus amigos, que le gastaban a veces bromas para sacarle una sonrisa. Solían decirle que había sido bueno que tronaran porque de lo contrario la genética le habría traído un hijo con pelo afro y morenito, en referencia a la ascendencia paterna de Mariah Carey, sin que tuviera nada en contra de ello, no había ninguna connotación racista en la broma ni mucho menos, es bueno especificarlo para evitar malos entendidos.

Es la historia de un dolor que ni siquiera se disimulaba. Para superar la crisis se refugió en el deporte, en hábitos más saludables que lo adelgazaron y frenaron de golpe la depresión. En España ya dejó ver un mejor aspecto físico en octubre de 2002 gracias a ese estilo de vida que le evitaba caer en el abandono, la ansiedad y el sobrepeso al que siempre ha sido propenso. A sus 32 años, lucía delgado como nunca, "los kilos de más los ha dejado por el camino" escribió una cronista española cuando presentó *Mis boleros favoritos*. Saltaba a la vista. "Me encanta el deporte. Llevo dos o tres meses con una disciplina física importante que me ayuda a llevar tanta presión. Me siento mucho mejor que hace un año", confesó él. Se le vio igual de delgado en el programa que grabó con Adal Ramones en Cancún. Delgado también, pero con un halo triste, fue como se presentó en Punta del Este con su amiga Susana Jiménez para confesarle: "He sufrido por amor, terriblemente además. Pagas un precio alto por cantar al amor y al desamor en tus canciones sintiéndolo de verdad". Rotundo y claro, asintiendo con la cabeza y bajando la mirada, con la voz débil y apocada, sacando a relucir lo que pasaba por dentro, porque lo único que no era cierto de tan sincera y espontánea frase era el tiempo del verbo. El sufrimiento todavía no era parte del pasado.

Es la historia de un dolor que incluso antes de ese encuentro en la bella ciudad costera uruguaya de 2002 ya había dejado rastro en una gran comparecencia pública. Desde la muerte de Gianni Versace el 15 de julio de 1997, su espectacular casa mansión de Miami Beach, Casa Casuarina, había permanecido cerrada. Se abrió en noviembre de 2001 para la presentación mundial de *Mis romances*, el cuarto disco de boleros de Luis Miguel, que fue lanzado el 20 de noviembre y que era, según las palabras del intérprete, "un capítulo más de la serie que empecé en el 91 y de los diez a los que quiero llegar". El entorno barroco, suntuoso, repleto de esculturas, vidrieras y mosaicos eran perfectos para la expectación suscitada.

Apareció en el jardín de la casa presidido por la magnífica piscina y la medusa que simboliza la firma Versace tan sólo 35 minutos después de la hora prevista. A pesar de que antes habían estado haciendo bromas por la cantidad de bidés que había en la casa, ya que por esas tierras no es frecuente el uso del bidé, se notó que no estaba pasando por su mejor momento personal. La cara la tenía desencajada y así lo reflejaron las crónicas. "Sofocado, sudoroso, con el hablar entrecortado, como si acabara de participar en una carrera de obstáculos, Luis Miguel apareció con su eterno traje oscuro y su corbata". El sofoco fue mayor cuando llegaron las preguntas sobre ella: "¿Grabaría una canción con Mariah Carey?". Rotundo no. "Sobre esa relación no tengo nada que decir, esa relación terminó. Estoy soltero. Espero establecerme algún día y crear una familia".

Juan Manuel Navarro pudo realizarle entonces una nueva entrevista que fue publicada en la revista *Eres*, donde se hacía hincapié también en los 20 años de carrera que se cumplían justo en enero de 2002, fecha de publicación de la misma.

> *No estar todo el tiempo que quisiera con mis seres queridos, mi familia, mis amigos, fue el precio que pagué por estos 20 años, pero no me arrepiento de nada de lo que he hecho y vivido, porque he tenido muchas satisfacciones. Maduré deprisa, tengo que verlo de una manera positiva, porque todo lo que he aprendido lo he canalizado de ese modo, positivamente. No me arrepiento de nada. Todo ha sido necesario, justo para que me sintiera hoy como me siento, muy satisfecho, mucho más tranquilo, sereno y seguro, a mí los años me cambian. Si hicieran una película de lo que ha sido hasta ahora mi vida me gustaría que me interpretara un Marlon Brando joven y de pareja tener a Rita Hayworth o Marilyn Monroe. Sería una combinación de drama y comedia para incluir diferentes imágenes de mi vida.*

Una película que hasta ese entonces se escribía con las letras de sus boleros, para sus romances, para su amada madre. Una película en lo que a este género musical se refiere, interrumpida, pues casi dos décadas después, el sexto disco de esta serie del Rey del bolero es un anhelo de sus fans que sigue pendiente.

En aquel 2001 Michael Jackson invitó personalmente a Luis Miguel para que se uniera al proyecto *Todo para ti*, un disco donde estaban entre otros también Jennifer López, Céline Dion y Gloria Estefan. "What More Can I Give", título original de la canción en inglés, la hizo el Rey del pop con motivo de los disturbios de Los Ángeles de 1992 para su álbum

Invincible, pero el tema se quedó fuera por el pleito de Michael Jackson contra al director de Sony Music, Tommy Mottola, al que acusó de racismo, hecho que provocó el veto del disco. La canción condenaba los disturbios que causaron más de medio centenar de víctimas mortales y miles de heridos en Los Ángeles en 1992 y pensó que ese mensaje podía extenderse a la condena al ataque de las Torres Gemelas. El cantante la rescató del cajón para armar con ella un proyecto que involucrara a varios artistas, tanto en el ámbito anglosajón como en el latino, después de los atentados del 11 de septiembre en Nueva York, un día aciago no solamente para las víctimas de aquel salvaje atentado, sino también para el menor de los hermanos Gallego Basteri, que ese mismo día se despedía de los Estados Unidos, cerrando una etapa que lo había convertido en un gran estudiante, un gran pianista y un joven forjado de una gran personalidad.

※　※　※

En julio de 2018 el doctor Octavio Foncerrada concedió una entrevista a uno de los programas de espectáculos de mayor audiencia en México, *Ventaneando*. Este buen hombre, discreto y siempre acostumbrado a manejarse en un bajo perfil, decidió hacer una excepción a su habitual discreción ya que no pudo soportar el dolor gratuito que supuso escuchar el bulo que afectaba directamente a su hijo, pues así es como considera al hermano menor de Luis Miguel, al que prácticamente ha criado, siendo papá y mamá al mismo tiempo. El bulo lo propagó la periodista Claudia de Icaza en la época de emisión de la primera temporada de la serie de Luis Miguel y, como ya se dijo, atribuía, falsamente la paternidad de Sergio al "Negro" Arturo Durazo.

Desde la época de *Luis Mi Rey* éramos conscientes de que este chisme se había difundido en la Ciudad de México, pero nunca fue cierto. Contrastando esa información, siempre tuvimos claro que el padre biológico del menor de los Gallego Basteri sí era Luisito. Más allá de las evidencias físicas, la complexión y estatura de Sergio son idénticas a las de su difunto padre, parecido físico que se manifestaba desde las fotos de su infancia, los testimonios de todos los familiares consultados confirmaban los datos y no nos dejaron lugar a dudas. El Doc quiso salir a la palestra a aportar un dato más, pues supo de la estancia de Luisito y Marcela en Los Cabos en unos días de amor intenso y el testimonio de ella de su embarazo posterior. Esto es algo que corrobora la versión de los hechos, dada desde un principio, donde desmentimos rotundamente el hecho de que el hermano menor de Luis Miguel fuera hijo del Negro Durazo. Ambos le confesaron al Doc que allí habían concebido a Sergio. No era ya la mejor época de la pareja, y desde luego no era especialmente la mejor época de Marcela, cuyo declive físico y anímico aumentaba con el mayor enriquecimiento de la familia, hecho que desembocó en un parto muy complicado. Sergio Rey fue seismesino, nació justo un día antes de cumplir su madre los seis meses de embarazo. El Doc arremetió contra Icaza en el programa respondiendo a las preguntas de Paty Chapoy. Guadalajara fue el destino del Doc y Sergio tras la pelea con Luis Miguel que supuso el final de la relación de los hermanos, y allí rehicieron ambos su vida hasta el posterior traslado de Sergio a España.

Octavio Foncerrada daba clases de anatomía y de fisiología para los estudiantes y era médico de una empresa que tenía un consultorio en Polanco, con métodos de reducción de peso y de relajamiento, Reiki, etcétera. Entre los pacientes había un productor de Televisa, que una noche le habló para atender a un amigo que se sentía muy mal, aparentemente con síntomas de infarto. Cuando él llegó a la casa, al ir subiendo como una especie de escalera de cristal vio en una sala a una señora bellísima con sus dos hijos, uno parado y otro sentado con ella. Entonces cayó en cuenta que uno de ellos se parecía mucho a un niño que había visto en un evento al que un amigo periodista lo había invitado unos días antes. El enfermo era Luis Rey, quien no tenía ningún infarto, y en cuanto el Doc le aplicó algo de terapia de relajación logró mejorarse y ponerse bien. Después empezaron a platicar, a presentar a toda la familia, a requerir de sus servicios para Marcela también, y ahí se fue estrechando la relación al punto de que Luisito le hablaba casi a diario para que fuera a relajarlo.

Un día lo invitaron a que les acompañara a un show a una ciudad lejos de la Ciudad de México. Cuando terminó el show, de regreso, estaban en el hangar, listos para irse, y estaba Luis Miguel dando autógrafos a unas niñas. Una de ellas se le prendió, le mordió y no lo soltaba, entonces él, por ese instinto protector con los niños, se levantó y fue hacia él con una simulación como que tenía un dolor para que lo soltaran. Cuando lo liberó vio que tenía una mordida bastante fuerte en el cuello. A raíz de aquello

Luisito Rey le propuso que se incorporara a trabajar con ellos en calidad de médico de la familia. Lo pensó, pidió permiso en los lugares donde estaba, un mes para probar. A los dos días estaba viajando con ellos a Japón. Ahí empezó a ver la obediencia, la férrea disciplina a la que estaba sometido Luis Miguel debido a los métodos muy estrictos del papá. Poco a poco se fue involucrando con ellos, al punto de compartir Navidades, de convivir con la familia en todos los aspectos. Era el primer paso de una misión en la vida que Dios tenía para él pero que en ese momento desconocía; la de hacerse cargo de la educación de Sergio Rey.

Con los años, Sergio se volvió un adulto muy respetuoso de su privacidad, cosa que hemos querido respetar aun conociendo la situación actual del menor de los Gallego Basteri. Su primera lengua fue el italiano, fruto del tiempo que estuvo con Marcela y con el *nonno* en Massa Carrara. Se formó de manera sobresaliente en sus estudios en Boston, habla el inglés a la perfección. Además de ser brillante en los estudios, era muy bueno en deportes y sacó adelante sus estudios de piano con grado de concertista en el conservatorio de Nueva Inglaterra. Su oído para la música tiene tal grado de afinamiento que incluso cuando pasaba en las vacaciones temporadas con su hermano en la casa de Acapulco había veces que hasta lo corregía musicalmente cuando estaban ensayando algunas canciones. A Luis Miguel hasta le daba coraje, como diciendo que cómo era posible que su hermano, un chamaquito, pudiera hacer tales observaciones, pero luego comprobaba en la partitura la observación de Sergio y resultaba que llevaba razón. Tiene mucha casta y no es cierto que cantara en una iglesia. Lo único que tenía eran unos amigos con un estudio de grabación donde a veces iban a cantar sólo para divertirse. En una ocasión lo escuchó un periodista que quedó maravillado, más todavía cuando le dijeron que era hermano de Luis Miguel, y eso dio lugar a la confusión, salió en los medios y empezó a decirse que el hermano menor se quería lanzar como artista, cosa que no era cierta, a pesar de que sus propios amigos le animaban, él nunca quiso ir por ese camino aunque sí que canta, y canta muy bien, desde niño, como quedó plasmado para la posteridad en aquella ocasión en España durante el programa de televisión de María Teresa Campos, y al cambiar su voz. El Doc dijo en aquella entrevista que cantaba "igual de hermoso que su hermano, con la voz un poco más aterciopelada, pero es mentira que haya querido lanzarse a cantar, es un bohemio de corazón que canta hermoso, pero él nunca ha tenido la intención de lanzarse profesionalmente". De haberlo hecho, y a tenor de todos los testimonios recogidos de gente que lo escuchó en diferentes momentos, hubiera podido abrirse paso perfectamente en el campo de la música, talento y cualidades le sobran.

El Doc reconoció estar dolido por el distanciamiento de los hermanos del mismo modo que nos duele a cuantos de alguna manera los admiramos y deseamos el bien tanto para Luis Miguel como para Sergio. Éste es otro episodio necesario para agregar a esa lista del perdón, un episodio pendiente para recobrar la paz y la luz del Sol en todo su esplendor, que al menos hasta la hora de cerrar este libro no se había producido, y ya va con un retraso de dos décadas. El don supremo es el amor, y el amor es generoso y no tiene límites. Con amor y perdón todo es reversible, y no cabe duda que el primer paso lo debe dar el hermano mayor, de la mano del don supremo, sin publicidad ni intereses de terceros detrás, sin intermediación ni hijos de por medio, sin fotos en redes sociales. Simplemente porque no hay nada más reconfortante en este mundo y más hermoso que el perdón y el amor verdadero. No importa si han pasado casi veinte años desde aquel día del mes de agosto de 2001, siempre hay tiempo para hacer las cosas con humildad y de corazón, para hacerlas en virtud de los verdaderos valores de Dios, el Dios al que le cantaba mirando hacia arriba, el Padre celestial del Jesús del crucifijo que lucimos colgado al cuello, "es el que sabe realmente tus debilidades y el que sabe quién eres", como él mismo dijo. Sólo a Dios hay que dar explicaciones.

Aquel día de agosto de 2001 fue el inicio de una muy triste historia. Cuando Sergio estaba por terminar sus estudios en Boston tenía pensado estudiar Antropología. Normalmente aprovechaban las vacaciones de Fin de año, donde casi siempre coincidían en Aspen, para hablar de ello. Del frío de Aspen se iban al calor de Acapulco y de ahí a Guadalajara, donde solían festejar su cumpleaños antes de regresar a Estados Unidos. En el último año, los planes habían cambiado, pensaron mejor que Sergio estudiara leyes, puesto que no veían muy claro con vistas al futuro lo de la Antropología. Las calificaciones de Sergio eran muy buenas como para estudiar lo que quisiese, él estaba respondiendo a su hermano, que le estaba manteniendo y dándole su formación. Sergio era de los primeros de su clase y obtuvo el graduado con *cum laude*; se encontraba en los cuadros de honor. Estaba la posibilidad de quedarse en el Boston College, ir a Harvard o que fuera a Inglaterra. Acudieron a pasar diciembre a Aspen como habían hecho en años anteriores para pasar las vacaciones con su hermano. Aprovechando la convivencia de final de año, entre diciembre de 2000 y enero de 2001, fue el propio Luis Miguel quien pidió que buscara, de cara al siguiente curso, una universidad en Londres, en lugar de ingresar a Harvard, pues él andaba con la idea de comprar una casa en Inglaterra. La idea les pareció buena, el muchacho dentro de poco sería mayor de edad y era muy conveniente crecer y formarse en un ambiente como ése. Finalmente quedaron de verse en el verano para tomar una decisión; la cita no pudo haberse fijado en peor momento.

Entre enero y agosto de 2001, que sería la fecha del segundo encuentro entre los hermanos, había una situación personal en el intérprete de "Amorcito corazón" que cambiaría radicalmente: en ese intervalo de tiempo se produjo la abrupta ruptura entre Luis Miguel y Mariah Carey que lo convulsionó emocionalmente. Esto acabaría teniendo una influencia negativa, porque fue precisamente cuando Luis Miguel decidió atender la petición de la mamá de Mariah Carey y volar a Nueva York para visitarla en el hospital, cuando quiso aprovechar para verse con su hermano, y avisó al Doc para que bajaran desde Boston y se encontraran en La Gran Manzana con el fin de ver y decidir lo de la universidad de Sergio. Les solicitó que se llevaran todos los papeles de las calificaciones así como lo que habían averiguado para ir a una universidad prestigiosa como la de Cambridge, en Inglaterra, y los trámites que había que hacer para eso. "Fuimos ya con calificaciones y todo para ir a Inglaterra pero en ese encuentro Luis Miguel no andaba de muy buen ánimo y fue el detonante para el distanciamiento", comentó el Doc en televisión. Efectivamente, aquél fue el peor día posible para aquella reunión que acabó en una muy desagradable pelea entre Luis Miguel y su hermano Sergio. Sabido era que al entorno más cercano del cantante no le gustó en ningún momento la personalidad de Mariah Carey ni la influencia que estaba ejerciendo con él. Lo que no pudieron nunca llegar a prever, particularmente Sergio y el Doc, que estaban dentro de ese elenco de personas con poca empatía hacia la cantante estadounidense, era que la influencia llegaría a ser tan negativa como para provocar indirectamente un cisma entre los hermanos.

El cantante se encontraba emocionalmente muy afectado por lo que había sucedido. Luis Miguel llegó a visitar a Mariah y se encontró con la desagradable sorpresa de que no le dejaron verla con la excusa de que no podía recibir visitas, pero él lo tomó como todo un desplante de la madre. Eso lo sacó de sus casillas, lo alteró y lo desestabilizó, lo dejó en un estado emocional que no era el más recomendable para verse después con nadie. Llegando de ese disgusto abordaría el encuentro con su hermano, que iba lleno de ilusión ante el horizonte de una nueva etapa en Europa, para lo cual ya se había asesorado. Luis Miguel cambió de opinión respecto a la última plática sobre el tema, y adoptó una posición impositiva. Debía ser lo que él decía, ir a estudiar a Los Ángeles e ingresar en la UCLA. Tenía que ser sí o sí lo que él quería, pero más allá del fondo, las formas no fueron en ese momento las mejores. Al cantante le salió ese lado soberbio que él mismo había sufrido por parte de su padre, esa ira que recordaba la tremenda pelea del verano de 1989 en el hotel Villa Magna de Madrid y que se estaba repitiendo en el hotel Four Seasons de Nueva York con protagonistas y roles invertidos. No se daba cuenta, pero en ese momento Micky era Luisito. Su hermano, poseedor de un orgullo y sentido de la dignidad enormes, no aguantó las palabras, "yo no soy tu fan, soy tu hermano", le dijo, dio un portazo y se fue. El Doc se marchó con él entre lágrimas. Era el momento en el que las vidas de ambos iban a trazar una línea con un antes y un después.

¿Y ahora qué? La reacción de Luis Miguel fue de un orgullo exacerbado, un orgullo con recursos, que era justo lo que desde ese momento negó a su hermano. En apenas tres días canceló todas las ayudas económicas de sustento en Boston y el Doc, que tras la pelea entre ambos decidió mantenerse leal con Sergio, tuvo que recurrir a su familia en Guadalajara. No tuvieron más remedio que mudarse urgentemente a Jalisco en septiembre para sobrevivir apoyados en la familia Foncerrada. Casualidades de la vida, coincidió el adiós de Sergio a Estados Unidos con el histórico día del 11 de septiembre de ese 2001, un contratiempo añadido a la tristeza de aquellos momentos. México los acogió con los brazos abiertos y allí pudo terminar sus estudios. Lo hizo con brillantez y con un certificado avalado por la Universidad de Guadalajara. Luego entró a la Escuela de Arquitectura, estudió fotografía y hasta tiempo tuvo de dejar muestras del arte infinito que atesora en su voz pero que nunca quiso proyectar públicamente. Con el paso del tiempo Sergio decidió irse a vivir a España, lejos de su hermano y de la posibilidad de estar en foco alguno. En España tuvo una hija que está con su madre. En España vive e intenta buscarse la vida, como suele decirse, rodeado de personas que ignoran por completo su parentesco con uno de los cantantes más famosos de todos los tiempos. Talento no le falta para haber intentado abrirse paso en el mundo de la canción, pero se negó siempre. Así como no busca nada de su hermano, tiene un sincero y profundo agradecimiento por todos los años que estuvo a su cargo en los que a él no le faltó de nada. Esta historia se merece un final feliz, pero sin fotos en Instagram ni guiones previamente escritos.

En el mes de mayo de 2019 una fotografía se filtró en las redes sociales. Coincidió con que en esos días habían difundido un video de Micky en una tienda de Madrid. Las fans reaccionaron esperanzadas de una supuesta reconciliación de los hermanos. Es la última imagen que se conoce de Sergio, con pelo corto, barba de pocos días, perilla y gafas redondas, con su sobrino. Pero la foto no era de la primavera de 2019 sino del verano de 2018, cuando Alex estuvo en España con motivo de la gira de Luis Miguel. Estaban los hermanos, la pareja de Alejandro y los niños. La foto, lejos de escenificar una reconciliación, en realidad escenifica un mayor alejamiento pues no respetó los deseos del menor de los Basteri de cuidar su privacidad, y eso es algo que siempre ha de respetarse, él no es un personaje público.

17

Luis Miguel 33

En marzo de 2002, cumplidos los 20 años de carrera profesional desde aquel lejano enero de 1982 en el que un niño se presentaba ante todo México al son de "Uno + uno = dos enamorados" y "Hay un algo" en el programa *Siempre en domingo*, en uno de sus primeros conciertos de la nueva serie de presentaciones en el Auditorio Nacional de la Ciudad de México se produciría un hecho inolvidable, un segundo beso histórico a un mes de la muerte de La Doña. El primero había sido justo dos años antes, en marzo de 2000, cuando María Félix se sentó en la primera fila, donde feliz cantaba y coreaba "Bésame mucho". Cuando Luis Miguel se dio cuenta de su presencia, inmediatamente se inclinó en el escenario para saludarla. Ella, acompañada de su cuerpo de seguridad, se acercó al escenario y estrechó la mano de Luis Miguel al momento que le dijo: "Te adoro", a lo que el cantante le contestó: "Yo a usted también". Una imagen adorable que los asistentes, con un fuerte aplauso, no olvidarán jamás. La presencia inmortal de La Doña se ha convertido en un ícono que evoca la belleza universal de la mujer mexicana, algo de lo que hablaba precisamente un tema que ya se había hecho imprescindible en su repertorio y se había convertido en universal: "La Bikina". El encuentro de ambas personalidades fue aplaudido por las 10 mil personas que abarrotaron el recinto de Reforma. Para resaltar más ese momento, Alejandro Asensi proporcionó en exclusiva imágenes de ese video a Juan Manuel Navarro. Lo hizo subir a su suite del hotel Presidente en la Ciudad de México. Juan Manuel pudo fotografiar los fotogramas de aquel instante con beso incluido para darlo en una nota exclusiva a través de *El Norte*, que lo difundió y contribuyó a que el mundo supiera su tremenda admiración por la mítica actriz; una admiración mutua.

Dos años después, en 2002, cuando ella supo que él le había enviado un boleto de primera fila para uno de sus conciertos, no desaprovechó la oportunidad y se repitió la historia. Al salir del concierto, en lo que sería su última imagen pública, le presumió a una reportera de que le había dado un beso en la boca casi con la emoción de una adolescente. Fue grande hasta sus últimos días. Casualidades de la vida, quiso el destino que ésa fuera la última aparición pública de la mítica actriz. Justo un mes después de aquel segundo encuentro en un concierto con Luis Miguel, en la primera hora del lunes 8 de abril, día que cumplía 88, María Félix falleció mientras dormía en su casa de la Ciudad de México. Su médico, Enrique Peña, describió así la última escena: "Se acostó a dormir con la puerta cerrada tal como acostumbraba. Vio la televisión un rato y se durmió luego de tomar una pastilla, también como era su costumbre y por prescripción médica. Junto a su cama había libros y todo estaba en perfecto orden". Ya no despertó.

✺ ✺ ✺

Antes de la serie de conciertos en el Auditorio Nacional de marzo de 2002, se produjo otro hito histórico con el que quería de alguna manera simbolizar por todo lo grande el 20 aniversario de su densa carrera artística. En la suite del hotel acababa aquel día de ajustarse el saco y de colocar cuidadosamente el moño. Bebió un trago de whisky para atemperar los nervios. Recibió la señal de que estaban listos para partir. No era un concierto más. Era un sueño más que se iba a cumplir. La comitiva partió del hotel rumbo al estadio. Por momentos parecía más la comitiva de un estadista que la de un cantante. En su asiento, acomodado en el vehículo, estaba concentrado como pocas veces se lo había visto. Vio desfilar por las ventanillas a personas y carros por toda la ciudad, cuántos recuerdos en ese momento, como aquél del día que se encaminaba hecho también un manojo de nervios rumbo a la boda de Paulina López Portillo, el recuerdo de su mamá dando los últimos retoques a su vestimenta; son los mismos nervios que recorren su cuerpo camino al mayor aforo ante el que jamás había cantado. De repente observa un club de fans arrojando pétalos de rosa a la comitiva, lo hacen sobre todos los vehículos al no saber en cual va su ídolo. Él sonríe y sigue concentrado en el coche. Es algo que buscaba desde hacía tiempo, incluso quiso darle un carácter benéfico, aunque no le gusta airear sus buenas obras. El vehículo se convierte en improvisado camerino, a minutos de cantar ante el aforo más grande que jamás haya tenido, se cruzan los sentimientos y las emociones. Tanta gente ahí afuera, por él, ¿por qué yo? Es un corazón herido en esos momentos, pero el público es soberano, el público tiene sus sueños, y cuando avista la inmensidad del coliseo piensa que ahí adentro esperan 80 mil sueños para una noche mágica. ¿Por qué yo? ¿Por qué fue él y no otro el elegido? Cantar es al fin y al cabo la mejor terapia para paliar las frustraciones personales. Está listo para darlo todo una vez más y escribir una nueva fecha histórica en su biografía, la del día 2 de marzo de 2002, día que Luis Miguel abarrotó por primera vez el Estadio Azteca en un memorable show ante unas 80 mil personas que arrancó con los compases de "Amor, amor, amor" que entonó mirando al cielo de México ataviado con un clásico *smoking* oscuro con moño negro, dando continuidad a la imagen de la portada del disco. Miles de neones rompen el aire para darle la bienvenida en el Coloso de Santa Úrsula que acoge 50 toneladas de equipo, luces robóticas, 3 megapantallas, 600 elementos de seguridad y 3 enormes mamparas que proyectaban efectos de rosas y destellos de flamas.

✳ ✳ ✳

Era un bonito guarismo, era la edad de Cristo, un número bíblico, y decidió que sería un título perfecto para el disco que tenía que seguir a la última entrega de boleros, el primero con canciones inéditas desde el exitoso *Amarte es un placer*, si bien la situación había cambiado mucho en esos cuatro años, principalmente en el ámbito sentimental. Amar a Mariah había dejado de ser un placer y se tornó una pesadilla sobre la que ya el tiempo y Myrka Dellanos empezarían a echar tierra. El disco recoge esa transición con canciones de desamor plasmando el dolor dedicadas a la primera, como "Qué hacer", mezcladas con temas del canto a la nueva ilusión que en ese momento se forjaba con la conductora cubana como

"Eres". Un botón de muestra más que elocuente de lo que pasaba en el corazón del cantante es la bella canción "Devuélveme el amor" de Kike Santander.

Un desgarro emocional que tuvo un momento cumbre, insólito, en la entrevista que mantuvo con Adal Ramones en Cancún para el programa *Otro rollo,* de Televisa, con motivo de la presentación y promoción del disco. Su aspecto se mantenía delgado y con el look del cabello ligeramente algo más largo que había adoptado a raíz de toda la convulsión de finales de 2001 a fin de cerrar una etapa y abrir una nueva era. Los cambios de look han sido sus particulares tatuajes a la hora de simbolizar momentos y ciclos. En aquel encuentro algo le movió el piso de manera muy especial y fue algo que percibió todo su entorno. Era el 29 de septiembre de 2003, el día de San Miguel Arcángel. Su santo debió mover su espíritu. Algo poco habitual, algo que él detestaba, exponerse de esa manera en una entrevista. Extrañó a su madre como nunca. No se quebró en lágrimas de milagro, el momento le tocó tanto el alma que en alguna fase se le vio claramente con los ojos aguados. Su personal reaccionó rápidamente preguntando con señas si querían que pararan la grabación de la entrevista, pero él hizo un gesto negativo como queriendo seguir adelante. Nadie esperaba eso, ni que él mismo tocara un tema tan delicado como el de la mamá. Fue una sorpresa tanto para el público como para su personal más cercano, incluyendo a su *manager* Alejandro Asensi. Era la primera vez que Luis Miguel hablaba así en televisión. Todos se quedaron en shock.

> *Mira, 33 es una edad muy importante en la vida de un hombre, cuando cumples 33 años empieza una etapa diferente. Yo estoy viviendo una etapa muy importante y es una de las razones por las que quise ponerle así al disco, porque las canciones están muy bien para la gente de esa edad que está viviendo lo mismo que yo estoy viviendo.*

Cuando acabó le dio las gracias a Adal Ramones. Una vez editada la entrevista, quedó del agrado de todos y él no puso mayor objeción. Estas palabras quedaron ya para la historia de su biografía:

"Imagínate una semana antes de Navidad, tienes 7 u 8 años, quiero que imagines ahora en el corte cual sería la carta del Luis Miguel de 7 años a Santa Claus, cual sería la primera cosa", dice Adal antes de irse a comerciales. Al regresar, repite la pregunta, "estás solo en tu casa con una hoja en blanco, con un lápiz, y escribiendo algo a Santa, ¿qué le pedirías si fuera ese día ahorita?". No tarda más de tres segundos, Luis Miguel mira y habla no con la voz y con los ojos, sino con el corazón: "Volver a ver a mi madre". Sigue un espacio de silencio y de una enorme emotividad que se aderaza con unas notas musicales. El público se conmueve. Su equipo de colaboradores se conmueve. Adal percibe el momento televisivo único. "¿Cuál es el momento más fuerte que recuerdas de esos momentos con tu mamá?". Él continúa: "Muchos, muchos, sería... (hace una pausa, piensa bien lo que está sintiendo y lo que va a decir y concluye con un gran titular): Sería el regalo de mi vida. Eso me ayudaría mucho, a mí, a mi alma, a mi mente, a mi trabajo, a mis cosas, a mí como persona".

Luis Miguel no está respondiendo a las preguntas de una entrevista, está abriendo su corazón:

> *Me considero una persona con muchos defectos y una persona difícil. Estoy consciente de que tengo mi carácter, mi personalidad, mi forma de ser, pero mis intenciones son siempre buenas. Soy un trapecista que se tira sin red, y eso ha sido mi mayor problema emocional, que yo me he entregado a personas equivocadas y eso me ha producido mucho daño y muchas cosas muy fuertes, tampoco es que tenga que ir dando explicaciones, pero yo sé que mi público de alguna manera lo sabe.*

La última vez que había tenido en encuentro con Adal Ramones, en la casa Versace de Miami, le había confesado que hasta ese momento tres veces en su vida se había tirado a la pista del circo del amor desde un trapecio sin red. La alusión a Mariah Carey era muy clara, pero también había otra clara alusión al pasado en la persona de Daisy Fuentes, y sin entonces saberlo otra al futuro, más allá de las relaciones amorosas, en lo que a la amistad y entrega se refiere, allí estaba su *manager* Alejandro Asensi sin saber que algún día esas palabras las repetiría ante terceras personas señalándolo a él.

Volviendo a la entrevista de Cancún, "dejar o que te dejen, las dos cosas son igual de difíciles", respondió ya en un tono más forzado y haciendo el primer gesto de incomodidad lanzando una mirada rápida a sus colaboradores. "Cuando hay sentimientos involucrados todos pierden". El conductor percibe la señal en su entrevistado y sabe que es el momento de cambiar el tercio y apuntar a la recta final, con una serie de preguntas simpáticas e intrascendentes para relajar el ambiente. "¿Chicles de frutas o plátano? ¿Tortas o tacos?"

✹ ✹ ✹

En esa dinámica de encuentros y desencuentros con Juan Carlos Calderón, parecía que el compositor español podría repetir tras el éxito arrollador de sus temas y su mano en *Amarte es un placer* y para ello se puso a trabajar en nuevas canciones a fin de que pudieran ser incluidas en *33*, pero Luis Miguel se decantó por otra vía.

Édgar Cortázar había llegado a Los Ángeles de la mano de Máximo Aguirre a través de una exitosa editora después de tener ya un recorrido en México en el mundo de la música. Cantaba demos con un tono de voz muy agudo en la línea de artistas como Luis Miguel o Cristian Castro. Se ganaba la vida como cantante de gingles y de demos en estudio para grandes firmas disqueras, él mismo lleva la cuenta de más de 2 700 demos de canciones realizados de diversos autores, aparte de las suyas propias, incluso trabajó para Disney en su país poniendo su voz a famosos personajes animados de la firma. Una vez en California sus contactos aumentaron y empezó a componer una serie de canciones con su papá con unas melodías muy románticas. Su padre, Ernesto Cortázar Ducker, es autor de más de 400 piezas de música de fondo para películas mexicanas, pero la dinastía viene de más lejos, su abuelo, Ernesto Cortázar Hernández, compuso la mayoría de los éxitos de Jorge Negrete, entre ellos el célebre "¡Ay! Jalisco, no te rajes", junto a Manuel Esperón. Fue director de cine, dirigió entre otras *Noche de Ronda* (1942), *Jalisco, nunca pierde* (1937) y *Juan Charrasqueado* (1947). Fue también socio fundador y, más tarde, presidente de la Sociedad de Autores y Compositores de México.

Una de sus mayores alegrías como compositor, compartida con su hermano, Ernesto Cortázar, fue un tema para Conjunto Primavera, "Aún sigues siendo mía", que ganó un Grammy Latino en el Madison Square Garden de Nueva York, el 2 de noviembre de 2006. Cuatro años antes de que eso sucediera, en 2002, un amigo se fijó en otra de sus canciones, "Qué hacer", y le comentó que le quedaría muy bien a Luis Miguel por el hecho de que le encajaba la letra tras terminar la relación con Mariah Carey. ¿Por qué no se la mandas? Le dicen. La pregunta que surge inmediatamente es cómo se llega a Luis Miguel. A partir de ahí la persistencia de Édgar (de ella presume, estuvo seis horas una vez esperando a David Bisbal en un hotel) comenzó a andar el día que llevó un ramo de rosas enorme a un concierto de Luis Miguel en Los Ángeles en el anfiteatro de Universal Studios. Dentro del ramo de rosas puso un folder muy cuidado con el CD con la canción, completamente producida y cantada por él, con todos sus datos y el sueño de que le llegara. La encargada de entregar el ramo fue su exesposa, el artista lo recibió al tiempo que cantaba el bolero de "La barca".

Un mes después recibió una llamada de Alejandro Asensi. Le dijo que Luis Miguel había recibido la canción con mucho agrado, que estaba agradecido, que además le venía como anillo al dedo porque la letra hablaba de una experiencia que él estaba pasando y que la quería grabar. Era febrero del año 2003. Al principio Édgar desconfió de la llamada, pensaba que le estaban tomando el pelo, pero empezó a darse cuenta de que sí era real. La relación profesional no solamente se iba a ceñir a esa canción, que quedó incluida en el disco a cambio de la cesión de un porcentaje de los derechos para el artista, a lo que Édgar no se opuso. Cortázar viajó a Acapulco a la casa de Luis Miguel y comenzó a trabajar con ellos como letrista para acabar de conformar lo que sería el disco 33. Ahí conoció a Alejandro Carballo, Salo Loyo, Francisco Loyo y otros miembros del staff musical. Fue el inicio de una larga y estrecha colaboración como letrista en la carrera del artista a lo largo del siglo XXI. El disco acabaría incluyendo dos temas más suyos, "Eres" y "Vuelve". Si bien "Qué hacer" ya estaba hecha previamente, después las composiciones sí se adaptaron al gusto del artista. Por ejemplo en el detalle de incluir letras con muchos sonidos del fonema de la letra "s", en el español de América Latina es también de la "c" y de la "z", pues eso le gusta mucho a él. La canción "Eres" fue una petición *on demand* dedicada a Myrka Dellanos. Luis Miguel le dio unos parámetros de cómo la veía a ella, y de ahí el compositor empezó a jugar con las metáforas, "la veo como detrás de un cristal", le decía. Propuso la canción que finalmente vería la luz en un disco que claramente evocaba el ciclo por cerrar de Mariah y lo que pudiera pasar en aquel entonces con la famosa conductora.

"Qué hacer" origina un problema legal con una demanda por parte de Fernando Cavazos, quien había arreglado la canción que iba en el CD dentro del ramo de rosas. Lo demandó a él y a su papá como productores de la canción, a Luis Miguel reclamando derechos de coautoría sobre la misma y a Alejandro Asensi. Asensi telefoneó rápidamente a Édgar diciéndole que no podía trascender públicamente la demanda, que no quería que ni siquiera Micky se enterase, y que lo intentarían arreglar, tuviera Cavazos razón o no, con dinero. Y así fue.

A raíz de ahí creó un vínculo con Luis Miguel. Siempre dispuesto a seguir presentando canciones. Se mantenía en contacto con Stephanie Echepetelecu e Ivonne Pineda, que eran su contacto directo con la oficina de Lion Enterprises, para llevar personalmente nuevos temas, como siempre muy bien presentados en unas cajitas especiales que le hacían en Tlaquepaque. Cortázar había sido muy cuidadoso siempre con los detalles cuando presentaba su material y se acercaba personalmente a las oficinas a entregarlo, cerciorándose de que lo recibiera alguna de las dos empleadas de la oficina. Las cajitas tenían el nombre de Luis Miguel grabado, al abrirlas estaban forradas de terciopelo. Algo muy cuidado y con gusto. La relación con Stephanie e Ivonne empezó a ser fluida, al punto que Édgar era avisado desde la oficina cuando se venían los nuevos discos, como el de *Navidades*, para que estuviera atento y presentara temas. Él esperaba paciente en las puertas de la oficina para entregarlos en mano a una de las empleadas.

Édgar Cortázar accedió a las estipulaciones en los contratos que le hacía ceder derechos y compartirlos con Luis Miguel y hasta con el propio Alejandro Asensi. En este sentido se mostraba más flexible que otros autores, como podía ser el caso de Armando Manzanero, más reacios a que se interviniera sobre sus letras o se compartieran porcentajes de derechos. Lo que sí no hubiera admitido jamás, como sí hacen algunos, es dar una composición sin que su nombre como autor apareciese. Luis Miguel lo volvió a grabar, a la fecha es el artista que más temas suyos ha grabado y la relación profesional continúa de hecho con vistas a nuevos discos. Fue muy constante y finalmente el destino le premió.

33 acabó siendo un gran disco con otros inolvidables temas cantando al desamor como el "Devuélveme el amor" al que ya nos referimos, de Kike Santander, o la contribución siempre única y genial del maestro

Armando Manzanero, aportando a la línea temática del dolor en canciones como "Qué tristeza" o "Ahora que te vas", junto a hermosas baladas de amor como "Nos hizo falta tiempo" y "Un te amo". El primer single de lanzamiento del álbum fue la canción que aportó Juan Luis Guerra, "Te necesito", un medio tiempo desenfadado que la esperanza de Myrka Dellanos representaba y que hacía de pantalla a un torrente de sentimientos que se escondían en las otras diez canciones. Para el reconocido músico dominicano, quien ya había aportado en su día un tremendo y legendario tema para Luis Miguel, "Hasta que me olvides", la canción también fue importante, pues meditaba dejar la música y el éxito del tema lo animó mucho para seguir.

18

México en la piel y un hogar frustrado

Era la hora del mariachi. Un proyecto que estuvo esperando su momento, y éste había llegado. El éxito experimentado por tantos años con el show en directo se remontaba a la época del "Si nos dejan" de José Alfredo en *El concierto* de 1995, que supuso su gran irrupción comercial con música ranchera. El sencillo fue un éxito sin paliativos que mostró a medio mundo una gran canción casi postrada en el olvido y popularizó la ranchera más allá de su hábitat comercial natural. Después pasó lo mismo con "La Bikina", con la que recibió el nuevo siglo y festejaba sus 30 años. "México en la piel" saldaba una deuda con el acervo musical del México más profundo. Curiosamente, y prueba de la importancia que ha querido darle a la música mexicana, Luis Miguel eligió este género y no otro para un momento tan delicado y significativo como fue su regreso a finales de 2017 tras varios años en el ostracismo y sin grabar (aunque no faltaron las voces que quisieron ver en ello una estrategia para no grabar canciones inéditas con Warner y cambiarse a Sony Music, algo no confirmado a la hora de cerrar la primera edición de esta biografía). Fue una segunda entrega de mariachi para el tan esperado disco que supuso su regreso al foco del público en 2018, después de aquel prolongado y preocupante silencio.

Sentía y siente a México en la piel, y en plena campaña de lanzamiento al mercado de un hermoso disco, quiso abrir su corazón más todavía a su mexicanidad, y eso incluía cumplir con el anhelo de formar una familia mexicana. El anhelo de la familia era algo que siempre había anidado en su alma, máxime tras el recuerdo traumático de la ruptura de su propia familia y de las huellas de abandono que siempre le acompañaron. Era algo que él deseaba hacer en un momento dado de su vida y que repetía cuando se le preguntaba de manera recurrente en muchas comparecencias públicas cada vez que presentaba un disco o cuando se le entrevistaba. A Juan Manuel Navarro se lo llegó a decir hasta en tres ocasiones: "A mí me encantaría tener una familia porque soy un amante de los niños, me encanta el calor de la familia que en un momento dado me llegó a faltar a mí. No descarto la posibilidad de formar un hogar, a ver si con el paso de los años se da la oportunidad". Recordada es también su respuesta en Cancún en 2003 con Adal Ramones.

> *Una parte importantísima de la vida de un hombre es eso, tener una familia, tus hijos. No descarto la posibilidad de hacerlo, no descarto la posibilidad de casarme, yo soy de los que se tiran sin red y cuando emocionalmente estoy involucrado soy capaz de eso y de mucho más. Es cuestión sólo de que el tiempo se dé y de que la persona correcta se dé.*

Luis Miguel sintió en su corazón que a las puertas de cumplir 35 años, el tiempo y la persona correcta habían llegado. Eso es lo que creía. Se tiró sin red como buen trapecista y no pudo evitar la caída ni los daños colaterales que se arrastran hasta hoy en día.

Coincidiendo con la llegada del año 2005, al calor de su Acapulco querido, los bellos ojos y el perfil de Aracely Arámbula despertaron ese anhelo. Quedó deslumbrado por la belleza de una actriz de Chihuahua que se acercaba a cumplir los 30 años en aquel entonces. Este capítulo es la crónica de un hogar frustrado, de un anhelo roto y del triste desenlace de ver, como tantas veces en la vida, dos hijos perjudicados por la falta de entendimiento de los padres. Es un capítulo importante en la vida de Luis Miguel pues fue su más clara apuesta por asentar un hogar, una familia, una imagen de estabilidad. Es una parte ineludible a la hora de afrontar su biografía. Él tiene su versión de los hechos, que ha compartido en la intimidad y confianza de personas de su entorno y que aquí vamos a compartir, con la mayor discreción y respeto posibles, que merece un aspecto sensible de un personaje de enorme trascendencia pública; ella tiene la suya, que lógicamente intentamos incluir para contrastar ambos pareceres y que ha expresado públicamente en algunos foros y medios puntuales. Aracely, a quien se le nota que hablar de esta etapa de su vida no es algo que le haga precisamente una caricia a su corazón, nos aseguró que quiere guardarse por ahora los buenos momentos que esa experiencia le hizo vivir y que tal vez algún día cuente su propia historia. Está en su derecho. Sus apariciones públicas siempre han deslizado una huella de dolor y reproche por la actitud del padre de sus hijos, tal como por ejemplo se desprende de lo que dijo refiriéndose a los niños en los primeros días de 2020, interceptada por la prensa en el aeropuerto regresando a Ciudad de México.

> *Tienen mucho padre con mi papá y con mi hermano. Yo soy mamá*
> *y papá y soy una mujer que como muchas mujeres de México y en el*
> *mundo nos hacemos cargo, no solamente económicamente, es que no*
> *sólo es esa carga, es la educación, es estar al pendiente de ellos, y más*
> *ahorita en la adolescencia, es un trabajo fuerte.*

Aracely lanzó un dardo contra el cantante al decir que no había llamado a su hijo Miguel por su cumpleaños el día de Año nuevo y quiso rematarlo recalcando que "mis hijos están felices, están en una familia muy unida que la verdad tienen de más, de regalos y de amor, sobre todo lo principal que es el cariño y el amor que la verdad no extrañamos nada". Es uno de esos daños colaterales a los que aludíamos. Este patrón de comportamiento de trasladar a la opinión pública el conflicto o la exposición de los hijos en portadas de revista en la que ella aparece en fotos muy producidas es algo que irrita extremadamente al cantante y por extensión a su legión de fans y seguidores, que han sostenido siempre que la actriz está usando este asunto en beneficio publicitario propio por encima de los méritos de su propio trabajo, algo que lógicamente ella niega.

En una de esas intervenciones, en una entrevista concedida desde el Zócalo de la Ciudad de México a la cadena Telemundo, Aracely Arámbula aseguró que estuvo muy enamorada de Luis Miguel:

> *Yo no lo busqué, simplemente se dio por cosas de la vida y tenemos dos*
> *hijos. Fueron momentos muy hermosos y especiales. Viví el amor de*

mi vida, cómo no hacerlo si tengo dos hijos maravillosos. Nunca me lo imaginé, pero fue muy lindo.

En aquella entrevista hubo una referencia muy significativa cuando dijo que antes de culminar la separación sí conoció la desilusión, pero no por parte del hombre al que amaba sino por personas muy tóxicas que estaban a su alrededor y ella no se daba cuenta. "Sí he conocido la desilusión, pero no de la persona que amas, sino de las personas que están cerca de ti. Bueno, no importa porque ya no están en mi vida. Los que se tuvieron que ir me hicieron un favor".

Esto concuerda completamente con los testimonios que recogimos para la elaboración de este libro, sobre el entorno de Luis Miguel. A casi ninguno de ellos les caía bien Aracely y no la veían como una mujer a la altura del cantante. Comentarios que lógicamente pueden calificarse de tóxicos para la salud de una relación. Uno de esos comentarios se le escuchó una vez en Madrid al desaparecido compositor Juan Carlos Calderón, que le comentó al cantante que los modales de su pareja dejaban mucho que desear.

Finalmente, cada uno se queda con su razón, los amigos de él con tendencia a no simpatizar con ella, de hecho no lo hacían cuando estaban juntos, y el entorno de ella con tendencia a poner en entredicho el comportamiento de Luis Miguel. Las personas que vivieron muy de cerca la gestación de la relación, su desarrollo, crisis y final, tienen una opinión muy clara de lo sucedido. Como pasa en cualquier círculo de amistad, los amigos de él tienden a defenderlo a él y los amigos de ella tienden a defenderla a ella. Sólo hay algo en lo que todo el mundo coincide, ambos deben hacer un esfuerzo de consenso por el bienestar de los niños. La citada exposición pública de los menores, algo que ella ha hecho a través de la revista española *¡Hola!* principalmente, es una cosa que él detesta y rechaza frontalmente y que encuentra el mayor número de críticas en el entorno del cantante. También hay personas que siendo amigos de él le dan la razón en unas cosas, pero no comparten la gestión que está haciendo de la situación respecto a sus hijos, porque es algo que más allá de perjudicar a su imagen pública, le perjudica a su alma. Pudimos comprobar que tal como sucedió con Mariah, y como mencionamos anteriormente a raíz de las declaraciones de ella, las personas que más lo quieren no querían a Aracely, vieron detalles en ella que no les gustaron y pensaban que se había equivocado al elegirla como madre de sus hijos y esposa para su hogar. Es de aplaudir la valentía de esas mismas personas que al mismo tiempo vieron en él también otro tipo de errores. Todo aquello que hacemos mal y que nos puede hacer mejorar como personas no debe ser motivo sino de orgullo, pues es de humanos equivocarse, pero de sabios es rectificar.

Todo comenzó tras la relación frustrada con Myrka Dellanos. Luis Miguel pasó ese tiempo con alguna que otra amiga incondicional hasta que Aracely Arámbula se cruzó en su camino. Arrancaba apenas el año 2005 cuando los ojos verdes de Micky se cruzaron con los ojos hermosos de la Chule y creyó ver en ella la mujer de su estabilidad. Miraba a su alrededor, otros colegas de la profesión que gozaban de fama de ser aves difíciles de atrapar lo habían conseguido, Julio Iglesias era una referencia y se convirtió en un gran ejemplo para él, incluso su "papá" Andrés García parecía haber atemperado las hormonas al lado de Margarita Portillo. Él podría superar los fantasmas del pasado, el estigma de la familia destrozada que lo perseguía desde siempre, incluso con un cierto sentido de culpabilidad en todo lo que pasó con sus papás, una de las razones de su hermetismo y rechazo absoluto a la exposición sobre su vida.

Con *México en la piel* haciendo su debut como álbum de estudio con mariachi, arrasaría con todos los premios de 2005 en el género ranchero, no había nada más mexicano que una bella mujer originaria de Chihuahua que labraba su carrera como actriz desde su primer papel relevante en los últimos años del siglo xx con *Soñadoras*. El amor entre ellos no se coció a fuego lento y fue fruto de un golpe del destino con la noche del Baby'O en el puerto de Acapulco como testigo de aquel flechazo, en aquellos primeros compases del año 2005. Había una zona concreta reservada en una esquina de la discoteca donde él tenía su mesa en la que nunca faltaba el vodka. Era un rincón en el que también se podía ver a gente VIP como Carlos Slim. El rincón estaba entrando del lado derecho, junto a la conocida "barra de la muerte", sobrenombre que aludía al hecho de que allí se organizaba una barra de "shots". Allí se inventaron los "muppets", que era una combinación de tequila con Seven Up. Allí comenzó todo.

Después de conocerse en Baby'O, la artillería del gran seductor se puso en marcha y se intensificó en la Semana Santa de ese año. Ella cayó derretida, no debió ser muy difícil si se da crédito a lo dicho por Anette Cuburu, quien fuera compañera de la Chule durante los estudios de actuación en el CEA (Centro de Educación Artística de Televisa), y aseguró que Aracely era una fan de Luis Miguel desde los 15 años, "siempre estuvo enamorada, su locker cuando lo abrías tenía fotos de Luis Miguel". Según testigos y tal como recogió el periodista Gustavo Adolfo Infante, él la invitó a cenar justo después de conocerse, al restaurante Baikal, donde después mandó cerrar toda la parte de arriba para él, de modo que se aseguraba la privacidad y el romanticismo de una vista a la Bahía de Santa Lucía. Una hermosa historia de amor estaba servida.

Desde los primeros días de la conquista, ya sus más íntimos amigos supieron de la decisión del intérprete de "Si tú te atreves" de ir en serio con Aracely. La opinión pública no tardaría mucho más en saberlo. El escenario que lo puso de manifiesto no era nuevo, algo que seguramente supuso un pellizco en el corazón de Myrka Dellanos pero que pareció no importar a la nueva acompañante. "No me lleves a mí donde estuviste con otras", le llegó a decir una pareja. No era el caso. Ahí estaba Aracely Arámbula luciendo una camisa azul turquesa y comiendo un típico helado italiano mientras sonreía con el Sol a su lado por las calles de Venecia. Primavera en Italia, primavera en su corazón. El comienzo al menos era bueno, así el escenario no tuviera nada de nuevo. Y la historia empezó a rodar, como tantas otras veces, repitiendo ilusiones, patrones de comportamiento, lujos y agasajos, buscando tiempo entre la intensidad de las giras, 2005 y 2006 fueron dos años apoteósicos para Luis Miguel con la gira a la estela de *México en la piel*, que además le valió ganar el Grammy y el Billboard. Los paparazzi estaban atentos en los lugares donde sabían que tarde o temprano podrían alcanzar su objetivo, como era en Los Ángeles, a donde ella se trasladó a vivir más tarde para estar junto a su pareja; en Acapulco y Los Cabos, lugares elegidos para realizar escapadas o celebraciones; o Miami, donde él acostumbraba también a hacer algún que otro alto en el camino en un magnífico dúplex situado en el edificio Jade, donde a su vez tenía acceso a través del embarcadero a su yate. Fue precisamente a bordo de esta embarcación donde el mundo supo, gracias a las lentes de los reporteros, que la pareja seguía en su particular luna de miel y que el romance estaba a flor de piel.

Antes de estar completamente convencido y de dar el gran paso, Luis Miguel quiso saber la opinión y los consejos de algunas personas de mayor confianza. Su decisión de convertir la relación con la actriz en la primera piedra de un hogar con calor familiar era firme. Ella se mostró dispuesta a tener hijos sin poner impedimentos, como sí le había pasado en conversaciones similares cuando el loco amor por Mariah Carey soñaba con metas maravillosas que nunca se alcanzaron. Antes de salir para Las Vegas a ofrecer su concierto en el Mandalay Bay en el mes de abril de 2006, Luis Miguel confesó a una de esas personas de total confianza, el argentino Polo Martínez: "Quiero que Aracely sea la madre de mis hijos, quiero tener un hijo con ella". Todavía no sabía a ciencia cierta que se había embarazado, pero como cualquier pareja que conoce a fondo sus relaciones sexuales, intuía que no demoraría mucho en hacerlo. Fue en esos días en los que el público que asistía a uno de sus conciertos en la capital de Nevada escuchó un enorme grito de "¡Te amo!", que procedía de las primeras filas, donde la futura mamá miraba absorta la actuación de una canción que su amado le acababa de dedicar.

Aracely debía saber ya en ese momento o al menos intuir, como toda mujer sabe, que estaba embarazada. El día que lo certificó comentó que no se sentía bien. Los síntomas eran claros. Decidieron ir a buscar un test de embarazo a la farmacia, lo trajeron y al rato, mientras estaban tomando algo, vieron que el test marcaba positivo. La prueba de embarazo era más que otra cosa el objeto físico que simbolizara el regalo de cumpleaños que en sí era darle la noticia al papá. Para Luis Miguel la sorpresa fue relativa porque lo andaban buscando, él quería tener un hijo con ella, no fue ni mucho menos una casualidad. No obstante, cuando recibió la noticia fue un momento hermoso como ella misma describió. Contaba que había esperado unas horas para darle la noticia a su amado. Era el día de su cumpleaños y no podía haber un mejor regalo. Había sido un momento mágico, su primera reacción fue sonreír "con esa maravillosa y única sonrisa que él posee. Luego nos abrazamos". Luego empezaron las celebraciones con cena, brindis, alegría. Todo iba muy bien hasta que hubo un detalle que al cantante le cambió la cara, y según testigos presenciales, "casi se atraganta, creo que ése fue el momento que simboliza el cambio de rumbo de una relación que hasta ese momento iba muy bien". El detalle fue un comentario de la actriz, que toda eufórica por el momento, dijo "qué alegría y qué hermoso va a ser cuando mis hijos —lo dijo en plural— me puedan ver a mí actuar en la televisión".

Que una relación te cueste una de las mejores amistades de tu vida no es una buena señal. Mal agüero. Las aguas revueltas con Mariah le costaron de manera indirecta al cantante su relación afectiva con su hermano Sergio y el doctor Octavio Foncerrada; y el idilio con Aracely le iba a costar perder a otro ser humano incondicional que tampoco jamás debió perder: Ángel Leopoldo Martínez, más conocido como Polo, una de las personas que más sincera e incondicionalmente habían apoyado siempre a Luis Miguel, pero que por cosas que observaba y por razones que él siempre quiso guardar con cautela, nunca tuvo simpatía hacia Aracely Arámbula, a quien no veía como la mujer desinteresada, dulce, apasionada y entregada a su amor que su amigo creía tener. De hecho reconoció que cuando se fue de Las Vegas tras la pelea con el cantante también influyó que había observado cosas por parte de ella que no le gustaron. "Luis Miguel le brindó todo y percibía por parte de ella cierto interés en algunas cosas, detalles que no me gustaban", dijo Polo Martínez.

Alejandro Asensi, por alguna causa que sólo él sabía, tampoco recibió la noticia con entusiasmo, afirmaba alguien que vio su reacción cuando se enteró. Cuando se difundió por los medios, Luis Miguel mandó llamar a su amigo Polo, al que acusó de haber anunciado sin permiso la noticia de su futura paternidad y lo tomó como una indiscreción, un cruce de líneas, un saltarse un código según él, un algo imperdonable para su particular manera de pensar. Ambos discutieron en aquella suite de Las Vegas, la discusión acabó con el argentino marchándose del hotel, dolido por el hecho de que después de tantos años y de tantas cosas juntos se desconfiara de él. Le dijo entre otras cosas que Aracely, sus padres y su hermano ya lo sabían, él único que no lo había sabido a ciencia cierta hasta aquel día fue él, y que la familia ya lo había comentado por varios lados; que Mateyko era un gran profesional que siempre lo había apoyado en momentos difíciles y había sido discreto a la hora de no abordar temas complicados para él; que en el fondo era algo que no tenía más importancia, y llevaba razón. El carácter difícil del artista hizo que Polo también sacara su orgullo. Dueño de un fuerte carácter, no se dejó avasallar, se puso duro y le recriminó muchas cosas, como las peleas con los hermanos. Desoyó el mensaje al ver que se iba. "Llámame, que quiero hablar contigo", le dijo, pero ya no lo llamó. Polo entendió que aquello era un ciclo cumplido. Fue el comienzo de un distanciamiento anquilosado en el tiempo.

Juan Alberto Mateyko era un periodista con el que siempre había existido una buena relación por parte de Polo Martínez y del propio Luis Miguel. Eran las fechas del 36 cumpleaños del artista y además habían declarado en la ciudad de Los Ángeles "El Día de Luis Miguel" con motivo de una actuación reciente en aquellos días de 2006, hecho desde luego que quedó relegado a un segundo plano con el anuncio de su paternidad. Mateyko llamó a Polo para una nota, él entró desde Las Vegas. Salió el tema del noviazgo que parecía ir viento en popa y le preguntaron si creía que a él le gustaría ser papá. Según su versión, y se atiene a la grabación, él nunca dijo que ya esperaba un hijo, sino que simplemente había expresado "que si su deseo era de ser papá, pues sería papá". Lo dijo porque su amigo le había comentado en Los Ángeles, preparando el viaje a Las Vegas, en mitad de una conversación cordial de confianza, que luego de haberlo consultado y pensado mucho estaba decidido a tener un hijo con Aracely Arámbula, "quiero que esa mujer sea la madre de mis hijos", fue la frase textual. De hecho, en el momento de aquella confesión ya intuía que su novia podría estar embarazada. "Él lo intuía, ella y su mamá probablemente ya lo sabían", decía Polo.

Pero de lo que realmente dijo en la radio a lo que empezó a difundirse había una gran diferencia. "Luis Miguel será papá" fue el titular que podía leerse en los medios digitales. "En diálogo exclusivo con Juan Alberto Mateyko en Radio Rivadavia, Martínez, desde Las Vegas, anunció que Luis Miguel y Aracely Arámbula esperan un bebé", señalaba una de esas notas, que ponía en boca de Polo la afirmación de que "Luismi está feliz y ella también, se cuida mucho y hoy están festejando el cumpleaños número 36". Mateyko recibió infinidad de llamadas de todo el mundo por la primicia.

El embarazo trajo consigo algo que a Luis Miguel nunca acabó de gustarle: el acuerdo que se cerró con la revista *¡Hola!* para una serie de exclusivas que iban contra natura con la personalidad del cantante. Difícil imaginar a alguien que había sostenido durante toda su vida una férrea política de dejar al margen su vida privada de los medios de comunicación, firmar un contrato de exclusivas con un medio para exponer y airear precisamente su vida privada por capítulos: embarazo, nacimiento, etcétera. Era pegarse un tiro en el pie, era desvalorizar su palabra y sus principios, era deslegitimarse de por vida para criticar a los medios de comunicación, cosa que por otro lado ha seguido haciendo, no hay sino recordar el enfrentamiento con un periodista colombiano en 2010 en rueda de prensa tras los rumores desatados por su hospitalización.

Varias personas consultadas insistieron en desconocer a Luis Miguel cuando cedió ante esta estrategia de difundir la imagen de una familia feliz. Cuando se quiso arrepentir era demasiado tarde.

Entre dichas portadas estaba la primera de Aracely posando embarazada de siete meses en ¡*Hola!* "Es niño y se llamará Miguel", era el escueto titular que acompañaba la fotografía del vientre de la actriz con siete meses de gestación. Y nacido Miguel, dos portadas más, 29 de marzo y 5 de abril de 2007 describiendo un hogar feliz. ¡*Hola!* se convirtió en el vocero de la relación y una vez rota siguió siendo el medio elegido por ella.

✹ ✹ ✹

Luis Miguel recurrió nuevamente a Juan Carlos Calderón para preparar su disco *Navidades* y alternó los preparativos del mismo con viajes por diversos rincones del mundo junto a su embarazada novia. "Viajábamos por todos lados los tres unidos", reconocería ella. "Ésta es una noticia tan festiva, tan bonita, que no tengo más remedio que decírselo a todo el mundo", confesó Luis Miguel cuando presentó en Nueva York su disco *Navidades* en un reconocimiento implícito de que los personajes públicos no pueden mantener completamente al margen de la opinión púbica ciertos aspectos de su vida privada.

Luis Miguel cortó el cordón umbilical de su hijo Miguel el día del parto, que coincidió con el primer día del año 2007. Su hijo pesó 3.315 kilos y medía 53.5 centímetros. No se separaba de él ni un instante en los primeros días de vida. Hasta estuvo presente el bebé cuando inauguró un nuevo yate al que llamó *Único*, igual que el vino de su marca que se producía en Chile, y en los paseos por Los Cabos para contemplar el paso de las ballenas. El año 2007 arrancó pleno de felicidad, en él se vivieron momentos únicos. Luis Miguel organizó una gran fiesta en honor de su hijo Miguelito, una fiesta temática donde reunió a toda la familia de Aracely, amigos muy especiales, entre ellos estaban Rebecca de Alba y Beto Santos con una de sus hijas. El regiomontano también acababa de ser papá. Las imágenes eran tiernas y emotivas, como cualquier papá, él cargaba a su hijo para que rompiera la piñata con el niño divino ataviado como personaje de Winnie Pooh. Se veía a un Luis Miguel cariñoso, un papá entusiasmado y que no cabía de la alegría al tener a Miguelito en sus brazos en la fiesta.

Pero pronto toda esa felicidad se iba a resquebrajar. ¿El motivo? Un acuerdo sobre la dedicación exclusiva de la actriz como ama de casa que según Luis Miguel empezó a incumplirse. En la entrevista con Telemundo de marzo de 2017, Aracely reconoció que cuando empezó con Luis Miguel decidió parar:

> *Decidí hacer una pausa porque era tiempo para mí. Porque no me había dado tiempo para lo importante que sueñas que es tener una familia. Dije voy a parar porque llegó el momento de enamorarme profundamente y de dejar todo. Claro, fue un momento difícil porque de la persona que yo me enamoré fue una cosa de la vida, ni lo busqué ni lo buscó, son cuestiones de destino y de vida, porque tengo dos hijos.*

Según una persona muy allegada al cantante, sus enormes celos, algo que incluso ha llegado a confesar a algún periodista, como a Juan Manuel Mateyko, le influían mucho y no quería estar intranquilo, por eso le pidió a Aracely que no volviera a trabajar y que conformaran un hogar al que ella pudiera dedicarse de manera exclusiva, él le garantizaba que no le iba a faltar de nada y que incluso la recompensaría para que también ella tuviera sus ingresos. Micky le dijo a sus personas de confianza que no le gustaba la idea de que ella se besara en sus novelas, así fuera ficción. Ella al principio pareció estar de acuerdo. En una ocasión en Acapulco, en un ambiente distendido y relajado, llegó a decirle a Polo Martínez, amigo íntimo de Luis Miguel, que sería muy lindo tener un hijo con él, "yo quiero tener un hijo con él y dejar de trabajar para dedicarme a la familia". Le aseguró que estaba dispuesta a dejar su carrera y a quedarse con Luis porque "es lo que más quiero", dijo textualmente. Polo confirmó que después ella cambió de opinión en el sentido de decir qué sería muy lindo que sus hijos el día de mañana la pudieran ver trabajando.

Rebobinando los hechos, encontramos otro testimonio muy relevante de alguien que ha sido como un padre para Luis Miguel y al que ha estado muy unido en muchas fases de su vida. Cuando Luis Miguel siguió adelante en serio con la relación y decidió vivir con Aracely Arámbula en la casa de Acapulco reunió a varias amistades en la casa para comer, entre ellas los familiares de ella. Desde entonces la presencia de la familia de la actriz fue una constante en el tiempo que duró la convivencia de ambos. Él quería un buen consejo, y entre las personas que mejor podían asesorarle estaba el actor Andrés García. Quería escucharlo para saber qué hacer ante el paso tan importante que había dado en su vida en el intento de formalizar un hogar con la Chule. Le contó a Andrés que estaba decidido a tener un hijo e intentar formalizar una familia pero que tenía dudas. El comentario que recibió fue positivo, ella le parecía una buena muchacha al actor. Micky le confesó una debilidad. Reconoció abiertamente que le preocupaba el hecho de que ella quería seguir con su carrera y que no le hacía gracia porque conocía el ambiente del medio artístico. Le contó que ante la insistencia de Aracely de no querer abandonar su carrera profesional, él había decidido que lo mejor era seguir adelante pero sin casarse. El hecho de no casarse supuestamente no le parecía a ella, que le cuestionó qué garantías tendría para mantener a sus hijos en caso de que ellos al final se separaran. Luis Miguel resolvió el asunto siguiendo los consejos de Andrés García y proponiendo un acuerdo: le iba a dar una mensualidad de 50 mil dólares estuvieran o no casados a cambio de que ella dejara su trabajo y se dedicara al hogar. Con ese sueldo ella podía dedicarse perfectamente a sus hijos y olvidarse de su carrera de actriz. El ejemplo de su colega Julio Iglesias y su relación con la holandesa Miranda Rijnsburger, la mamá de sus últimos cinco hijos, estaba en su mente. Si analizamos los testimonios y los hechos, es obvio que ella no estaba convencida de poner punto y final a su carrera para dedicarse por completo a sus hijos y no trabajar hasta que fueran mayores, pues eso equivalía a pensar en al menos dos décadas alejada de los escenarios, que era lo mismo que decir adiós a su profesión.

Una vez que nació Miguelito, luego de que el niño cumplió sus primeros meses sano, Aracely se puso a trabajar en todos los sentidos, cuidándose para recuperar su figura, alimentándose bien, haciendo ejercicio. Según contó Luis Miguel, ella le dijo que estaba preparándose porque quería volver a trabajar ya que no se sentía realizada sin su trabajo. Él se sintió contrariado, pues no era eso según él en lo que habían quedado, pensaba además que se estaba poniendo bonita de nuevo para él. Se desató la crisis. La insistencia de Aracely de volver a la actividad profesional provocó el alejamiento de Luis Miguel. Pronto la crisis trascendió a los medios, que seguían muy de cerca la relación y además se sentían perfectamente legitimados para hacer su trabajo toda vez que la pareja había vendido la privacidad a *¡Hola!*, medio que precisamente recogió a finales de 2007 que ella se había ido a Chihuahua buscando el refugio de sus padres ante la amenaza de crisis. Al volver dijo que regresaría al trabajo, lo haría en televisión. Antes de eso, Juan Manuel Navarro publicó que en septiembre la pareja voló a Nevada con Michelle Salas, Alejandro Basteri y un grupo de amigos. Un testigo del viaje le contó que el Sol quería estar de fiesta como en los viejos tiempos, situación que disgustó a la Chule, al grado de tomar un avión a Chihuahua, en donde se instaló con sus padres, Manuel Arámbula y Socorro Jaques.

En una entrevista otorgada al programa *Escándalo TV* de Telefutura, el 12 de noviembre desde Chihuahua, intentaba acallar los cada vez más fuertes rumores de crisis declarando que ella y el Rey tomaban las decisiones en familia. "Cercanos a la pareja le comentaron que ambos se comunicaban casi a diario y que ella volaba a Acapulco o a Los Ángeles para llevar a Miguelito a ver a su papá. Incluso que acordaron pasar las fiestas decembrinas juntos por el bien de su hijo". Esta misma fuente le reveló que el cantante era el que lo estaba pasando peor, pues casi siempre estaba de mal humor. Una de las últimas veces que hasta entonces se les había visto juntos fue en Acapulco en el mes de agosto, cuando salían del Mojito de su amigo David. Después, en noviembre, él apareció sin ella y con Michelle Salas en la inauguración del Bybloss, también en el puerto guerrerense. "Otro de los problemas entre la Chule y Luismi fue que ella desea retomar su carrera, a lo que él se niega, pues no quiere exponer a su hijo a los paparazzi. Tras actuar en doce telenovelas de Televisa, ahora Aracely conducirá el programa *Todobebé* de Univisión", terminaba la nota.

La revista *Quién* confirmó el distanciamiento de la pareja en diciembre y en marzo hablaban ya de ruptura definitiva. Los paparazzi captaron al cantante en Los Ángeles, de reventón, dos veces, una en diciembre sin su pareja y otra en marzo de 2008 acompañado de una mujer sin identificar. Los medios no iban desencaminados, la pareja estaba sumida en una profunda crisis y cada quien andaba por su lado, Aracely sola en un desfile de moda en Nueva York o preparando detalles del programa de televisión llamado *Todobebé* que iba a iniciar. Él en su yate en Miami con su hija Michelle Salas y su *manager* Alejandro Asensi.

El intérprete de "No me fío" sufrió mucho en esa primera separación por su primera notoria consecuencia, una mayor dificultad para ver a su hijo. Quiso buscar una solución a la crisis y volvió a pedir ayuda y consejo de su gente de confianza, entre ellas nuevamente el actor Andrés García. Le confesó que estaba dispuesto a poner punto y final a su relación con Aracely Arámbula una vez que ella le dijo que quería volver a trabajar. Le aseguró que estaba dispuesto a pagarle la manutención de Miguelito pero que iba a romper la relación porque creía que ella lo había engañado no cumpliendo lo acordado. El consejo de Andrés fue que no tirara la toalla, que lo volviera a intentar, que se acercara a ella, que buscara otro hijo y le doblara la mesada por el segundo hijo. Con un sueldo mensual de 100 mil dólares, dijo Andrés, pocas mujeres le van a decir que no, además ella podía hacer muchas cosas al tiempo que criaba a sus hijos sin necesidad de verse envuelta en el ajetreo del medio artístico. Luis Miguel lo escuchó.

Gracias al contacto de Luis Balaguer se había logrado que fuera elegida para ser la conductora del programa *Todobebé*, en el que Melissa Escobar, esposa de Luis Balaguer, era una de las productoras junto a Julia Dangond, VP de Desarrollo de Negocios y productora ejecutiva de Todobebé Inc., con Jeannette Kaplun, la propia Melissa Escobar, Luis Balaguer y Alejandro Asensi. La intervención del *manager* de Sofía Vergara fue decisiva porque logró que Luis Miguel, que no estaba de acuerdo con que apareciera su hijo, cediera en el hecho de que ella trabajara. Se logró que no saliera el menor, aunque ella sí lució el proceso de su segundo embarazo.

El programa de Univision había anunciado públicamente su incorporación el 3 de diciembre de 2007. Un pequeño video en el que la actriz comenzaba afirmando "la maternidad en sí es algo que te pone el alma radiante. (…) Mi mejor trabajo ahora es ser madre". Se acompañaba con un pequeño texto que decía: "TODOBEBÉ TV! Aracely Arámbula se une a la familia de *Todobebé*! Aracely Arámbula, será la presentadora del nuevo show familiar de TV de *Todobebé* que se emitirá en el 2008". La conducción de dicho programa fue prácticamente un *reality* para la propia Aracely, pues los espectadores pudieron asistir al crecimiento de su barriga, que esperaba ya al segundo hijo del intérprete de "Sabes una cosa".

Èl anuncio del segundo embarazo se hizo en el mes de julio de 2008, nuevamente a través de una portada de la revista *¡Hola!*, donde decían que fue una sorpresa para ambos, pero según los testimonios no era así, el segundo niño fue buscado. La prensa notó que algo había cambiado en esa portada respecto a la que anunció la llegada de Miguelito y sacaron sus propias conclusiones sobre las nuevas fotos, que revelaban una relación herida:

Un sabor de boca raro. La expresión del rostro de él es demasiado dura; sólo dirige miradas de amor a su hijo y no emite un sólo comentario. Aracely es la única voz declarante en la entrevista, informa, pero sin entusiasmo; nunca se refiere a Luis Miguel, ni siquiera menciona su nombre, y lo mismo sucede con las próximas entrevistas rápidas que concede en los foros de su programa.

A las 10:45 horas de la mañana del 18 de diciembre de 2008, en vísperas de la Navidad, la pareja anunciaba el nacimiento de su segundo hijo en el hospital Cedars-Sinai, de la ciudad de Los Ángeles, un niño sano de 3 kilos y 53 centímetros. Daniel llegaba al mundo en Beverly Hills.

Los celos fueron el veneno que circuló en ambas direcciones, de ella para él y de él para ella, y serían la causa del fracaso definitivo de ese hogar frustrado. En este caso, como sucede en muchas parejas y muchas personas en la vida, los antecedentes negativos del pasado acaban proyectando mala energía en el presente cuando no se han cerrado los círculos adecuadamente o no se ha hecho una terapia espiritual correcta. Los desengaños predisponen a desarrollar un comportamiento celotípico y eso era algo que influía negativamente para Luis Miguel. El problema se agravó cuando los celos aparecieron también en ella. Ahí empezó a resquebrajarse seriamente la pareja con frecuentes peleas, algunas con testigos auditivos cuando se daba en hospedajes o lugares públicos.

Los celos iban a ser la puntilla de una relación que se abocaba a una crisis final y definitiva. "Ella era muy celosa también, tal vez con motivos", comentaba la persona que fue testigo de una tremenda discusión originada a raíz de una situación en la que se vieron involucrados sin querer dos grandes amigos del cantante, el torero español Enrique Ponce y su esposa Paloma Cuevas. Paloma era gran amiga de Genoveva Casanovas, a la que en su día presentó a Luis Miguel, desatando la furia de la mamá de sus hijos. Aracely tuvo una discusión muy subida de tono con Paloma Cuevas por este motivo, en un arrebato de celos con palabras groseras de por medio, hecho que incomodó mucho al cantante. De hecho, comentó en *petit comité* que Aracely estaba faltando al respeto de esta pareja de amigos, a los que él aprecia desde hace mucho tiempo.

Genoveva Casanova había llegado a España a principios del siglo con la intención de realizar un proyecto profesional, pero su nombre empezó a ser muy popular en la opinión pública española y en la llamada prensa del corazón a raíz de su relación y posterior boda con un destacado miembro de la alta sociedad ibérica, Cayetano Martínez de Irujo, hijo de la Duquesa de Alba, con quien se casó en 2005, en el Palacio de Dueñas de Sevilla, en una boda repleta de la aristocracia española. Tuvieron dos hijos y luego se divorciaron. Genoveva estableció muchas amistades y relaciones a raíz de su paso por España, entre las que estaban el matrimonio conformado por Enrique Ponce y Paloma Cuevas, hija de una personalidad en el mundo taurino como Victoriano Valencia. Un matrimonio cuya amistad con Luis Miguel venía de tiempo atrás, habían sido incluso padrinos del bautizo de su hijo Miguelito. Cuando en mayo de 2008 Luis Miguel estuvo en Madrid con motivo de la promoción de su disco *Cómplices*, aprovechó para interesarse por la situación complicada de Genoveva en pleno divorcio del hijo de la Duquesa de Alba. Estuvieron cenando juntos pero no solos. Los celos de Aracely Arámbula no iban mal encaminados, pues ya con la relación muy herida, casi un año después de aquella cena y seis meses más tarde del nacimiento de su segundo hijo Daniel, él sería fotografiado en actitud romántica con Genoveva Casanova en Florencia, cenando en una hostería de la Plaza del Duomo, llamada Letizia, para perderse después en un vehículo de lujo por las calles de la ciudad. Según *¡Hola!*, esto fue el detonante de la ruptura final y el abandono definitivo de Aracely de la casa de Los Ángeles.

Genoveva acabó ocupando un lugar en la vida de Luis Miguel. Con ella se perdió como siempre en exóticos viajes por medio mundo gracias a sus recursos, jet privado, yate privado, hoteles de lujo. Una dolce vita al alcance de muy pocos. De algunos de ellos quedó constancia, como Italia, Turquía, Tenerife, Granada, Las Vegas o Dubai. Después han sabido manejar, más allá de su romance, una amistad que perdura, de hecho, se vieron en Madrid después del concierto en la capital de España en el verano de 2018 después del regreso del cantante con su gira *México por siempre*.

Aparte de los celos, otros factores fueron los que contribuyeron a desgastar la relación hasta su fracaso final. Esos comentarios tóxicos a los que la actriz se refería no ayudaron lógicamente a salvarla. Desde un principio no hubo muy buena empatía, no hubo encaje armonioso ni del entorno de Luis Miguel hacia Aracely ni del entorno de Aracely hacia Luis Miguel. Él la ayudó con el inglés y asesoramiento en cuestiones de look, de etiqueta y costumbres de alta sociedad, pero a pesar de eso había amigos suyos que no la aceptaban. Otro factor en contra fue la falta de privacidad. El personal que trabajaba para Luis Miguel estaba avisado siempre para estar pendientes y detrás de ella con sus necesidades, incluso con las de su hermano. Aracely quería estar acompañada y aconsejada por su propia familia, algo que incomodaba al intérprete de "Te desean". Según amigos de toda confianza de Luis Miguel, el hecho de que toda la familia llegara a la casa no le gustaba. Perturbaba su intimidad, su privacidad, sus espacios de soledad, su naturaleza. Un ejemplo de ello eran las reuniones que organizaban en Acapulco, donde ella reunía a familiares y amigos suyos que acudían felices a la cita con tal de conocer y compartir con Luis Miguel, y él no se sentía nada cómodo en ese papel de convertir lo que debía ser un plácido encuentro familiar en una especie de reunión de fans con él como centro de atracción, ya que de hecho muchas veces ni siquiera conocía a las personas que eran invitadas por parte de ella, no tenían nada en común, no había conversación armoniosa posible.

La comunicación con Luis Miguel se fue debilitando de manera proporcional al distanciamiento de ambos, al punto de que llegó un momento que cualquier cosa que ella precisase debía comunicarlo a través de los colaboradores de él. No estaban en el mismo canal respecto a cómo manejar la situación familiar, sobre todo en lo referente al hecho de no compartir que sus hijos fueran imagen pública, y esto daba pie a muchos conflictos allá donde quiera que estuvieran, al punto de que algunas de esas peleas incomodaban mucho al personal que estaba alrededor y el alto volumen de las voces tampoco pasaba desapercibido. Con el tiempo los medios fueron viendo detalles que apuntaban a que definitivamente el sueño del hogar se había frustrado para siempre. Era la crónica de una ruptura anunciada.

Un texto de Aracely Arámbula en su blog a principios de febrero de 2009 apuntaba en esa dirección: "Daniel está guapísimo, comelón y cada vez menos dormilón (¡ya se imaginarán mis ojeras!) Miguel anda hablando muchísimo, está un poco celosillo, pero encantado 'ayudándome' a cuidar a su hermanito". Ni una sola mención al papá.

Tras la ruptura definitiva, se originó un pleito legal con una demanda de por medio por la manutención de los niños. Fue en 2013 cuando un funcionario tuvo que abrirse paso para acercarse y colocar los papeles de la demanda en la limusina del cantante cuando llegaba a ofrecer un concierto en Bakersfield, California. Después de eso, nuevamente en ¡*Hola!*, Aracely anunció que habían llegado a un acuerdo económico para el bienestar de los niños. Un episodio que todavía no se había cerrado a la hora de cerrar esta edición y que debe resolverse para siempre de la mano de la buena voluntad de ambos por el bien de los niños. Ambos se quedaron con sus respectivas verdades y sus respectivos reproches, él convencido de que ella le había fallado por no respetar el pacto que tenían entre ambos, y ella convencida de que él le había fallado porque pretendía hacer lo que él quisiera mientras ella debía estar al cuidado de los hijos. El pleito se prolongó dando lugar a una situación desagradable para todo el mundo, con esporádicas apariciones de Aracely en medios, acusándolo de no ver ni atender a sus hijos. Una muy triste situación que ojalá con la ayuda de Dios puedan resolver. A nadie le cabe duda que Luis Miguel sufre muchísimo por no compartir con sus hijos. Seguro en algún momento hallarán la luz para solucionar ese dolor.

19

Michelle ma belle

Con la llegada de Miguel al mundo, el instinto paternal de Luis Miguel activó su memoria. El hogar estaba incompleto con una hija mexicana en el olvido, desmentida y negada públicamente ante la incomodidad de las preguntas durante mucho tiempo y muchas entrevistas, algunas negaciones muy notorias como la que hizo frente a Verónica Castro o frente a Raúl Velasco, hasta que por fin todo adquirió una normalidad que tal vez nunca debió perder. Había llegado el momento de cumplir su promesa.

Stephanie Salas y Luis Miguel se estuvieron viendo un buen tiempo cuando la niña era pequeña, la propia madre lo contó. Tiempo después de haber nacido, Luis Miguel se reportó, no lo había hecho según Stephanie desde el día que le dieron la noticia de que ella estaba embarazada, y fue a verla a su casa. "Recuerdo que habíamos estado en una gira muy larga —se refería el Doc en su entrevista televisiva al tour *Busca una mujer*— y cuando regresamos la niña ya había nacido. Yo no me aguanté y fui a verla, no podía sino reconocer que era su hija viendo esas manitas y esos ojitos". Cuando su padre la vio, la exclamación de emoción fue inmensa. "¡Cómo se parece a mí! ¡Está divina mi hija!", fueron sus primeras palabras, según narraba la mamá en una entrevista en la revista *¡Hola!* Él se quedó a solas con ella en un momento íntimo de amor entre padre e hija. El Doc narró cómo se llevaba a la niña a la casa luego de que Sylvia Pasquel autorizara a su hija. Silvia Pinal insistía en que Luis Miguel se hiciera cargo con un fideicomiso para responder por la niña. Le advirtieron que si insistían con el asunto acabarían asustando al papá y se alejaría. Cosa que así sucedió. Él estuvo mandando cosas a la niña hasta un momento dado que, agobiado por las presiones, dijo que lo interrumpía hasta que ella tuviera 18 años. Él hizo una promesa para el momento que su hija fuera mayor de edad. Y lo cumplió. Justo en 2007 se iba a dar esa coyuntura y llegaba el momento de que esa casa de Los Ángeles en Bel-Air por la que ya habían desfilado muchas mujeres y que había recibido a la madre de sus hijos, recibiera también a su princesa. El 13 de junio de 2007 Michelle cumplió 18 años y alcanzó la mayoría de edad. El sueño del hogar, dulce hogar más lindo estaba más cerca que nunca, con Aracely Arámbula a su lado y su hijo Miguelito. Luis Miguel estaba dispuesto a retomar la relación afectiva con su hija Michelle Salas.

Michelle daría el salto desde México al calor de su padre y el glamour de las estrellas. Cerca de aquella magnífica casa, vivían celebridades de Hollywood y cantantes como Mick Jagger y Richard Gere. A unas cuantas cuadras de la casa de Luis Miguel estaban los hogares de Phil Collins y Shirley Temple. Muy cerca de ahí, una de las últimas casas de Elvis Presley. Jimmy Stewart, Julie Andrews, Bill Cosby, Mickey Rourke, Steve Martin, Rod Stewart, Jacqueline Bisset y Anjelica Huston también eran vecinos. La casa donde vivía Frank Sinatra cuando se casó con Mia Farrow y la que Burt Reynolds compartía con Loni Anderson se encontraban a unas cuadras de la del cantante mexicano. Brentwood, Bel-Air, Malibu, Hollywood Hills y Beverly Hills son los sitios que con más frecuencia escogen las estrellas para establecer sus residencias.

Luis Miguel había vendido su primera casa en el exclusivo sector de Beverly Hills, concretamente en el 9906 de Sunset Boulevard. Se la vendió al diseñador Bijan Pazkad a principios de 2002 por 6 millones de dólares, luego de haber vivido en ella su romance con Daisy Fuentes, la primera mujer que escogió muebles y la decoró cuando la compró a mediados de los noventa. Después sería Mariah Carey quien la acomodaría a su gusto. Tras venderla, justo después de su tormentosa ruptura con la cantante, rentó esta otra de Bel-Air a la cual llegó Michelle, y que más tarde abandonaría Aracely Arámbula cuando tuvo lugar la ruptura definitiva de la pareja. Su tercera residencia en Los Ángeles fue también rentada en ese mismo sector, fue la que originó la deuda de impago en su "Trienio Horribilis".

La casa sobresalía de otras que estaban por el sector porque tenía una estructura muy moderna. En la parte de atrás se podía ver la alberca, el jacuzzi y un área con aparatos para levantar pesas. Tenía una sala muy grande, decorada con un gran candil. Era muy amplia por dentro, tenía cuatro entradas, una de ellas especial para entrar con el vehículo. En la esquina de la casa había un letrero que avisaba que la calle era privada y que no se permitía el paso. No era raro ver a fans del cantante por las inmediaciones. En ese sector de las residencias hay personas que venden mapas para que los turistas puedan identificar la mansión de su artista mientras transitan por el lugar, pero nadie puede acercarse a las mansiones, ni tocar el timbre o tratar de acercarse a los dueños de las casas, porque podría ser multado hasta con 300 dólares. Ningún coche puede detenerse por mucho tiempo frente a alguna de las construcciones, porque es desalojado por la policía.

Ella lo buscó desde muy niña, hay reportes de llamadas de Michelle buscando a su papá desde los años noventa, cuando fue creciendo y siendo consciente de la realidad y de quién era su padre. Alejandro Asensi era el encargado de comunicarlo a Luis Miguel, quien finalmente, a raíz del nacimiento de su primer hijo, el 1 de enero de 2007, decidió dar un paso para un acercamiento formal con Michelle Salas. En 2005 ella había publicado un mensaje dirigido a su padre. Había sentido un impulso al saber que en aquel año se cumplían 30 años de conocerse sus padres. "Ya no quiero que me compadezcan por ser la hija no reconocida de Luis Miguel, cuando él sabe que existo. No le pido una vida, sólo quiero que me dé cinco minutos para que me explique sus razones. Que me diga qué pasó y ya", le dijo la joven a la revista *Quién*. Sabiendo que un nuevo hermano estaba en camino, en mayo de 2006 Michelle sorprendió con un reportaje que junto al anterior zanjaba para siempre las especulaciones y en el que dijo abiertamente "soy hija de Luis Miguel, no se traumen". Reconocía que durante sus primeros seis años de edad había recibido visitas y regalos de su papá y que en las puertas de su mayoría de edad había llegado el momento de que al menos le diera "cinco minutos de su tiempo".

Las especulaciones se zanjaban para quienes no conocieran lo que ya habíamos contado en el año 1997. En *Luis Mi Rey* ya se señalaba que Luis

Miguel sí sabía desde un principio que tenía una hija y que incluso cuando estaba en Italia aprovechaba para comprarle regalitos. En sus visitas particulares a Italia, en el año 1989, él reconoció a sus familiares que era padre de una bebé, matizando que no comentaran nada porque no deseaba hacerlo público. El propio Luisito Rey reconocía a Michelle como su nieta. El doctor Octavio Foncerrada confirmó en *Ventaneando* que el "Chamaco", como él lo llama, fue consciente de su paternidad desde el primer momento. En este aspecto es bueno aprovechar la ocasión para reivindicar el contenido que al respecto se hizo en *Luis Miguel: la historia* y aclarar públicamente algo. La versión de los hechos que el guión de la primera temporada de la serie ofreció provocó un enorme enojo en Stephanie Salas, Michelle y toda la familia, al punto que volvió a distanciar a padre e hija, y en mitad de ese enojo e indignación la onda expansiva de los comentarios de la mamá de la hija de Luis Miguel también englobó a los autores de este libro, quienes sin embargo no tenían responsabilidad alguna al respecto.

Antes del reencuentro entre padre e hija, se hizo una gestión para realizar una prueba de ADN a Michelle, a fin de ratificar de manera científica lo que él siempre supo. No fue tanto un acto de desconfianza sino un asesoramiento desde el punto de vista legal en el que se vieron involucrados también los *business managers* del artista. Luis Miguel le encargó esta misión a Alejandro Asensi, y la prueba se llevó a cabo en Estados Unidos. El resultado, lógicamente fue positivo. A partir de ahí llegaron unos años de una relación muy estrecha, sobre todo en la ciudad de Los Ángeles, y se vivieron momentos felices, algunos de ellos en las atracciones de Disneylandia con las caras pintadas de animales para no ser reconocidos. El mundo empezó a saber que por fin el intérprete había establecido la relación con su hija Michelle que había dejado tantos años atrás por una falta de entendimiento con su madre y su entorno familiar. Silvia Pinal hizo unas declaraciones a raíz de aquello, diciendo que su bisnieta por fin estaba donde tenía que estar. Michelle por su parte, estaba feliz. "Soy una mujer plena, por fin se ha hecho justicia". Eran días de gloria para padre e hija.

En aquellos años ella compartía mucho con su padre y con el por entonces *manager*, Alejandro Asensi, que le ayudaba también a intentar realizar su sueño que no era otro que el de ser modelo y aprender diseño gráfico, de hecho empezó a estudiar en UCLA. Luis Miguel le ayudó financiando esos estudios. Estudió diseño de moda e hizo prácticas en el taller de Carolina

Herrera. Pronto empezó a trabajar en un blog propio sobre moda. Ayudada por su físico y su proyección pública, el blog comenzó a tener éxito, lo mismo que su perfil de Instagram, y algunas firmas reconocidas se fijaron en ella, como Aristocrazy, Pronovias, Dolce & Gabbana y Michael Kors. Su carrera no ha hecho sino crecer desde entonces.

Sus visitas a la casa y a la oficina de Luis Miguel en Los Ángeles eran constantes. Salían juntos con amigos en común, se iban de fiesta. Ella lo buscaba a cada rato en la oficina o en la casa, diciendo textualmente "quiero hablar con mi papá" a toda persona que atendía el teléfono. Alejandro Asensi solicitó ayuda de parte del cantante a Luis Balaguer, el *manager* de Sofía Vergara, a fin de que les echara una mano para ver cosas para "la Niña", tal cual la llamaban, bien en el mundo del modelaje o cualquier otra cosa que se le ocurriera, echando mano de sus contactos. Luis Balaguer ha sido la mano derecha de Sofía Vergara desde hace muchos años, y ésta a su vez fue siempre una de las incondicionales de Luis Miguel, justo en los tiempos que la pequeña Michelle buscaba siendo una niña el acercamiento con su papá. Luis Balaguer es el CEO de Latin World Entertainment (LatinWE), la principal compañía de manejo de talento hispano. Balaguer y Sofía se asociaron, junto a Emiliano Calemzuk, en Raze, una plataforma orientada a un público que consume contenidos en español en redes. Desde entonces, la relación entre Asensi y Balaguer se estrechó.

Alejandro Asensi quedó encargado de hecho de todas las atenciones y necesidades de Michelle Salas. Dicen que el roce hace el cariño, también dicen que el corazón ofusca muchas veces a la razón. La razón decía claramente que donde el *manager* traicionara la confianza depositada en un aspecto tan delicado como el de su hija, eso daría pie a una crisis abrupta. De algún modo fue la crónica de un final de amistad anunciada, un final que afectaría mucho a Luis Miguel. Fue tal cual lo que sucedió y fue la fecha de caducidad de la felicidad del entorno del cantante. Asensi cruzó una línea prohibida dejándose llevar por el deseo de un amor imposible con la hija de su amigo. Un secreto que iba a ser muy difícil de mantener a salvo, como de hecho no se mantuvo. La confianza fue aumentando, Michelle empezó cada vez a llevar más amigas suyas de la Ciudad de México a compartir el glamour en la ciudad de Los Ángeles y a presumirles la casa de su papá y el embrujo de la meca del cine. Alejandro se fue involucrando más en ese círculo más allá de lo estrictamente profesional y la atracción acabó desembocando en una relación más que políticamente incorrecta. Luis Miguel empezó a hacer pesquisas. Llevado por la sospecha que tenía descubrió lo que estaba pasando, las escapadas que habían hecho juntos y lo culpó a él, ató cabos gracias al trabajo de los paparazzi. Estando en Las Vegas, Michelle le comentó a Alejandro que su papá ya se había enterado que andaban juntos, según testigos, él se puso muy nervioso. Desde esa misma noche no lo quiso recibir. "Luis ya no me quiere recibir", comentó él. "Es obvio, se acaba de enterar que estabas con su hija y ni tú ni ella le habían dicho. Tú eres su mejor amigo y su *manager*, ¿cómo quieres que lo tome?", le respondió un amigo común. Fue el principio del fin.

Cuando la relación fue confirmada por todo el entorno personal y laboral cayó como una auténtica bomba que poca gente vio con buenos ojos. Al fin y al cabo ella era una inocente jovencita en manos del mejor amigo de su papá, a quien le había encargado su bienestar. Más allá de la diferencia de edad en un hombre que casi doblaba los 20 años de su hija, hubo un sentimiento de deslealtad, de ocultación, al que se sumó el desgaste acumulado de una gestión como *manager* que había levantado muchas quejas y un manejo de las cuentas que no le acababan de cuadrar. Alejandro y Michelle acabaron viviendo un tiempo en unión libre. En aquella época, la revista *Quién* lanzaba una portada en la que se opacaba casi por completo el hecho de que Luis Miguel sería papá por segunda vez. Más impactante y escandaloso resultaba el hecho de que también podría ser abuelo a mediados del siguiente año, 2009. A Luis Miguel se le empezaban a acumular acontecimientos que presagiaban una segunda década del siglo muy complicada.

La relación entre Asensi y Michelle quedó herida de muerte, frágil como pocas. Luis Miguel no se pudo sacar jamás el dolor contra él, del que habla mal en privado y al que guarda rencor. Asensi no respondió a la invitación de ofrecer su versión. Es otro nombre para el perdón. Sin embargo, Micky sí perdonó y se reconcilió con su hija, a quien vio como víctima de aquella situación. Michelle adquirió legalmente el apellido que le faltaba y ante la sociedad civil figura como Michelle Gallego Salas.

En abril de 2017, en pleno "Trienio Horribilis", embargado por problemas legales y financieros, su hija tuvo un detalle de afecto a través de su perfil de Instagram. Subió una foto junto a su progenitor con un corazón y un pastel de cumpleaños, algo que nunca antes había hecho. Desafortunadamente, la relación volvió a enfriarse tras la emisión de la primera temporada de la serie, debido al episodio al que nos referimos con anterioridad en el que se mostraba al personaje de Stephanie Salas. Esto no afectó a la relación con sus hermanos. Ella mismo confirmó en 2019 que "obviamente convivo con mis hermanos. Yo siempre estoy en contacto con mi familia y bueno, con mis hermanos y su mamá, porque son mis hermanos".

20

La compañía del león

No sabía Alejandro Asensi cómo le iba a cambiar la vida. Tras la purga de personal llevada a cabo en Aries Productions y el escaso recorrido de la agencia estadounidense contratada para el manejo de la carrera en 1997, Luis Miguel acabó confiando en su amigo de toda la vida, dejó atrás Aries Productions y fundó la compañía del león, Lion Enterprises, con sede en Los Ángeles, California, agrupando bajo el paraguas de este *brand* a empresas como Lion Recording y Lion Productions Inc. con las que empezó a operar en una nueva etapa donde se adentró en el siglo XXI, al frente de la que estará este joven español hijo de Pepe Asensi, el viejo amigo de Luisito. Pepe Asensi era un valenciano que presumía de no faltar nunca a las Fallas (célebre festividad de la primavera en la ciudad de Valencia, España) a pesar de vivir en Madrid, donde hizo toda una carrera como periodista de espectáculos especializado en música en el desaparecido diario *Pueblo* y en la cadena radiofónica SER. Fue gran amigo y admirador de su paisano el legendario intérprete valenciano Nino Bravo, del que solía escribir que fue un cantante número uno en las listas y en el recuerdo. Pepe y Luisito hicieron amistad en los años que la familia Gallego vivió en España a mediados de los años setenta, donde pasaron por Madrid, Barcelona y Cádiz antes de viajar a México en 1980, y de la amistad de los padres surgió también la de los hijos. Luis Miguel y Alejandro eran amigos desde la infancia. Asensi conoció a toda su familia, a Marcela, a los tíos, estuvo incluso presente en España en los momentos que se produjo la pelea con el papá.

La compañía del león se convirtió en una máquina de hacer dinero, a través de ella se canalizaban los ingresos por las giras, las producciones de discos, las ventas de discos y eventos. Solamente en concepto de cada gira, las empresas de Luis Miguel podían llegar a facturar alrededor de 50 millones de dólares, dependiendo de la duración de la gira, pero no hay sino echar un vistazo al historial de los tours del cantante para darse cuenta de la cantidad de dinero de la que estamos hablando. Por poner un ejemplo, en el *Romances Tour*, primera gira donde ya se había incorporado Alejandro Asensi, Luis Miguel hizo 84 conciertos en 35 ciudades diferentes y en 6 países. Tan sólo en los conciertos correspondientes a las ciudades de Los Ángeles, Phoenix, Fresno, Chicago, San José, más las 17 presentaciones del Auditorio Nacional, *Billboard* estimaba unas ganancias de más de 10 millones de dólares. Con la gira *Amarte es un placer*, *Billboard* calcula unas ganancias de casi 13 millones de dólares nuevamente, contando sólo los conciertos de Las Vegas, Los Ángeles, Nueva York, Chicago y San José, más las 20 presentaciones en el Auditorio Nacional. En esa gira Luis Miguel arrancó con 20 conciertos en España, 5 en Brasil, 10 en Argentina, 5 en Chile, 4 en Venezuela, uno en Uruguay, 30 en Estados Unidos y 25 en México, entre Monterrey y la Ciudad de México.

En *Mis romances Tour* la cantidad que computa *Billboard* sube a casi 16 millones de dólares y de nuevo cuenta solamente los conciertos en ciudades de Estados Unidos como San Diego, Las Vegas, Los Ángeles, Houston, El Paso, San Antonio, Nueva York, Filadelfia y Chula Vista, sumando también las 12 presentaciones del Auditorio Nacional de la Ciudad de México. Fueron un total de 62 conciertos repartidos entre Estados Unidos, Puerto Rico, República Dominicana, México, España, Argentina, Chile, Perú y Uruguay. Para el *33 Tour Billboard* ya sube las ganancias sólo en los conciertos de las ciudades de Estados Unidos y los 25 shows consecutivos del Auditorio Nacional en la Ciudad de México en casi 22 millones de dólares, contando las noches de Santa Bárbara, Los Ángeles, El Paso, Nueva York, Houston, San Antonio, Laredo, Chicago, Chula Vista, Hidalgo, Dallas, Tampa, Anaheim, Tucson y San Diego. La gira llegó a Perú, Ecuador, Colombia, Panamá, Costa Rica, El Salvador, Guatemala, España. México, Estados Unidos, Argentina y Chile, con un total de 88 conciertos.

La gira de *México en la piel* acumuló un total de 129 conciertos, de los cuales 30 fueron un nuevo récord en el Auditorio Nacional de la Ciudad de México, entre el 18 de enero y el 27 de febrero de 2006. Con el *Tour Cómplices* hizo 91 conciertos con 25 presentaciones en el Auditorio. La última gira en la que todavía al menos por contrato estaba Alejandro Asensi, que expiraba en noviembre de 2011, fue la que iba de la mano del último disco de estudio con canciones inéditas llamado *Luis Miguel*. Desde el 15 de septiembre de 2010 hasta el 18 de septiembre de 2011, en sus tres primeras etapas, hizo un total de 100 conciertos. La gira se prolongaría después de la salida completa de Asensi hasta el 21 de diciembre de 2013 con tres etapas más, con un acumulado global de 223 conciertos.

No es difícil, por tanto, hacerse una idea con estas cifras de dos cosas, la primera lógicamente subrayar una vez más la dimensión enorme de la leyenda Luis Miguel, un auténtico portento y animal de los escenarios, capaz como pocos otros artistas de hacer esas maratónicas giras desde que tenía 11 años. La segunda, la enorme cantidad de dinero generado, pues a eso hay que añadir todas las multimillonarias ganancias de los discos. Con todo eso no hay manera de entender la situación de bancarrota a la que llegó Luis Miguel en el "Trienio Horribilis" si no es por los malos manejos de las personas de las que se ha visto rodeado. Es imposible de otro modo encontrar un sentido al hecho de que el cantante llegara a abril de 2017 quebrado, sin patrimonio y con los bienes embargados.

Pero volviendo a la época de la compañía del león, la conclusión de las cifras antes expuestas pone en la pista de las ganancias anuales multimillonarias del cantante, y de esos montos más o menos el 10% iba a parar a manos de su representante, Alejandro Asensi. Son unas ganancias desde luego como para cambiarle la vida a cualquiera, si se comparan por ejemplo con el sueldo que percibía su padre en el diario *Pueblo*. Alejandro Asensi ganó mucho dinero al lado de Luis Miguel, pero el final no fue ni mucho menos feliz por ese extraño instinto del ser humano de pegarse un tiro de ambición desmedida en el pie y darle otro balazo a la gallina de los huevos de oro por un romance inadecuado. Como bien reza el dicho, para amistades largas se precisan cuentas claras. La relación escandalosa con Michelle Salas sería el primer paso del adiós precipitado y los números el segundo y definitivo, a pesar de que el contrato de Alejandro Asensi expiraba en 2011. "Desde mucho antes Luis Miguel sospechaba que algo no andaba bien en el manejo de las finanzas con Alejandro, me lo comentó en más de una ocasión", asegura otro gran amigo suyo. La relación amistosa se cortó de golpe y porrazo y la presencia física de Alejandro en los eventos era más testimonial y aferrada al contrato que efectiva, pues ni siquiera se hablaba con Luis Miguel. Éste aplicó una vez más su estrategia de silencio y abandono después de dejarle claro que no volvería a trabajar con él en cuanto acabara su contrato y que jamás volvería a ser su amigo, pues se sintió doblemente traicionado, por lo de su hija y por lo que él estimó un mal manejo de la empresa del que es mejor no entrar en detalles, pero Luis Miguel dijo a un íntimo amigo suyo que su mayor decepción fue comprobar los resultados de una auditoría que había encargado. Las ganancias en esos años, por volumen de actividad, debían por lógica ser superiores a la cantidad que se filtró con la documentación de la demanda de William Brockhaus de los ejercicios de 2013 y 2014, años más flojos, y que se estimaban en 20 millones de dólares en esos dos años. Una de las primeras cosas que pidió Luis Miguel al empresario tejano fue que le ayudara a averiguar qué había pasado porque le estaban reportando unos resultados de ejercicios anteriores que no le cuadraban. A nadie se le pasaba por alto que Asensi dejó de estar en las reuniones que se organizaban en los hoteles y que algo gordo había tenido que pasar, todo el mundo lo asoció con el romance del *manager* con Michelle Salas.

Alejandro Asensi dejó tras de sí una profunda herida en el cantante y un rencor que parecen no haber expirado si nos atenemos a los comentarios que hace cada vez que se le menciona a su examigo: "Una vez le dije que vaya mal pedo con lo de Asensi, a ver si se le había pasado, pero no, me dijo textual que no quería ni oír hablar de él, no sé si algún día se reconcilien, está difícil pero ojalá", comentaba uno de sus más íntimos y leales amigos. En una ocasión Luis Miguel iba entrando a un restaurante en Los Ángeles pero cuando se apercibió que allí estaba Asensi se fue por la otra puerta. Tampoco el actual representante del español David Bisbal parece guardar buenas sensaciones, a pesar de su buena relación con Juan Manuel Navarro de muchos años, al que facilitó muchas veces el acceso al intérprete de "La Bikina" y a algunas notas exclusivas, nunca quiso hablar de esa etapa de su vida e ignoró del mismo modo el requerimiento de Javier León Herrera. No le debe gustar lo más mínimo que haya personas allegadas al Sol, incluso fans, que quieran ver en él al sustituto de Luisito Rey, como la gran decepción de la vida del artista en el siglo XXI.

Atengámonos a los hechos, que en un principio, como todos los inicios, fueron muy prometedores. "Al empezar Asensi se comportó muy bien con Luis, es mi opinión personal, después probablemente se le subió el cargo a la cabeza con lo que estaba ganando y quiso ser como el propio Luis Miguel", decía el argentino Polo Martínez, quien lo ve con relativa frecuencia al coincidir en eventos merced a su amistad con el cantante Alejandro Sanz. Un día Luis Miguel ordenó a su asistente José Pérez que ubicaran a su amigo Alejandro Asensi con el fin de formalizar el inicio de su andadura profesional conjunta. Asensi casi debuta en su tierra con el test que Luis Miguel quiso hacer con el público español en 1998 para cerrar su *Romances Tour*, luego de haberlo llevado con éxito desde su inicio en Las Vegas con motivo de las fiestas patrias mexicanas en septiembre de 1997, continuando triunfal por Estados Unidos, México y Sudamérica. La verdad que el resultado en la península Ibérica no pudo ser mejor. Ese año y el siguiente, como ya vimos, fueron viento en popa, el disco y la gira de *Amarte es un placer* reportó ganancias sustanciales, reconocimientos y éxitos, y además de todo eso veía a su amigo feliz, completamente enamorado de Mariah Carey. Asensi se preocupaba mucho cuando se daba cualquier situación con Luis Miguel, debido a que su vida en aquellos momentos giraba completamente en torno al cantante y más allá del trato profesional era también una relación de amistad, por lo que siempre estaba muy preocupado de que las cosas salieran bien. Eran amigos, compartían mucho, andaban siempre juntos entre Acapulco y Los Ángeles, en sus casas, en las oficinas de los *business managers* y más esporádicamente en las dependencias de Lion Enterprises, a donde el artista apenas iba de vez en cuando. Había una consigna de excelencia que él trasladó desde un principio a los empleados. La oficina de Luis Miguel sabía que cuando recibía una consigna tenían que buscar lo mejor, si eran músicos, debían buscar a los mejores músicos; si eran productores, a los mejores productores; si eran ingenieros, los mejores ingenieros, así con todo.

Sin embargo, en un momento dado empezaron a generarse noticias negativas en torno a las oficinas de Lion Enterprises en Los Ángeles, donde se coordinaban las conferencias de prensa, las giras, las contrataciones de los músicos, etcétera. Eran noticias que casi nunca llegaban a Luis Miguel o si lo hacían llegaban filtradas y sesgadas. Desde la llegada de Aracely Arámbula a la vida de Luis Miguel, y sobre todo desde que Michelle Salas entró en su vida, el carácter de Alejandro Asensi comenzó a sufrir una transformación notoria según el testimonio de quienes tuvieron que tratarlo muy de cerca. De ser una persona exigente por la responsabilidad del cargo pasó a ser una persona explosiva, altiva y sarcástica en muchos aspectos, también con el equipo de trabajo e incluso llegó a tener ausencias e incumplimientos que hasta ese momento no había tenido, faltando a citas establecidas, siendo requerido por Joe Madera, dejando de ir a la oficina y sin responder a las llamadas. Este absentismo empezó a generar serios problemas por la incertidumbre que se propiciaba a la hora de tomar decisiones ejecutivas. Se generó un clima tóxico y de alto nivel de estrés, y provocó en ese momento renuncias en el equipo laboral.Los empleados no eran ajenos a lo que sucedía y entre ellos comentaban que todo eso perjudicaba los intereses del artista, ya que su trabajo consistía precisamente en velar por los intereses de Luis Miguel. De ese modo, observaban cómo había música de prestigiosos compositores que era enviada para Luis Miguel que se bloqueaba en la gestión de Asensi y nunca llegaba a su destino. Hasta la oficina llegaba material de BMI, la organización norteamericana de protección de derechos de autor que representa a más de 600 mil letristas, pero también había compositores independientes que querían que el cantante pudiera revisar sus creaciones por si de pronto alguna le llamaba la atención para grabarla. Alejandro Asensi hacía de filtro. En el entorno de la oficina del artista tenían claro que primero que nada era una mala decisión que probablemente sería reprobada si el cantante se enteraba, máxime cuando los criterios para el filtro no eran, según siempre la versión de estos empleados, estrictamente profesionales.

Conocida era ya su enemistad con Juan Carlos Calderón, quien de todos modos volvió a trabajar para el disco *Navidades*. Luis Miguel quiso hacer algo distinto tras su éxito con los boleros y el mariachi, y sabía que la persona adecuada para lo que deseaba hacer con los arreglos de una serie de célebres villancicos era Calderón, a quien la idea sorprendió pero no veía razón para que no pudiera funcionar. La única condición que le puso y en la que insistió fue grabar con los mismos músicos de Michael Bublé y así fue, haciendo un gran disco grabado en Nueva York con la orquesta sinfónica del cantante canadiense.

La credibilidad en la gestión del *manager* quedó progresivamente mermada entre el personal de Luis Miguel. Asensi empezó a cantar y solfear las canciones del artista en la oficina. Empezó a vestirse con la misma ropa y con el mismo diseñador de Luis Miguel, a llegar a España cuando viajaba solo y desplazarse en una limusina. En una audición de un CD con diferentes presidentes ejecutivos de la Warner de diferentes países al que estaba citado el cantante, que no pudo ir, fue su *manager* y ahí mismo se puso a cantar las canciones delante de los ejecutivos de la disquera que no entendían lo que estaba pasando, les pareció que se estaba promocionando él mismo como cantante y a Luis Miguel no le gustó en absoluto cuando se enteró. Su protagonismo con las fans tampoco era entendido ni por el entorno del artista ni por las propias fans, que muchas veces se quejaban diciendo que con quien querían estar era con Luis, no con Alejandro. Especialmente embarazosas fueron las llamadas insistentes de una fan chilena que no paraba de llamar a las oficinas preguntando por él llorando desconsolada, diciendo que era el amor de su vida, que había estado con ella en Chile y que por qué no le hacía caso. O su empeño de tener sus propias fans, en Los Ángeles llegó a fundarse un club de fans de Alejandro Asensi. El personal dedujo que entre sus deseos frustrados estaba el de haberse lanzado como cantante y todas aquellas rarezas generaban mucha desconfianza. Polo Martínez, que lo conoció muy bien, confirmó que él había intentado varias veces lanzarse como cantante sin éxito.

¿Podía entonces haber una ambición desmedida, una envidia, unos celos personales y profesionales que pudieran provocar el cruzar líneas rojas que no se deberían cruzar? Era la pregunta retórica que flotaba entre los comentarios del personal de aquella oficina una y otra vez, pues no paraban de observar síntomas en ese sentido. El contrapeso era Joe Madera. La relación entre Asensi y Madera siempre fue de desconfianza, pero nunca ningún chisme pudo socavar la confianza absoluta que el artista tenía en la persona que entre otras cosas velaba por la logística en las giras, con tal grado de control sobre el personal necesario para movilizar en cada ciudad, que se hacía más fácil organizar cualquier nueva gira. Madera filtraba siempre todo el personal de seguridad de Luis Miguel, tanto el fijo como el itinerante en los diferentes lugares donde se presentaba. Si hay alguien que ha sido leal e incondicional a Luis Miguel durante muchos años en las buenas y en las malas, deseándole siempre lo mejor, con amor genuino y a veces hasta dejando a su propia familia, éste ha sido Joe Madera, con el tiempo convertido en amigo leal y asistente personal del cantante. Su presencia tan sólo se ha visto mermada en los últimos tiempos por su delicada salud.

La obsesión por filtrar y tener el control de cuanto acontecía en la vida del cantante por parte de su *manager* fue enrareciendo el ambiente de manera progresiva. Cuando Luis Miguel deseaba hacer una cena social, como en el Día de Acción de Gracias, se echaba mano de los músicos, pero antes casi se les daba una capacitación de lo que podían hacer o decir, no podían acudir a una invitación normalmente y comportarse de manera espontánea por la obsesión de ver qué iba a pasar. Otra rareza sucedió con el maestro Armando Manzanero, quien tenía muchas atenciones con Luis Miguel, a veces le mandaba cochinita pibil desde Mérida hasta Ciudad de México cuando las giras eran largas y el intérprete de "No sé tú" debía quedarse un mes en la capital. Incluso a veces se la mandaba a Acapulco, porque sabía que le gustaba mucho, pero no le llegaba. Era difícil agradecer lo que no se recibía, y eso originaba malestar con el artista. Con Juan Luis Guerra sucedía lo mismo.

Lo más sorprendente de todo es que Asensi hiciera de cortafuegos con muchas personas que querían saludar a Luis Miguel después de los conciertos, algunas con incuestionables lazos de amistad como Enrique Ponce y Paloma Cuevas. El *manager* no los dejó seguir aduciendo que el jefe estaba cansado y no iba a recibir a nadie. Ponce se indignó, mostró su enojo diciendo que ya habían quedado en cenar y que no entendía por qué esa cancelación. Cuando Joe Madera fue en busca del torero y su esposa para que fueran a cenar con Luis Miguel, no hubo manera de encontrarlos porque se habían marchado convencidos de que esa noche no iban a saludarlo. En otra ocasión Ana de la Reguera y Ana Claudia Talancón quisieron acercarse con otra amiga a Micky para saludarlo de manera muy respetuosa después de un concierto, pero también se encontraron con la barrera y el bloqueo de Alejandro, "no puede él, pero puedo yo", les dijo tal como pudieron escuchar nítidamente. En realidad Luis Miguel ni supo que lo querían ver.

¿Por qué?, preguntaba todo el mundo alrededor del equipo de trabajo del cantante y el propio equipo en sí. ¿Por qué esa actitud de aislar a Luis Miguel? A nadie le gustaba ese manejo de la imagen, que daba lugar a duras críticas, como las que hizo Chavela Vargas, que lo tachó de antipático y engreído.

En la época de Alejandro Asensi la camioneta se metía al Auditorio Na-
cional, era todo negro, blindado, invisible, hermético, tuve que verlo con
mis ojos para creerlo. Ése no era Micky. Y para qué pedir tantas cosas
en el camerino que se van a echar a perder, antes no era así tampoco,
mejor dénselo a tanta gente como hay con necesidad. Y qué es eso de
decirle a la gente que hablara agachándose y que no podían mirarlo a
los ojos, ¿qué era todo eso?, ¿a quién se le ocurrió todo eso? Él no era así.

Estas palabras fueron pronunciadas en una ocasión por una contrariada
Toni Torres, la PR que trabajó en el equipo de Hugo López en una época en
la que las cosas eran muy distintas.

Si ya de por sí el carácter del cantante ha tendido a la introspección,
este manejo, esta actitud de filtro mayor para todo no le favorecía en absoluto y le generaba un innecesario desgaste de imagen. Uno de los ejemplos
más claros en este sentido fue el episodio acaecido con la cantante española
Marta Sánchez. Paz Sánchez, la hermana melliza de Marta, enferma de
cáncer y muy fan del intérprete de "Si tú te atreves" se comunicó varias
veces a la oficina de Luis Miguel en Los Ángeles solicitando el detalle de
saludarlo como una de sus últimas voluntades. La propia Marta, al ver
que su hermana no lograba su deseo, le habló varias veces al celular de Alejandro Asensi para decirle lo que estaba pasando. Asensi le dijo al cantante
que la hermana de Marta Sánchez estaba delicada de salud y que su sueño
era conocerlo. Marta siguió insistiéndole a Asensi sin tener una respuesta
afirmativa. Ya después, Luis Miguel se enteró por los medios de las declaraciones de una Marta Sánchez indignada que lo calificó de inhumano por
no responder la petición de su hermana. Su imagen quedó por los suelos
sin una justificación lógica, ya que a nadie se le escapaba el hecho de que
nada costaba haber mandado al menos un saludo y tenido un gesto de
solidaridad hacia una colega y de humanidad hacia una persona enferma.

Asensi tenía mucho celo de que nadie se acercara a Luis Miguel, recordaba también su amigo Polo Martínez. "El episodio de Marta Sánchez
muestra a un Luis Miguel que no era, porque él no era así, estoy seguro
que si hubiera sabido no habría pasado eso", dijo. Esto confirma una vez
más una faceta de Luis Miguel que saben de sobra quienes lo han tratado
durante años, él es una persona muy sensible y que ha ayudado a mucha

gente, no tiene ningún sentido pensar que en el caso de la hermana de Marta Sánchez no lo hubiera hecho. Su íntimo amigo diría:

> *O no se lo recordaron o simplemente no se enteró, tanto de eso como de otras muchas cosas. Nadie sabe la cantidad de personas que él ha ayudado, las donaciones que ha hecho, los gestos de buena persona que ha tenido con muchos amigos en momentos difíciles y si había algo que él pedía cuando lo hacía, era precisamente que no trascendiese ni se supiese. Es muy injusto que se le tache de todo lo contrario, pero claro si no se le informa de las cosas es difícil que las pueda hacer.*

No era un tema de insensibilidad del cantante. De hecho por aquella época, Edith Sánchez, de Acapulco, que era la persona que siempre viajaba con él, lo vestía y le hacía los cambios de vestuario durante los shows, fue diagnosticada también con cáncer, tuvieron que reemplazarla por otra señora llamada Urbana, también de Acapulco. Luis Miguel tuvo el gesto de correr con los gastos de todo el tratamiento. Se interesaba constantemente por su progresión. Lo mismo sucedió cuando la indisposición del músico Arturo Pérez. Él se preocupó de que recibiera las mejores atenciones, dijo explícitamente que lo llevaran al mejor hospital y que lo atendieran, sin embargo se encontró luego con la sorpresa de que Alejandro Asensi lo sacó del equipo, hecho que como es sabido dio lugar a un pleito legal. Según las personas que en aquel momento estaban allá, la situación se precipitó por causas extraprofesionales que no vienen al caso. Fue al llegar Arturo a Miami, procedente de Texas, a reincorporarse cuando Chopper, Steven Borges, el ingeniero que trabajaba con ellos en la gira, le comunicó que él ya no iba a seguir con ellos. El despido era a todas luces improcedente, así se le advirtió a Asensi. Originó un pleito que acabó ganando en 2018. El problema añadido es que cuando Luis Miguel, que había pagado el hospital y los gastos para que Arturo Pérez se recuperara, se enteró de la demanda sin saber los detalles de lo que había sucedido, se enojó terriblemente con Arturo, quien prefirió mantenerse al margen y no recordar estos hechos cuando lo requerimos. Es una prueba de los tantos fuegos que iban alimentando el volcán que entraría en erupción con la ruptura entre ambos.

Algo parecido sucedió con determinadas fans, que se quejaban de que las citaba en la oficina de Luis Miguel para un *meet & greet* (reunión con el artista). Sin embargo, fueron contadas las veces que esas citas se concretaron con Luis Miguel, la mayoría siempre terminaban reuniéndose con Asensi y entregándoles los presentes a él. Muchas veces las fans se percataron de que para cuando las citaban ya Luis Miguel ni siquiera estaba en la ciudad. Acababan percibiendo que su ídolo les fallaba causando daño a su imagen. Estos reclamos llegaban a oídos de todos los músicos, staff, hasta el mismo Joe Madera, pero nada se podía hacer. El ambiente laboral era estresante cuando todo explotó. Stephanie e Ivonne, de la oficina de *Management*, con Edith Sánchez (vestuarista) y Joe Madera (Head Security) se encargaban de todo, vuelos, hoteles, ensayos, restaurantes, giras, etcétera. Lester Bradford y Sam First eran los guardaespaldas que estaban siempre al pendiente de Micky en el escenario y llegó un momento que todos chocaban con el *manager*.

Alejandro Asensi intentó una aventura empresarial con Irving Azoff, AA Music Management, fusión que provocó que el personal de Lion Enterprises se mudara de oficina a la sede de la nueva empresa, desde allí se manejaría tanto la carrera de Luis Miguel como de los nuevos artistas que llegaran. La idea era ampliar el abanico de artistas latinos representados. Así es como llegó Jennifer López, Bacilos o Jackie Velázquez, pero la cosa no funcionó, duró apenas un año y los artistas vieron que no había un plan de acción que realmente les favoreciera. Jennifer tuvo que cuidarse de unos nódulos en la garganta, excusa perfecta para deshacer un contrato que no daba ningún tipo de beneficio. Irving también se dio cuenta de que Asensi nunca aparecía y que la alianza iba a quedar en un *bluff*.

Muy pronto las fans, leales y observadoras como nadie, empezaron a darse cuenta de que algo raro pasaba. Ya eran conocedoras por los medios de todo el lío que se montó con el romance de Alejandro Asensi y Michelle Salas. De pronto Asensi aparecía por los shows pero parecía un convidado de piedra. No sabían que lo hacía a causa de su contrato pero ya no se hablaba con el cantante, que como tantas otras veces y con tantas otras personas, dejó de considerarlo por completo. Desapareció de las fiestas después de los shows en su suite. Cuando algún amigo le preguntó qué había pasado, Asensi se limitaba decir "nada, pues ya terminé con él, y mal, muy mal, porque ya no quiso hablar conmigo".

Se sintió traicionado por su amigo y rompió para siempre con Alejandro tras encargar unas investigaciones internas. Cuando Luis Miguel comparte con sus más íntimos amigos la zozobra de todo lo que está pasando, hay uno de ellos que le dice que como iba a ser posible que fuera a correr a su amigo después de todos esos años, pero la respuesta lo dejó sin palabras y le hizo ver que realmente algo muy grave había pasado y que la cosa iba en serio: "Si corrí a mi propio padre, que no vaya a correr a este cabrón (sic)", le espetó el cantante. "Pues mira güey, la neta siempre me la llevé bien con él (Asensi), pero pues respeto mucho tus decisiones y sabes que te quiero un chingo y me duele en caso de que te traicionen", fue la respuesta de su interlocutor, quien después sería testigo también del mal trago y la muy mala depresión que se apoderó de Luis Miguel después de lo sucedido, pues le dolió muchísimo. Era su amigo de toda la vida, era para él la mayor frustración que creía haber sufrido después de la de su papá, de hecho fue esta situación la que le hizo resucitar todos los fantasmas de la anterior. Lo hundió.

21

Luis Miguel 40 años: el ocaso amenaza al Sol

El hogar frustrado tras el adiós definitivo a Aracely Arámbula que el posterior intento fallido de regreso con Daisy Fuentes no pudo hacer olvidar, junto al hachazo emocional del adiós a Asensi fueron dos duros golpes para el maltrecho corazón de Luis Miguel, un ser vapuleado por las decepciones en la vida, que a estas alturas, empezando la década de los 40 años, se acumulaban como una losa, como las capas de la cebolla que rodean el corazón de luz que un día fue, que le han ido forjando un carácter que mucha gente desconoce, aislado, solo, acorazado en la actitud de "valerle" todo, inmune a los sentimientos. Un trauma más para endurecer su carácter, su aislamiento, su desconfianza en el ser humano. La ruptura fue tan abrupta, quedó tanto dolor y tanta decepción, que la orden tajante que dio a Joe Madera y la gente que permaneció a su lado fue la de borrar completamente el nombre de Alejandro Asensi para siempre. Los golpes emocionales nos conducen a amagos de depresión, la depresión nos expone bajando nuestras defensas y a veces subiendo nuestros excesos, hasta que el cuerpo dice basta. Los golpes emocionales fueron simultáneos en el tiempo con una grave crisis de salud que dio con sus huesos en el hospital.

La versión de la hospitalización que filtró Joe Madera a gente muy allegada fue la de una gastroenteritis y una infección estomacal que le afectó a otros órganos. No era del todo cierto, pero vamos a trazar una línea de respeto y discreción tanto aquí como en otras veces en las que su salud se ha visto comprometida y ha precisado internamiento, como en Acapulco por ejemplo, que sólo el cantante algún día, si quiere, podrá traspasar. Tampoco era cierto que había muerto, lógicamente, como algunos medios imprudentes se atrevieron a anunciar generando una bola de nieve de rumorología que no era positiva para nadie, excepto para las cifras de rating de los citados medios. Lo único cierto fue que su vida corrió peligro a raíz de aquella crisis y precisó de cuidados intensivos, pero gracias a Dios se recuperó.

En aquellos días en el hospital Cedars Sinai recibió las visitas de Daisy Fuentes, era la época en que lo volvieron a intentar como pareja, de amigas incondicionales de toda la vida como Sofía Vergara, de su hija Michelle y su hermano Alejandro. Él estaba irreconocible, con barba de varios días sin afeitar, en pijama y con el desgaste físico visible, pues tuvo también complicaciones respiratorias de gravedad. Sofía Vergara declaró poco después que estaba bien. "Todo el mundo se enferma. Va a estar bien. Es joven y fuerte", dijo cuando asistió a la alfombra roja de la entrega de premios de la Alianza contra la Difamación de Lesbianas y Homosexuales. Cuando salió del hospital se retiró a su casa de Los Ángeles con su empleada de hogar Marta, una mujer de descendencia colombiana que trabajó muchos años con él y lo consentía mucho con sus sopitas de pollo, le tenía listos los perfumes, la ropa, las almohadas. Cuando faltaba cualquier cosa, inmediatamente lo comunicaba a la oficina del cantante y enseguida lo que fuera llegaba a la casa. Marta llegó a desarrollar un importante lazo afectivo que era correspondido por el cantante. El carácter afable y servicial, el modo como lo consentía le recordaba, como en tantas otras ocasiones, la figura de la mamá ausente, esa huella de abandono forzado de la que nunca se ha podido despojar.

Con la llegada de la nueva década empezaron a darse los primeros síntomas graves de preocupación por las finanzas, por la salud emocional y por ende la salud física, del artista. "Siempre ha tenido mucha mano para gastar mucho dinero y ha sido descuidado en el control de las finanzas", confesaba alguien que estuvo a su lado en los primeros años de carrera. Esto estaba a punto de empezar a tener consecuencias. Sus crisis de ansiedad no se calman con el hielo, a pesar de que es sabido que los doctores recomiendan masticar hielo para combatir la ansiedad y de hecho él toma mucho hielo, los males que estaban afectando al alma del cantante y como consecuencia de ello a su cuerpo precisaban de algo más que decenas de vasos con hielo. La mejor terapia, más allá de seguir el estilo de vida y las prescripciones que le hicieron los doctores, era cantar.

> *Yo necesito cantar porque es una terapia para mí, para paliar las frustraciones personales de las cosas que no he podido cambiar sobre todo en situaciones con mi familia que están fuera de mis manos y que hubiera preferido diferentes, como amigos, amores, mi única forma de desahogo es cantando. Cuando no estoy en gira o grabando es muy difícil para mí, yo descargo mucha energía cantando.*

Cantar y orar, al hilo de sus palabras, la famosa oración de la serenidad. "Señor concédeme serenidad para aceptar las cosas que no puedo cambiar, valor para cambiar las que sí puedo y sabiduría para saber la diferencia". Cuentan que era una de las oraciones de cabecera de Jenni Rivera y desde luego debería serlo también para él, en estos tiempos más que nunca.

En septiembre de 2010 presentó *Luis Miguel*, sin sospechar siquiera que ese ocaso que amenazaba al Sol iba a prolongarse por siete largos años, hasta que a finales de 2017 volviera a aparecer un nuevo disco suyo de estudio. El disco sin embargo es también un preludio de ese ocaso en ciernes. Una empleada del cantante confesó que se echó a llorar cuando vio la portada, una simple foto en Bora Bora sin ningún tipo de producción. Antes había resuelto el compromiso con su compañía de discos sin necesidad de tener que pasar por el estudio en 2009, lanzando al mercado de la mano de Warner el "No culpes a la noche", una versión remix de la que hiciera en 1990 del tema de The Jackson 5 "Blame it on the Boogie". El disco apareció en septiembre de 2009 con un total de diez versiones remix de sus éxitos más *dance*.

El último disco pudo ser diferente. Juan Carlos Calderón, quien se interesó por su estado de salud durante su internamiento, había estado con él en Los Ángeles por unas canciones que nunca vieron la luz.

> *Estuvimos juntos una semana y hablamos mucho todos los días. Después de eso le entró un virus estomacal, o algo así. Él es un hombre que trabaja mucho, y la ansiedad, igual que a mí, le afecta muchísimo. Él*

lleva un peso encima muy grande, es un gran profesional y no puede liberarse. Yo honestamente siento ternura hacia él, por todo lo que ha tenido que soportar.

Fueron palabras del compositor, que en el verano anterior le había enseñado a Luis Miguel lo que él decía eran las mejores canciones que había escrito en los últimos tiempos. Se fue hasta la finca de Enrique Ponce en Jaén, donde el cantante suele refugiarse a descansar cada vez que llega a España, allí se relaja y hasta se atreve a tentar becerras. Al piano, el maestro Calderón le tocó las canciones y Luis Miguel quedó absorto. El compositor le dijo que se alegraba mucho, porque decía que eran las mejores canciones de su vida y que no podía esperar mucho porque intuía que le quedaba poco tiempo, que si no se las grabada se las daría a otro artista. Luis le dijo que sí, que por supuesto las quería, y la cara de asombro que había puesto no engañaba. Poco después Pancho Loyo se puso en contacto con él desde Los Ángeles confirmándole que había dicho Micky que iba a ser la columna vertebral del nuevo disco, cuyo lanzamiento estaba previsto para el año 2010. Incluso las fans hicieron fuerza y se pusieron a recolectar firmas para que las canciones de Calderón estuvieran en su disco de 40 años, igual que habían estado en el de los 20 años.

Sin embargo, por alguna extraña circunstancia, el cantante cambió de opinión. Cuando todo parecía que estaba listo, de manera misteriosa, todo se vino abajo y no tuvo manera de volver a comunicarse con él. Ni siquiera usaron el arreglo de la canción "Tres palabras" que él había hecho. ¿Quién puede explicar un desplante de tal calibre para un profesional de la talla de Juan Carlos Calderón? Ahí mismo dijo que no hablaría nunca más del cantante y que no quería saber nada más de él. Y así fue hasta su fallecimiento en noviembre de 2012. Juan Carlos Calderón recibió un homenaje póstumo en California, organizado por Cristina Abaroa, el 16 de diciembre de 2012, en el EastWet Studio One de la ciudad de Los Ángeles. Regresando en un vuelo de Boston a Los Ángeles, cuando se enteró, pensó que tenía que hacer algo para honrar la memoria de un gran genio que hizo cosas maravillosas con Mocedades, Luis Miguel o María Conchita Alonso, entre muchos otros, una carrera impresionante. Reunió a todos los músicos que conoció gracias a él y los que no pudieron estar mandaron un testimonial, fue muy lindo y emotivo ese momento. Llegó un reconocimiento de parte de Warner

Music y acudió su hija Teresa. Precisamente es Teresa Calderón quien tiene las canciones que Luis Miguel nunca grabó. Uno de los músicos de Luis Miguel, Alejandro Carballo, que vive en España, también las conoce. El problema es que Teresa tampoco quiere saber nada de Luis Miguel después de lo que pasó y de haberle llegado información en el sentido de que algunos músicos del cantante hablaban poco menos de que su padre estaba acabado, "no es el que era", escuchó una vez. Su respuesta fue decir que ella opinaba igual, que Luis Miguel ya no es el que era. Estamos convencidos de que si el propio Luis Miguel toma cartas en el asunto, esta situación se podría arreglar. Él le dedicó un concierto en Puebla en 2013. Lo hizo en el momento que empezó a cantar un poupourri con sus canciones: "Por ti Juan Carlos, estés donde estés". Mucha gente no pudo contener las lágrimas.

Luis Miguel sale al mercado y el cantante aprovecha los conciertos del Bicentenario de México en Las Vegas para hacer una rueda de prensa de lanzamiento en la que aclara que sus créditos como compositor obedecen a meras colaboraciones con los autores en las melodías y en las letras, "una bonita experiencia con mis músicos para unas canciones que creo pueden lucir más aún en vivo". Habla del "paraíso" de Bora Bora donde se hicieron las fotos de una portada que recibió muchas críticas. El disco tiene tres canciones del maestro Armando Manzanero.

> *Siempre es una belleza, es uno de los grandes compositores de mi carrera, muy querido, y siempre voy a grabar canciones de él. Trato de hacer lo de siempre, escoger canciones que me gusten y que las sienta en el corazón. La música de hoy no me gusta, me gustan más las melodías de corte clásico.*

Su mayor obsesión y las más largas respuestas de aquella comparecencia las dedicó para una feroz crítica contra los medios de comunicación por los rumores difundidos meses atrás sobre su reciente hospitalización. Con un periodista colombiano llegó a ser especialmente incisivo al punto de invitarlo a reconocer que en su medio habían dicho mentiras y eso era un fraude al público, al que como su padre le había enseñado, siempre había que respetar. "Yo decidí ser cantante de niño porque admiraba a los artistas a los que los medios ayudaban a brillar más, ahora parece que es al revés, es como si quisieran quitar ese brillo".

En septiembre de 2010 arrancó la *Gira Luis Miguel* que se prolongará en diferentes etapas hasta diciembre de 2013 con 223 conciertos repartidos en 1095 días de gira en 22 países. La gira fue premiada en 2014 con el premio "Billboard a la música latina" como "Gira del año" pero en ella empezaron a darse preocupantes síntomas. En Oaxaca llegó dos horas y media tarde al concierto que se celebró en abril de 2011. Carlos Flores, el promotor dijo que iba a suspender el concierto porque había llegado la hora de empezar y le habían dicho que el cantante estaba en Acapulco. El mismo gobernador no aguantó la espera y se fue. Finamente llegó, pero en evidente estado de embriaguez. Entró directo del coche al escenario, bajó descompuesto con el traje y la corbata desarreglados. El show acabó siendo divertido, pero para los músicos, que no daban crédito, fue un suplicio para seguirle el paso. Nadie se atrevería a decirle nada.

Cantar, cantar y cantar era sin embargo el único alivio para su alma contra la depresión y para su economía, que incomprensiblemente seguía dando motivos de preocupación, empezó a perder dinero a raudales. La casa Aries de Acapulco se puso en venta y esto acabaría motivando un roce casi definitivo con su nuevo *manager*, William Brockhaus, como veremos. El *manager* y su esposa Michelle mostraban preocupación por los síntomas depresivos que observaban en el artista, que se hizo adicto a las pastillas para dormir y siempre usaba el mismo traje, despreocupado por su apariencia a pesar de las muchas opciones que le daban.

Otro alivio fueron los numerosos premios y reconocimientos que fueron llegando en los primeros años de la nueva década, en octubre de 2010 fue reconocido por los "Premios latinos 2010" como "Artista del siglo" en Nueva York. En marzo de 2011 recibió una placa de reconocimiento por sus 200 conciertos en el Auditorio Nacional de la Ciudad de México. En octubre de 2011 fue proclamado como el mejor artista latino de los últimos 25 años por la revista *Billboard*. En Argentina recibió en octubre de 2012 de manos de la presidenta Cristina Kirchner una placa como reconocimiento a sus 100 presentaciones en ese país en 30 años de carrera. En febrero de 2012 regresó al Festival Internacional de la Canción de Viña del Mar y fue premiado con 3 Gaviotas, oro, plata y la Gaviota de Platino que recibió en la Quinta Vergara. La alcaldesa de la ciudad subió al escenario a entregarle las llaves de la ciudad.

✸ ✸ ✸

El cantante debió esperar a que legalmente se cumpliera el plazo del contrato con Alejandro Asensi para contratar a un nuevo representante, sin embargo hizo sus movimientos para ocupar ese vacío con antelación. Juan Manuel Navarro recuerda ver a William Brockhaus siempre en la primera fila de los conciertos con su esposa al lado, Michelle Brockhaus, a la que unía una amistad con Luis Miguel desde la infancia que se remontaba a la época de Luisito Rey. Convivían entre familias y la relación era muy estrecha. Michelle y su esposo William viajaron muchas veces con Luis Miguel, eran asiduos fans y desde las primeras filas cantaban y aplaudían en los conciertos de Micky. Las Vegas se convirtió por años en el lugar de reunión de Michelle, William y Luis Miguel. Eran como familia. Solían ser invitados VIP cuando había conciertos en Texas, lugar donde residen. William conoció a Luis Miguel en 1997 y desde entonces se cayeron muy bien. Tras la salida de Asensi, pensó en él. Había ya una confianza y si bien no tenía experiencia en la industria de la música era un hombre de negocios, por lo que dedujo que con esa base podría ser una persona válida para gestionar su carrera en la industria.

Bill, como también se le conoce, mantenía un trabajo estable en la compañía automotriz Lear, en donde ganaba un poco menos de un millón de dólares al año. En agosto de 2011, Luis Miguel le pidió que fuera su *manager* tras romper con Alejandro Asensi. Fue en un restaurante al aire libre en Los Cabos, en donde le confesó que necesitaba a alguien de confianza que manejara su carrera ya que había sufrido una gran decepción con Asensi. "Confío en ti y necesito que cuides de mí", le dijo. En ese momento, William no pudo darle una respuesta definitiva ya que aun tenía su trabajo y necesitaba consultarlo con su esposa y sus jefes. De Los Cabos viajó a Detroit para renunciar, pero sus jefes le pidieron que no lo hiciera o al menos que se quedara en su puesto hasta que encontraran a la persona correcta para suplirlo, pues tenía un puesto importante en la empresa. Era el encargado del área de ventas, mercadotecnia, manufactura, finanzas y le reportaba directamente al presidente de la compañía. Tenía 20 años de experiencia. Bill nunca antes había manejado entretenimiento y mucho menos había sido *manager* de un artista. La amistad que tenían con Luis Miguel lo hizo decidirse. "Las únicas personas en las que confío en el mundo son tú y tu esposa", le llegó a decir Luis Miguel. Después de tres días, William regresó a Los Cabos para decirle a Luis Miguel que estaba listo para ser su nuevo *manager*. En octubre de ese año, el cantante le pidió que viajara a Nueva York para verse y así acelerar el proceso de su contratación. El contrato con Asensi terminaba en noviembre, por lo que un mes antes era ideal para cerrar el trato. Luis Miguel le comentó a Brockhaus que iba a ganar lo mismo que Asensi, que en una gira de 50 millones de dólares, él se podía ganar 5 millones de dólares, cifra superior a lo que él ganaba por año en su compañía.

En enero del 2012, Brockhaus intentó renunciar de nuevo a su antiguo trabajo ya que quería dedicarse de lleno a la carrera de Luis Miguel. En ese tiempo trabajó para el cantante y para su otra compañía al mismo tiempo. Intentaba solucionar todo desde los aviones, hoteles, desde donde su otro trabajo se lo permitiera. En abril del 2012 finalmente Brockhaus dejó su anterior trabajo y se dedicó en exclusiva a Luis Miguel. Creó la firma WB Music Management para representar al cantante y dirigió desde ahí sus negocios y presentaciones hasta 2014. Su labor era mirar futuros conciertos y así comunicárselo a la agencia William Morris, que era la encargada de cerrar los tratos financieros. Con Luis Miguel hablaba de vez en cuando para decirle cómo iba la gira, los shows. El cantante quería también que Bill se enterara cómo era posible que de la pasada gira no había habido ganancias. Quería que Bill fuera sus "ojos", su hombre de confianza, ya no confiaba en nadie por las malas experiencias del pasado.

Pronto se vio que, a pesar de la buena voluntad del tejano, la carrera de Luis Miguel se podía ver comprometida a un importante receso, como finalmente acabó ocurriendo por la confluencia de una serie de factores. El nuevo *manager* no sólo no conocía el negocio de la música, tampoco tenía idea en ese momento de la dimensión del fenómeno Luis Miguel más allá del *sold out* de los conciertos a los que había asistido con su mujer, ni del público objetivo al que dirigirse, ni de cómo llegarle a ese público, lo que le llevó desde un principio a gestionar el producto y gestionar los contratos sin tener en cuenta esas consideraciones y guiándose por los parámetros convencionales de los negocios.

Algo había que hacer. Joe Madera se convirtió en el punto de contacto para todos los asuntos de Luis Miguel, abogados, disquera, *business managers*, staff, músicos. Así que decidió buscar apoyo en la gente que había trabajado por años en Lion Enterprises de forma eficiente con el fin de asesorar a Brockhaus. Fuentes allegadas cuentan que Brockhaus era una persona difícil de tratar, su falta de conocimiento en la industria de la música lo hacía tomar decisiones apresuradas, de hecho, tenía una postura prepotente con las personas que deseaban ayudarlo para sacar adelante el trabajo. Aunque había exempleados que estaban dispuestos a entrar en esta nueva etapa en el equipo, no se quedaron porque no pudieron adaptarse a la forma de trabajar de Brockhaus. En la Ciudad de México se produjo un encuentro con el objetivo de asesorarle con unos nuevos contratos para nuevas giras, de la mano de Peter Grosslight, quien era el *business manager* que veía los contratos de las giras de Luis Miguel a través de la compañía William Morris. Existía una lógica preocupación en el entorno de Luis Miguel de que el nuevo *manager* no fuera capaz de sacar adelante dichos contratos, y Joe Madera volvió a recurrir por eso al viejo staff. A pesar de la irregularidad de la situación, por afecto a Luis Miguel, una exempleada se desplazó a México al hotel Four Seasons de la Ciudad de México. El encuentro con el nuevo *manager* fue casi surrealista. En el momento del saludo, visiblemente con algún trago de más, le recriminó a la antigua empleada de Lion Enterprises que se le había mentido y que él no digería bien las mentiras, a lo que su interlocutora respondió que no sabía de qué estaba hablando, que ella estaba allí porque se le requirió para asesorarlo y ayudarlo, y que si no quería recibir ayuda ella no tenía nada más que hacer y hablaría con Joe Madera para adelantar su regreso a Estados Unidos. Y así fue, se regresó con la intriga de aquella actitud extraña del representante tejano.

Los malos vaticinios se cumplieron. El modo de organizar los conciertos en diferentes ciudades no funcionó bien. En Chile por ejemplo, organizó una cena de gala con sobreventa de boletos muy caros además, lo cual acabó en un perfecto desastre con reclamos de todo el mundo, con tal grado de desorganización que no se pudieron atender las cenas tal como se habían vendido. Las fans empezaron a reportar que los promotores les vendían boletos y éstos no traían tarifa alguna, sino que eran boletos de cortesía. Los cupos que se vendían en los conciertos no se controlaban adecuadamente; tal como corresponde a la labor de un *manager*, no había un control de las filas extras de sillas que se ponían, o si se colocaba una valla de tres metros sobre una primera fila que se había vendido carísima, provocando un enojo enorme de todos los afectados, o si se vendían boletos aparte, fuera de lo estipulado, dónde iba ese dinero, o si no se cumplía con el compromiso de la seguridad necesaria en el concierto, de modo que una vez comenzado todo el mundo se iba hacia delante sin control de ninguna clase, etcétera. En pocas palabras, Luis Miguel quedaba completamente expuesto y no tenía control alguno sobre el negocio que él mismo generaba.

Avanzaron los meses y mientras Bill creía que todo marchaba bien con Luis Miguel aun funcionando con un contrato verbal (el contrato estaba sin firmar), la realidad era otra. Pronto abrió los ojos, el cantante empezó a dudar y la relación a torcerse con motivo de las fiestas patrias mexicanas del año 2012. En septiembre de ese año hubo una reunión con Luis Miguel en un restaurante en Las Vegas. Hablaron de su contrato. Luis Miguel le pidió a Bill que en lugar de tres años, mejor lo hicieran por dos. En principio no tomó muy en cuenta este detalle, estaba convencido de su trabajo, pensó que regresarían al plan inicial de tres años y aceptó los dos años. Bill se la pasó en juntas con los abogados de Luis Miguel ya que deseaba lo más pronto posible quedara listo su contrato para firmarlo y así cobrar. Siguió con su trabajo de *manager*, viendo los conciertos de la gira y otros aspectos personales del cantante. Le tocó supervisar los conciertos de Viña del Mar, Brasil, Uruguay, Colombia, Centroamérica, México y algunas ciudades de España. También estuvo en la negociación cuando Luis Miguel fue contratado por el gobierno de Guerrero para promocionar Acapulco mediante un comercial, que estuvo en riesgo, ya que el segundo pago que tenía que hacérsele al cantante por poco se congela debido a que varias de las personas que lo habían contratado no estaban de acuerdo con la forma en que hizo la promoción. Luis Miguel recibió por sus servicios casi medio millón de dólares.

La relación entre Bill y Luis Miguel se deterioró después que no estuvo de acuerdo con la forma en que se manejó la venta de su casa en Acapulco. A Bill se le culpó de no aceptar una oferta por 15 millones de dólares por la compra, lo cual él negó. Nunca vio esa oferta y las personas que en un principio habían estado interesadas, después desistieron. Alguien le dijo a Luis Miguel que el culpable por no venderse la propiedad había sido él, pero Bill se defendió diciendo que jamás había existido tal oferta. Empezó a sospechar que era un chisme interesado para quitarlo de la jugada. Sus sospechas se confirmaron en octubre del 2013. Luis Miguel le pidió a Bill que ya no hiciera más negocios en su nombre, que mejor se esperara a nuevas órdenes. En noviembre del 2013 Bill trató de comunicarse con el cantante vía texto en su celular, pero no tuvo ninguna respuesta. Lo intentó de nuevo y ya no hubo comunicación con el cantante. Una vez más el mismo patrón de comportamiento en las horas del adiós: el silencio absoluto. Todo se volvió silencio, como si hubieran sido dos completos desconocidos, como si la amistad que había existido por años jamás hubiera existido.

Bill continúo con sus labores de ver algunos pendientes que quedaban por solucionar como el pago de un concierto que se había hecho en Tijuana que no se había liquidado por completo. En enero de 2014, Joe Madera, jefe de seguridad de Luis Miguel, y Willie Green, su guardaespaldas, le comunicaron a Bill que el cantante les había pedido que le dijeran que en el 2014 él quería tomar otra dirección en cuanto a su carrera y que ya no sería su *manager* al terminar su contrato. Bill no puso objeción, pero si se sintió traicionado. Ninguna llamada de Luis Miguel para notificarle tal decisión. Sólo esperaba ahora que se le pagara lo que se le debía. Mientras eso sucedía, formó en marzo del 2014 su propia compañía, una consultora y empresa financiera, Liquid Capital, West Texas. Su esposa Michelle no podía creerlo. Se puso muy triste, más que nada por la relación tan estrecha que tenía con su amigo de tantos años, una amistad con Luis Miguel que vio esfumarse en la niebla del silencio. Ambos estaban desilusionados, no sabían qué había pasado para que hubiera tomado tal decisión y peor aún que no contestara sus llamadas. Michelle lo apoyó y le dijo a Bill que estaba con él, que iniciara la demanda para continuar con sus vidas, dado que todo parecía indicar que Luis Miguel no tenía la más mínima intención de aparecer y pagar el finiquito. El último intento que hizo la pareja para hablar con Luis Miguel fue en septiembre del 2014. Bill compró boletos para que su esposa fuera a ver el show en Las Vegas, pero no pudo acceder a él. La única alternativa era la demanda.

✳ ✳ ✳

En una fiesta realizada en la mansión de Mohamed Hadid, multimillonario que se dedica al negocio de la construcción y bienes raíces en Beverly Hills, papá de las modelos Gigi y Bella, el cantante conoció a Daniel González Hartman, quien tenía amistad con su hermano Alejandro Basteri. De ese modo se empezó a meter en el círculo del artista. Daniel es de esas personas que como dicen "vende hielo hasta en Alaska". Cuando se conocieron, Luis Miguel acababa de contratar a Brockhaus, sin embargo González Hartman vio una oportunidad de negocio y trazó una estrategia para representar al cantante. Y lo conseguiría tomando el relevo del empresario tejano. La mera mención del nombre de Daniel provocaba torrentes de indignación de cuantos estaban pendientes del cantante y de profesionales de la industria, como es el caso del músico Édgar Cortázar, quien notoriamente enojado al evocar el episodio recordaba "le menté la madre al teléfono una vez". El motivo de tal desencuentro fue una gestión que Cortázar había hecho en *Billboard*, a través de su contacto con Leila Cobo, en la versión latina de la revista, sabiendo que andaba en un momento delicado y que precisaba de buenas ayudas. Le iban a dar portada, iba a conseguir una excelente promoción en estaciones de radio para que sus canciones sonaran en el top y además iba a ser homenajeado con un reconocimiento especial en los premios Lo Nuestro. Se puso en contacto con Daniel González, que le respondió de manera negativa, incluso altiva, recuerda, diciendo que Micky no tenía tiempo para eso, a lo que Cortázar le dijo:

> Es que Micky necesita esto porque está en uno de lo peores momentos de su carrera, por tu culpa y por la gente que tiene alrededor que no lo ponen donde debe estar, le dije. Daniel me mandó al carajo y no pude contactar con Micky porque este tipo le tenía yo creo cambiados todos los contactos, ni modo hubo.

Édgar Cortázar publicó un post que él mismo admite iba dirigido a González Hartman.

> Yo sólo quería decir, hey, soy tu amigo, tengo mucho tiempo de conocerte y colaborar contigo, y nomás te quiero decir que tienes personas a tu lado que no son buenas para ti. Puedo entender que hay gente que está trabajando con él bajo un sueldo y no tienen el valor de decirle algunas cosas, a mí eso no me afecta, yo pongo lo que quiero y si el día de mañana por eso no me llaman a trabajar con él me da igual, vale más la tranquilidad de tu conciencia y tu libertad de decir las cosas con buena fe. That's it.

La de Cortázar es una más de las voces, no siempre dispuestas como él a ser expuestas, que se acumulaban con conocimiento de causa afirmando que todos los problemas de Luis Miguel han venido siempre por causa de tener alrededor personas negativas. Una de estas voces cualificadas afirmaba:

> *Después de Hugo López no hubo un sólo manager que supiera de música y guiarlo correctamente para sacar todo el potencial que él tiene, alguien que le abriera los ojos, le bajara el ego y le enseñara a delegar en buenos profesionales. Uno de sus más grandes errores fue mezclar el trabajo con la amistad.*

González Hartman recibió un interesante proyecto de Marc Portmann y Édgar Cortázar llamado *Aries duetos* para que Luis Miguel grabara una serie de duetos con artistas tales como Earth, Wind & Fire, Chicago, Barry Manilow, Michael Bolton, Michael Bublé, Céline Dion o Journey, entre otros. Bublé de hecho ha manifestado públicamente en más de una ocasión su admiración por Luis Miguel y el deseo de cantar alguna vez juntos. Lo hizo precisamente en la época que este proyecto se estaba fraguando. Por ejemplo de Earth, Wind and Fire ya se había hecho la versión titulada "Vamos a bailar", del famoso "Boogie, Boogie, Dance". La idea era que cada uno de esos artistas hiciera una versión en español de su principal éxito y que lo cantara en dueto con Luis Miguel, que lógicamente iba a ser el gran protagonista. Al mismo tiempo, se iba a hacer una selección de canciones de Luis Miguel para hacer una adaptación en inglés y que también fueran cantadas a duetos. Eran dos canciones con cada artista, una en español y otra en inglés. Un impresionante proyecto que iba a ser grabado en Capitol Records, fue recibido por Francisco Loyo y Alejandro Carballo y que murió en la oficina de Daniel González Hartman pero que podría ser rescatado en cualquier momento, toda vez que Luis Miguel sea consciente del mismo y de lo que pueden darle esas leyendas consagradas de la música, algunas de ellas muy admiradas por él mismo, como es el caso de los intérpretes de "September".

Los clubs de fans tampoco aprobaban su labor y se quejaban de que se les vendían boletos sin control. La encargada de logística de los hoteles y aviones de la gira expuso una queja del personal del hotel Quinta Real en Guadalajara por el comportamiento del *manager*, que según ellos se ponía a gritarles en el lobby. No obstante la peor parte del periodo de la gestión de González Hartman es la concerniente a la fallida gira conjunta con Alejandro Fernández, de la que se desprendió una auditoría cuyo contenido reservaremos.

Con síntomas de una carrera a la deriva, fracasó el intento de llevar su música a los palenques. En 2014 hizo en octubre las Fiestas de Guadalajara. Un día antes ensayó porque no había hecho nunca palenques y quería que todo quedara perfecto. Mandó poner una alfombra negra especial. Él se cambiaba en el pasillo porque ahí le acondicionaron un *quick change* para después pasar al redondel. Ese primer concierto le fue bien, estaba un 90% lleno, en un lugar con una capacidad de 5 mil personas. Sólo hizo tres palenques que fueron cuatro días en Guadalajara, tres en Texcoco y dos en Aguascalientes. Este último coincidió con la víspera de su 45 cumpleaños y recibió una sorpresa en forma de gran pastel de su fan incondicional Marha Codó. A Texcoco llegó en helicóptero. El show no era malo, aún estando medio lleno la gente se portó muy bien. Iba hacer otro palenque en Monterrey pero como en Texcoco y Aguascalientes no le fue tan bien, los palenqueros no se quisieron arriesgar. La carrera estaba en un preocupante y pronunciado ocaso.

22

El "Trienio Horribilis": la travesía en el desierto

La reina de Inglaterra hizo famosa la expresión del "Annus Horribilis" para referirse a los años terribles de su reinado. Aquí debemos crear un neologismo y referirnos en lugar de a un año terrible, a tres, el periodo que va de 2015 a 2017, lo que podemos denominar como el "Trienio Horribilis" de Luis Miguel. El trienio comenzó a tomar forma el día que el programa *Suelta la sopa* de Telemundo revelaba en su sección "plato fuerte", el 4 de noviembre de 2015, que Luis Miguel estaba en tratamiento para aliviar un zumbido en el oído. Tras recordar que a final de 2014 había terminado su relación con la polaca Kasia Sowinska, se adentra en su exclusiva. En medio del pleito legal entre el cantante y su exrepresentante, William Brockhaus, que le exigía más de dos millones de dólares por incumplimiento de contrato tras sus servicios del 2011 al 2014, el cantante fue citado a declarar en el caso, pero sus abogados enviaron a la Corte una carta fechada el 2 de octubre de 2015 solicitando excusarlo por causa de dicho tratamiento, que era diario, tal como se recogía en los documentos públicos que mostró el programa. Para entonces ya había pasado por uno de los peores días profesionales de su vida en Mérida, Yucatán, y se abocaba a repetir un capítulo igual de triste con las cancelaciones del Auditorio Nacional de la Ciudad de México. La travesía del desierto era ya plena y en muchos de esos momentos a lo largo de esos tres años fue muy delicada, angustiosa y con incierto final.

A finales de noviembre de ese mismo año 2015, luego de hacerse unas fotografías con Alejandro Fernández que iban a servir para promocionar la gira conjunta, el cantante recibió a algunos medios elegidos en el hotel de lujo de Punta Mita en el que se alojaba, a poco más de una hora de Puerto Vallarta. Él mismo hacía unas declaraciones en las que por primera vez reconocía su mal como una de las causas de su crisis. Lo hacía a una reportera del periódico argentino *Clarín*:

> *Es una situación complicada, pero tienen que pensar que yo empecé a los 9 años con esta carrera: con la música, los decibeles, los conciertos... Entonces son más de 30 años expuesto a sonidos muy fuertes. Tuve que pasar por un tratamiento y afortunadamente ya estoy mucho mejor.*

Trascendió que podías perder la audición. ¿Tuviste miedo de que sucediera?, pregunta.

> *No fue fácil, son situaciones difíciles. La vida que de repente te pone pruebas y tienes que superarlas, no queda otra. Pero es una condición que he podido superar y creo que la estoy controlando lo mejor posible con el apoyo de mi gente querida, de los médicos, del público que ha sido extraordinario y me han dado mucha fuerza. He podido rehabilitarme de una manera casi milagrosa.*

La periodista observa un aparato que brillaba en su oído, parte del tratamiento por los acúfenos. Un especialista en otorrinolaringología puede mejor que nadie entender el suplicio por el que ha tenido que pasar Luis Miguel, que amenazó su carrera, que vino a ser un factor negativo más de los tantos acumulados en lo que llamamos el "Trienio Horribilis" y la larga travesía por el desierto hasta su renacimiento en 2018. Es muy difícil determinar la causa que provoca una patología auditiva como el tinnitus o acúfeno. El sentido común invita a pensar que tantos años y tantos conciertos con la exigencia auditiva que supone el uso de los auriculares de retorno, la llamada "monitorización in ear" que los cantantes usan para actuar pudo haber tenido algo que ver, de hecho se han conocido otros casos como los de Eric Clapton, Noel Gallagher y Chris Martin. En una ocasión en un concierto en Perú un cambio de voltaje casi le revienta un tímpano. Los especialistas señalan que si bien no se sabe con exactitud cuál puede ser la causa, sí se ha comprobado que hay algunos factores que pueden estar asociados a su aparición, como la exposición a ruidos, la enfermedad de Menière, el estrés, las infecciones del oído medio, la edad, el tabaco y el alcohol.

El tinnitus es básicamente un zumbido permanente en el oído, así de simple lo define un especialista que conoció el caso de Luis Miguel. Es un ruido, pero un ruido que puede tener una intensidad tal que no permiten al paciente escuchar con claridad, incluso le puede impedir seguir una conversación normal al no distinguir bien las palabras. "Es como si tuviera la turbina de un avión prendida junto a usted las 24 horas del día". Las causas son diversas, la magnitud es variable y hay quien lo tiene en un oído y quien lo tiene en los dos, en el caso de Luis Miguel le afecta a uno sólo de sus oídos, el derecho, pero en un primer momento se temió que la intensidad del mismo le impidiera volver a cantar, cosa que afortunadamente no sucedió, porque hay causas que tienen cura y causas que no tienen cura. Afortunadamente, Luis Miguel se ha podido beneficiar del hecho de que hoy en día existen terapias y técnicas que pueden aliviar notoriamente las molestias que provoca.

Los tinnitus que se vuelven crónicos condicionan la calidad de vida del paciente, tal como explica el especialista otorrino.

> *Es como hacerse idea que uno lleva consigo el motor de un jumbo prendido todo el día, las 24 horas, es una pesadilla. Es como para volverse loco, es un problema muy serio, que merma mucho la calidad de vida de una persona, no solamente para alguien que debe cantar, sino para cualquier persona, la que está escuchando un intenso zumbido y no escucha las palabras de la persona que le está hablando enfrente.*

Esto explica en el fondo, aunque no lo justifica en las formas, el incidente que tuvo con un sonidista en Panamá en 2019 dentro de su gira *México por siempre*, donde apareció el lado más irascible y soberbio del cantante que tanto recuerda al carácter de su padre.

Para un profesional tan sumamente exigente como Luis Miguel, suspender un concierto era algo que, salvo fuerza mayor, no haría jamás. No hay sino recordar el capítulo de cuando se enteró del delicado estado de salud de su padre. A pesar de la duda no suspendió el show de Asunción, sí que tuvo que correr una fecha en Buenos Aires por el fallecimiento, pero poco más. "Mi padre me dijo en vida muchas veces que tenía que respetar al público, y que si yo pasaba por problemas, los solucionara y me sobrepusiera sin que mi público saliera afectado. A la gente hay que cumplirle, me dijo, y eso me quedó bien claro". Estas palabras, pronunciadas por Luis Miguel durante la presentación de su disco *Aries* y en infinidad de declaraciones, dan una idea del drama por el que tenía que estar pasando para suspender un show. De hecho, cuando se vio obligado a hacerlo debido al intenso dolor en el oído, se fue a llorar contra la pared completamente desconsolado. Y no sería uno sólo. "Jamás había suspendido un show, ni en la Argentina ni en ningún lugar que yo recuerde, la afección en el oído le obliga a tener que cancelar", confirmaba el que fuera su gran amigo, el argentino Polo Martínez.

La afección en el oído sería la gota que derramó el vaso de una persona muy vulnerable desde el punto de vista emocional, que había acumulado a esas alturas demasiadas tristezas y desencantos. No solamente los acúfenos amenazaban la carrera y la salud del cantante. Luis Miguel ya presentaba antecedentes cardiacos, tuvo que reducir drásticamente el consumo de alcohol, llevar una dieta estricta y modificar los hábitos de ejercicio tras su crisis de 2010. Y lo peor, su tendencia maniaco depresiva que en esta ocasión se presentó con una fuerza inusitada con todas las consecuencias físicas que eso conlleva de aumento de peso, pérdida de cabello y deterioro físico que precisaron más tarde de buenos profesionales de la medicina estética para mitigar dichos efectos. Tras la más severa depresión que jamás haya tenido, la tendencia fue a buscar refugio, mal refugio, en tragos amargos que no ayudan a olvidar las penas, y lo que provocan es entrar en una espiral decadente desde el punto de vista profesional, arrastrado por el deterioro de la salud física y emocional. Las tristes consecuencias no demoraron en aparecer.

"Sigan orando por Luis Miguel". La consigna se extendió por clubes de fans, redes sociales y medios de comunicación. En febrero del 2015, la Fiscalía General del Estado (FGE) de Mérida confirmó que tres personas habían sido detenidas tras la cancelación del concierto, uno de los episodios más negros de su carrera. En el Coliseo de Yucatán lo esperaban 7 mil personas que se quedaron plantadas sin una explicación. Entre los detenidos en el recinto estaban Óscar Raúl Montes, Javier Rodríguez Mendoza y Daniel Font. La detención se dio después de que el apoderado legal del Coliseo, José Gabriel Castillo Peralta, interpusiera una demanda civil por incumplimiento de contrato. Debían explicar el porqué de la cancelación del concierto y después tendrían su libertad. Los detenidos se reservaron el derecho a declarar sobre la ausencia del cantante, quien de inmediato abandonó tierras yucatecas. Un *speaker* dijo que él andaba tirado en su camerino completamente ebrio, pero no era cierto. Nunca llegó. La versión de los músicos y el promotor Óscar Montes de Don Boletón, fue que se había quedado en una hacienda y se le hizo tarde. Cuando quiso arrancar se les echó la noche encima y les dijeron que era peligroso, el helicóptero no fue capaz de aterrizar. A los músicos les dejaron encerrados los instrumentos sin dejarlos sacar como garantía del pago de daños y perjuicios.

El 18 de noviembre del 2015 sería otra fecha marcada en negro en su carrera. Esta vez fue incluso peor, porque se presentó con 50 minutos de retraso en el escenario del Auditorio Nacional. Desde los primeros compases, sufrió sin alcanzar los tonos altos dejando al público cantar por él. Tras 15 minutos de calvario, salió a toda prisa del escenario y ya no regresó. Luego de 12 minutos una voz en off informó: "por cambios de temperatura y de clima en los últimos conciertos el señor Luis Miguel suspende su concierto. En su momento se informará sobre la nueva fecha para reponer el concierto". Al día siguiente se repitió la historia. Cantó dos canciones y desapareció, el Auditorio Nacional, ya en la madrugada, tuiteó: "Estimado público, lamentamos informarle que el estado de salud de Luis Miguel no le permitirá continuar esta noche". El comunicado público de su oficina lo justificó con una "rinofaringitis aguda". Viendo la indisposición del artista, los shows acabaron reprogramándose para 2016 los días 30 de marzo, 1, 2 y 3 de abril, sin embargo, nunca llegarían a hacerse, cancelados según la versión oficial por "tratamientos médicos necesarios". En realidad así era. En diciembre logró con gran esfuerzo sacar adelante las dos fechas programadas en Miami. En uno de esos días el cantante tuvo un encuentro con una persona de total confianza en el que confesó el infierno que estaba viviendo, del que su estado físico daba sobradas pistas, los memes de las redes sociales se cebaban con su sobrepeso. Su estado anímico dijo basta y los conciertos programados para los días 13, 14, 16, 17, 18 y 20 de diciembre de 2015 en Duluth, Charlotte, Fairfax, Boston, Nueva York y

Rosemont, fueron cancelados. Su grave estado de salud le impidió subirse a un escenario por un largo periodo. La larga travesía del desierto lo dejaría sin cantar por más de dos años y medio hasta su esperada reaparición en el Auditorio Nacional de febrero de 2018.

Con muy buena voluntad hubo personas que quisieron minimizar la crisis y ayudar a taparla en espera de una pronta recuperación, "por supuesto que es una frustración, una decepción para los seguidores del artista, y para el Auditorio sí implica pérdidas económicas y un poco de imagen, pero insisto, es algo normal en la vida del espectáculo", dijo Gerardo Estrada, coordinador ejecutivo del Auditorio Nacional, en noviembre de 2015. Pero más allá de los eufemismos y las benévolas versiones oficiales, sus más allegados, incluso sus fans, percibieron que los hechos ya no dejaban lugar a dudas de que el ocaso estaba consumiendo al Sol y su carrera se tambaleaba. Esta vez el luchador nato, el hombre del caparazón que aún con heridas en el alma siempre lograba el modo de seguir hacia delante, estaba en serio peligro en un inmenso desierto y sin agua. Necesitaba ayuda para salir. Y la encontraría.

✸ ✸ ✸

Los problemas económicos, consecuencia de tantos años de errores y de malos manejos, empezaron a acuciarlo y a filtrarse desde el entorno de Brockhaus, antes de su salida. Emblemáticas propiedades fueron vendiéndose con una peligrosa amenaza de desarraigo que culminó en 2017 con una orden de arresto incluida. Las casas de Acapulco, el apartamento de Miami, la casa de Los Ángeles, todo empezó a quedar atrás. Acabó viviendo en una renta en el lujoso y exclusivo sector de Bel-Air y tuvo que enfrentar más tarde hasta un aviso de desahucio por impago de su renta mensual.

El tercer año de este negro trienio fue el más crítico y caótico. Si bien desde finales del anterior ya el plan de ayuda y rescate se había puesto en marcha para evitar el hundimiento total, en 2017 confluyeron todos los conflictos justo en el momento que ya se empezaba a trabajar en la serie de televisión de su vida, punta de lanza del plan de rescate. Luis Miguel estaba completamente arruinado y tenía demasiados frentes abiertos, todos ellos muy gruesos. El primero con su propia disquera: Warner Music le reclamaba el dinero que había recibido sin haber dado disco alguno a cambio. Tenía un proceso abierto por una deuda de casi cuatro millones de dólares, tal como mostraba un documento fechado el 8 de marzo elaborado por un juzgado de Los Ángeles, donde el artista reconocía que tenía un pago pendiente desde 2014 y que llegó a un acuerdo para dilatar la fecha del pago hasta el 30 de noviembre de 2015, que no cumplió y se vio obligado a asumir la demanda de la multinacional. Warner Music Group, con Stephen Cooper al frente, lo demandó por cobrar e incumplir la grabación de cuatro discos.

Por otro lado, Alejandro Fernández estaba indignado por su incumplimiento de contrato de la gira conjunta; la compañía En Vivo Enterprises lo demandó acusándolo de haber recibido un adelanto por presentaciones que luego canceló exigiéndole el reembolso de 150 mil dólares; y la demanda de su *exmánager*, William Brockhaus, casi origina una de las imágenes que hubieran sido más terribles de toda su carrera, el cantante detenido y esposado, cosa que afortunadamente no sucedió gracias a la ágil y rápida intervención de su amigo Miguel Alemán Magnani. Fuentes implicadas en el plan de rescate de 2016 aseguraron que fue a partir de 2013 cuando las dificultades económicas del cantante empezaron a incrementarse, con una caja de cerca de 50 millones de dólares que descendió a 10 en 2015. Un alto ritmo de vida, gastos descontrolados, falta de ingresos, deudas, préstamos, pleitos... El abismo a un paso.

De ese abismo hubo publicaciones especialmente elocuentes que describían con toda crudeza lo que estaba pasando a principios de enero de 2017. Una de ellas, a la que hicimos ya alusión en *Luis Miguel: la historia*, ahora más contextualizada, la firmaba el veterano periodista español Manuel Román, autor de varios libros relacionados con la música. Una nota muy dura pero por desgracia nada ajena a la realidad: "Luis Miguel, arruinado entre demandas y deudas", fue el título para hablar de un "ocaso" que se temía "podía ser definitivo", citando a dos prestigiosos medios mexicanos que confirmaban que ésa era la crisis más aguda de su vida.

> *Sus más cercanos lo encuentran deprimido, sin querer recibir a sus amigos, sin atender razones ni consejos, sumido en una situación sin salida que él resuelve a base de alcohol y cocaína. Las drogas lo están matando lentamente, al tiempo que su reputación artística pierde enteros a velocidades supersónicas. Porque en el mundo del espec-*

táculo cuando un artista no cumple con sus contratos, se comporta en el escenario de manera al menos rara por no recurrir a razones más contundentes ligadas a las sustancias que consume, los empresarios lógicamente se cubren en defensa de sus intereses. Y así, después de las espantadas que Luis Miguel dio en el pasado año, de su vergonzosa actuación en el mismísimo Auditorio de México, pocos o casi nadie creen ya en él, en que vaya a regenerarse, al menos en los próximos meses. Hoy en día, con las redes sociales, con los medios que permiten casi en el acto conocer los pasos de alguien como él, es absurdo negar su penosa situación. Sabemos que en su pretensión de cantar durante veinticuatro galas en el Cosmopolitan Hotel de Las Vegas, a la empresa que lo representa en Miami, Emax Group, le han ofertado únicamente cuatro actuaciones. Y gracias… Eso no justifica su comportamiento en escena, el olvido de las letras de sus canciones, los desvanecimientos y la cancelación de actuaciones en giras programadas donde las empresas arriesgan mucho dinero en publicidad y en las contrataciones de sus locales. Parece una actitud gratuita, irresponsable, de quien no sólo juega con su salud y con su carrera, sino que perjudica a los demás de modo flagrante. Estamos ante un tipo déspota, maleducado, orgulloso, colérico, y por encima de todo soberbio. Cree estar por encima de los demás. Yo lo conocí siendo adolescente cuando compareció junto a su padre, el mediocre intérprete coplero Luisito Rey, a los postres de un almuerzo en el madrileño Club Internacional de Prensa. Entonces, el jovencito era prudente, educado. A los pocos años, ya afamado en México, vino a Madrid y en un par de ocasiones me concedió sendas entrevistas en el hotel que ocupaba. No recuerdo a artistas canoros más endiosados como él, insulsos luego a la hora de hablarnos de su carrera y de su vida.

La demanda civil de Bill Brockhaus contra Luis Miguel fue principalmente por dos razones: violación del contrato y la falta de pago adicional por trabajos hechos y que no tuvieron compensación entre 2012 y 2014. Brockhaus reclamó el pago del 10% por las ganancias derivadas de ese año, más compensaciones extras. El proceso legal inició en febrero del 2015 y en julio del 2016 una corte de Nueva York dictaminó que Luis Miguel debía de pagarle a su antiguo representante 1 043 000 dólares por sueldos y comisiones atrasadas. El cantante hizo caso omiso a la resolución de la corte y el caso fue trasladado a California, donde Luis Miguel tenía su residencia.

Daniel González, su sustituto, le ofreció medio millón de dólares en efectivo para liquidarlo. No aceptó porque había hecho números y se le debían casi 2 millones de dólares. Aunque Brockhaus pedía el pago de más de 2 millones de dólares, la jueza Katherine B Forrest sólo le otorgó en primera instancia las cantidades de 549 mil dólares, más 98 mil dólares por intereses acumulados desde junio del 2014 y 395 mil dólares en gastos de abogados. A pesar de la resolución de la juez de Nueva York, a Brockhaus y sus abogados se les hizo difícil encontrar a Luis Miguel en un principio. Contrataron detectives para entregarle la notificación y localizarlo en Los Ángeles, Las Vegas o Acapulco, sus lugares de residencia. En este tiempo, despojado de sus propiedades, rentaba una lujosa residencia en Bel-Air, California y pagaba un poco más de 50 mil dólares de renta mensual. Tenía en su poder un Rolls Royce con valor aproximado de 300 mil dólares. Fue así que finalmente se le entregó la notificación al cantante en el hotel Aria de Las Vegas, donde pasaba temporadas a veces solo y otras con amigos. En un principio, Luis Miguel se negó a asistir a las primeras tres audiencias que tenía en una Corte de Los Ángeles, por eso la juez Virginia Phillips giró el 17 de abril del 2017 la orden de arresto en su contra. En días previos, su jefe de seguridad y hombre de confianza Joe Madera, había acudido a la Corte para ser interrogado para conocer dónde estaban los dineros y las propiedades que tenía el cantante. Madera comentó que tenía tiempo que no veía a su jefe y que de hecho le urgía porque debía algunos pagos habituales de la residencia que rentaba como la luz, cable, etcétera, que pagó con su propio dinero. Se llegó a la conclusión que sólo tenía a su nombre el famoso Rolls Royce, con el que, a pesar de la orden de detención emitida, paseaba en esos días acompañado por una mujer por las calles de Beverly Hills expuesto a un arresto. De hecho en una de esas noches se fue a cenar con Adriana Fonseca a un popular restaurante de sushi en West Hollywood. Llegaron en el Rolls Royce. Unas fans de Argentina coincidieron con ellos a la salida en el valet parking del restaurante. Le comentaron que estaban preocupadas por la situación legal que estaba viviendo. Él no quiso poner mucha atención a sus palabras y sólo les preguntó cómo estaba la situación política y social en su país. Una de ellas le dijo que traía una pierna lastimada y Micky respondió que él también. Al final, cada quien tomó su auto y se despidieron con un beso.

En ese tiempo la cosa había llegado a límites de ser prácticamente un prófugo de la justicia. A principios de mayo, coincidiendo con una de las reuniones de Javier León Herrera y Juan Manuel Navarro en el cuarto de escritores de la serie de televisión en la Ciudad de México, este último recibió una llamada de Los Ángeles avisándole de que estaba a punto de producirse un hecho muy grave. Luis Miguel podía ser arrestado y esposado en la Corte como consecuencia de sus reiterados desacatos a los requerimientos judiciales. El nombre de Luisito se les vino a ambos a la mente. A partir de ahí todo fue una tensión en espera de la resolución del caso. Finalmente hubo un final feliz y la fotografía de Luis Miguel esposado no llegó a hacerse jamás gracias a los buenos amigos, a los que son como Miguel Alemán Magnani, y a los que fueron como Polo Martínez. El primero se encargó de actuar con agilidad; el segundo le había insistido, luego de mucho tiempo sin comunicarse, que por nada del mundo diera pie a esa foto, que recapacitara, porque de lo contrario sería algo que le pesaría toda la vida.

El grado de desgaste de su imagen era ya de tal calibre, que baste reproducir algunos fragmentos de una nota publicada el 22 de abril de 2017 por el diario español *La Razón*, actualizada el 13 de noviembre de 2019, que resumía el oscuro panorama que se cernía sobre la carrera y la vida de Luis Miguel, al que muchos ya daban por hundido e irrecuperable:

> *En medio de sus problemas legales en Estados Unidos, donde han emitido una orden de arresto contra él, el encargado de sus finanzas, Joe Madera, declaró en un tribunal que el mexicano no tiene liquidez para pagar sus deudas. Los abogados del demandante están desesperados. La jueza que lleva el caso ya perdió la paciencia y mientras el culpable del caos sigue sin aparecer, su mano derecha asegura que está arruinado. Luis Miguel estará acostumbrado a los pleitos legales —ha enfrentado desde demandas por la manutención de sus dos hijos menores hasta líos con su compañía discográfica— pero éste se le está yendo de las manos. Tanto es así que el lunes se emitió una orden de arresto en su contra. "La jueza me dijo: «Te llamo cuando esté detenido». No tengo ninguna duda de que hablaba en serio", afirma la abogada de William Brockhaus, que le reclama a*

Luis Miguel una deuda millonaria. Hace siete meses que Brockhaus, que fue manager del cantante durante unos años, ganó una demanda por incumplimiento de contrato. La Corte estableció que Luis Miguel debía pagarle 978 mil euros, pero el empresario de Texas, que está casado con una amiga de la infancia de Luis Miguel, no ha recibido ni un céntimo. Por eso se introdujo una nueva demanda, aunque el mexicano no ha aparecido en ninguna de las tres citas. La jueza que lleva el caso le amenazó la segunda vez con una orden de detención y como El Sol de todos modos no se personó, la jueza cumplió. "Seguirle la pista ha sido muy complicado, incluso citarlo resultó difícil. Lo intentamos en Las Vegas, pero tiró los documentos al suelo y se fue. Luego, en Beverly Hills, como se negó de nuevo a recibirlos, se los colocaron en el parabrisas del coche y él los arrancó. Ha actuado de manera beligerante", explica Messigian. Al no pagar, Brockhaus tiene derecho de apropiarse de los bienes del cantante, pero ahí está justamente el problema: no saben qué tiene ni dónde. "El objetivo es encontrar su dinero. Estamos en nuestro derecho de localizar sus activos —coches, yates, aviones— y hacer lo que podamos para apoderarnos de ellos". Para ello, la clave es Joe Madera, mano derecha y encargado de las finanzas de Luis Miguel durante décadas. El problema es que Madera asegura que no existe tal fortuna: "Dice que su jefe no tiene dinero, que está vendiendo sus activos. Pero desde nuestro punto de vista Luis Miguel sigue llevando un estilo de vida espléndido que no se corresponde con el testimonio de Madera", afirma la abogada Amy B. Messigian. Tanto es así que han sumado los gastos del juicio a su deuda, que ahora llegaría a cerca de dos millones de dólares.

Sin embargo, el fiel Madera podría no estar mintiendo para proteger a su jefe. El mes pasado, El Sol fue desalojado por orden judicial de la casa que alquilaba en Los Ángeles. El alquiler era de 58 mil dólares mensuales (alrededor de 54 mil euros), pero llevaba tanto tiempo sin pagar que había acumulado una deuda de 217 mil euros. Su casa de Acapulco, México, de 36 mil metros cuadrados, también fue vendida y derrumbada recientemente. En su lugar han comenzado a construir un complejo de apartamentos de lujo. En diciembre, además, se publicó que estaría vendiendo aquel yate, llamado Único, en el que

tantas fiestas ha celebrado y a tantas novias ha paseado. Ese mismo
mes se le vio disfrutando de su barco y rodeado de chicas en "topless",
pero los medios mexicanos aseguraban que el cantante no podía ha-
cer frente a los pagos de servicio y manutención del yate, valorado en
tres millones de dólares, por lo que pensaba venderlo.

Sus problemas monetarios habrían empezado después de su "an-
nus horribilis", 2015, cuando canceló una serie de conciertos por moti-
vos de salud sobre los que se ha especulado incesantemente. El mismo
año prometió una gira junto a Alejandro Fernández que tampoco cuajó y
que le podría costar cientos de miles de euros en indemnizaciones. Por
si fuera poco no ha devuelto a su discográfica los 3 650 000 dólares de un
crédito que pidió hace tres años.

Con este nivel de turbulencias a nivel mundial, Luis Miguel decidió hacer
caso de los consejos que le daban y se entregó a las autoridades de Los
Ángeles en la mañana del 2 de mayo del 2017, cuando acudió a la Corte
para responder por la demanda civil. Miguel Alemán lo acompañó aquel
día y se encargó de todo. Para evitar el arresto tuvo que hacer frente a
una fianza de un millón de dólares. Sus abogados argumentaron que Luis
Miguel desconocía los citatorios que tenía y que no sabía mucho del caso
porque no se lo habían notificado. Pudo esquivar las fotografías. Estuvo menos
de una hora en el edificio federal al que fue ingresado por un túnel al que
no tuvieron acceso reporteros ni cámaras. Luis Miguel fue llevado al
piso 6 del edificio donde estaba la sala en la que fue cuestionado. Mientras
esperaba en los pasillos, se percató de la presencia de algún reportero. Pidió
que no lo fotografiaran mientras esperaba y lo respetaron. Para evitar que
tuviera que regresar el 11 de mayo, se aceleró el acuerdo extrajudicial. De
ese modo, el 9 de mayo la Corte para el Distrito Central de California dio
por terminado el caso. Los abogados de Luis Miguel y los de Brockhaus
llegaron a un acuerdo para pagar lo que se debía. La deuda se saldó, pero
por el camino se consumió una amistad más. Otros nombres para añadir a
la lista de la reconciliación: Michelle y William Brockhaus.

☀ ☀ ☀

El 2 de diciembre de 2017 se cerraba el último gran frente abierto del "Trienio Horribilis". Ese día, un escueto comunicado de la oficina de Alejandro Fernández publicaba que:

> *Tras dos años de gestiones se ha alcanzado un acuerdo pacífico con Lion Productions Inc., empresa que representa a Luis Miguel. Corporativo Fernández, grupo de empresas que representan al artista Alejandro Fernández, informa que hemos concertado un acuerdo que nos permitirá solventar las diferencias que tuvimos en el pasado con el señor Luis Miguel Gallego Basteri y su empresa Lion Productions Inc. Agradecemos la participación de todas las personas que de buena fe y con gran esfuerzo, han intervenido para solucionar un tema tan complejo.*

Una de las giras que parecían más ambiciosas en el mercado latino era la que se pensaba realizar con Alejandro Fernández y Luis Miguel de abril a noviembre del 2016 bajo el título de *Pasión Tour*. Fue Star Productions, compañía de El Potrillo, quien tomó la iniciativa. El periodista Gil Barrera detalló cómo había iniciado.

> *Todo comenzó el 2 de noviembre del 2015 cuando en Guadalajara, en las oficinas de Alejandro Fernández, se firmó una carta de intención para realizar la gira, misma que se dio conocer ante los medios el 11 de diciembre de 2015, en Miami. El 5 de noviembre de 2015 el empresario Óscar Raúl Montes, quien en ese entonces tenía a su cargo la venta de fechas de Luis Miguel, firmó el primer convenio para cerrar monetariamente esa gira y le pagó a Alejandro un millón de dólares. Sin embargo, horas después de dar el primer paso, el mismo empresario se declaró insolvente y fue la empresa del Potrillo la que financiaría la gira haciendo un depósito de 1 950 000 dólares. Posteriormente, se acreditaron pagos por 1 200 000 y otro más por 750 mil dólares, en un par de instituciones bancarias en Estados Unidos. Con el propósito de establecer las reglas del evento, el 13 de noviembre de 2015 Luis Miguel y su manager Daniel González Hartman se juntaron con Carlos de la Torre, manager de Alejandro Fernández, y el propio cantante en*

Punta Mita, pero no se concretó nada, pues ni Luis Miguel ni su gente firmaron un contrato definitivo. De acuerdo con la demanda, la empresa de Alejandro Fernández no dejó de cumplir los pagos por adelantado que exigía Luis Miguel, por ello hicieron otro depósito de 3 950 750 dólares, con la intención de que ahora Luis Miguel firmara un acuerdo definitivo. Eso jamás ocurrió, pues el 21 de noviembre canceló las presentaciones que tenía en el Auditorio Nacional por enfermedad y, en ese momento, se dio a conocer que Luis Miguel estaba físicamente imposibilitado de seguir cantando. Sin embargo, ni el intérprete ni su gente lo aceptaron y decían que la gira con Fernández seguía en pie. Con el paso de las semanas y luego de tener depositados casi 7 millones de dólares, Óscar Raúl Montes, Daniel González Hartman y Luis Miguel desaparecieron de la mesa de negociaciones. El tiempo siguió transcurriendo sin que se elaboraran o firmaran los contratos y cuando los abogados de Alejandro Fernández les pidieron regresaran los anticipos, la justificación por parte del empresario de Luis Miguel fue que el artista y ellos no regresaban anticipos.

La gente del Potrillo se vio en la necesidad de presentar un procedimiento legal para dar conocimiento a la autoridad de una serie de hechos relacionados con las negociaciones de la citada gira. La empresa Star Productions emitió un comunicado dando a conocer las razones de la demanda. La Procuraduría General de Justicia de la Ciudad de México emitió un citatorio para Luis Miguel, en el mes de enero. Él no se presentó. Sus abogados empezaron con las negociaciones para llegar a un buen acuerdo que fue posible sólo después de haberse puesto en marcha el plan de rescate. El empresario Carlos Bremer, quien ayudó en este rescate financiero de Luis Miguel, afirmó que Alejandro Fernández accedió siempre con la mejor voluntad a llegar a un buen acuerdo y que estuvo siempre en la mejor disposición de solucionar el conflicto. Otros seis millones y medio de dólares del plan de rescate tuvieron que invertirse en saldar la deuda con el intérprete de "Si tú supieras". Es algo que honra a Alejandro Fernández, que en privado siempre mostró su desconcierto, indignación y sorpresa ante el comportamiento de Luis Miguel.

El 30 de noviembre de 2017 la periodista Mara Patricia Castañeda, a través de su cuenta de Twitter, adelantaba la exclusiva. "Terminan problemas legales de @alexoficial y @LMXLM. En las próximas horas se retirará la denuncia presentada en la Procuraduría de Justicia de la Ciudad de México. Los detalles del arreglo no se darán a conocer, por el momento". Días más tarde, la oficina de Alejandro, Corporativo Fernández emitía el comunicado y confirmaba la noticia.

23

El nuevo amanecer del efecto empatía

Siempre sostuvimos que el año 2018 sería otro importante punto de inflexión en la biografía de Luis Miguel. Fue el año en que el Sol, tras un largo y doloroso ocaso, volvió a amanecer con todo su esplendor. El nuevo amanecer empezó a gestarse en el momento que el gran luchador se dio cuenta en 2016 que no saldría del hoyo por sí solo y pidió ayuda. Miguel Alemán Magnani, amigo de toda la vida, fue consciente de la gravedad de la situación y el plan de rescate empezó a tomar forma en su mente. Dentro del plan había algo que podía ser un arma de doble filo, en función de su poder de persuasión, y que implicaba una terapia de choque ante un hecho que siempre le obsesionó y lo bloqueó: airear su vida. Sin embargo, ésta iba a ser la piedra angular del plan global de rescate. Una serie de televisión sobre su vida no solamente era negocio en sí, sino que podía generar un efecto empatía que multiplicara el resto de los negocios, acelerara los tiempos de amortización previstos y relanzara con fuerza al cantante hacia una nueva y exitosa etapa, con un disco nuevo y una gira maratoniana que garantizaría el retorno del dinero.

El primer paso era convencerlo, y Miguel Alemán lo hizo en Los Ángeles. No fue difícil por tres motivos. El primero, porque la delicada situación no daba al cantante mucho margen de maniobra, segundo porque ya era una tendencia a la que habían accedido personajes como Juan Gabriel, y tercero y más importante, porque si no lo hacía él de manera autorizada lo iban a hacer otras personas así no tuvieran autorización, por lo que era más conveniente que contara la historia con su autorización a no exponerse a que la contaran terceros. Y los terceros eran una realidad. El productor Pedro Torres, quien tantos y celebrados videoclips había realizado en la carrera del cantante, había convencido a Televisa para acometer el proyecto. Luis Miguel se convenció y confió en su buen amigo para que la serie llegara a buen puerto, cuidando algunos detalles de su vida personal de manera muy especial. Así fue como nació en 2016 la productora Gato Grande, bajo el paraguas del gigante MGM, una división de la mítica productora de Hollywood para la producción de contenido en español, con esta historia como buque insignia y rampa de lanzamiento de la misma. Se involucraron Mark Burnett, presidente de MGM Television y Digital Group, y la propia MGM con un 50%; y un grupo de empresarios mexicanos de la mano del propio Miguel Alemán Magnani, presidente de Interjet. Junto a él, José Luis Ramírez, y Antonio Cue Sánchez, cuya esposa, Carla González Vargas, quedó al frente del proyecto de la serie. El negocio se cerró con Netflix como primera ventana en América Latina y España, y con Telemundo como primera ventana en abierto en Estados Unidos. Con el proyecto autorizado de Gato Grande en marcha, Pedro Torres acabó desistiendo del suyo propio.

Con el OK de Luis Miguel para la serie, Alemán llamó a varias puertas con una idea muy clara. El plan consistía en la creación de un fideicomiso para pagar las deudas y evitar el hundimiento del cantante, que podía dar con sus huesos en la cárcel. Un inquietante paralelismo con lo sucedido a finales de los años ochenta cuando se separó de su padre y el empresario Jaime Camil acudió al rescate. Los roles de la situación nada tenían que ver con los de aquel entonces pero la consecuencia de la condena penal flotaba en 2017 en el ambiente como lo había hecho 30 años atrás, entonces por culpa de su padre, ahora por su propia culpa, entre otras cosas por no haberse rodeado de las personas correctas que hubieran evitado llegar a esa situación límite. Los nombres propios en esta ocasión eran Carlos Slim, presidente del consejo de administración de Telmex; y Carlos Bremer, CEO y presidente del Consejo de Value Grupo Financiero. Este último confirmó: "Platicamos Miguel Alemán, Slim, Luis Miguel y yo de la posibilidad de un plan donde hubiera un fideicomiso y se pudieran unir a las personas con las que había quedado mal, ir resarciéndoles el daño y que todo el mundo se pusiera en el plan del rescate". Cada uno debía invertir cinco millones de dólares y en un plazo menor a dos años recuperar su capital más unos intereses del 5% arriba de lo que ofrecía cualquier fondo. El dinero se depositaría en un fideicomiso de 15 millones de dólares, según una fuente próxima a la operación, Luis Miguel aportaría tres millones más. Importante fue también el aporte de Alejandro Soberón desde la planeación de la gira, que iba a suponer el renacer de Luis Miguel como el Ave Fénix, de sus propias cenizas.

La imagen que se viralizó y que simboliza el rescate se tomó en Las Vegas poco después de que Luis Miguel evitara ser arrestado. Allí posó con Christian O'Farrill, Miguel Torruco, los mencionados Alemán, Bremer y Slim y el Canelo Álvarez, el día en que éste último derrotó a Julio César Chávez Jr. La serie y la manguera de apagar fuego, a cargo del fideicomiso, se pusieron en marcha casi al mismo tiempo, llegando en algunos casos a acuerdos puntuales de ir pagando la deuda a plazos con cargo al dinero que se recaudaría en la gira *México por siempre*. Se llegó a un acuerdo con Alejandro Fernández, cuyo comportamiento fue siempre noble, empatizando con su colega y poniendo todo tipo de facilidades; se solucionó el problema con Brockhaus, se arregló el pleito y empezó a pagarse la deuda con Warner, al tiempo que se ponía en marcha el álbum *México por siempre*; se canceló una deuda con un productor de vino de la zona de Baja California que le requería otra importante suma; y se liquidó también otro pendiente al llegar a un acuerdo extrajudicial con la compañía que exigía 232 560 dólares por concepto del adeudo de una renta de una residencia en Los Ángeles. "A todos ellos son a los que se les paga del fideicomiso. Él va obteniendo alguna utilidad buena, pero la mayor parte se va para pagarle a toda la gente a la que de alguna forma se le adeudaba dinero. Creo que a todos les está yendo bien porque han estado recuperando todo", aseguró Bremer.

El plan no pudo salir mejor. Luis Miguel acudió al mítico José Alfredo Jiménez y al género ranchero para su reaparición con *México por siempre*. Eligió San Miguel Allende para impregnar de mayor mexicanidad su primer videoclip. En el disco decidió incluir un tema de Juan Gabriel. El Divo de Juárez siempre habló muy bien de él, lo tenía por el mejor cantante. Quiso hacer un dueto con él antes de morir. Luis Miguel dijo en principio que sí pero nunca se concretó, no se puso fecha ni lugar y nunca se hizo. El disco le hizo ganar dos nuevos premios Grammy después de 13 años. Para el año de su 50 aniversario las noticias que llegaban de la disquera hablaban de un disco en vivo sobre la gira *México por siempre*, grabado en Las Vegas, pero la pandemia del covid-19 alteró todos los planes. Para sus fans no es suficiente, pues lógicamente nos han transmitido su deseo de volver a ver discos originales como aquellos discos inolvidables de la primera era de Juan Carlos Calderón. A la hora de cerrar esta edición no se había confirmado la posibilidad de que Luis Miguel hubiera firmado con Sony Music para intentar un relanzamiento con un disco de temas inéditos. Sony Music, de la mano de Hugo Piombi al frente de la compañía en Argentina, ya intentó una vez ficharlo en uno de los momentos que debía renovar con Warner, pero el cantante permaneció fiel a su compañía. Sony nunca desistió, de hecho, fue la compañía que publicó la banda sonora de la serie de televisión. Según fuentes de la industria, el desenlace de la operación dependía de la deuda que el artista todavía tiene con los discos que le debe a Warner y que en caso de cambiar de compañía debería asumir Sony.

La serie fue un éxito apabullante, principalmente en países como México, Argentina y Chile. El calado social de la emisión fue tal en esos territorios que superó las expectativas de sus inversores. Logró el doble objetivo a la perfección: generar el efecto empatía y hacer de lanzadera de la nueva etapa de su carrera, logrando incluso captar a nuevas generaciones, un salto generacional que fue una de las mayores satisfacciones que recibió después de aquella larga travesía del desierto que ya quedaba atrás.

> *Le pidió ayuda a Miguel y él se la dio, Miguel Alemán hace las cosas de corazón. Ahí estaba con él en Los Ángeles el día que casi lo detienen. Pero Miguel también le puso una.serie de condiciones, más que condiciones consejos, y él verá si hace caso o no, porque otra caída como esta última va a ser muy difícil de superar.*

Son palabras de alguien que conoce perfectamente a ambos amigos y el negocio de la industria. La alusión es muy clara. Luis Miguel debe sanar su alma o la espada de Damocles no desaparecerá de su cabeza.

Los comienzos fueron muy halagüeños, un nuevo Luis Miguel regresaba con fuerza y con espíritu de reconciliación, hizo las paces con gente como el Burro Van Rankin o Kiko Cibrián, al que recuperaron para el staff; se le vio más accesible con las fans, consciente de que siempre le han perdonado todo y ahí siguen dispuestas a alentarlo; y prometió responsabilidad absoluta a la hora de afrontar la macrogira *México por siempre*, que arrancó en febrero de 2018 en su reencuentro con el Auditorio Nacional de la Ciudad de México y concluyó en las fiestas patrias mexicanas de septiembre de 2019, luego de completar 150 actuaciones. Durante la gira hubo también episodios que recordaban los viejos tiempos de la travesía del desierto y que desde luego preocupan a su entorno. Las redes sociales son hoy en día una herramienta implacable que no pasan ni una por alto. Un ejemplo fue lo sucedido en mayo de 2018 en Tucson, Arizona. El cantante causó enojo en algunos fans y algunos usaron Twitter para subir videos diciendo que se salió en varias ocasiones del escenario interrumpiendo así sus temas. "Se veía raro, se iba a media canción y ya no regresaba. Por lo menos hizo eso tres veces... Casi no ha cantado. ¡Pésimo!".

El concierto de Tucson estuvo antecedido por otro, tres días antes en Phoenix, también en Arizona. En lugar de descansar, decidieron ir a Las Vegas y armar una tremenda fiesta con varios amigos. Estando en plena parranda, invitaron vía Whatsapp, ya visiblemente eufóricos y contentos, a otros amigos de México para que se animaran y se les unieran. La cosa acabó tan mal que al día siguiente el cantante no pudo ser puntual para el nuevo concierto que tenía en Tucson. Llegó dos horas tarde. La gente estaba tomando cerveza sin parar mientras esperaba, era al aire libre. A las 6 de la tarde hicieron alfombra roja y el concierto no empezó hasta las 10. Los boletos VIP valían mil dólares, la excusa que dieron fue que el avión no podía salir. Nadie la creyó, pues sabían que saliendo de Phoenix se había ido derecho a Las Vegas. El concierto lógicamente fue un desastre, tal como advirtieron los espectadores a través de las redes, incluso se viralizó un video donde se apreciaba al intérprete desafinando ostensiblemente. Es el sendero por el que Luis Miguel no debe caminar, pues no fue ni mucho menos un hecho aislado. El 10 de diciembre del 2018 tuvo otro episodio polémico en una de sus presentaciones en el Auditorio Nacional. "¿Luis Miguel borracho? ¿Qué le está pasando?", escribían fans en las redes adjuntando videos donde se le veía muy mal. "No puede ser, que alguien lo ayude por favor. Necesita descansar, no puede ser así en esta gira". Peor fue lo sucedido en Panamá en marzo de 2019, cuando se produjo el incidente en el que él tiró, entre los abucheos del público, el micrófono al técnico de sonido, hecho que contribuyó a internacionalizar la noticia.

Personas muy entregadas a Dios, como es el caso de Kiko Cibrián, saben de sobra que por ese camino no se llega muy lejos. Después del Auditorio Nacional, Luis Miguel viajó a Monterrey para presentarse y ahí en el tercer show, de cuatro que tuvo, se ausentó del escenario varias veces sin explicación alguna. El concierto lo inició con hora y media de retraso. Las pausas eran muy largas y el público volvió a rumorar sobre su estado de salud. Los reportes de la prensa local coincidían que se le escuchó desafinado y balbuceaba las canciones. Kiko Cibrián quiso tranquilizar a sus fans mediante mensajes en sus redes sociales.

> *Hola... saludos desde Monterrey. Ayer tuvimos un tremendo concierto en esta ciudad. Sé que muchos de ustedes están preocupados por cosas que sucedieron el lunes, pero yo les quiero asegurar que nuestro queridísimo Luis Miguel está cubierto en oración.*

Agregó:

> *Y aunque en el exterior siempre se ven las cosas diferentes, están bien las cosas... Dios nos da la oportunidad de tener un nuevo día y tratar de saltar esas emociones que a veces existen. Unos días son más difíciles que otros porque nos recuerdan a gente querida que ya no está, y a veces eso es difícil de comprender, pero está bien... Dios es bueno... sigan orando.*

La alusión a la fecha del cumpleaños de su mamá y una posible recaída emocional eran obvios.

No hay lugar a duda alguna que hay una cura del alma pendiente. Con los años y las vicisitudes él fue echando capas y capas de cemento sobre esa alma jovial que muchos conocieron, capas de cemento que se traducen en aislamiento y enemistad, en una espiral que algo o alguien debiera frenar. Llegar a los 50 años era un buen momento para intentar recuperar en todo su esplendor la luz del Sol, pero nadie contaba con un nuevo y forzoso eclipse. La pandemia ha supuesto un nuevo revés para el artista a nivel personal y profesional.

24

La luz del Sol

Luis Miguel es un ser lleno de luz, bien le pusieron cuando empezó a cantar el Sol porque era precisamente eso, un niño con un talento, una alegría, hasta una inocente timidez que él mismo fue superando, un corazón y una espontaneidad que brillaban tan fuertes como el Sol de México. Tímido y hasta miedoso, a su hermano le sorprendió el hecho de que algunas veces metiera a su famoso guardaespaldas "Big Daddy" a su suite para estar más tranquilo. Ese carácter lo tuvo mucho tiempo, de adolescente, en su primera juventud, sonreía, gastaba bromas, se escapaba de incógnito, se solidarizaba con la gente, era sensible y caritativo, tenía detalles increíbles con sus amigos. Era un ser angelical. Se veía la bondad en la mirada, la misma bondad que había en su mamá, con esa transparencia en los ojos que a veces deja ver el alma. Tiene que buscar dentro de sí mismo para sobreponerse a todo y volver a mostrar toda esa luz que lleva dentro.

No es ésta una reflexión aislada de un íntimo amigo. Es la misma conclusión a la que han llegado otras personas muy cercanas a él desde hace muchos años, personas que conocen como nadie al ser humano que hay muy adentro del personaje de leyenda. Esta reflexión fue acompañada de un lenguaje gestual muy marcado, pronunciada con una profunda emoción, ojo aguado incluido, por una persona que conoce el alma de Luis Miguel más, si cabe, que él mismo.

Ése era el niño que se subía a las mesas de las casas imitando a Elvis Presley, que le gustaba contar chistes, el adolescente que imitaba a la perfección a Michael Jackson, "lo hacía igualito", confesó alguna de sus parejas que fueron testigos; el adolescente que llegó a Italia a compartir con sus primos de Massa Carrara desenfadado y alegre, que salía a pasear con ellos en moto, que rompió sin querer la moto Vespa de su abuelo y le compró una nueva. Un joven divertido y sencillo alternando como cualquier otro adolescente por las calles de una provincia italiana, a pesar de que días antes lo habían visto triunfar en televisión en el Festival de San Remo. El mismo que evocaban sus primas Cinzia y Paula, que se emocionaban al recordar los buenos momentos que pasaron juntos en aquel inolvidable año. Ése era el mismo niño que recordaba Angélica Vale de su infancia en la privada de San Bernabé, que le tendió la mano años más tarde en unos premios de la revista *Eres*, "dentro de él hay un gran ser humano, ahí está el niño lindo que fue mi vecino".

Ése era el joven al que le gustaba hacer reuniones e invitar a sus amigos para poderles cocinar y pasar el día. Le encantaba cocinar la pasta y las carnes, entre ellas el cuete mechado y las milanesas. Otras veces quería salir de incógnito a comer hamburguesas por la Ciudad de México o simplemente salir a la calle, tomar un carro y ponerse a dar vueltas a la colonia para sentirse como un ciudadano más. Tenía travesuras propias de un niño, una vez estando en una gira en Phoenix, Arizona, se salió de los límites permitidos y se fue a conducir en carretera con uno de los carritos de golf del hotel. Le costó un serio regaño. O su constante inquietud pensando cómo gastar bromas. A su profesora de inglés, alérgica al picante, casi le provoca un espasmo. Le dio a probar un rocoto que tenía la forma muy redonda, parecía una manzana. El dueño del restaurante decía que ésos en particular eran muy picantes. El rocoto es una variedad de chile picante muy típico de la gastronomía peruana y chilena, en México hay una variedad similar llamado precisamente chile manzano. Luis Miguel le dio el rocoto rojo, la engañó diciendo que se trataba de unas manzanitas típicas del Perú. Cuando esa pobre mujer dio el primer bocado al rocoto casi se muere entre las risas de los comensales. "Si no me río y estoy haciendo bromas a la gente me vuelvo loco", dijo él mismo.

Ése era el joven que se puso a cantar desenfadado en un avión. Fue en uno de los viajes que hicieron a Puerto Rico, a donde debían partir justo acabando la actuación en una de las temporadas del hotel Crowne Plaza. Llegaron directos desde el show, desvelados, a tomar un avión de Mexicana. Él dijo que estaba aburrido y se fue a la parte de atrás queriendo pasar inadvertido con el enorme sombrero que traía y un megáfono, y allí, acompañado con los músicos, retado para que echara el palomazo, se pusieron a dar un concierto improvisado con el megáfono como micrófono que hizo las delicias de la tripulación y el pasaje. Cuando el avión llegó decidió bajarse rápido no fuera que a alguna gente le diera por pensar que el "pendejo del sombrero", como él decía, les había alterado el viaje. No escucharon eso, pero sí a una señora que, sin reconocerlo, atinó a decir "oiga qué bien canta el del sombrerito".

Era el muchacho alegre que se emocionaba viajando como un ciudadano más en línea regular. Cuando volaron a Acapulco para rodar el videoclip de "Cuando calienta el Sol" viajaron en línea comercial, y él se sorprendía de que la gente no se diera cuenta. No se lo creía nadie que hubieran viajado como personas normales y corrientes. Pedro Torres se sorprendió al recibirlos en el aeropuerto. Era el joven que se disfrazaba para ir al futbol con su representante en Argentina, el mismo al que le gustaba perderse para ir a comer en Fechorías. Esta anécdota la contó Matías McCluskey, hijo de Alex McCluskey, quien le manejó algunas giras en Argentina a mediados de los noventa. Fue en La Bombonera, el célebre estadio de Boca Juniors:

> *Se puso un gorro de lana, una bufanda y los anteojos más grandes que tenía. Era irreconocible. En un gol de Boca, típico de la cancha, el que estaba adelante se dio vuelta y le dio un tremendo abrazo. Luis no entendía nada, se cagaba de risa y me dijo "si supiera que me está abrazando a mí...". Después se clavó un Paty y una Coca, espectacular.*

Ése era el joven que quería divertirse siendo uno más jugando a la pelota con unos desconocidos en un centro comercial de la Ciudad de México escapándose de sus guaruras; el mismo joven que se coló en la celebración de una boda, hasta que se hizo la luz. Fue en el Sheraton de Buenos Aires, donde tuvo lugar otra anécdota muy curiosa y reveladora de la esencia del verdadero Luis Miguel. Andaba recluido en la suite, cuando a alguien se le ocurrió que podían ir a una boda que se estaba celebrando en uno de los pisos del hotel. Dicho y hecho, quería ser uno más, así que acompañado de su amigo Polo, bajaron a ver qué pasaba y descubrieron al llegar que en el salón estaban prácticamente a oscuras bailando, así que decidieron meterse y justo estaban los invitados haciendo ese famoso trenecito que se hace en todas las bodas, en el que sin más reparo se metió Luis Miguel con su amigo. El problema vino cuando se encendieron las luces. Como en la escena de una película cómica, había que ver la histeria que se desató en el momento que lo reconocieron. Casi ni pueden salir de allí, hasta la misma novia dejó de un lado a su recién estrenado marido y se quedó gritando "te amo" al otro lado de la puerta de vidrio una vez que ésta se cerró y se trazó una línea de seguridad para sacar al cantante de allí.

En sus inicios con Juan Carlos Calderón la espontaneidad estaba también presente a diario.

> *Nos hemos divertido mucho, era un ambiente de trabajo y una convivencia amena, él se reía de mis chistes picantes, era un chico maravilloso. Recuerdo las veces que nos reíamos cuando no le dejaban entrar a los sex shops, a los que acudíamos solamente para ir a curiosear y echar unas risas como se suele decir a ver lo que encontrábamos, pero que por ser todavía menor de edad, era la época de producción de* Soy como quiero ser *tenía restringido el acceso y no le dejaban entrar.*

Ése era el caballero que impresionaba durante la grabación de *Aries* al personal por su cercanía y educación. "Era un caballero finísimo, super respetuoso, como mujer olvídate, te hacía sentir increíble, de esos señores que te abren la puerta, de los que ya quedan pocos, tenía un aura increíble", recordaba una destacada integrante del equipo de producción de aquel álbum. Era el joven feliz que vivía con intensidad en Acapulco, de allí es la anécdota medio travesura medio gamberrada en la que acabaron con el coche cayendo al mar, él estaba aquel día en la casa de Miguel Alemán con el Burro van Rankin, quien reconoció que la broma se les fue de frenada, nunca mejor dicho, pero no con una chica dentro, que es como la mostró uno de los capítulos de la serie de televisión. Era el Micky que se escapaba al cine en aquellos días inolvidables del puerto de Acapulco a la última función en la mera avenida Costera con su novia y otra pareja o con amigos. Había veces que estaban apenas tres o cuatro personas en el cine, él feliz comiendo palomitas y disfrutando de la película como un joven más. Sacaba ratos para la lectura, leía mucho entonces; *El perfume* era uno de sus libros favoritos.

Ése era el amigo al que no solamente le gustaba cocinar para las reuniones con sus cuates. Era un excelente anfitrión. Trataba muy bien a sus invitados, el servicio era impecable, las comidas, desayunos, las cenas, todos los detalles, se esmeraba mucho. Y eso sí, siempre con música, el recuerdo de las reuniones en Acapulco en su casa siempre era el de todo tipo de género, poniendo música todo el rato. Él escucha clásico, soul, flamenco, salsa, bolero, "cualquier cosa hecha con calidad", llegó a decir. Le gustaba mucho el sonido de Jean-Michel Jarre. Los invitados encontraban muchos motivos de Elvis Presley cuando lo visitaban y una gran imagen con Frank Sinatra en la Villa Mykonos. Era "muy divertido para convivir con él", aseguraba uno de sus grandes amigos. Para ello no dudaba en lucirse en el karaoke. Le encantaba el karaoke, en esa misma casa del conjunto Los Siete Chakras de Acapulco todas las noches había karaoke y él hacía verdaderas exhibiciones cantando canciones de George Benson, de Stevie Wonder y de James Ingram, de hecho se llegó a grabar un video suyo a bordo de un yate interpretando el tema "Just Once", una de las canciones que más le gustaba cantar. El video no tardó en hacerse viral, es una de las imágenes más lindas de un joven espontáneo divirtiéndose como uno más con sus amigos en un karaoke.

Ése era también el hombre que quería sentarse a compartir con la gente y platicar como si fuera uno más. En una ocasión se sentó con unos trabajadores que lo vieron en un restaurante. Él andaba con Daisy Fuentes, ella se ausentó, él se quedó solo y se acercó para socializar y conversar como si nada, sencillamente, compartiendo inquietudes. Era una escena inaudita, un bar cualquiera adjunto a un famoso restaurante del West Hollywood en Los Ángeles, unos operarios que intentan relajarse saliendo a tomar una copa. De pronto aparece Luis Miguel, se saludan y se sienta a conversar con ellos. No se lo podían creer. Se trataba de unos trabajadores de la construcción poniendo pisos en casas con una pequeña compañía. Era una plática normal y corriente como millones de pláticas normales y corrientes. Le contaron que querían ir a Las Vegas, que estaban pensando en expandirse. Incluso le propusieron que si quería apoyarlos invirtiendo en la expansión que querían hacer del negocio, por ellos encantados.

Es muy llamativo el comentario que él hizo reivindicando el papel de los inmigrantes latinos en Estados Unidos, "si no fuera por ustedes y por gente que hace el trabajo que hacen ustedes, este país no sería nada, ustedes hacen este país", dijo él. A lo que ellos respondieron que sí, pero que a pesar de eso les daba pesar que había gente que no los quería, haciendo alusión al racismo que muchas veces sufren los latinos en territorio estadounidense. Luis Miguel contestó diciendo que "algún día eso tendrá que cambiar, no les queda más remedio. Porque el país sin el poder de nosotros se para, cuando hablo de nosotros me refiero al español, al poder latino". Después de un buen rato de conversación le propusieron si quería tomar un trago con ellos, él agradeció la invitación pero dijo que se tenía que marchar pues lo esperaba Daisy Fuentes. Se despidieron muy amablemente, uno de ellos le dijo que no se lo iban a creer cuando lo contara, que jamás hubiera imaginado que él fuera tan buena onda.

Ése era también el amigo de sus amigos que además de compartir momentos de diversión sabía estar ahí, que se acordaba de felicitar la Navidad, de estar presente en los momentos importantes y cuando se le requería para alguna ayuda. Íntimos amigos como Polo Martínez lo recuerdan perfectamente.

> Yo he visto con mis ojos cómo ha sacado a gente de problemas económicos, gente conocida, incluso gente no conocida que por medio de terceros llegaban y le solicitaban ayuda, y no puedo dar nombres y apellidos porque precisamente lo único que él pedía de manera muy clara era que no se supiese, prefería mantener esas buenas obras en el anonimato.

Prueba inequívoca de la intensa luz del Sol. Cabe recordar en este sentido lo que pasaba cuando todavía andaba con su padre. Luisito no quería que cuando llegaba alguna niña enferma o con historias de vida muy tristes accedieran hasta él, porque ya había pasado en alguna ocasión que se ponía muy mal debido a la gran sensibilidad que mostraba con estos casos. Micky lloraba cuando veía niños en muletas o en silla de ruedas en sus conciertos, y se sensibilizaba de un modo extraordinario cuando veía una mujer embarazada.

¿Qué pasó entonces? ¿Dónde está ese ser angelical que sin lugar a dudas habita dentro de su cuerpo? ¿Dónde ese ser que describen como sensible todos quienes lo trataron a fondo? Los mismos que ahora no entienden muchas cosas, aun sin querer juzgarlo, "porque antes él no era así", repiten una y otra vez. Sucedió que el cielo se fue nublando. Las primeras nubes fueron la separación de sus padres y el resquebrajamiento de su familia. Con tan sólo 22 años, no le quedó más entorno familiar que sus hermanos. Se alejó de los Gallego tras el cisma del 89, se alejó después de los Basteri sin dar ninguna explicación, incluso más adelante se alejaría también de sus hermanos y de sus hijos. En el camino se fueron quedando amigos, algunos convenientemente apeados pues era gente que sólo se le arrimaba por conveniencia, se fue quedando gente por problemas económicos o de trabajo, gente que le decepcionó mucho; pero en el río revuelto de su desasosiego y de su desconfianza hubo veces que se equivocó y perdió gente muy valiosa con la que fue incapaz de reconciliarse por un orgullo muy tozudo, un orgullo que es una de sus nubes más borrascosas. Llegó un momento en el que el cielo se quedó completamente nublado. Sin modo de ver un solo rayo de la luz del Sol. La mejor forma de evadirlo, su trabajo, "yo descargo cuando canto, la verdad es que cuando mejor me siento es cuando estoy de gira", llegó a confesar en 2002, lo cual también da una idea del sufrimiento que para él tuvo que suponer todo lo sucedido entre 2015 y 2017, y del forzoso paro provocado por la pandemia.

A una de esas buenas personas que se quedaron en el camino debemos atribuirle una frase como ésta:

No puedes ir por la vida peleándote con la gente, cuál es el pedo, que si los egos, que si la información, que si querer tapar el sol con un dedo, no, basta ya, basta de estar dentro del mismo error sin que nadie sea capaz de hacerle ver que es precisamente eso, un gravísimo error que está condenando su felicidad. Es una lástima, pues es una persona que tiene un gran corazón que la gente no conoce porque él mismo se encarga de enterrarlo y no dejarlo aflorar.

Con la misma honestidad se pronuncian los que están a su lado, para lo que necesite, siempre, pero entienden que no pueden escarbar en su alma por miedo a que no lo encaje bien y se pierda la amistad. Prefieren mantenerse al margen, y si bien no están de acuerdo con muchas actitudes suyas, principalmente la de querer tapar el sol con un dedo, no se meten y lo respetan. Luis Miguel ha eliminado de su vida a quienes han cruzado esa línea o a quienes él piensa que la han cruzado, la hayan cruzado o no. "Todas esas cosas le afectan y le hacen sentirse muy mal".

Con el cielo nublado y el paso del tiempo, la espontaneidad se fue perdiendo. Cuando le caían en la casa ya debían tener cuidado sus amigos de ver a quien llevaban, no porque hubiera una prohibición explícita, sino porque los fantasmas de su privacidad alcanzaban tal grado de paranoia que no se sabía cómo podía reaccionar. Lo primero que hacía cuando alguien llegaba con un desconocido era preguntar: "¿Quién es ese cabrón?". "No te preocupes, es de confianza". Lo malo es que la palabra confianza había desaparecido ya hacía rato de su vocabulario y de su alma.

Su apego a la soledad fue creciendo en el horizonte con largas sesiones de meditación, tumbado al sol, lejos del mundanal ruido.

> *Lo entendí bien, le gusta estar solo, porque vi de dónde viene y por lo que ha pasado. Desde los 20 años más o menos, coincidiendo con todo lo que pasó con el papá y la mamá, vimos que le gustaba tener su espacio, tiempo para él, lo aprendió desde aquella época. A veces se aísla completamente, se queda completamente solo con sus cosas, seguramente sus miedos, sus angustias, sus anhelos, se lleva bien con su soledad, la entiende bien. Y no sólo lo hace en la intimidad de su casa, él es amante de perderse solo a veces en lugares insospechados, en cualquier rincón del mundo, a encontrarse con esa soledad, a desconectarse completamente de todo.*

Confiesa uno de sus más leales amigos, que a pesar de todo siempre lo va a defender: "Es muy difícil, es buen tipo, pero muy complicado, es entendible, porque le pasó de todo".

✳ ✳ ✳

Sin familia y sin amigos, uno está perdido, sin rumbo y a la deriva. No es de extrañar por tanto que la gente que lo quiere de verdad desee que pueda a volver a sentir el calor de su familia y de sus amigos. Luis Miguel tiene y ha tenido muy buenos amigos. El caso de Jorge "el Burro" van Rankin es uno de los mejores y más esperanzadores ejemplos de que la reconciliación es posible cuando dos personas quieren. Amigo de gamberradas y parrandas típicas de adolescentes, el Burro y Micky eran dos inseparables hasta que se pelearon por una tontería que acabó hecha bola de nieve por culpa del orgullo y pasó a estar vetado. Después de más de dos décadas sin hablarse se dieron el gran abrazo precisamente a raíz de una invitación de Miguel Alemán Magnani con motivo de la serie y se reanudó la amistad entre ellos como si nada hubiera pasado. Lo único que sí han pasado son los años, los adolescentes de entonces ya son hombres maduros, a pesar de que Luis Miguel sigue siendo celoso y demandante del cariño con su gente. Que por qué no me hablaste, que por qué no viniste, que dónde te metiste, mensaje va y mensaje viene. El Burro es hoy en día un hombre de familia, si bien feliz de volver a contar con una bonita amistad con Luis Miguel, al que acompañó en su gira por España en el verano de 2018 y fue a ver al Auditorio Nacional, éste debe ser consciente de que no puede comprometer la estabilidad de ninguna de sus amistades por seguirlo a él ni tampoco puede enojarse porque alguien haga uso de las redes sociales de un modo sano y normal, como le pasó al Burro cuando subió una foto a Instagram durante los conciertos de la Ciudad de México.

Entre las amistades que fueron y ya no son destacan algunas como Frank Ronci y Polo Martínez. Frank le ayudó mucho en momentos muy importantes de su vida, fue una de las personas que se encargaron de rescatar al pequeño Sergio Basteri de la comprometida situación de desamparo en la que se había quedado cuando murió la abuela Matilde que lo cuidaba en España y cayó en las garras del tío Mario Gallego.

Polo Martínez fue más que un hermano para él. Un año le cayó por sorpresa en un cumpleaños en Buenos Aires volando aposta en su avión. Tuvo otro enorme detalle con él cuando le regaló el reloj heredado de su papá. Fue en el Sheraton recién llegó del entierro de Luisito como señal de afecto y agradecimiento por todo su apoyo. "Yo lo quiero mucho, pero su carácter es difícil", afirmaba Polo, cuya amistad con Luis Miguel se remontaba hasta el año 1984.

Polo es de ese tipo de amigos que no se deben perder jamás. Gente dispuesta a darlo todo por ti. Amigos que siempre lo han defendido de la mala gente que sólo ha buscado en el fenómeno Luis Miguel un nicho en el que buscar dinero o beneficio de modo ilegítimo. Sucedió por ejemplo en el incidente en un hotel de Aspen que acabó en pleito. El mendocino recordaba que en el juicio que le hicieron por aquel incidente en realidad el que se peleó fue él y no el intérprete de "Al que me siga". Lo que pasó fue que el hombre llegó a la mesa a insultarlo en una clara actitud de provocación, y después vino el del bar, pero el que lo agarró de la solapa fue su amigo argentino y no él. "Mientras lo tenía agarrado no hacía más que gritar que le estaba pegando Luis Miguel, lo cual era falso y un claro síntoma de tener una estrategia bien pensada para intentar sacar algo de provecho del pleito", recordaba Polo.

Decía la verdad. La policía dijo que el incidente surgió cuando el cliente del bar, William Hardy, se acercó a la mesa de Luis Miguel y lo insultó. Luego llegó el bartender a increparlo, y fue este último quien aseguraba que el cantante lo había golpeado. En marzo de 2006 la prensa publicaba que un testigo señalaba que el caso de Aspen fue fabricado y que el artista nunca golpeó al empleado que lo acusaba. El testigo negó que el 3 de enero el Sol golpeara al bartender del hotel en el que se hospedaba. Agregó que la noche en la que el mexicano estuvo en el lobby y luego en el bar del hotel St. Regis, él estaba en el lugar y vio cómo ocurrieron los hechos.

> *Fue cuando un invitado va y le pide a Luis Miguel que le cante, Luis Miguel dice que no va a cantar si no le pagan lo que vale. Yo escuché, y nunca noté a Luis Miguel altanero. Pero entonces el huésped le contesta que él no pagaría por su música cuando la puede bajar por internet. El huésped reacciona de una manera violenta, entonces es cuando entra el guardaespaldas de Luis Miguel y lo retiene contra la pared y corrió a la gente que estaba cerca. Ahí es donde entra el bartender Jason Randall Moan al incidente. Sí. El bartender se mete cuando el guardaespaldas retiene al huésped. El bartender empuja al guardaespaldas. Pero no fue nada del otro mundo. El guardaespaldas lo que hace es agarrar al huésped y ponerlo contra la pared. Sólo hizo su trabajo. En ningún momento vi que se llegaran a pegar con las manos.*

Aun así, la fiscalía de la ciudad de Aspen, Colorado, le ordenó al cantante pagar una multa de 200 dólares, condicionada a que durante un año no mantuviera nuevos incidentes, como así fue. Es decir, la cosa quedó en nada.

Entre las personas que llegaron a desarrollar una gran amistad y confianza dentro del entorno del cantante merced a su vínculo laboral hay algunas que ya no están y otras que permanecen ahí, como es el caso de Joe Madera. Durante muchos años fue importantísimo el aporte profesional y personal del doctor Octavio Foncerrada y de su secretario personal José Pérez. El Doc se desvinculó de la vida de Luis Miguel en 2001 cuando se peleó con su hermano Sergio, que estaba a su cuidado. Cuando Micky lo puso en la disyuntiva de elegir, su integridad como ser humano le hizo quedarse al lado del muchacho que había criado como a un hijo. Luis Miguel perdió de un golpe aquel día a dos personas muy importantes y positivas en su vida, y haría bien en intentar recuperarlas.

Junto a él permanece la gente de Acapulco, como los empresarios David Antúnez, Héctor Rodríguez y su hermano Katán Rodríguez. También el empresario del entretenimiento e hijo del cantante chileno Lucho Gatica, Alfie Gatica, con su esposa Cecilia Salinas, hija del expresidente Carlos Salinas; Carlos Hudson, quien le administraba sus casas en Acapulco y con quien suele compartir tiempos de descanso en Los Cabos; y de manera muy destacada otros dos empresarios, el presidente de Interjet, entre otros negocios, Miguel Alemán Magnani y el regiomontano Alberto Santos Boesch, hijo del ilustre empresario Alberto Santos de Hoyos, uno de los hermanos fundadores y dueños del Grupo Gamesa. Beto Santos creó junto a su padre el Grupo Santos y actualmente es un reconocido empresario en la industria del azúcar en México. Miguel y Beto durante mucho tiempo fueron en muchas reuniones de amigos los únicos allí presentes que no tenían un vínculo laboral o profesional con él. Son amigos que él sabe que siempre están ahí. Pueden dejar de hablarse por meses, pero cuando se comunican es como si no hubiera pasado el tiempo. Miguel Alemán fue la puerta que él tocó cuando se dio cuenta que necesitaba ayuda para salir del hoyo tras los terribles años de 2015, 2016 y 2017. Beto Santos por su parte ha sido un amigo de confianza, él entiende la privacidad del cantante y por ello siempre que los medios le han solicitado entrevistas para hablar de su gran amigo, el regiomontano amablemente ha desistido por respeto y en virtud de esa autocensura que ha tenido por años. Es por eso que Luis Miguel le tiene a Beto gran aprecio y cariño, agradeciendo ese detalle.

Amistad longeva y muy sana es la que mantiene con el torero español Enrique Ponce y con Paloma Cuevas. Una amistad que nació desde el día que el amigo común Miguel Alemán los presentó. La finca de Ponce se ha vuelto un destino recurrente desde hace muchos años. Es un remanso de paz para él, además Ponce y su esposa han sido compañías positivas, todo calmado, él está feliz ahí con las vaquillas, hasta se atreve a tentarlas, juega al golf, en una palabra, se evade, cosa que está por ver si podrá seguir haciendo después de la traumática ruptura de Paloma y el torero, quien protagonizó un terremoto en la prensa del corazón española en el verano de 2020 al abandonar a su mujer para irse con Ana Soria, una veinteañera estudiante de Derecho a la que conoció en las redes sociales. La finca llamada "Cetrina" está situada en Navas de San Juan, en la provincia de Jaén, muy cerca de la localidad de Úbeda, en Andalucía, sur de España. Es un lugar especial donde la pareja recibía como anfitriones a sus amigos y celebraban los principales acontecimientos familiares como bautizos, comuniones o similares. La finca sirvió de escenario para el anuncio de los bombones Ferrero Roche, cuando Paloma Cuevas sustituyó como imagen a Isabel Preysler, la ex de Julio Iglesias. España siempre le toca la fibra, son sus raíces y es sangre de su sangre.

Con otro español ilustre hay un lazo afectivo importante. Alejandro Sanz siempre se ha mostrado agradecido de cuando le echó una mano en los tiempos que él empezaba a abrirse paso en América del Sur, cuando coincidieron en una edición del Festival de Viña del Mar. Es curioso que la persona a la que Luis Miguel encargó que le ayudara con sus contactos acabara creando una gran amistad con el intérprete de "Y si fuera ella", mientras que con el paso de los años rompería la relación con Luis Miguel. Este nexo común era y es el argentino Ángel Leopoldo "Polo" Martínez. Alejandro no ha ocultado nunca su admiración profesional por Luis Miguel. Una vez hizo un comentario muy ocurrente en tono de broma: "Como a Luis le dé por componer vayámosle preparando un atentado porque no nos va a dejar nada al resto de artistas". La última vez que se vieron en su casa de Miami tuvieron una compañía muy especial, la de Marc Anthony. De aquel encuentro salió una foto subida a las redes sociales que disparó la rumorología por todo el mundo. Hubo quien aseguró sin más que se venía un dueto entre ambos.

Si de amistad bonita se trata, la enorme figura de Salma Hayek ocupa un lugar destacado en la vida de Luis Miguel. Salma ha sido una de sus más fieles y mejores amistades, siempre muy pendiente de él y mostrándole todo su apoyo y su cariño en los momentos difíciles, como cuando murió su papá. Ella tuvo el detalle de volar desde Los Ángeles para ir a acompañarlo unos días, tanto a él como a su hermano Alex, en esos momentos tan difíciles. En Acapulco también lo visitó en varias ocasiones.

La relación entre Luis Miguel y Salma Hayek venía de mucho tiempo atrás, cuando ella estudiaba en la Ciudad de México y era modelo facial gracias a la gran belleza de sus facciones que atesoró desde muy jovencita. Si bien es verdad que él llegó a estar enamorado, dedicándole incluso canciones con mucho sentimiento, lo que verdaderamente forjaron no fue un romance sino una amistad sana que de hecho se ha ido manteniendo con el paso de los años.

En abril de 2019 publicó un curioso post en su perfil de Instagram junto a una fotografía de ambos de la gala del Carousel of Hope en Beverly Hills de 1996: "Traigo este amigo perdido. ¡Si alguien lo ve o habla con él díganle que me mande su nuevo número para que mañana le cante 'Las mañanitas'! #luismiguel #sebusca #tbt". Otro ejemplo más de amistades sinceras que no se deben perder.

Mariana Seoane no era todavía una artista conocida y querida por el gran público, pero sí mostraba ya en plena juventud su gran belleza, su desparpajo, espontaneidad y su gran talento como actriz y como cantante. Lo exhibió con toda su fuerza en medio de una entrañable velada en casa de su gran amigo Andrés García, delante de un *pétit comité* en el que se encontraba entre otras personas su propia madre. Mariana se arrancó aquella noche a ofrecer un pequeño show luego de caracterizarse como Luis Miguel, con una pinta muy simpática, traje y corbata incluidos, y ponerse a imitar corporalmente al intérprete de "Por debajo de la mesa" en *playback* reproduciendo sus mismos gestos con una puesta en escena que recordaba a la edición del actual formato de televisión *Yo me llamo*. Era su fan y acabó siendo una gran amiga. Mariana recordó con cariño y simpatía aquella anécdota precisamente con motivo de la premier de la primera temporada de la serie que tuvo lugar en los cines del centro comercial Antara de la Ciudad de México, en abril de 2018.

Allí mismo le contó a un amigo que en su momento se la había contado al propio Luis Miguel cuando lo conoció 6 años después de aquello. Él se la quedó mirando sin saber si realmente le estaba diciendo o no la verdad. Mariana recordó aquel día cómo se habían conocido en Madrid, casualidades de la vida, a finales de septiembre del año 2004, ella de viaje por Europa y él tenía show en la plaza de toros de Las Ventas. Esa noche coincidirían en el famoso restaurante El Landó. Estaba acompañado en una mesa grande por un grupo de personas, entre ellas el compositor Manuel Alejandro y una amiga común, Fernanda Chabat, que la reconoció rápidamente, la llamó y los presentó. Mariana y Luis Miguel forjaron una bonita amistad a partir de aquel día que ha sobrevivido al paso del tiempo. Si nos fijamos en el calendario, observamos que había razones objetivas para que brotara la amistad, además de tener grandes amigos comunes y gran talento en ambos, la situación sentimental era parecida, en un proceso de sanación recíproca de sus almas después de relaciones amorosas frustradas.

25

Secretos falsos: dejen descansar a Marcela en paz

Desde la dedicatoria a su memoria, el ensalzamiento de su personalidad benévola, hasta la conclusión firme y tajante de su temprano fallecimiento en el año 1986, quedó clara constancia en *Luis Miguel: la historia* de lo que había sucedido con Marcela Basteri. Junto a los nuevos aportes de *Oro de Rey* el lector en general y los fans del cantante en particular, tienen ya la suficiente información como para saber lo que pudo pasar y como para entender que es un tema que despierta una sensibilidad y un dolor muy grande en los hijos. La fiabilidad de las fuentes y los documentos consultados sobre la desaparición de Marcela Basteri no dejaban margen de duda, además de los testimonios, a la vez que reveladores y definitivos, de sus parientes italianos más cercanos, las últimas personas que con ella convivieron en aquel fatídico año de 1986.

Por respeto y empatía con el terrible sufrimiento y dolor que estos acontecimientos infligieron a Luis Miguel y a su hermano Alejandro principalmente (en menor medida a Sergio, que era muy pequeño), cuyas vidas marcaron, trazamos una clara línea ética sobre qué se podía y qué no se podía contar de la información a la que tuvimos acceso, información que tanto el propio Luis Miguel como algunas de las personas más allegadas a los Gallego supieron y saben, pero que jamás van a revelar. Tal como

Javier contestaba rotundamente en un Facebook Live con un conocido medio de comunicación mexicano en junio de 2018:

> *Lo que sea que más sepa sobre lo que pasó jamás lo usaré pública-mente, si no ya lo hubiéramos usado, pues es una información que manejamos desde 1996. Lo que no se vale es que sabiendo que esto es así haya quienes quieran estirar el tema como un chicle sabiendo que están dañando a personas.*

Entendimos el hermetismo que al respecto siempre ha mantenido el cantante, en su perfecto derecho de privacidad y de esquivar un pasaje de su vida tremendamente conmovedor y traumatizante; y desde luego nos quedamos perplejos con el fenómeno de "fantasía solapando realidad" que se desató durante todo el segundo semestre de 2018, prolongado aún con menor intensidad en la red social Twitter a lo largo de 2019, con episodios propios del surrealismo o la realidad más kafkiana. Todo empezó a raíz de que en el mes de abril de 2018 una señora, de rasgos faciales parecidos a los de Marcela Basteri, apareciera en la televisión argentina entrevistada en las calles de Buenos Aires, donde deambulaba como una indigente más, a la que se le daba tal protagonismo mediático por el simple hecho del parecido físico con la mamá de Luis Miguel.

Obvio que no era, ni lo fue, ni lo será jamás, obvio que pronto se descubrió quién era en realidad, precisamente porque los videos de la televisión argentina, difundidos por redes, llamaron la atención de una fan asturiana del cantante, que a su vez se dio cuenta que aquella indigente tenía un claro acento y modismos típicos del bable, el dialecto que se habla en Asturias, en el norte de España. Por si fuera poco, ella hablaba de Bimenes, el pequeño pueblo asturiano que desde hacía muchos años había dado por desaparecida y muerta a Honorina Montes, que al ser ella misma desde luego tenía todavía más parecido físico con la indigente de Buenos Aires que la mamá de Luis Miguel. Aquello fue una bomba en el pueblo. Los lugareños recordaban que hasta se llegaron a pagar misas en su memoria dándola por fallecida y tanto el hermano de Honorina como su madre dejaron en su día muestras de ADN en el banco de datos de la policía española para que pudieran ser cotejadas en caso de que algún día apareciera el cuerpo. Pero no apareció ningún cadáver, sino que con el paso de los años la que estaba apareciendo era la mismísima Honorina, confundida con la madre de Luis Miguel, indigente en las calles de Buenas Aires, algo que dejó pasmada a toda la comarca de Bimenes con su alcalde Aitor García entre ellos. Medios de comunicación como *La Nueva España* y *El País* se hicieron eco. Bastaba ver las fotos que su hermano exhibía en los periódicos para ver con claridad que la señora se parecía infinitamente más a Honorina que a Marcela.

Para el mes de agosto de 2018 el tema quedó policialmente cerrado. Más allá de valoraciones de parecidos físicos y de acentos a la hora de hablar, una prueba científica confirmaba la identidad de la señora después de que ya hubiera arrancado todo el circo mediático en la televisión argentina auspiciado por el programa *Secretos verdaderos*. La Interpol logró identificar positivamente a través de las huellas dactilares a la indigente. La identificación fue comunicada a sus familiares en España tras confrontar los datos que les eran enviados desde Argentina con el nombre de la identificada, que no era otro que el de Honorina Montes García, el verdadero nombre y la verdadera identidad de la señora. La policía española comprobó su partida de nacimiento, registrada con el número 65 en el Registro Civil de Bimenes, donde el documento señala claramente con puño y letra del funcionario que Nori, como así la llamaron toda la vida, vino al mundo a las 6 horas de la mañana del 6 de septiembre de 1959, hija legítima de José Antonio Montes y Dolores García, que el documento quedó diligenciado dos días después, el 8 de septiembre de 1959.

Las fotos de su juventud publicadas por los diarios *La Nueva España* y por *El País* correspondían cabalmente con la persona que los servicios sociales argentinos alojaron en el Hospital Moyano. Al margen de eso, todas las personas que saben lo que pasó en 1986 tenían muy claro antes de esa identificación de que era completamente imposible que fuera Marcela Basteri. En pura lógica, el asunto no debería haber traspasado la frontera de aquel mes de agosto de 2018, pero tanta obviedad no impidió la prolongación del circo mediático del programa argentino ante el rédito de audiencia e interés que suscitaba, y se siguió hacia delante con la excusa de la solicitud de una prueba de ADN ante una duda inexistente más allá de la imaginación y los intereses de quienes la promovían.

La prueba de ADN se realiza cuando no puede realizarse una identificación positiva por otras vías, pero cuando esta sí es posible y no hay lugar a duda alguna, como sucedió en este caso, la vía del ADN no es más que una excusa de dudosa moralidad usada por quienes desean mantener vivo un tema que del otro modo estaría completamente cerrado. Ningún experto pudo darnos una explicación distinta ante la constatación de que los promotores de este *fake show* no pensaban cejar en su empeño y persistían en su petición de la prueba de ADN hasta al menos el último trimestre de 2020 al cierre de la primera edición de este libro.

Javier León Herrera y Juan Manuel Navarro hablaban en uno de los eventos de abril de 2018 en Ciudad de México con unas fans y les aseguraban, luego de ser cuestionados al respecto, que en ese momento se desconocía quién era la mujer que había aparecido en Buenos Aires pero que desde luego no era Marcela Basteri. El tema parecía no tener mayor recorrido, pero tres meses más tarde, ya en España, y atónito ante el hecho de que seguían llegando noticias desde la Argentina relacionadas con aquella mujer, en el sentido de que se insistía en una prueba de ADN, Javier entró en contacto con aquellos familiares a través de Ada, a la que ya conocía desde 1996.

> *Me quedé un poco perplejo. Fue una conversación cordial, en realidad dos largas conversaciones espaciadas en el transcurso de unas pocas semanas entre julio y agosto de 2018. Ella me comentó que estaba convencida de que aquella señora era su tía, que había estado visitándola, de hecho me dijo que fue la primera por la cercanía con el lugar donde estaba la señora. Incluso se tomó fotos con ella. Según su testimonio, una de las cosas que le impactó fue que cuando ella le dijo que se apellidaba Basteri, la señora respondió que no le hablara de los Basteri, porque ellos la habían suicidado. Luego aludió al parecido físico en el rostro.*

Ada alertó rápidamente a sus primas Ivana y Flavia para que fueran a verla. Todas se convencieron, erróneamente, de que se trataba de su tía y arrancó un *fake show* del que tal vez ellas sean las menos culpables. De aquellos días Javier recuerda que:

> *Hasta lo de abril todo era más o menos entendible. Lo que sí ya no puedo entender es todo lo que siguió después, o bueno, sí lo entiendo, dependiendo de lo que haya que entender, si hay que entender una*

realidad o hay que entender el interés de un canal de televisión por captar audiencia a costa de lo que sea. Analizando lo que hablé con Ada, ella me reconoció que el canal de televisión fue el que les había facilitado al abogado para seguir adelante con las diligencias. Decía que Honorina estaba muerta y que el abogado iba a conseguir un acta de defunción de Honorina, cosa que nunca pasó, claro está.

Ada lamentaba el cruce de opiniones y a veces hasta de insultos que recibían de la gente, que hasta llegaba a cuestionar que fueran familia de Luis Miguel y se referían a ellas como "supuestas primas". No eran supuestas, son primas segundas, hijas de primos hermanos. Esto desde luego era lo menos cuestionable sobre el proceder de las tres Basteri. Tanto Ada como Ivana y Flavia son nietas de Piero Basteri, uno de los hermanos de Sergio Basteri, el *nonno*, abuelo de Micky y padre de Marcela. Cabe recordar lo que ya contamos en *Luis Mi Rey*. Sergio, Piero y Carolina Basteri fueron los tres hermanos que emigraron a Argentina. Sergio se regresó a la Toscana con el paso de los años, pero Carolina y Piero echaron raíces en el país sudamericano, donde tuvieron hijos y nietos. Ambos ya fallecieron. Adua Basteri y la familia residente en Italia acabaron disipando la duda, supieron perfectamente que esa señora no era Marcela, y a requerimiento de la televisión que promovió el show tan solo pudo repetir lo que ya en 1996 denunció con Juan Manuel Navarro. De hecho, nunca quiso ilusionarse a pesar de abrigar en el fondo de su corazón siempre la esperanza de que su sobrina algún día apareciese. Ella siempre lo dijo, mientras no tenga una tumba donde poner flores tendrá una pena, sí, pero también una esperanza.

Marcela Basteri era prima hermana de la mamá de Ada y del papá de Flavia. Marcela era tía de las tres, que a su vez son primas segundas de Luis Miguel, Alejandro y Sergio. Los lazos de sangre son innegables. Ada tiene fotos con él y con Luis Rey cuando estuvieron en la Argentina cuando Micky tenía unos 15 años. Flavia e Ivana intentaron acceder a Luis Miguel en la gira que llevó al cantante a la Argentina a finales de 2014 pero él no las quiso recibir.

Ada aseguraba en aquel entonces a Javier León Herrera que si llegaban a tener constancia de una identificación positiva de la señora, pedirían disculpas.

Yo le hice saber que si todo eso lo estaban haciendo de buena fe y de corazón por ese hilo de anhelo y esperanza al que todo ser humano tiene derecho a aferrarse, no era yo quién para restarles el entusiasmo. Me acuerdo mucho de las muchas veces que estuve en Italia con Adua Basteri, con su esposo Cosimo y sus hijos, y podía ver en sus ojos, como vi en los ojos de Sergio Basteri antes de morir, esa mezcla de dolor y de esperanza, porque toda la familia Basteri, tanto los que viven en Italia como los argentinos, sabían y saben de sobra cómo era Luisito Rey. Por todo ello, quise entender a Ada, siempre es muy delicado quebrar una esperanza en personas con vínculos de sangre, pues la esperanza alivia el dolor del alma, y mantener la esperanza a pesar de lo que pueda escuchar por parte de un escritor o de otros investigadores que apunten en sentido contrario es del todo legítimo. Dicho eso, le expuse con claridad que mi información era muy fiable en el sentido de asegurar que Marcela murió muchos años atrás, y que bastaba sólo con escuchar hablar a la señora para no tener duda alguna de que no era la mamá del cantante. Cualquier familiar que hubiera conocido de verdad a Marcela solamente con escuchar hablar a la señora ya sabía sobradamente que no era ella.

La prima de Micky reconoció que el programa de los sábados, como ella lo llamaba, que no era otro que el de *Secretos verdaderos* de Luis Ventura, era el que organizaba todo. Insistía que a ellas no les pagaban. Que estaban a la espera de ver qué dictaminaba el juez. Repetía lo de la prueba de ADN y se aferraban a ella ignorando, como ya hemos mencionado, que tal prueba no es necesaria cuando se da una identificación científica positiva por otra vía. ¿Manipuló el programa a las primas para alargar el *fake show*? Dejémoslo en pregunta retórica para dar sentido a todo ese último disparate mediático generado en torno a la mamá del cantante.

El fenómeno se propagó en redes sociales donde se desató un espectáculo lamentable con base en flagrantes mentiras, canales de YouTube grotescos generando especulaciones amarillistas sin fundamento alguno y perfiles falsos de Twitter donde no faltaban cruces de insultos de toda naturaleza en los que también participó el propio alcalde de la localidad de Bimenes, que atónito ante lo que estaba sucediendo llegó a tomar el asunto como algo personal, poniendo incluso en riesgo su propio cargo debido al tono subido de los trinos.

Todas estas falsedades llegaron a convertirse en un fenómeno digno de mencionar por el enorme poder que la manipulación y el interés de terceros es capaz de convertir de una mentira convenientemente repetida en una presunta verdad. El poder de la televisión jugó su papel y las familiares argentinas de Marcela lograron empatizar con algunas fanáticas del Sol, al punto de que el 7 de septiembre de 2018 un grupo de fans argentinas llegó incluso a convocar una marcha al Hospital Moyano en apoyo a Marcela. Un disparate absoluto.

El magnate de la comunicación estadounidense y gurú del amarillismo, William Hearts, acuñó una frase inolvidable: "No dejes que la realidad te estropee una buena noticia, inventa la realidad para que se convierta en noticia". El cine también le ha dedicado algún episodio al asunto, "¿No irás a dejar que la verdad te estropee un buen reportaje?", escuchábamos a Tony Curtis en el papel del rastrero reportero sin escrúpulos en *Sex and the Single Girl*. El problema aquí es que se ha hecho mucho daño, a los hijos y a la memoria de Marcela, cuya alma estaría asistiendo a un espectáculo que no favorece en absoluto su descanso. Desde el primer momento que la noticia saltó a la palestra, justo en abril de 2018, con la serie a punto de estrenarse y el libro *Luis Miguel: la historia* a punto de ser presentado, tanto Micky como Alejandro supieron que no se trataba de su madre. Lo sabían sin resquicio alguno de duda. La familia Basteri residente en Argentina, a la que Javier León Herrera conoció en la época de investigación de *Luis Mi Rey* en los años noventa, sabe que Micky conoce que su mamá había fallecido. Sabiendo eso, a Flavia, Ivana y Ada no les sería fácil adivinar lo que pensaría su primo sobre el hecho de favorecer con su presencia el circo mediático de la televisión alrededor de esta mujer.

Conforme avanzaba el tiempo, el *fake show* fue cayendo en grotescas contradicciones y cambiando la versión de los hechos y la identidad de la supuesta madre sin rubor profesional alguno. Se dieron situaciones patéticas, como el anuncio que el abogado del programa que representaba a las primas, Martín Francolino, hizo sin rubor en Twitter el 4 de octubre de 2018 diciendo que iba a reunirse con el propio Luis Miguel en Buenos Aires con motivo de un viaje del cantante, cuando el que iba a viajar a la capital porteña no era otro que el actor Diego Boneta. No contento con ese trino, el día 9 publicó otro etiquetando al alcalde de Bimenes y reproduciendo un tuit del Canal 13 que decía que ese día llegaba Luis Miguel. Lógicamente, Luis Miguel nunca llegó.

Martín Francolino decía que no había registro de la salida de Marcela Basteri en 1985 de la Argentina. Sólo con haber echado un vistazo a *Luis Miguel: la historia* ya hubiera podido comprobar con pruebas irrefutables que ella salió de la Argentina y jamás volvió a entrar. El proceso ante la justicia argentina promovido a raíz de todo este asunto no tiene sentido alguno. El caso está cerrado, hubo una investigación privada con agentes de El Mossad y agentes del FBI. En Italia ya hubo un procedimiento similar en 1996 en el programa *Chi l'ha visto?* Por tanto, seguir adelante, con la clara oposición de los hijos, sabiendo además que existe una identificación positiva de la señora como Honorina Montes García, no obedece a más razón aparente que alimentar un contenido televisivo. Va siendo hora que, al menos por parte de las primas segundas haya una disculpa y se pare con este disparate.

En septiembre de 2018, con motivo de un acto promocional del libro *Luis Miguel: la historia*, Javier León Herrera atendió a varios medios en un centro comercial de la Ciudad de México. En una de las entrevistas le preguntaron por la nueva versión de los hechos que estaba dando el programa argentino a través de Luis Ventura, toda vez, claro está, que los *fake shows* necesitan siniestros escapes para sostenerse un poco más conforme se van agotando sus falacias, como se pudo ver también casi simultáneo en el tiempo con lo que sucedió respecto a la falsa resurrección de Juan Gabriel.

Al escritor se le preguntó por una nueva rocambolesca e imposible versión de los hechos que una periodista del programa *Intrusos* de Televisa le hizo llegar. Su cara de perplejidad lo decía todo. Resultaba que, según Ventura, cuando en 1986 Luisito Rey quiso "hacer desaparecer" a la madre de sus hijos decidió buscar una familia humilde de un lejano pueblo de la España profunda, concretamente el pueblo de Bimenes, en Asturias. Como Marcela estaba ya completamente fuera de su razón y enferma mental, siempre según tal descabellada tesis, no sería difícil dejarla en manos de una familia humilde con una identidad falsa, y esta identidad no era otra que la de Honorina Montes. O sea, según la tesis de Ventura y el mencionado programa, Honorina Montes nunca existió, era la mismísima Marcela con esa identidad falsa que además en algún momento se escapó de aquel recóndito lugar de la verde Asturias, y con demencia y todo fue capaz de llegar a Buenos Aires, donde empezó a vagar por las calles hasta que ellos mismos la hallaron en abril de 2018. Aquí, entienda el lector la tentación de hacer un juego de palabras para referirnos al autor de esa inefable versión, pero por respeto lo evitaremos.

Para sostener el disparate había que decir, como decían las primas, que las fotos de la Honorina joven que sostenía su hermano para los periódicos españoles, que no dejaban lugar a duda del parecido, eran falsas; y claro, por la misma regla de tres habrá que suponer que la partida de nacimiento de Honorina también era falsa, que el parecido en los ojos a su hermano es falso y que la realidad es falsa. Todo lo verdaderamente cierto lo tildaban de falso con tal de hacer real lo incierto. Una locura desatada en las redes sociales, donde incluso hubo hasta quien sin pudor llegó a relacionar al biógrafo de Luis Miguel con el alcalde de Bimenes, Aitor García, diciendo que tenían "negocios juntos", cuando la verdad es que al momento de cerrar esta edición Aitor y Javier, que sí han hablado por teléfono varias veces con motivo de este asunto, ni tan siquiera se han llegado a conocer en persona. Mayor delirio, imposible. Polo Martínez también lo tenía muy claro:

> *Todo es una gran mentira, fue demencial lo que hicieron ahí con esa señora. Yo les dije a las primas que pararan con aquella locura, era una insensibilidad enorme con Micky y con sus hermanos seguir adelante con aquel disparate. Pongan por favor que las sobrinas van a terminar en el manicomio. Le hace mal a toda la familia, por más que se les pidió que pararan, ellos no paraban.*

Este disparate impidió en una ocasión la repatriación de Honorina Montes a España, hecho que desde el punto de vista humano agrava los acontecimientos. Eran finales de 2019 y todavía emergían de vez en cuando algunos perfiles en Twitter insultando a diestro y siniestro e intentando sostener esta gran mentira. Demasiado dolor y demasiado odio gratuito generado a cambio de qué. Habría que revisar las cifras de rating y de monetización por publicidad de *Secretos verdaderos* a ver si por ahí se puede hallar alguna respuesta. El único feliz en su tumba debió ser William Hearts.

No consta por ahora ninguna disculpa de nadie. Pero nunca es tarde. Esa disculpa contribuirá al eterno descanso de Marcela, y eso es lo que siempre hemos reivindicado, que dejemos a Marcela descansar en paz.

26

Incondicionales

Lo conocen, lo admiran y lo siguen de manera incondicional desde que era un niño con voz angelical y se mantuvieron fieles cuando pasó a ser una voz que cantaba como los ángeles. Son tan leales y encierran tantas historias de vida y tantas vivencias acumuladas por causa de su amor a Luis Miguel que merecían esta mención. Son tan internacionales como la música de Luis Miguel, hay clubes de fans y fans en México, Argentina, Estados Unidos, España, Chile, Perú, Colombia, Italia, Brasil, Venezuela, Ecuador, Bolivia, los países de Centroamérica y el Caribe.

Le han mantenido una lealtad asombrosa, en los buenos momentos y en los no tan buenos, hay fans que tienen su razón de ser por su amor a Luis Miguel, como por ejemplo la argentina Eugenia Cabral, que ha dedicado y sigue dedicando un gran tiempo de su vida a escribir el diario de una fan; o la mexicana Martha Codó, que sobrepasó los 300 shows de Luis Miguel; o la tierna historia de Guadalupe, que contó con la complicidad y el buen corazón del artista. Narraba una fan en una entrevista como había estado tres días con sus dos noches haciendo fila para lograr una buena posición en un concierto del antiguo Palacio de los Deportes de Madrid, hoy llamado WiZink Center. Es encomiable el tiempo que dedican, el entusiasmo que ponen, el amor incondicional por su ídolo, la capacidad de entendimiento de muchas cosas que han sucedido. Incluso su discreción, pues algunas hay que han presenciado episodios delicados en torno a él y lo han sabido manejar para evitar que pudiera afectar a la imagen pública de Luis Miguel.

Algunas de ellas han hecho lo imposible por llegar a él. Se hacían amigas de los choferes, pagaban a los conserjes de los hoteles para dejarlas pasar, incluso en algunos casos hasta llegar a la misma suite del cantante, hechos que hicieron que tuviera que incrementarse su seguridad a finales de los ochenta. En esa época en Paraguay, un chico gay se metió debajo de la cama en su hotel y le tocó la pierna. No le hizo nada, sólo quería estar cerca. La seguridad lo sacó de manera contundente pero él iba feliz gritando "no importa, yo lo toqué, yo lo toqué". En la Argentina era una locura, se le metían hasta por las ventanas. Le pasó en el Sheraton, un día tomando un café tranquilamente de pronto aparecieron cuatro fans dentro de la suite.

El amor por Luis Miguel ha forjado también grandes amistades y grandes esfuerzos, muchas se han esmerado en ahorrar dinero a veces todo el año para viajar a Las Vegas a los conciertos de septiembre. En la famosa ciudad del entretenimiento es donde más asiduamente se vieron desde siempre. Son muchos los casos que hay por todo el mundo, más todavía en estos tiempos que permiten mantener una comunicación cercana a través de la tecnología a pesar de la lejanía. Podríamos citar a modo de ejemplo el caso de las españolas Susana, Pilar, María José, Paloma, Nuria y María; o el del trío de amistad que formaban la recordada Martha Codó, la peruana Lucy Gómez y la española Juani Arroyo; o la historia de amistad y vida de las argentinas Mariana y Rita que se mudaron a Los Ángeles con tal de estar más cerca de su ídolo; o los ejemplos de Claudia y Silvana en Chile, Aleja de Paraguay, María Cecilia en Argentina. Son decenas y decenas los nombres propios de una lista de fidelidad interminable: María, Glenda, Alix, Yolanda, Mona, Leticia, Zory, Erika, Churly, Betty, Alejandra, Consuelo, Veruzka, Carolina, Jeanette, Marce, Patricia, Peggy, Olga, Lore, Elisabeth, Vale, Soledad, Mónica, Ángeles, Britannia, Fernanda, Berenice, Diana, Majo, Aurora, Mariana, Elena, Yerka, Maricruz y así tantas y tantas, imposible nombrar a todo el mundo en una lista en la que también hay hombres.

La atención y el cuidado de Luis Miguel, o mejor dicho de la gente que maneja a Luis Miguel con sus fans presenta una clara trayectoria descendente. El mejor momento se vivió en la era de Hugo López, con profesionales como Toni Torres al frente de la atención a las fans. Después vino la complicada y larga era de Alejandro Asensi donde ya comenzaban a darse quejas.

El asedio de los fans por conseguir entradas gratis para los conciertos hacía que no pararan de llamar a la oficina de Asensi. Hacían lo que podían pero muchas veces era imposible complacer a todas. En la época de Brockhaus se dejaron de dar entradas a las fans ya que no había conexión por tantos cambios que se hicieron en el personal. Todas ellas reprochaban la actitud de Daniel Gómez Hartman, "el tipo había que ir a su hotel y pagarle en *cash* las entradas, dinero que no se sabía dónde iba", decían varias de ellas. El "Trienio Horribilis" se notó mucho en el descenso de número de fans afiliadas en los clubes. Con el resurgir en 2018 emergieron muchas fans y empezaron de nuevo a moverse. Es por eso que Micky está ante una nueva y gran oportunidad de asegurarse que se hagan las cosas bien, de contratar al personal competente que haga una labor que vaya más allá de la intención de mostrar cercanía saludando desde un automóvil, como pudo verse en su actitud sobre todo en los primeros conciertos cuando comenzó la gira *México por siempre*.

Tiene aquí un campo en el que cabe un amplio margen de mejora y de agradecimiento a la vez, pues el amor incondicional de esta legión de miles y miles de seguidoras (seguidores también, pues hay muchos hombres que admiran y se han declarado fans de Luis Miguel) no tiene precio. Tener el poder de hacer feliz a una persona es un poder maravilloso, él ya lo ha experimentado, valga como ejemplo la historia de una fan de Argentina en 1997. Se llamaba Guadalupe y en ese tiempo tenía 13 años. Era de bajos recursos y por lo mismo jamás pudo ver a su ídolo en un concierto en su país porque no tenia dinero para las entradas.

En su cuarto, "Guada", como también le decían sus allegados, tenía un sinnúmero de objetos con la imagen de Micky, un verdadero museo. Cinco de sus mejores amigas le prepararon una sorpresa que jamás olvidaría en su vida. Le escribieron una carta a Luis Miguel, la cual hicieron llegar a sus oficinas en Los Ángeles, en donde le explicaban que Guadalupe era su fan número uno y que deseaban que él la recibiera. En complicidad con un canal de televisión, hicieron creer a Guadalupe que su mamá había ganado un viaje por un concurso, el cual era falso, y ella iría como acompañante a Los Ángeles. Estando en esa ciudad, Guadalupe y su madre visitaron la estrella de Luis Miguel del Paseo de la Fama en Hollywood y además se tomaron varias fotos en Beverly Hills.

Llegó un momento en que, caminando por las calles de la ciudad, su mamá le pidió que la esperara en una esquina ya que ella tenía que atender un asunto a unos pasos de ahí. Guadalupe esperaba y esperaba en esa esquina hasta que vio llegar una limousina negra. No le tomó importancia, su mirada estaba en la calle esperando que regresara su mamá. De repente, al mirar la limo que se había detenido justo del otro lado de la calle donde ella estaba, cual fue su sorpresa al ver que de ella salía Luis Miguel. Sí, su ídolo se acercó a ella y la abrazó. Guada rompió en llanto y le dijo que lo quería mucho. La joven argentina no lo podía creer, estaba abrazando a Luis Miguel. Posteriormente, el cantante la invitó a subir a la limosina y ambos se dirigieron al anfiteatro de los Estudios Universal, en donde esa noche Micky tendría un concierto. En el trayecto, Luis Miguel la abrazaba y le decía que todo estaba bien y que ya no llorara más. Ella no podía decir una palabra de lo emocionada que estaba. Guadalupe vio la actuación de su ídolo desde la primera fila y desde ahí lo ovacionó toda la noche. No paraba de llorar y de agradecerle a sus cinco mejores amigas por haberle cumplido el sueño de su vida. Una historia hermosa que engrandece como pocas al cantante y que nada cuesta fomentar con un correcto manejo.

En otra ocasión, tres chicas de Argentina se enteraron que el cantante estaba grabando su nuevo disco en un estudio cerca de la famosa avenida Sunset. Eran jovencitas que estaban en la ciudad de vacaciones. Como sabían que Luis Miguel y los músicos pasaban largas horas encerrados en el estudio, llamaron a una pizzería local para que les llevaran diez pizzas. Antes de que el repartidor de pizzas entrara al estudio para hacerles la entrega, las chicas lo interceptaron para pagarle por el servicio y además dejar una nota entre las pizzas. El recado decía "Luis Miguel ya que tú no nos invitas a cenar, nosotras te invitamos a ti". Tal regalo realmente no sólo alegró a Luis Miguel, sino a todos los músicos y gente de producción que estaba en el estudio ya que llevaban varias horas ahí trabajando sin probar bocado. Casi a la medianoche, Luis Miguel, con Alejandro Asensi, su entonces *manager*, salieron del estudio y en el estacionamiento del lugar las chicas los sorprendieron y los saludaron. Micky les preguntó si ellas habían sido las que habían mandado las pizzas. Estaba tan agradecido que las invitó en primicia a escuchar su nuevo álbum ya que traía una copia porque acababa de grabarlo. Era un adelanto de lo que venía. Las fans no lo podían creer. Estaban en el auto de su ídolo escuchando su nueva música. Aquella experiencia dejó marcada sus vidas.

Las fans de Luis Miguel son de todas las edades. Basta conocer el caso de Renata García, la mini fan de Luis Miguel, quien tiene 8 años y es de Laredo, Texas. Desde el 2015, sus papás, Roberto y Karla la han llevado a conciertos de Luis Miguel porque ella lo pide. Le gusta la música de Micky porque su papá cuando la llevaba a la escuela le ponía su música. Fue así que se convirtió en fan de Luis Miguel y en un concierto celebrado en Laredo ella llevó una pancarta en donde decía "Micky soy tu mini fan". Luis Miguel, al verla, en las primeras filas con sus papás, le pidió a su gente de seguridad que le acercaran a la pequeña. Renata le regaló un oso de peluche y él le correspondió con un beso en la mejilla y una flor. Esta imagen se repitió cada vez que Renata acudía a uno de sus conciertos en Texas o en Monterrey, México. Los medios de comunicación se han percatado de esta amistad y hasta han entrevistado a la pequeña para que hable de su experiencia al ser una de las consentidas del cantante. "Su perfume huele a bebé. Ojalá un día lo pueda conocer", comentó Renata. La mini fan tiene un blog que se llama "el vlog de Renata", en donde narra sus experiencias sobre Micky.

Martha Codó era muy popular entre las fans de Luis Miguel por su muy meritoria fidelidad sin haberse perdido ni un solo concierto de los que el cantante ha ofrecido en el Auditorio Nacional de la Ciudad de México desde 1990. El 6 de marzo de 2018 fue una fecha que nunca se le olvidará, con una foto inmortal del momento en que le daba un beso desde el escenario como agradecimiento por su lealtad al cumplir 300 conciertos del artista, que en ese momento de manera cariñosa le dijo que no sabía cómo lo aguantaba. Su popularidad quedó patente con su repentino fallecimiento el 9 de agosto de 2020. De manera inmediata y espontánea, las redes sociales se inundaron de infinitas muestras de cariño y homenajes para recordar a una de las fans más consentidas del artista, que llevaba contados sus conciertos y sus rosas, 338 y 154 respectivamente, y a quien se extrañará mucho en la primera ocasión que Luis Miguel tenga de volver a cantar en el Auditorio Nacional.

Esta docente, psicóloga educativa mexicana, que había trabajado toda la vida con niños, tenía una vida propia llena de vivencias gracias a Luis

Miguel, que desde luego le daban para hacer un libro propio. Tiene muchas historias fruto de tantos años de seguir a Luis Miguel, de su amistad con otras fans y puntualmente con personas que han estado junto al cantante. Lo curioso del caso es que ella misma confesaba que al principio le caía gordo cuando comenzó a cantar de niño y hasta mandó retirar su imagen en el colegio. Hasta que un día estaba con una de sus hijas en un centro comercial en Bosque de Lomas, se fue a hacer uso de un teléfono y se lo encontró, ya más o menos con unos 20 años. Le llamó la atención que se puso a jugar con unos niños que andaban jugando pelota. Aquel adolescente ídolo ya de miles de jovencitas era un joven con alma de niño desenfadado que pudo jugar hasta que una de las empleadas se dio cuenta de quién era y tuvo que salir corriendo con dos guaruras que lo esperaban. Parecía como si se les hubiera escapado. Ella desde entonces escribió un cuento y lo convirtió en el foco de sus historias. Después escuchó "Fría como el viento" y quedó prendida para siempre. Fue con su hija al Auditorio y a partir de la gira del primer disco de boleros, se interesó en volver al coliseo de Reforma y comprobar además que no era cierto el bulo que circulaba de que había muerto. Martha hizo de la entrega de una rosa al cantante en los conciertos un ritual después correspondido por el propio cantante con la entrega de rosas a algunas de sus espectadoras de la primera fila.

Martha conservaba como tesoros en álbumes todos sus boletos, sus fotos y sus recuerdos de decenas de conciertos, llevaba todos sus conciertos y sus rosas contabilizados. Tiene anécdotas por diferentes países, entre ellas una invitación personal de Luis Miguel para un concierto de Viña del Mar en Chile. Y regresando de Chile a México una anécdota cuando se lo encontró por casualidad en el elevador del hotel Four Seasons. "La amo a usted", le dijo con gran ternura. "Yo creo que tú y yo en otra vida fuimos algo", dijo ella, y él respondió "puede ser". Al día siguiente él fue a cenar a La Hacienda de los Morales y él contó la anécdota a su entonces *manager* Bill Brockhaus y a su esposa Michelle.

Las fans, si bien incondicionales, a veces sufren con cosas que ven y tienen otra manera de expresarle al cantante su amor infinito. Éste es sin duda el caso de una que no pudo aguantarse el dolor y decidió escribir una carta que se volvió viral y trascendió a los medios en octubre de 2018, después de que hubieran aparecido los primeros inconvenientes de Luis Miguel cantando, incluso regañando de manera visible en el escenario a miembros de su equipo. Es muy interesante la carta porque en la crítica encierra un amor infinito y una intención que compartimos muchas personas de un modo u otro involucradas en la trayectoria del artista y que sufrimos ante ciertas cosas.

La carta decía así:

> *Qué tristeza que no valores esta segunda oportunidad que te ha dado la vida de hacer lo que claramente te apasiona: cantar. Qué lástima que no respetes a quienes te dieron esta segunda oportunidad y que de nueva cuenta creyeron en ti: amigos, socios, empresarios y los más importantes, nosotros, tu público. Qué enojo que no valores el esfuerzo económico que hacemos tus fans por pagar entradas a tus conciertos. Qué desilusión ver un hombre maduro haciendo berrinches como niño chiquito en el escenario y faltando al respeto a tu equipo. Qué ilusión que llegue el día que te permitas gozar plenamente de cada segundo sobre el escenario, en lugar de estar pidiendo que le suban o bajen al audio. Qué tristeza que no valores y te des cuenta que no todos tienen el don de tu voz y no todos pueden tener una segunda oportunidad, sufres de un tema en el oído y si creyeras que hay una parte que tú te lo causas, posiblemente harías un alto y empezarías a escuchar lo que claramente no quieres escuchar: los consejos de los que te aprecian y ven tu talento. ¿Quién firma? Una fan que ha visto cinco veces tus conciertos en esta gira.*

La identidad no se hizo pública en los medios que la reprodujeron, pero más que la carta de una fan parecía la de alguien muy cercano al artista que empezaba a sufrir por ver que las cosas podían volver a torcerse. Es justo la razón de ser del principio y el final de esta historia.

27

Luis Miguel 50 años: una leyenda para trascender

Contaba una persona muy allegada que él canta muchas veces cuando se levanta, entre su repertorio de regadera están las canciones de Elton John. El ejemplo de Elton John debería inspirarlo para algo más que un palomazo mañanero. Esa valentía para mostrar la vulnerabilidad de un hombre superado por los traumas y las adicciones que vimos en *Rocketman* es el camino correcto hacia una catarsis real. La letra de "I'm Still Standing" es un himno de ese renacer. Tras esa catarsis, Elton John logró una nueva vida, logró trascender, renacido de sus propias cenizas. Cerró sus círculos y abrió su corazón.

Luis Miguel siempre lo dijo: "Lo que quisiera es trascender". Está a tiempo de elegir la manera en la que quiere ser recordado por los siglos de los siglos. La vida le ha dado una segunda oportunidad para que las palabras que le dijo a Raúl Velasco en 1994 se cumplan: "Tengo miedo de no llegar a realizar en esta vida lo que vine a hacer, yo vine a hacer algo muy específico y tengo que lograrlo". Con su regreso en 2018 se le veía en otra actitud, se tomaba fotos, se paraba con las fans, se veía relajado de un lado a otro con sus bocinas escuchando música sin parar. Parecía otra persona, hasta Alejandro Sanz lo comentó después de tenerlo de invitado en su casa junto a Marc Anthony. Después empezaron a aparecer los errores, Arizona, Ciudad de México, Acapulco, Panamá… El efecto catarsis que pudo haber tenido la divulgación de su historia a través de la serie finalmente no se produjo. "Recuperó muchas cosas pero me da miedo a que vuelva a equivocarse", dijo el que fue su gran amigo Polo Martínez.

Luis Miguel es un hombre que llegó al medio siglo de edad con un perfil psicológico de tendencia a la depresión. La exmodelo argentina Patricia Sarán llegó a decir que era la persona más triste que había conocido en su vida. Queda poco rastro de aquel joven travieso, desenfadado, juguetón, siempre cariñoso, dado a la ocurrencia. Las traiciones, las realidades que no se quieren aceptar, los golpes de la vida en definitiva, han acabado por modelar de manera simultánea a un gran artista y a un ser humano imprevisible. "Soy desconfiado pero antes no era así, es un velo que tú te pones", confesó en 1993.

Las huellas de abandono con las que creció Luis Miguel no han podido llenarse con la *dolce vita* del desmadre. Además ha ido perdiendo a casi todas las personas que tenía alrededor sin interés, sin tener en cuenta la fama. Es tener nada teniéndolo todo y teniendo nada. Luis Miguel necesita encauzarse en una vida de mayor cultivo espiritual. Mariano Mores, el autor de *Uno* dijo en 1997: "Dios quiera que pueda tener una conducta para sobrellevar el peso tremendo de lo que el pueblo del mundo deposita en él". La sanación y cuidado del alma alivianará ese peso. Su tendencia a la depresión y su personalidad acorazada siguen amenazando como una espada de Damocles a su buen hacer profesional y sus relaciones personales, y él mismo ha sido consciente siempre de eso: "Todos tenemos cicatrices. Tengo heridas y he de aprender a vivir con ellas e ir a sanarme lo más que se pueda, aunque la huella difícilmente se borre, siempre van a estar presentes". Además el tiempo siempre juega en contra del cuerpo pero a favor del alma. Buscar a Dios es encontrarse a uno mismo, es reencontrar la luz intensa que una vez estuvo presente e irradiando a cuantas personas pasaron por su vida de forma trascendente. Todas ellas concuerdan en ese análisis, ha de quitar todas esas capas de la cebolla que esconden en el centro un hermoso corazón, que si bien ha sido muy maltratado puede rehabilitarse y proyectar energía positiva al mundo entero a través de su arte, su voz.

Sus relaciones personales están prácticamente todas rotas. A la hora de cerrar esta edición todavía no se había reconciliado con su hermano Alex tras el último distanciamiento, cosa que esperamos suceda lo antes posible. El Pichita lo acompañó en buena parte de su gira de 2018. El disgusto que se llevó Stephanie Salas con la serie no ayudó precisamente a que fluyera la relación padre e hija. Ni qué decir tiene el pleito que mantiene con la mamá de sus hijos Miguel y Daniel, algo que le duele mucho. La relación con su familia española es nula desde los tiempos de Luis Rey. La relación con la familia argentina nunca existió como tal en realidad, salvo los encuentros esporádicos de los que hablábamos en *Luis Mi Rey* hace más de 20 años. Con la familia italiana se estableció un silencio que ya dura demasiado, más incluso que otro doloroso silencio, el distanciamiento de su hermano menor, Sergio Rey.

Que el tiempo juega en contra del cuerpo es algo que puede ser más obvio todavía si se somete al cuerpo a excesos durante muchos años, buscando en éstos una vía de escape y un alivio a la inestabilidad emocional. Grave error. Esta vía de escape suele ser una puerta al abismo, al que Micky ya se ha asomado. Ésta es una consecuencia negativa de la precocidad que le tocó vivir en todos los ámbitos de la vida. El flirteo al que su papá le sometió desde los albores de su carrera con las drogas y el alcohol no era precisamente el augurio de nada bueno. Entendemos que Luis Miguel haya querido mantener ese tipo de problemas siempre en la más estricta privacidad, y es algo que respetaremos. No obstante, dentro del respeto y de pasar de largo por la puerta del morbo y el amarillismo, tampoco se puede abordar la historia de Luis Miguel sin tener en cuenta un problema que condiciona la vida de una persona, un problema que tiene una solución clara en la búsqueda de amistades que reconduzcan al ser humano por caminos de luz y no de oscuridad. No se puede dar una idea Luis Miguel de la cantidad de personas, o más bien cabría hablar de calidad de personas, pues al fin y al cabo se cuentan con los dedos de una mano, que lo conocen al dedillo y que de corazón lo podrían ayudar con una sola condición, que se toque el corazón y se dejara ayudar. En 2010 él mismo lo dijo en Las Vegas: "Deberíamos tocarnos todos un poquito más el corazón e intentar ser más humanos, el mundo lo necesita".

Encontramos hasta quien le gustaría llevarlo a un retiro espiritual en busca de la catarsis real que todavía no se ha producido. Se acostumbró demasiado al caparazón de hierro que se puso para no mostrar sus sentimientos ni la bondad que hay en su corazón, heredada de su madre, porque así era Marcela, ni la brillantez que hay en su alma, porque cuando él quiere amar, sabe amar, y mucho, amar en el sentido que Jesús nos exhortó a que nos amáramos entre los seres humanos. Pero ese caparazón lleva tanto tiempo ahí que seguramente ya no pueda quitárselo solo. Incluso le hizo una canción, "Disfraces", mano a mano en confesión con Manuel Alejandro para la edición especial de su álbum *Cómplices*. El 20 de septiembre de 2020 el célebre compositor español subió una imagen a su perfil de Instagram posando con el cantante refiriéndose a dicho tema: "Recomiendo a los seguidores, como yo, de Luis Miguel que oigáis esta canción que le escribí después de convivir con él en su casa de Acapulco". Es decir, la escribió con conocimiento de causa.

La catarsis real ha de hacerla un profesional, porque un profesional sabe cerrar círculos, abrir el corazón y tratar el sentimiento de culpa, el dolor y la vulnerabilidad. Capaz de rescatar también al niño que un día fue y que sigue viviendo muy dentro de él. La catarsis es sanación y conjugar las experiencias del pasado en positivo para proyectarse hacia el futuro. En el caso de Luis Miguel eso sería maravilloso. Con esa luz y acompañado del talento que tiene, estaríamos ante un artista en su plenitud de madurez capaz de trascender con nuevos e increíbles discos y proyectos. Tal vez la catarsis deje aflorar al Micky que enterró el personaje de Luis Miguel:

> *Hay veces que Luis Miguel se separa de mí, porque a veces lo escucho en la radio o lo veo en televisión y siento que es otra persona. A veces Luis Miguel necesita de mí, el ser humano, que está decaído, porque está solo. Emocionalmente cambio mucho, a veces estoy más fuerte que otras, a veces me enfrento más fácil que otras, al final siempre me enfrento a todo, porque estoy solo.*

A veces hay que pedir ayuda, porque hay que evitar a toda costa lo que él mismo dijo cuando en una ocasión le preguntaron cómo imaginaba el día de su retirada:

> *En el principio de mi vida hice los "osos" que tenía que hacer. Cuando ya no tenga la capacidad, ojalá sepa decir señores, muchas gracias, me voy, ojalá tenga la sabiduría, porque lo más horrible que te puede suceder es que te tengan lástima. Me considero noble y honesto con*

las personas que trabajo. Quiero ser un ser humano que deje huella y que sepa retirarse cuando vea que es el momento sin que nadie me lo tenga que decir.

Los miedos y la inseguridad le pegan e influyen en su toma de decisiones o en la indecisión del "valemadrismo", que es a veces la peor de las decisiones.

Le temo a la soledad interna de no expresar mis sentimientos a la gente que quiero. Le tengo miedo a la muerte, al dolor físico, a no llegar a cumplir con lo que el destino me ha marcado, porque creo que todos tenemos de alguna forma una línea que seguir según vamos creciendo, desarrollándonos; todos tenemos una misión y yo espero terminar haciéndola y con éxito.

Para lograrlo, Luis Miguel debe aprovechar el punto de inflexión que supuso su renacer en 2018 y darle la vuelta a la tortilla. Necesita cambiar el orgullo por el perdón. Hay millones de personas que lo quieren, lo admiran, que han vivido sus mejores momentos con sus canciones. Trascender es eso. Es darle una alegría a ese mundo de ahí afuera que te quiere ver brillar con todo tu potencial, no sólo en una cuarta parte del mismo, que quiere ver la sonrisa de tu rostro y también la sonrisa de tu alma.

Todo eso es posible, no hay de hecho nada imposible para Dios. Kiko Cibrián dijo: "Dios no creo que me haya traído aquí a tocar la guitarra, sino a ayudar a Luis Miguel". Él le dijo a Rebecca de Alba en 1993 que Dios estaba en su corazón:

Le tengo un gran respeto a Dios. Tengo una gran creencia. Me gusta ir a las iglesias por la paz que tienen esos lugares. Dios siempre abre la puerta, o te la cierra si te portas mal, hay que ser noble y nacer con buen corazón, el buen corazón no se hace.

Para él, que nació con ese buen corazón, el mejor final de esta historia es aquel que reivindique sus propias palabras, cierre círculos y abra su corazón. La belleza del alma de Mahatma Gandhi es un espejo de luz para reflejarse.

Señor, ayúdame a decir la verdad delante de los fuertes y a no decir mentiras para ganarme el aplauso de los débiles. Si me das fortuna, no me quites la razón. Si me das éxito, no me quites la humildad. Si me das humildad, no me quites la dignidad. (...) No me dejes caer en el orgullo si triunfo, ni en la desesperación si fracaso. (...) Enséñame que perdonar es un signo de grandeza y que la venganza es una señal de bajeza. (...) Si yo ofendiera a la gente, dame valor para disculparme y si la gente me ofende, dame valor para perdonar. ¡Señor... si yo me olvido de ti, nunca te olvides de mí!

Nunca te olvides tampoco de aquella frase tuya en televisión en 1993: "Creo en el destino, todo pasa por algo". Con respeto y humildad, éste es el deseo de mucha gente que te admira y te quiere. Recuerda tus palabras del Luna Park en el 92. Estás a tiempo de todo. Averigua el porqué de todo lo que ha pasado en torno a tus 50 años y busca la respuesta en la intimidad y lejos de los focos, busca la respuesta que te lleve a un destino de reconciliación, perdón, amor y paz, porque eso es lo que vale la pena en la vida, reconectarte contigo, aceptarte y liberar toda la luz interior de tu propio ser, la luz del Sol, la luz de un alma de oro de rey.

Javier León Herrera (Alicante, España) debutó como escritor con *Luis Mi Rey* (libro que sirvió de base para la serie televisiva autorizada de la vida de Luis Miguel), tras el cual han seguido 14 libros publicados, entre ellos: *El Consentido de Dios*, biografía autorizada de Andrés García; *Sufre Mamón* (2002), primera biografía de Hombres G (es también guionista del documental *Los Beatles Latinos*); la novela bestseller en Colombia *La Bella y el Narco* (Grijalbo); *El Tigre de Dios*, biografía del futbolista Radamel Falcao (Grijalbo); es coautor de *Adiós eterno: los últimos días del Divo* (Aguilar); su reciente bestseller *Luis Miguel: la historia* (Aguilar) y la nueva biografía autorizada de Hombres G, *Nunca hemos sido los guapos del barrio* (Aguilar/Plaza&Janés, 2020).

Javier León Herrera
@xavierleonherrera
@javileonherrera